ENVIRONMENTAL
AND
RESOURCES LAW
REVIEW

环境资源法论丛

第12卷

吕忠梅　主编

法律出版社
LAW PRESS·CHINA

环境法研究的宏大叙事与微观表达
（代序）

2019年，对于环境法研究和环境法学发展具有里程碑意义。从1979年《环境保护法（试行）》正式颁布实施到2019年，标志着与中国改革开放同步启动的环境立法已走过40年。从1973年第一次全国环境保护工作会议确定“全面规划，合理布局，综合利用，化害为利，依靠群众，大家动手，保护环境，造福人民”的环境保护工作方针，到2019年中央全面深化改革委员会审议通过《关于构建现代环境治理体系指导意见》中提出的“构建党委领导、政府主导、企业主体、社会组织和公众共同参与的现代环境治理体系”，“到2025年，建立健全环境治理的领导责任体系、企业责任体系、全民行动体系、监管体系、市场体系、信用体系、法律法规政策体系，落实各类主体责任，提高市场主体和公众参与的积极性，形成导向清晰、决策科学、执行有力、激励有效、多元参与、良性互动的环境治理体系”标志着中国环境治理体系和治理能力现代化的新起点。与时代脉搏同跳动、以学术的眼光与学术的方式记录历史，是《环境资源法论丛》的初心和使命。

中国进入新时代，生态文明建设和环境治理体系现代化是当下环境保护事业的两大主题。如果说，生态文明建设目标指引着环境保护的方向；那么，环境治理体系现代化则提出了环境保护的具体任务和要求。其实，这两大主题既有目标与任务之别，更有“和谐共生”之趣。环境法研究理应在深刻理解国家战略与法治需求的基础上渐次展开并处理好两者之间的关系：在宏观层面回应生态文明建设的时代需求，在微观方面适应环境治理体系现代化的具体要求；同时，将宏观研究与微观突破有机结合、有效衔接。这就是《环境资源法论丛》第12卷的选题与用稿思路。

在中国环境立法已经走过40年，多部同等效力的法律并存且缺乏在中国特色社会主义立法体系中的独立地位的现实情况下，环境立法的体系化已经不仅是理论问题,而且是迫在眉睫的实践问题。环境法法典化无疑是环境立法体系化的一个重要方案,也是生态文明时代环境法的重大命题,目前争议尚存,但目标已经提出,共识正在凝聚。就环境法研究而言,开展环境法典化研究的意义远远超过编纂一部"环境法典",其对环境法学科建设、环境法话语体系、环境法理论建构具有不可替代的作用,决定着环境法研究的路向、视野和气度,也将对环境法学发展产生重大影响。但是,环境法法典化研究离不开"点面结合",更离不开"重点突破"。环境法治领域任何具体制度研究与实践探索的新发展,对环境法学的发展都具有同样重要的基础性、支撑性作用。因此,本卷在高度关注环境法法典化研究进展的同时,以更多的篇幅关注国内外环境法制度的研究进展以及环境立法和司法实践状况,以体现宏大叙事与微观表达相互结合、基础理论研究与制度实践相互促进的选题与用稿主旨。

法典化与环境法研究的视野

近几年,学者对于环境立法的碎片化导致的法律实施困难现象,环境立法体系不适应导致环境立法整体性不强、立法方式不适应导致环境立法协调性不够、立法程序不适应导致环境立法权威性不足的问题,以及体系化思路缺失导致环境立法选择摇摆不定的现状,有很多讨论和深刻分析,对于如何推进环境立法体系化也提出了不同方案。环境立法法典化是最重要的体系化方法,已有不少关于其必要性与可行性的论证,适度法典化方案基本达成共识。在《环境资源法论丛》第11卷已经对这个主题有涉及的情况下,本卷继续关注更加深入、更加细致的环境法法典化研究成果。牛英豪博士的《论我国环境法法典化——基于法典化规律的研究》一文针对我国环境法"是否应当法典化"以及"如何法典化"的问题,从法典化的一般规律和环境法法典化的特殊规律出发进行回应,提出我国应当秉持法典功能主义兼顾理性主义的思路,编纂以形式为主、实质为辅的环境法典,在法律和法学理论层面进行梳理和统一,以满足当前社会发展之需。李小强博士的《中国环境法法典化的实现路径》一文主张中国环境法法典化的实现既要重视中国传统的法典化之"本土资源",又要借鉴其他国家的法典化之"域外经验";提出了将中国的环境法典定位为整理策略的环境法典,在完成环境法律规范的体系化整理基础上实现环境法典编纂的"两步走"方法。

具体制度构造与环境法的发展

到目前为止,环境法依然是各类性质法律规范的综合体,要实现其体系化、编纂为实质性的环境法典还需要更多的智识努力,对环境法法典化、体系化的理论研究不仅需要宏观视野,更需要微观的制度构造。本卷从不同角度选编了对环境法具体制度进行探讨的文章。

"制度研究"栏目关注了污染防治、资源保护和环境犯罪领域的问题。叶榅平教授和袁焰焰同学的《论生态环境损害赔偿磋商公众参与中的"公众"》一文以"公众"的界定为中心,探讨生态环境损害赔偿磋商中公众的知情权和参与权保障问题。毕竞悦研究员以《矿井水利用的法律困境与出路》为题,探讨了矿井水的性质、权属特征,主张建立以行政许可为基础的市场机制,通过激励机制提高企业有效利用矿井水的积极性。张瑞萍教授在《祁连山国家公园体制试点建设路径探析》一文中分析了祁连山国家公园建设中的民生与生态承载能力矛盾突出等问题,提出通过加强立法和执法能力、建立保护管理新体制、探索保护发展新模式、构建生态保护新机制和新举措等,筑牢国家西部生态安全屏障。陈勇儒律师和肖燕平律师对《土壤污染防治法》的溯及力及责任人认定规则进行了针对性探讨。张继钢副教授对环境犯罪风险犯的研究推动了环境犯罪研究的深化。

"外国法撷英"栏目选编了三篇文章。田丹宇副研究员和徐华清研究员的《德国气候保护法立法动因、特征及对我国立法的启示》一文对德国气候保护立法进行了总结和分析,并指出了可为我国借鉴之处。吴悦旗博士的《德国可再生能源电价市场化补贴之立法实践研究》关注德国可再生能源电价的市场化补贴制度,从制度发展史角度得出了有价值的分析结论。刘林琳同学和贾韶琦博士的《美国雨水管理立法及其启示》一文考察了美国雨水管理的具体制度,为我国雨水管理立法提供了可资借鉴的资料。

此外,本卷还选编了杨茂林同学的硕士学位论文《污染地块修复状态责任研究》和谢伟副教授的文章《生态文明建设与粤港澳大湾区环境法变革》,对《土壤污染防治法》的实施和区域性环境法变革问题予以探讨。

立法司法实践与理论提炼

环境法理论与实践相结合,尤其是从法治实践中发现规律和提炼理论命题,是促进环境法研究进步、环境法学科成长的必由之路,也是《环境资源法论丛》持续关注的"热点"。本卷收录了刘长兴教授的研究报告《地方立法的得失评价与经验总结——以广东省环境立法为例》,该报告以广东地方性环境法规为对象,对地方立法的合法性、可操作性等问题进行了具体分析,总结了地方环境立法的经验和教训,提出了完善地方环境立法的设想。顾金才法官和蔡鹏法官的《生态环境损害赔偿数额及服务功能损失费用的认定——评江苏省人民政府诉安徽海德科技化工有限公司生态环境损害赔偿案》一文改编自法院系统的优秀案例分析报告,对生态环境损害赔偿诉讼的核心问题进行了理论结合实践的分析,得出了有说服力的结论,对环境损害赔偿理论研究具有重要价值。

2020年1月以来,一场突如其来的新冠肺炎疫情席卷全球,健康之痛中的人类更应深刻反思我们应该如何对待自然?如何构建"人与自然生命共同体"规则?期待在新的一卷中,能够看到环境法学者的更多新思考、新理论、新实践!

吕忠梅

2020年3月23日于太平桥大街23号

环境资源法论丛　第12卷

环境法法典化专题

制度研究

外国法撷英

学位论文选粹

研究报告

案例评析

环境法法典化专题

《环境资源法论丛》
第12卷,第3~27页

论我国环境法法典化

——基于法典化规律的研究

牛英豪*

摘　要　对我国环境法“是否应当法典化”以及“如何法典化”的问题,应当基于法典化的一般规律和环境法法典化的特殊规律予以解答。法典化的规律性表现在编纂目的、法律状况和法学理论基础三个方面,暗含于社会需求、法律现实和法学理论之中。环境问题的严重性和复杂性导致了环境法法典化规律的特殊性,进而加剧了社会需求、法律现实和法学理论之间的矛盾,造成环境法法典化意见的分歧。秉持法典功能主义兼顾理性主义思路,我国当前应当编纂以形式为主、实质为辅的环境法典,在法律和法学理论层面进行梳理和统一,以满足当前社会发展之需。

关键词　环境法　法典化　规律　法典模式

一、我国环境法法典化的“两个焦点”问题

党的十八届四中全会重新开启了民法典编纂的进程,民法典的编纂就此受到人们的广泛关注。在“民法典热”现象的影响下,更多环境法学者开始研究环境法法典化问题。环境法学界就环境法法典化的问题展开了热烈的讨

* 牛英豪,上海财经大学法学院博士研究生。

论,争论的焦点集中在环境法“是否应法典化”和“如何法典化”两个问题上。[1] 学者对此观点各异,论证方式也不尽相同。

“法典”的词源来自拉丁文,拉丁文“法典”(codex)一词的本意是“书”。直到公元5世纪,该词又增加了一个新的含义——“完整、系统的法律汇编”。公元6世纪时,因查士丁尼对罗马法的完整汇编,从而使“codex”(Codici)一词在罗马法法律术语中有了法典之意。[2] 从法典的历史意义来看,“法典是每个时期法律制度文明的结晶”。[3] 大陆法系国家将法典作为一国法律发展的最高样式,判例法国家在融合一定大陆法系传统后也出现了立法整合等法典化现象,如美国的《统一商法典》。从法律自身角度来看,法典是在某一主题统筹下诸多法律规范的总和。[4]

法典化中的“化”是指某种事物从一种性质转变成另一种性质或状态。由此,法典化是一个转化的过程,其主体是法本身。简言之,法典化为法转变为法典的过程。法国学者认为,“法典化”和“法典编纂”的含义相同,指的是编纂法典或制定法典的动态活动或过程。[5] 也有学者认为,法典化并没有一个被普遍接受的定义,它通常是指将某一类或者某一部门法律规范或者法律文件按照一定的体例集约为一个文件的过程。法典化的目的在于创作简明、系统和便于人们查阅的法律条文。换言之,法典化的过程也是法律编纂的过程。

然而,一个部门法是否应当编纂为法典,不仅取决于法律自身的因素,包括法律数量、法律质量、法律效益等要素,还取决于法律之外的因素,如政治、经济、文化、思想意识形态等方面。同时,也取决于法律的基础性因素,如该部门法学的理论积累、抽象化程度、概念系统化程度、思想基础等因素。正是基于这些方面的不同考量,学者们对这“两个焦点”问题给出了不同的答案和论证。

(一)是否应法典化

针对是否应法典化这个问题,赞成者有之,反对者亦有之。首先,在赞成法典化的观点中,《中国环境法法典化的证成与构想》一文很有代表性。该文

---

[1] 党庶枫、郭武:《中国环境立法法典化的模式选择》,载《甘肃社会科学》2019年第1期。

[2] 夏凌:《环境法的法典化——中国环境立法模式的路径选择》,华东政法大学2007年博士学位论文。

[3] 周旺生:《法典在制度文明中的位置》,载《法学论坛》2002年第4期。

[4] [法]让·路易·伯格:《法典编纂的主要方法和特征》,郭琛译,载《清华法学》2006年第2期。

[5] [法]雅克·盖斯旦、吉勒·古博:《法国民法总论》,陈鹏等译,法律出版社2004年版,第196页。

首先对环境法法典化否定论者进行了批判，而后论证了环境法法典化的必要性和可行性。其认为环境法法典化的必要性理由有三点：一是从社会发展需求的角度来说，我国经济社会稳定发展要求更加完善的法制环境；二是在环境法体系方面，现有环境立法存在的交叉、重叠与矛盾问题迫切需要对环境法律规范进行体系化梳理；三是就政治影响力而言，编纂环境法典有利于增强国家的政治影响力。环境法法典化的可行性理由亦有三点：一是在立法和理论研究方面，相当数量的环境法律规范为环境法法典化打下了坚实的基础，我国已经拥有较为庞大的科研人才梯队，为环境法制建设提供了丰富的理论储备；二是我国已经具有法典编纂的经验和技术；三是有丰富的域外经验可以参考和借鉴。〔6〕除此之外，其他学者从不同的角度进行了论证分析。如李艳芳教授从比较环境法视野的角度、邓海峰教授从法典化内在逻辑的角度、何江博士从环境管理学角度分析了环境法法典化的必要性。〔7〕

而明确反对环境法法典化的学者并不多，大多数学者持"适度"法典化的态度，故而归为赞成者一方。其中，明确反对环境法法典化的理由主要有：目前环境法调整对象具有不确定性；我国环境权力体系尚待完善；环境法的理论基础正处于调整期；环境法与其他部门法之间协调不足。〔8〕概言之，反对者的理由主要集中在两个方面：一方面是环境法律体系不完善；另一方面是环境法学理论基础薄弱。对比赞成说与反对说，可以发现在环境法法典化的必要性方面两者是可以达成共识的。只是在可行性方面，具体到环境法典的编纂时间和编纂形式又是充满争议的。当下我国应编纂何种形式的环境法典，是下一个讨论话题。

（二）如何法典化

环境法如何法典化问题可以大致分为三个方面，分别是法典化的模式选择、环境法典的调整范围和环境法典的体例。

首先，在法典化的模式选择上，大致可以分为四种：其一，基本法模式。有学者认为，此模式是调整我国《环境保护法》最为高效的变革方式，也是法典化

---

〔6〕王灿发、陈世寅：《中国环境法法典化的证成与构想》，载《中国人民大学学报》2019 年第 2 期。

〔7〕该观点是对诸多学者论文的总结。参见何江：《为什么环境法需要法典化——基于法律复杂化理论的证成》，载《法制与社会发展》2019 年第 5 期；李艳芳、田时雨：《比较法视野中的我国环境法法典化》，载《中国人民大学学报》2019 年第 2 期；邓海峰、俞黎芳：《环境法法典化的内在逻辑基础》，载《中国人民大学学报》2019 年第 2 期。

〔8〕徐方修：《中国环境法不适合法典化——从环境法学的视角》，载《临沂师范学院学报》2006 年第 5 期。

前的必由之路。理由是在缺乏一部完整意义上的环境基本法的情况下,从基本法到法典的转向无从谈起。〔9〕应以生态系统为中心,在现行《环境保护法》中增加从各个单行法中抽象出来的共性内容以强化其整体性与生态化。〔10〕其二,形式法典化模式。一些学者认为,我国实现环境法的实质性法典化为时尚早,建议效仿《法国环境法典》的汇编式整合路径,暂采形式法典化的立法路径。〔11〕其三,绝大多数学者赞成编纂"适度化"的环境法典,同时保留单行法与之相配套。原因在于我国正处于经济社会快速发展阶段,环境法作为一门新兴的部门法,应该从实际出发,编纂一部适合我国具体情况的具有实用性、灵活性和指导性特点的环境法典。〔12〕其四,实质法典化模式。有学者认为,尽管环境法规范分散多变,但总能找到合适的方式概括归纳出某些统一的特征作为环境法典的调整对象,类似于传统法典对法律行为的抽象。〔13〕

其次,环境法典的调整范围。确定环境法典的调整范围是立法者围绕环境法的核心范畴进行外延划界的过程。有学者认为,环境法典应当包括实体性、程序性和组织性三种法律规范,内容方面应包括污染防治法、资源保护法和部分自然灾害防治法。〔14〕也有学者认为,应然的、学理上的环境法典内容体系可以分为:宪法中有关环境保护条款、环境保护基本法、环境管理组织法、污染防治法、自然资源法、生态保护法、环境程序法、环境责任法、地方环境保护法、国际性环境保护法、环境标准(相当于法典中附件)等。〔15〕有学者将环境法典分为生态保全编、污染防治编、灾害控制编、环境程序编、附则编。〔16〕

从宏观的框架上来看,我国环境法学界的观点较为统一。然而,在微观层面,有些问题还充满争议。其中最具争议的是关于"是否将气候变化法纳入环

---

〔9〕朱艳丽:《我国环境法法典化困境及突破研究》,载《2014年〈环境保护法〉的实施问题研究——2015年全国环境资源法学研讨会(年会)论文集》。

〔10〕蔡守秋:《从综合生态系统到综合调整机制——构建生态文明法治基础理论的一条路径》,载《甘肃政法学院学报》2017年第1期。

〔11〕汪劲:《环境法的法典化:迷思与解迷》,载《中国地质大学学报》(社会科学版)2010年第3期。

〔12〕王灿发、陈世寅:《中国环境法法典化的证成与构想》,载《中国人民大学学报》2019年第2期。

〔13〕屈振辉:《中国环境法的法典化问题研究》,载《水资源、水环境与水建设问题研究——2003年中国环境资源法学研讨会(年会)论文集》(下册)。

〔14〕屈振辉:《中国环境法的法典化问题研究》,载《水资源、水环境与水建设问题研究——2003年中国环境资源法学研讨会(年会)论文集》(下册)。

〔15〕夏少敏、陈真亮:《中国环境法典体系研究——以自然保护法为分析视角》,载《环境法治与建设和谐社会——2007年全国环境资源法学研讨会(年会)论文集》(第二册)。

〔16〕张梓太、陶蕾、李传轩:《我国环境法典框架设计构想》,载《东方法学》2008年第2期。

境法典”。此外,还包括环境法律程序问题和环境法律责任问题。[17] 又如环境法典是否应当包含能源、气候变化、生物技术以及自然灾害等方面的法律。[18]

最后,在环境法典体例方面,大多数学者观点基本趋同,赞成采用“总—分”的基本框架。基于我国适度法典化的立场以及生态整体主义的考量,应当主要以规范的水平分割为法典化的方向,因此宜采总分结构。[19] 如此编排我国环境法典的体例结构,主要考虑到我国现有的环境法律体系内容以及为环境法律界所习惯的归类模式和单行法体例结构。[20] 也有学者认为,参照民法典体系和国外环境法典,我国环境法典按其立法结构划分,则可以分为:总则、分则、附则、附件等。[21]

(三)小结

围绕环境法法典化的两个焦点问题,可以对我国环境法学者的观点作如下总结:

首先,就是否应当法典化的问题,赞成者与反对者产生分歧的原因有两点:其一,对环境法典的期许不同,期望我国制定实质性环境法典者不赞同当下推进环境法法典化。反之,大多数学者从实用主义立场出发,认为我国已经具备了环境法法典化的必要性。其二,对当下环境法及环境法学理论基础的看法不同。乐观者认为我国已经拥有了相当规模的环境法学者,并拥有了较为丰富的环境法理论基础。同时,我国环境法律规范已经形成了一定的规模,因而具备了环境法法典化的可行性。而另有一些学者对我国目前的环境法法学理论研究表示担忧,认为环境法学中最为基本的问题如环境法律关系、环境权等未形成统一认识,更无法满足环境法法典化的学术需求。同时,环境法律体系还不够完善。因此,对环境法律现状和法学理论基础的判断成为分歧的关键因素。

其次,在如何法典化问题上,无论是环境法法典化的模式选择,还是环境

---

[17] 王灿发、陈世寅:《中国环境法法典化的证成与构想》,载《中国人民大学学报》2019年第2期。

[18] 李艳芳、田时雨:《比较法视野中的我国环境法法典化》,载《中国人民大学学报》2019年第2期。

[19] 李艳芳、田时雨:《比较法视野中的我国环境法法典化》,载《中国人民大学学报》2019年第2期。

[20] 王灿发、陈世寅:《中国环境法法典化的证成与构想》,载《中国人民大学学报》2019年第2期。

[21] 夏少敏、陈真亮:《中国环境法典体系研究——以自然保护法为分析视角》,载《环境法治与建设和谐社会——2007年全国环境资源法学研讨会(年会)论文集》(第二册)。

法典的调整范围,抑或环境法典的体例,大多数学者的观点逐渐趋同。在法典化模式选择上,大多数学者选择"适度"法典化模式或与之相似的形式法典化模式。在微观层面,环境法典的调整范围到底如何,是环境法学者目前最为重要的研究任务。由于欧洲各国已经形成了不同的环境法典体例,故而在环境法典体例问题上,学者们观点各异。

然而,是否应当法典化应考察法典化的一般规律及环境法自身的发展规律,按照事物的发展规律对环境法法典化前景作出判断。而后,根据环境法的法典化规律,结合法律现状和法学理论基础,回答如何实现环境法法典化的问题。

二、环境法法典化的"两条规律"

日本法学家穗积陈重对法律发展时期进行划分,分为潜势法时代、秘密法时代、颁布法时代和公布法时代。由此可知,法律的发展并非随机的、破碎化的发展,而是具有一定规律性的发展。而法典化是单行法到法典这一形式的演变过程,故也遵循着法律发展的一般规律。此外,通过将法律进化论与马克思主义社会形态理论进行对比发现,穗积陈重所划分的几种法律时代与马克思所划分的几种社会形态基本吻合。因此可以得出结论,即法律发展规律依附于社会发展规律之上,法典演变规律又依附于法律发展规律之上。

此外,随着社会的发展,法律体系随社会分工的发展而产生新的法律部门,法律部门的本位属性不同又会使不同部门法形成不同的发展路径。因此,环境法法典化的演变路径必然遵循法律法典化的一般规律,但也会因自身的部门属性而形成其独特的法典化演变规律。

(一)法典化的一般规律

规律的意思是自然界和社会诸现象之间必然、本质、稳定和反复出现的关系。规律性意味着事物发展具有周期性、必然性、客观性等特征。而法典化的规律性特征主要体现在编纂目的、立法状况和法学理论三个方面。

首先,在编纂目的方面。穗积陈重在其《法典论》中将法典编纂的目的归为五类,即治安、守成、统一、整理和更新五种策略。由此可以看出,作者是从统治者的角度分析法典编纂目的的,这就意味着法典的编纂往往受政治需求的影响。但从法律的角度分析,编纂法典的目的到底为何?在治安策略里,作者列举了德拉古(Draco)法典和梭伦(Solon)法典的历史背景。在当时的希腊,君主政体已被废除,政权回归到从贵族中选出的九位执行官(archon)以及元老院(Areopagus)手中,走向纯然的贵族政治,且当时国法皆为不成文法。而执行官专享法律知识,平民却不知法律所在。故执行官趁着平民的无知,屡屡滥用权力,歪曲法律、虐压平民。多年积累的不平,迫使政府公示法律。于是政府就任命德拉古编纂成文法典,故称“德拉古之血法”。德拉古法典颁布后,虽平复了平民的不平,但随着贵族专制的加剧,平民再次陷入水深火热之中。于是政府又任命执行官梭伦进行改革并修改法典,在公元前594年颁布法典,平民的骚乱得以平定,此部法典就是著名的《梭伦法典》。从政治的角度看,这两部法典是贵族与平民斗争的产物。而从法律的角度分析,则是因社会秩序陷入混乱欲通过编纂法典的方式确立一种新的、和谐的社会秩序。

在守成策略里,作者指出,中国的法典编纂可谓甚多。自秦汉以来,汉代丞相萧何制定《九章律》,隋朝统一天下后制定《开皇律》和《大业律》。唐太宗敕令长孙无忌、房玄龄等制定唐律12篇,明太祖命刑部尚书刘维谦等编纂明律30篇。英国在9世纪之初,艾格伯特王统一萨克森的7个王国后,屡遭北蛮丹麦人的猖狂袭击,社会秩序陷入紊乱。直到阿尔佛雷德时,才驱逐丹麦人,恢复了社会秩序,编纂出《裁判法典》。因此,从政治的角度分析,基于守成策略而编纂的法典实质上是对政权的稳固。从法律的角度分析,编纂法典是确立一个稳定的社会秩序。

在统一策略里,历史上显著的实例也不少。在英国,自北蛮丹麦人被驱逐以后,于11世纪之初,丹麦法(Dane-lage)、西撒克逊法(West-saxen-lage)及麦西亚法(Mercen-lage)三法合并。埃德加王觉察到国内并行数法之弊害,企图统一法制。直至其王孙爱德华加冕之时才逐次完成。同样,在中国古代,新的王朝建立初期均会编纂法典,如《大明律》《大清律》等。因此,编纂法典的功效在于确立一个新的社会秩序。

以整理法律文件为目的的法典编纂是由于社会的进步,社会关系变得日益复杂,从而有必要对已有的法律规范进行整理。在原始社会,民俗淳朴,人事关系并不复杂,数条政令足以维持整个部落的秩序,因而古代的法律极为简约。在希腊克里特岛发掘出的古法典《哥尔琴法典》,只不过是刻在法庭石壁上的12条法令而已。而在英国维多利亚女皇统治时期的50年间所颁布的法令数量,比起诺曼战捷500年间的法令还多。同样,在我国唐朝时期,先后制定了《武德律》《贞观律》《唐律疏议》《唐六典》,而这些法典均是对法律和皇帝的命令进行整理而成。由此可以看出,编纂法典的另一功效是对以往的法律进行梳理和统一。

同时,社会的大变革也需要进行法典编纂,被称为"更新策略的法典编纂"。俄国彼得大帝时期,彼得大帝锐意进取将欧洲文明输入本国,从而使俄罗斯的风俗大变,进而修改之前的《会议会典》,至尼古拉斯一世时形成了《俄罗斯帝国法令全集》。[22] 因此,从社会变革的角度来看,法典的编纂有助于改革措施的实施,有助于自上而下地对社会进行调整。然而,从法律的角度来看,编纂法典的目的依旧是确立一个新的社会秩序。

由以上诸多实例可以看出,无论是何种策略的法典编纂,其本质都是统治者要确立一个新的社会秩序。就前三个策略而言,采用治安、守成和统一策略而编制法典的目的是平息社会中不可调和的矛盾从而形成新的社会秩序。至于以更新策略为目的编纂的法典,则是以法典的形式改变原来的旧秩序,确立一种新的社会秩序框架。倘若说以上四种策略是因社会质变而制定法典的话,那么所谓的整理策略则是在社会长期量变而未形成质变的情形下制定法典。因此,将以往的法律进行整理而形成的法典实质上是确立当时法律秩序,以期有别于以往的法律秩序。综上可以得出一个规律性的结论,法典编纂的根本目的是确立一种新的社会秩序。通过法典的形式公布于众,获得公众的信任和支持。同时,也将法典的基本精神传递给受众,使之内化于心,外显于行。

其次,在立法状况方面。立法状况主要指在法典编纂前后的立法状况。以罗马法中的《国法大全》为例,在罗马帝国前期(公元前1世纪至公元3世纪),法律渊源众多,包括习惯法、法律、法学家的解答及皇帝的敕令等。至罗马帝国后期,皇帝的敕令几乎成为唯一的法律渊源。此时的法律虽以敕令为主,但前期的法律因未被明令废除而继续有效。仅仅皇帝敕令这类渊源就已汗牛充栋,其他渊源的多样化和纷繁性更加剧了法律适用的混乱。在查士丁尼法典编纂之前,已经整理出了《格里哥安法典》《赫尔莫杰尼安法典》《狄奥多西法典》。[23] 查士丁尼时期,编纂成的《学说汇纂》就收集了39名罗马时代著名法学家的言论9123条,汇编成50卷。[24]

此外,法国自古以来就有成文法法国与习惯法法国的区别,卢瓦尔河以南的诸多地区称为成文法法国,以北则是习惯法法国。伏尔泰形象地说:在法国

---

〔22〕 [日]穗积陈重:《法典论》,李求轶译,商务印书馆2014年版,第28~50页。

〔23〕 参见[意]朱赛佩·格罗索:《罗马法史》,黄风译,中国政法大学出版社1994年版,第402~405页。

〔24〕 何勤华、李秀清主编:《外国法制史》(第2版),复旦大学出版社2013年版,第44页。

每当更换马时，也就要更换法律。直到法兰西法典的颁布才使法国的法律得以统一。[25] 还有众人皆知的《德国民法典》，其渊源有德国中世纪的普通法、日耳曼习惯法（如《萨克森法典》《士瓦本法典》）、邦法（如《普鲁士邦法》《巴伐利亚民法典》）、教会法典、城市法和商法。[26] 德国之所以有如此多种多样的法律渊源与德国在中世纪时期长期处于分裂状态有关。由此可以看出，在法典即将形成之前会有大量法律规范的累积，并以混乱复杂的状态呈现。

同时，还应注意的是，法典的完成并不意味着法律发展的终结。例如，在德意志帝国时期，除了制定《德国民法典》，还制定了一些单行民法、商法来补充法典的不足，如1900年的《帝国贸易调整条例》、1908年的《帝国责任法》、1911年的《帝国保险条例》等。《德国民法典》至今已经被修改过140余次，涉及1/3以上的条款，并行的还有几十个单行法规。[27]

总而言之，在法典即将编纂前期，总会出现大量的法律规范累积并且法律规范之间相互冲突的现象，而这正是法典出现的前兆。社会秩序的混乱导致法律规范体系的混乱，此时就急需编纂一部具有终结意义的法典以消解法律体系内的各种冲突和重叠。同时，法典的完成也并不意味着统治者可以"一劳永逸"。在法典完成之后，随着社会的发展，仍会出现一些封闭的法典系统所不能囊括的法律关系。此时，就会出现法典与少量单行法并行适用的情形。

最后，在法学理论方面。以罗马法中最具代表性的《国法大全》为例，其四部法典中就有两部是法学家的著作，即《法学阶梯》和《学说汇纂》。由此可知，罗马法学家的法学理论为罗马法做出了重要贡献，同时也促使了法学这门学科的形成。[28] 法学家对法学理论的精致构造和严密论证，为后来的法学奠定了坚实的基础。[29] 同样，在中国古代，"中国律学家与中华法系之间的关系就类似于罗马法学家之于罗马法一般密切"。[30] 汉朝时期，由于采用礼法并行的治国策略，从而形成了一种专门的学问，即律学，其侧重于研究律文。同时，以经释律、律经兼备的律学家把研习律文视为一种"师受之，世守之"的专业和永业。代表人物有颍川郭氏三代，家世掌律。"郭躬少传父业""郭晊明习律

---

[25] ［日］穗积陈重著：《法典论》，李求轶译，商务印书馆2014年版，第28～50页。

[26] 何勤华、李秀清主编：《外国法制史》（第2版），复旦大学出版社2013年版，第379页。

[27] 何勤华、李秀清主编：《外国法制史》（第2版），复旦大学出版社2013年版，第387～389页。

[28] 何勤华、李秀清主编：《外国法制史》（第2版），复旦大学出版社2013年版，第66页。

[29] 参见何勤华：《西方法学史》，中国政法大学出版社1999年版，第54～57页。

[30] 刘富起：《论中国古代律学家》，载《吉林大学社会科学学报》1984年第6期。

法,政绩显著"。[31] 又如《唐六典》卷六注说:"至后汉马融、郑玄诸儒十有余家,律令章句,数十万言,定断罪所用者合二万六千余条。"西晋时期官府设立"律学博士",专门传授律学。唐朝律学发展最盛,专门取士设有明法新科。其律学隶属国子监,有"律学生五十人"。由此可见,我国律学发展历史悠久,理论基础深厚。因此,法典的编纂必定以深厚的法学理论基础为依托,特别是编纂一部经典传世之法典。

综上所述,法典化的一般性规律包括:其一,法典编纂的目的是确立一种新的社会秩序。其二,法典前的立法状况是大量的法律规范累积且法律规范错综复杂,呈现一种乱序状态。同时,法典出现后并不意味着法律发展的终结。其三,法典制定前积累了深厚的法学理论基础。

(二)环境法法典化的特殊规律

环境法作为法律体系中的新部门法,其发展历史不过几十年。然而,环境法已经在全球掀起了法典化浪潮,在环境法法典化浪潮下也产生了较为丰硕的成果。[32] 倘若将以往的民法和刑法法典化的发展历程总结为法律法典化的一般规律,那么环境法的法典化发展历程则有其特殊的发展规律。这种特殊规律并不完全脱离一般规律,只是在某些方面表现出特殊性。环境法法典化的发展规律仍可以从法典的编纂目的、立法状况和法学理论基础三个方面进行考察。

首先,在环境法典的编纂目的方面。《法国环境法典》第L110-1-2条规定:"本法典的规定旨在以预防资源的使用为优先目标,其次推动对资源适度有责地消费,再确保资源的分级使用……"[33]《瑞典环境法典》开篇(第1章)表明"旨在促进可持续发展,以确保当代和未来世代拥有一个健康良好的环境,因而原则上法典适用于一切可能危害环境的人类活动,并具体列举了五类活动"。[34]《德国环境法典(草案)》2007年版在制定之初就明确其目的:其一,划清联邦与各州之间环境立法与管理权限。其二,梳理和统一环境法律规范,以使其简便易行。其三,法典的关键部分是建立预案许可证制度。[35]

概言之,《法国环境法典》的编纂目的是促进资源的有效利用;《瑞典环境

---

[31] 《后汉书·郭陈列传》。

[32] 王灿发、陈世寅:《中国环境法法典化的证成与构想》,载《中国人民大学学报》2019年第2期。

[33] 《法国环境法典》(第一至三卷),莫菲、刘彤、葛苏聃译,法律出版社2018年版,第5页。

[34] 竺效、田时雨:《瑞典环境法典化的特点及启示》,载《中国人大》2017年第15期。

[35] 张璐璐:《德国环境法法典化失败原因探究》,载《学术交流》2016年第6期。

法典》则是促进可持续发展,保护环境;《德国环境法典(草案)》则是厘清环境立法与管理权限,改善环境法律错综复杂的局面。从表面上看,各国编纂环境法典的目的各不相同,但本质目的是一致的,即治理因生态秩序紊乱所引起的一系列环境问题,改变目前混乱的生态秩序以及由此引发的混乱社会秩序,确立一种新的人与自然和谐稳定的生态秩序和社会秩序。因此,编纂环境法典的根本目的仍然是确立一种新的社会秩序。但不同于以往的是环境法典编纂的目的具有了时代特征。

其次,在立法状况方面。法国于 19 世纪就开始以立法的形式防止因工业生产而带来的危险。自 1970 年起,法国进行了大规模环境保护立法,如 1976 年的《自然保护法》、1975 年的《废弃物法》、1980 年的《能源保护法》、1985 年的《噪音法》等。除了有关保护环境的专项立法之外,在《民法典》《农村和林业法典》《公共卫生法典》《城市化法典》等法典中均有涉及环境保护的条款。[36] 至 20 世纪 90 年代,因环境法律过于分散,法国在 1990 年决定成立一个委员会对环境法典的可行性进行研究。[37] 法国于 2000 年 9 月 18 日颁布环境法典,根据新法典规定,废除了之前 41 部法律中的全部或部分规定并由新的法典规范所替代。法典出台前,环境保护方面的立法如同货币膨胀一样,立法的膨胀带来了法律的贬值。[38]

瑞典是第一个颁布环境法典的国家。其环境立法起始于 1874 年的《公共卫生条例》,并随后开始自然资源保护立法,1903 年颁布了《森林法》,而后相继通过了《水法》《狩猎法》《渔业法》等。1969 年制定了《环境保护法》。1972 年斯德哥尔摩会议之后,瑞典开始了大量环境立法。[39] 1989 年 5 月,瑞典开始起草环境法典,直到 1998 年 6 月作出通过环境法典的议案。德国也经历了相似的立法历程,只是最终环境法典未能正式出台。总之,在法典形成之前,各国的环境立法均经历了相似的"立法膨胀"过程。

而环境法典的编纂完成却并不意味着环境法律的大门就此关闭。《瑞典

---

〔36〕 夏凌:《环境法的法典化——中国环境立法模式的路径选择》,华东政法大学 2007 年博士学位论文。

〔37〕 See G. J. Martin, "French Experiences of the Codification of Environmental Law", in H. Bocken and D. Ryckbost ed., *The Codification of Environmental Law*, Kluwer Law International, 1996, p. 117.

〔38〕 转引自 Cf. Cah. Dr. entr. 1990, num é ro 6, Entretiens de Nanterre, Sé curité jridiqueet loi, rapp. G. Briè re de L'Isle。

〔39〕 具体的环境立法名称和颁布年份,参见全国人大环境与资源委员会编译:《瑞典环境法》,中国环境科学出版社 1997 年版,第 4~5 页。

环境法典》将主要的环境单行法予以整合。但因环境问题的复杂性,一些单行法中也包含了环境保护的内容,如《民用航空法》为保护环境而规定飞机飞行速度,《公路法》中也规定了公路的建设规划应注意环境保护等。同样,《法国环境法典》中缺乏矿产资源的使用规定和森林资源的使用规定,有关规定主要包含在《矿业法典》和《森林法典》中。

由此看来,环境法典编纂的立法现状仍遵循着法律法典化的一般规律,即法典编纂之前会有大量的法律累积,法典编纂后仍会出现新的环境法律。但不同之处是法典编纂前所积累的法律数量远远超过以往法律数量,且这些累积的法律出现在短短一百多年里。

最后,在环境法理论基础方面。众多环境学科均为环境法的理论研究注入了新鲜血液。环境法学、环境哲学、环境经济学、环境政治学、环境社会学等方面的研究为环境法制建设提供了丰富的理论储备。〔40〕环境法学理论也有了较为坚实的基础,如可持续发展理论、环境正义论、动物权利说、公共信托理论、环境权理论、生态中心主义学说等。然而,当下中国环境法学中的基本学理问题尚未形成统一认识,如环境法的概念、环境法的调整对象、环境法律体系的构成、环境权的确定性与"束"性、环境法权的逻辑构造等都存在不同观点。〔41〕同时,从世界范围来看,大陆法系国家所编纂的环境法典也未出现类似于《德国民法典》中抽象出的民事法律行为、民事行为能力等概念体系。大多数环境法典在总则中只是规定立法目的、立法原则和基本制度,在分则中按照环境问题分类规定为不同的篇章。由此看来,环境法学目前并未形成一个较为完善并达成共识的法学理论体系,世界环境法学还处于理论发展的初级阶段。与传统民法和刑法理论基础相比,环境法学的理论基础显得又如此薄弱。

总而言之,环境法的法典化过程并未脱离法律法典化发展的一般规律。环境法典编纂的目的仍是确立一种新的社会秩序,法典编纂前也会出现大量法律规范累积的现象,法典编纂之后也不意味着立法的终结。但环境法法典化的特殊性在于编纂的目的不再仅仅是确立一种安定的社会秩序,还包括生态秩序;法典化前期出现了短时间内的"立法膨胀";环境法学理论基础薄弱。

---

〔40〕王灿发、陈世寅:《中国环境法法典化的证成与构想》,载《中国人民大学学报》2019年第2期。
〔41〕党庶枫、郭武:《中国环境立法法典化的模式选择》,载《甘肃社会科学》2019年第1期。

三、我国环境法应当法典化

回答“两个焦点”问题，应当遵循事物的发展规律，适应事物的现实状况以及社会的共同意愿。具体而言，我国环境法是否应当法典化，应当考察我国环境法编纂法典的意愿、环境法的现状和我国环境法学理论基础三个方面。在此基础上，可进一步分析环境法如何法典化。

（一）环境法法典化的特殊规律缘何形成

根据上文所总结的法典化的一般规律：其一，编纂法典的目的是确立一种新的社会秩序；其二，编纂法典前会积累大量法律规范，并呈现混乱复杂的状态；其三，有着深厚的法学理论积累。依此三点可以对法律是否可以法典化做出一般性评价。与此同时，上文还对当今世界所出现的环境法典做了类似分析。但与法典化一般规律不同的是：其一，环境法典的编纂目的不仅在于确立一种新的社会秩序，更重要的是确立一种新的稳定的生态秩序；其二，目前环境法学虽然有一定理论的积累，但远未达到传统民法学和刑法学那样建立一个平行于客观世界的抽象概念世界的水平。

正因如此，环境法学者不由得会产生是否应当编纂环境法典的困惑。倘若依据法典化的一般发展规律，则目前世界范围内根本不应该形成环境法典。纵使当前世界各国有通过编纂环境法典来确立一个新的生态秩序和社会秩序的意愿，以及拥有了大量的环境法律规范积累，但均会因环境法学理论的不足而濒临破产。然而，事实刚好相反。在世界环境法典浪潮下，涌现出了大量的环境法典。基于此种法典化现象，不得不分析环境法法典化所呈现的特殊规律的原因。

环境法法典化呈现较为特殊的发展规律，其根本原因在于环境问题的严重性和复杂性。从长远来看，环境问题的严重性在于环境和资源的有限性。环境和资源的有限性造成人类对自身发展的恐慌。到目前为止，人类还未发现适宜人类生存的另一个星球。人类的恐慌心态使得人类开始反思自己的发展模式，于是产生了可持续发展理论。同时，从近期来看，环境问题的严重性在于解决环境问题的迫切性。目前的环境问题已经对人类自身产生了不利的后果，进而引发了社会的恐慌。因此，必须对目前的环境问题予以解决。然而，环境问题并非单一的因果关系模式，而是多因多果的关系模式，从而导致环境问题的复杂性。环境问题的复杂性导致处于镜像位置的环境法也呈现复杂化的态势。因此，环境问题的严重性使人类产生解决环境问题的迫切期望，期望确立一种新的社会秩序和生态秩序以获得短期的安稳和实现长足的发展。

同时,这种迫切的期望反映在法律方面则是环境立法在短时期内的膨胀。立法的快速膨胀并不会为环境法学者留下充分的时间进行论证和争辩。此外,环境问题的复杂性增加了环境法学者的学术负担,从而客观地导致环境法学理论基础的薄弱。在这样的情形下,环境法典大多是以形式法典的样式出现也不足为怪了。从表面上看,《德国环境法典》两次破产的原因在于联邦和州之间的权限划分出现了问题,〔42〕或者是受近代以来绝对理性主义的影响。〔43〕 而从本质上讲,其根本原因仍在于环境问题的严重性和复杂性。

概括来讲,环境问题的严重性促使人们产生了解决环境问题的热切期望。于是采用法律手段解决环境问题,环境问题的严重性和复杂性导致环境立法的膨胀。环境立法膨胀又引发立法上的混乱,立法的混乱使环境法典成为必要,希求通过编纂环境法典对以往环境法律规范进行整理。但因环境法律文化传统的匮乏以及环境法学者无法在短时间内提供有力的理论供给,从而使目前的环境法典多以形式法典的样态存在。最终形成了环境法法典化较为独特的发展规律。

(二)我国环境法应当法典化的证成

在是否应当法典化问题上,环境问题的严重性和复杂性是能够成为环境法法典化跨越式发展的动因的。原因在于,环境问题的严重性和复杂性已经赋予了环境法的实用主义秉性。换句话说,环境法因环境问题而生,环境法是专门治理环境问题的一种工具。就近阶段而言,环境法的工具价值远远大于其目的价值。因此,环境法典的编纂不必具备深厚的环境法学理论基础,也难以具备那样的基础。目前的环境法已经具备了两种法典出现前的景象,即法典编纂目的和立法现状。同时,法典编纂所秉持的实用主义也与环境法的秉性相吻合,这足以使环境法法典化跳出传统法典的法典化一般规律。这就意味着传统法典与环境法典在演变路径上的"分道扬镳"。传统法典走的是实用主义和理性主义相协同的道路,而环境法典暂时要走一段"实用主义优先于理性主义"道路。也许会令人遗憾的是理性主义的缺位会使环境法典显得不那么完美,但在未来的某个时间点,理性主义必定迎头赶上。因此,我国环境法

〔42〕 沈百鑫:《两次受挫中前进的德国环境法典编纂》,载《中国人大》2018年第5期。

〔43〕 李艳芳、田时雨:《比较法视野中的我国环境法法典化》,载《中国人民大学学报》2019年第2期。

是否应当法典化主要取决于法典编纂的目的和环境法律现实两个方面。

首先,在法典编纂目的方面。我国目前有确立一个新的生态秩序和社会秩序的需求,这是环境法典编纂的根本动力。所谓社会需求,是指在社会发展过程中,人们对政治、经济、文化和法治等诸多方面所表现出的各种需要的总和。换句话说,就是民心所向。而社会生态需求则是在生态领域内的社会需求,其体现在政治、经济、文化和法治等各个方面,其主要表现在政治、经济两个方面。

第一,在政治需求方面。党的十八大报告明确提出"大力推进生态文明建设",并要求"把生态文明建设放在突出地位,融入经济建设、政治建设、文化建设、社会建设各方面和全过程,努力建设美丽中国,实现中华民族永续发展"。2015 年 5 月,国务院发布《关于加快推进生态文明建设的意见》。2018 年 3 月第十三届全国人民代表大会第一次会议通过的宪法修正案,将《宪法》第 89 条"国务院行使下列职权"中第 6 项"(六)领导和管理经济工作和城乡建设"修改为"(六)领导和管理经济工作和城乡建设、生态文明建设"。国家层面上的一系列举措足以反映国家在生态环境领域强烈的政治需求,这种政治需求本质是人们对良好生活环境的强烈期望的集中反映。

此外,随着环境治理全球化和我国"一带一路"倡议的推行,我国在国际政治舞台上也强烈需要加强生态文明建设。在当今时代,环境问题已经成为全球的共同话题,环境治理也不再局限于某一国家或地区,而是涉及整个地球。因此,在世界各国共同参与全球环境治理过程中,就产生了一种新的国际政治形式,即"环境外交"。[44]《全球国家影响力指数》根据三大指标(对外双边影响力、全球力量指数和 GDP)评估一国在世界范围内的影响力,其中对外双边影响力就涉及包括法律在内的软实力。环境法作为最具世界共同性的法律部门之一,其对其他国家的影响力不容小觑。我国经历了从 20 世纪 60 年代的三大指标零入围,到 2016 年三大指标分别排名是第四、第二和第二的发展,基本上仅次于美国。因此,不论是国内政治方面还是国际政治方面,我国均有着强烈的生态需求。

第二,我国的经济发展对生态环境保护也有着强烈的需求。过去的近 40

[44] 环境外交,是指作为国际关系主要行为体的国家,以双边的、多边的、区域性谈判、交涉和对话协商为主要外交手段,解决和处理环境领域中国际关系的一切活动、制定有关行为规则以及采取环境治理阶段性达标的措施。参见杨鲁慧:《环境外交中的国家意志与公共政策协调》,载《世界经济与政治》2010 年第 6 期。

年里,我国经济基本上保持着“粗放型”的发展模式,以消耗自然资源为代价换取经济的快速增长。这样的经济模式注定是不能长久发展下去的。基于此,党的十八大报告中明确指出:“推进经济结构战略性调整。这是加快转变经济发展方式的主攻方向。必须以改善需求结构、优化产业结构、促进区域协调发展、推进城镇化为重点,着力解决制约经济持续健康发展的重大结构性问题。”在过去的几年时间里,我国经济发展的总体态势逐渐放缓,不再将追求 GDP 作为发展的唯一目标。同时,将生态环境保护作为考核党政机关主要负责人政绩的指标之一。党的十九大报告中也明确指出,我国“正处在转变发展方式、优化经济结构、转换增长动力的攻关期,建设现代化经济体系是跨越关口的迫切要求和我国发展的战略目标”。由此可见,我国当前正处于经济发展的转型期。

我国经济的转型升级需以生态保护为杠杆,将资金流引入高新技术领域,从而促使我国经济体系实现现代化。一直以来,人们往往只看到环境保护与经济发展之间的矛盾,而忽视了在矛盾体发展到一定时期,矛盾一方对另一方的促进作用。环境保护与经济发展是一对矛盾共同体。当经济发展到一定程度,环境保护与经济发展就走向了对立面。当矛盾激化后,矛盾一方可能会向新的更高一级形式发展。此时,矛盾一方对于另一方不再是制约的作用,而是促进的作用。同样,当经济向新的更高一级水平过渡时,环境保护不仅不阻碍经济的发展,反而会促进经济的转型。直到旧的矛盾体破裂,新的矛盾体形成。我国经济当前正处于转型升级阶段,环境保护在此过程中起到的是促进作用。因此,当前的经济发展更迫切需要环境保护这一有力杠杆,促使新的经济体系的形成。

其次,在环境立法状况方面。就环境立法数量来看,我国已制定环境保护法律 11 件,资源保护法律 20 件,环保行政法规 40 件,环保部门规章数百件,相关地方人大和政府制定的地方性环保法规和规章 1000 余件,最高人民法院等还出台了关于环境犯罪、环境民事公益诉讼、环境侵权责任等方面的司法解释。[45] 环境与资源保护法律“约占国家全部法律的 1/10”。[46] 环境立法的数量表明我国具备了环境法法典化的基础。但是,环境法作为一个新兴法律部门,经过一段“野蛮式”生长以后,目前出现了法律规范间的割裂和冲突、协调不足等问题。[47]

---

〔45〕 吕忠梅:《将环境法典编撰纳入十三届全国人大立法计划》,载《前进论坛》2017 年第 4 期。

〔46〕 汪劲:《环境法学》,北京大学出版社 2014 年版,第 34 页。

〔47〕 张梓太:《论法典化与环境法的发展》,载《华东政法大学学报》2007 年第 3 期。

这些问题主要表现在以下几个方面：其一，环境单行法之间的割裂和冲突。环境单行法的制定往往是按照环境要素划分的，如水法、森林法、大气污染防治法、土壤污染防治法等。然而，这种割裂式的划分方法使法律实施难以有效协调，原因在于某些环境要素不仅蕴含生态功能，还具有资源价值。例如，水本身蕴含着一定的生态功能，单位的水中蕴含着一定的环境容量，具有稀释和净化污染物的功能。同时，水对于人们的生活和生产而言，又是一种不可或缺的资源。因此，水资源归水务部门管理，水污染防治归环保部门管理。而这样的权限划分并不十分明确，从而导致不同部门之间的冲突或推诿。森林、土地和草原等环境要素也具有同样的特征。其二，不同部门之间的协调不足。环境的治理是一个综合性工程，单一依靠某一部门是不可能顺利完成的。尽管法律明文规定各个管理部门之间应当相互配合，但实际执行过程中因不同部门之间的利益不同，存在协调不足的情形。例如，环境税法在执行过程中存在大量环境数据造假的问题，其原因之一是税务部门与环保部门之间利益的不协调。其三，环境法与传统法律部门之间的衔接不够。环境法现作为一个独立的法律部门，在整个法律部门体系中却存在融合不足的问题。例如，环境侵权应是适用侵权法，还是应在环境法中单独规定侵权规则存在不同观点。同样，关于环境公益诉讼，其应是纳入传统民事诉讼之中还是单独作为环境法中程序法的一部分？这些争议导致了现实司法裁判的不统一。其四，环境法存在立法空白。例如，气候变化法到底是否应包含在环境法范围之内？[48] 这一问题实质上是环境法到底是否调整人与自然之间关系问题的延伸。原因在于气候的变化并非完全为人类所控制，但人类却能对其产生影响。其五，技术规范与法律规范之间的不一致性。传统违法性标准的判断往往依据的是人们的客观经验。例如，法律将完全行为能力规定为年满 18 周岁依据的是人们生活的客观经验。但环境法对违法性的判断往往依据的是环境技术标准，这就往往会造成人们的客观经验与环境技术标准之间相互冲突的现象。

最后，强烈的社会生态需求是环境法典编纂的根本动力，同时也是法典编纂的社会条件。我国环境法律现状符合法典化前的规律特征，然而这一特征并不能成为编纂法典的“应当性”理由。但环境法律现状与强烈的社会生态需求之间的矛盾则为环境法典的编纂提供了必要条件。生态需求为法典编纂提供的社会条件和改善环境法律现状所提供的必要条件的统一，就为环境法典

---

〔48〕 王灿发、陈世寅：《中国环境法法典化的证成与构想》，载《中国人民大学学报》2019 年第 2 期。

的编纂提供了充分的前提条件。基于此,可以得出我国环境法应当法典化的结论。

四、对"如何法典化"的回答

确定了我国环境法是否应当法典化这一基本问题之后,可以进一步对"如何法典化"问题进行回答。"如何法典化"问题大体可以分为三个方面:一是采用何种法典模式;二是如何界定环境法典的调整范围;三是采用何种体例。针对以上三个方面,下文依此说明。

(一)法典模式的选择

法典化是法律形式不断演变的过程。一般情况下,法律的形式演变需要经历四种不同模式,即单行法模式、基本法模式、形式法典模式和实质法典模式。按照事物发展的一般规律来讲,四种模式是循序渐进向前发展的。但法典模式的选择也不是机械的。具体到我国环境法典编纂模式,按照法律一般的演变规律,我国环境法典的编纂可以选择形式法典模式和实质法典模式。实质法典模式旨在通过创制一套互相耦合的规则来系统化地革新法律秩序,而形式法典模式则仅是针对现行法进行类型化的重述与汇集。[49]

目前,我国环境法学者大多支持动态性"适度"法典化模式,具体是指对当前的环境法律体系进行一定程度的整理和统一,从而达到较低层次的法典化水平。而后,随着环境法发展成熟进而进行高层次的法典化。[50] 这一模式介于形式法典模式与实质法典模式之间。然而,动态性"适度化"法典模式具有一定的模糊性。这种模式只是对法典的编纂做了定性分析,但法典的编纂到底是侧重于实质性编纂还是形式性编纂仍具有模糊性。这种模糊性就会造成法典编纂的工作重心不明确,从而影响环境法典的编纂进程。根据目前我国环境法律现状和环境法学理论基础,以及对域外环境法典的借鉴经验,我国环境法典的编纂应当采用以形式为主、实质为辅的法典化模式。

首先,基于我国环境法律现状而言,我国环境法具有了编纂形式性法典的必要性和可行性。诚如上文对我国环境法律现状的总结,我国目前已经存在相当规模的环境法律。由此为环境法法典化做了前提准备,从而使法典化具有了可行性。然而,现行的环境法律规范却又存在诸如法律之间割裂和冲突、

---

〔49〕 See Bergel J. L., "Principal Features and Methods of Codification", *La. L. Rev.* 5, 1987, pp. 1073-1097.

〔50〕 张梓太:《论我国环境法法典化的基本路径与模式》,载《现代法学》2008年第4期。

协调不足、立法空白等问题，这就为环境法典的编纂提供了必要性基础。因此，有必要通过法典化的形式对我国目前的环境法律规范进行整理和规范。对环境法的整理和规范就意味着法典化的模式并不是实质性编纂，即创制一种抽象的概念体系将已有的规范进行系统化整理，而是对现行法律规范进行类型化重述。这种编纂方式就决定了法典的编纂模式，即形式性法典化。

其次，社会强烈的生态需求对法典的形式所期许的并不止于形式性法典化，而是期望能编纂实质性环境法典，这也是诸多法学者的共同愿望。然而，现实薄弱的环境法学理论基础和混乱的环境法律现状却注定了我国环境法法典化只能以形式性编纂为主，以实质性编纂为辅。其原因在于：

第一，环境问题的急迫性使得环境法律呈现“野蛮式”的增长，无暇等待环境法学基础理论的逐步夯实。从环境立法文本的变迁可以看出，国家先后制定了30多部环境保护相关的法律，其总量已超过立法总量的1/10，而这些法律不少制定于20世纪80年代。[51] 国务院又先后制定了《自然保护区条例》《野生动物保护实施条例》等环境保护行政法规130余部，并制定了国家环境标准近2000项。[52] 短短几十年的时间，环境立法的增速远远超过传统部门法中的任何一种。环境法的快速发展未给环境法学界留下充分的时间对现行的环境法进行充分论证，更无法为环境法的未来发展提供明确的指导。在这样一种环境立法领先于环境法学理论研究的态势下，就会造成环境法学者不断地忙于为各种新生的环境法提供合法性、合理性和正当性论证，从而造成环境法学界热点追踪式研究，忽视对环境法学基础理论的研究，最终形成一种为了研究而研究的恶性循环状态。面对这一情形，有学者提出要重新审视环境权对于环境法学的重要性，对我国当前的环境权热潮进行理性的审视。[53] 因此，环境法学的研究应理性回归到环境法学基础理论研究中来，以不变应万变。

第二，环境法学的研究存在专题化、割裂式的研究范式，从而影响环境法学基础理论的统一。有学者就指出当前的环境法学基础理论研究存在诸多问题，学界并未就环境法的基础理论问题如环境权、环境利益、环境法的本位问

---

〔51〕 金瑞林：《市场经济与环境立法》，载《环境保护》1995年第6期。

〔52〕 孙佑海：《改革开放以来我国环境立法的基本经验和存在的问题》，载《中国地质大学学报》（社会科学版）2008年第4期。

〔53〕 巩固：《环境权热的冷思考——对环境权重要性的疑问》，载《华东政法大学学报》2009年第4期。

题、环境法的调整对象、环境法体系划分等达成共识,从而导致整个环境法的研究在一定程度上呈现一种"地域割离"的状态。[54] 这种专题化的研究只取得某一方面的研究成果,但环境法学基础理论的丰富性也就此被屏蔽,从而导致在很多时候反而要靠实务、制度研究拉动其他环境法学基础理论研究的怪状。[55] 因此,环境法学界偏重纵向研究而忽视横向研究的方法必然使各个学者"自说自话",环境法学研究的自身内部割离必然影响环境法学理论的统一。进一步讲,这种分离也无法有效与其他传统部门法学进行有效的沟通和协调。最终,也无法为环境法的发展提供有力的理论供给。

第三,环境法理论基础不牢。生态中心主义可以说是环境法得以形成的伦理基础,但原本的照搬到法学理论体系之中,则必然影响环境法学基础理论的形成和统一,更无法为环境法的发展提供较为实际的理想蓝图。目前,环境法学理论基本倾向于摆脱传统部门法人类中心主义哲学研究范式,试图开拓出一种新的法学范式以使环境法得以独立。然而,环境法学这一努力倾向却因不能为现实提供切实可行的方案而濒临破产。环境法学从本质上仍然属于法学的基本理论范畴,这就注定了环境法学必将与传统法学共用一个伦理学前提,即人性本恶。而环境法学中的泛生态主义与法对人性基本预设之间的冲突必然阻碍环境法学基础理论的统一。因此,法律与道德之间的有效区分是环境法学不得不解决的根本问题之一。寻找一种介于人类中心主义和生态中心主义的伦理学基础是环境法学得以统一的根本保障,修正人类中心主义则可以有效调和法律的现实性和道德的理想性之间的矛盾,进而成为环境法学的伦理基础。

总之,环境法基础理论薄弱存在客观和主观的原因,从而使环境法理论无法为环境法提供有力的理论支持,更不能为环境法的未来发展提供明确的指导。环境法基础理论的薄弱未能为环境法典的编纂提供一个较为完整的、抽象的概念逻辑体系,未能为实质性法典的编纂绘制一幅完美的法律图景。然而,并非现存的环境法基础理论一无是处。相反,其为环境法典的编纂提供了丰富的学说资源,但也应随环境法典的编纂进行整理和统一,从而发挥其最大效能。

---

[54] 宋福敏:《论我国环境法的理论研究特色》,载《沈阳师范大学学报》(社会科学版)2017年第4期。

[55] 蔡文耀:《环境法学基础理论研究的困境及其克服路径——基于十五种法学核心期刊刊载论文的调查》,载《江西理工大学学报》2019年第4期。

最后,就目前世界范围内已形成的环境法典来看,其中比较典型的有三种:其一,德国式法典化。虽然德国环境法典并未颁布,但其草案产生了广泛影响。严谨的德国法律传统同样赋予了草案结构完整、逻辑严谨的品质,故而被学术界一致称为实质性环境法典。有学者就称其为革新型实质法典化。〔56〕其二,法国式法典化。法国人的浪漫主义同样体现在其法典编纂中,其放弃对法典确定性和稳定性要求,而是对所有环境法律规范进行简单排列和分类集中。故而有学者称为汇编型形式法典。〔57〕其三,瑞典式法典化。瑞典环境法典虽然是最早颁布的环境法典,却表现出"稳重"的性格。瑞典环境法典仍然秉持实用主义立场,但也持有一些理性主义追求。故而该法典放弃了法典绝对的严密性和确定性,保持法典的相对开放性和可操作性。因此,这种框架性编撰加授权立法的实质编纂模式,既汇集整合了诸多已有立法,又在一定程度上进行革新,实现了环境立法现代化的愿景。〔58〕综上可以看出,当今世界各国在编纂环境法典时均对实质性环境法典的编纂持保守态度。德国虽然进行了实质性编纂,但法典最终未经颁布。因此,在形式编纂和实质编纂之间,以形式编纂为主、实质编纂为辅是当下法典编纂不错的选择。

(二)调整范围的界定

确定环境法典的调整范围是立法者围绕环境法的核心范畴进行外延划界的过程。〔59〕环境法典调整范围的确定不仅是对现有法律规范的简单排列和分类,同时还要依据学理对其进行归纳。这样一来,环境法典的编纂不仅是环境法律形式自身的革新,同时也是环境法学理论的整合和统一。环境法典调整范围确定问题大致可以分为两个方面,一是环境法自身在法领域内边界的确定;二是环境法法律关系范围的确定。

首先,环境法之所以成为一种独立的法律部门,是因为其有自身的领域边界。但在识别环境法规范时却容易陷入两个极端:要么认为所有法都是环境法、要么忽视任何形式的环境法。〔60〕此类现象揭示了环境法范围的难以确

---

〔56〕 彭峰:《法典化的迷思——法国环境法之考察》,上海社会科学出版社 2010 年版,第 40~41 页。

〔57〕 彭峰:《法典化的迷思——法国环境法之考察》,上海社会科学出版社 2010 年版,第 40~41 页。

〔58〕 竺效、田时雨:《瑞典环境法典化的特点及启示》,载《中国人大》2017 年第 15 期。

〔59〕 李艳芳、田时雨:《比较法视野中的我国环境法法典化》,载《中国人民大学学报》2019 年第 2 期。

〔60〕 See Van Reenen, T. P., "Reflections on the Codification of South African Environmental Law (2): A Suggested Normative Structure and Content of a Codification", *Stellenbosch L. Rev.* 3, 1994, pp. 331-363.

定,这是由于环境法不仅在规范目的上存在重叠,还常常需要将其他规范作为适用基础。[61] 因此,应当制定一个较为合理的标准界定环境法典调整范围的边界。有学者根据比较法上的经验归纳环境法调整范围的标准,包括环境问题应对规范、环境立法与执法的部门权限,对环境产生影响的人类行为以及环境利益等方面。[62] 但这些标准要么显得过于宽泛,要么过于狭隘。比如,根据环境问题应对规范这一标准,可以确定大部分环境法典的内容,但也可能导致内容的碎片化。同时,由于治理环境问题是一个综合工程,因此其他法律部门也会对环境问题的应对产生作用,而其他部门又不便划到环境法典之中。又如,根据环境立法与执法部门的权限进行划分,环境立法难以周延,实践中会产生部门之间难以协调的难题。若以环境利益为标准则同样会造成"大环境法"现象。

由此看来,环境法典范围的界定标准并不应当是单一的,而应是多重的,应以环境问题应对与环境问题技术性双重标准划定其范围。依据环境问题的应对标准可以将污染防治、生态保护、自然资源保护和利用等内容划入环境法典之中。但民法、刑法和经济法中都或多或少地包含这些应对环境问题的内容,因而就需要有另一个标准对其进行适当切割,即技术性标准。众所周知,环境法是法律规范与技术标准的结合,技术标准是判定行为人违法与否的客观依据。因此,技术标准运用的广泛程度应当成为环境法典范围界定的标准之一。例如,民法中的相邻权和地役权实际上是对环境权在民法中的一种解读,但我们依旧将其归入民法调整范围。原因在于这些环境问题并不过多依赖于环境标准,司法实践中也不会依据环境标准对其进行判定。同样,在刑法和经济法中,尽管也有运用环境标准,但不是法官判决的主要依据。相反,在环境法中,无论是立法、执法还是司法,均会广泛运用环境标准。因此,根据环境问题应对和环境标准两个尺度可以有效划分环境法的外部边界,同时有助于环境法内部边界的形成。

其次,将环境问题应对和环境技术作为环境法典调整范围的标准只是将环境法与其他部门法进行了有效切割。但有一个值得探讨的问题是,在环境法调整的法律关系方面,环境法是只调整人与人之间的关系,还是包括人与自

---

[61] 汪劲:《环境法学的中国现象:由来与前程——源自环境法和法学学科发展史的考察》,载《清华法学》2018年第5期。

[62] 李艳芳、田时雨:《比较法视野中的我国环境法法典化》,载《中国人民大学学报》2019年第2期。

然的关系。目前,学界大多数学者认为环境法调整的是人与人之间的社会关系,自然只不过是人与人之间关系的媒介。也有学者认为环境法还调整人与自然之间的关系。[63] 这种法学理论上的分歧就会引起对环境法典调整范围的困惑。在中国,纳入环境法典内容最具争议的部分是关于"是否将气候变化法纳入环境法典"。[64] 此外,还包括基因工程和自然灾害等问题。而这些问题存在一个共同的特征是气候变化与生物技术领域均具有科学不确定性,较之于传统环境问题所带来的确定性损害,其所隐含的环境风险更为深刻地影响着人类健康和生态环境。[65] 因此,如果环境法只是调整人与人之间的关系,则这些问题就不必纳入环境法典之中。若还包括人与自然之间的关系,则应纳入其中。原因在于这些问题的不确定性是人类所不能完全规制的,其主要受自然规律的支配。人们通过环境法欲构建的生态秩序未必与自然形成的生态秩序相吻合,但人类总试图通过法律的手段去构建一个相似的生态秩序。因此,在人类与上帝争夺自然控制权时,环境法典应暂时搁置这些问题,可以通过单行立法的形式对这些问题进行规制。

(三)体例的安排

对于环境法典的体例,学界基本形成了共识,即遵循"总—分"的体例模式。但在总则和分则的编排上还是有一定的差异的。

首先,关于总则的内容。较有争议的是基本原则。《德国环境法典(草案)》(2008年版)高度概括了三项原则,[66]《法国环境法典》归纳出九项原则,[67]《瑞典环境法典》详细列明了十项原则,[68]甚至最为形式化的《意大利环境法典》也规定了四项原则。[69] 其中,较为普遍规定的有风险防范原则、污

---

[63] 参见蔡守秋:《调整论——对主流法理学的反思与补充》,高等教育出版社2003年版,第34页。

[64] 王灿发、陈世寅:《中国环境法法典化的证成与构想》,载《中国人民大学学报》2019年第2期。

[65] 李艳芳、田时雨:《比较法视野中的我国环境法法典化》,载《中国人民大学学报》2019年第2期。

[66] True C.,"Germany-the Drafting of an Environmental Law Code(UGB)",*European Energy and Environmental Law Review* 2,2009,pp. 80-90.

[67] 风险防范原则、预防行动原则、污染者付费原则、信息公开原则、公众参与原则、生态整体性原则、可持续利用原则、生态互补性原则与禁止后退原则。参见《法国环境法典》(Code de l environment) Article L110-1。

[68] 证明责任原则、必备知识原则、风险预防原则、最佳适用技术原则、合理选址原则、产品选择原则、资源管理和生态循环原则、成本合理原则、污染者负担原则与危险活动停止原则。参见《瑞典环境法典》(Swedish Environmental Code) Part One,Chapter 2。

[69] 环境行动原则(融合了预防原则与污染者负担原则等)、可持续发展原则、辅助和公平合作原则、公众参与和信息公开原则。参见《意大利环境法典》(Codice dell'ambiente) Art. 3。

染者负担原则、公众参与原则、预防原则以及合作原则。我国现行《环境保护法》第5条规定:“环境保护坚持保护优先、预防为主、综合治理、公众参与、损害担责的原则。”对比普遍的原则规定,会发现我国环境法基本原则中缺少风险防范原则和合作原则,而这两项基本原则应当写入环境法典之中。风险防范原则能够体现在环境法分则的各个部分。无论是污染防治、生态保护还是资源利用,均需要提前对环境风险进行防范。合作原则则主要体现在环境治理层面。具体到法律运行过程中,执法机关需要与各个社会团体进行合作,司法机关需要与执法机关相互配合,环境修复需要第三方的参与。因此,环境治理这项综合工程需要合作原则作支撑。

其次,关于分则的内容。有学者认为应当包括污染防治编、生态保护编、自然资源编、可再生能源和资源的综合利用编及法律责任编等。[70] 也有学者认为应当包括污染防治法、自然资源法、生态保护法、区域自然人文环境养护法和环境资源综合管理与调控法。[71] 污染防治、自然资源和生态保护三个方面已经形成了共识,而其他方面则各有不同。可再生能源和资源的综合利用与环境资源综合管理与调控本质上是一致的,只是提法不同。但法律责任编和区域自然人文环境养护则因学者不同而观点各异。环境法律责任不应单独成编,原因在于环境法律责任是对分则中各单行法律责任的抽象。如果单独成编则不应放入分则中,相反应当放入总则中。此外,尽管《环境保护法》中所定义的“环境”包括人文环境,但区域自然人文环境养护不应单独成编。否则会导致分则体系内容比例失衡,此编可以与环境资源综合管理归为一编。

最后,关于附则的内容。附则主要规定环境法典与其他法律规范之间的衔接规则,大致可以分为三个方面:一是环境法典如何与环境国际条约相协调;二是环境法典与其他传统法律部门如何进行协调、互补的问题;三是环境法部门内部环境法典与环境单行法律、法规和规章等之间的关系,以及它们之间如何实现共存互补的问题。[72] 其中最具争议的是环境法典与传统法律部门之间的协调问题。众所周知,环境法中大部分内容涉及行政法与行政诉讼法。现行环境保护法共70多条,40多条属于行政法的内容。因此,环境法与行政法之间的关系应当是特别法与一般法的关系。环境法中应当规定有别于行政法中关于行政执法程序和行政法律责任的内容。若环境法中未作规定,

---

[70] 王灿发、陈世寅:《中国环境法法典化的证成与构想》,载《中国人民大学学报》2019年第2期。
[71] 张梓太:《论我国环境法法典化的基本路径与模式》,载《现代法学》2008年第4期。
[72] 张梓太:《论我国环境法法典化的基本路径与模式》,载《现代法学》2008年第4期。

则由行政法和行政诉讼法作补充。同时,环境法与民法、刑法和诉讼法的关系亦是如此。环境法应当规定自己独特的法律内容、法律程序和法律责任,以有别于传统法律部门。若出现法律空白,则由传统法律部门作兜底性补充。坚持这一原则,有利于环境法作为法律部门的独立,同时有利于环境法与其他部门法之间的沟通,从而避免陷入“大环境法”或者“无环境法”的两难困境中。

五、结语

总而言之,我国环境法“是否应当法典化”应遵循法律法典化的一般规律,更应符合环境法法典化的自身规律。环境法法典化形成其独特规律的根本原因在于环境问题的严重性和复杂性。正因如此,才使环境法出现了“立法膨胀”现象,同时也造成了环境法学理论基础的薄弱,进而引起部分学者对法典化的担忧。但法典的功能主义决定了其必须坚守实用主义立场,秉持实用主义优于理性主义的观念。在这一基本理念之下,我国环境法应当法典化,且应编纂以形式为主、实质为辅的环境法典。也许这样的法典化并不能与我们的实质性法典理想相吻合,但更合乎社会发展现实需求。关照社会现实并不意味着对实质性法典理想的放弃,相反更惊醒环境法学者多一点对基础理论的研究,夯实环境法学基础理论,为未来实现实质性法典理想打下坚实的基础。

《环境资源法论丛》
第12卷，第28~65页

中国环境法法典化的实现路径*

李小强**

摘　要　民法典编纂引领了法典化的新潮流，法典化议题在环境法学界又一次刮起了一股“强劲之风”。那么，中国的环境法法典化该如何实现，首先应该从法典化与环境法法典化之间的关系谈起，这也是环境法法典化命题提出的一个前提。中国环境法法典化的实现既要重视中国传统的法典化之“本土资源”，又要借鉴其他国家的法典化之“域外经验”，唯有这样，中国的环境法典才会更具有包容性。就中国环境法法典化实现路径来说，应当将其定位为整理策略的环境法典，从而分两步走实现环境法典的制定：第一步完成环境法律规范的体系化整理；第二步实现环境法典的编纂。完成这个过程，需要提出对中国环境法典具体内容的构想。

关键词　法典化　环境法　实现路径　环境法典

一、选题之缘起

我国民法学界对民法典的期待是编纂一部21世纪世界上最具有代表性的

---

* 本文是2018年中国法学会环境资源法学研究会招标项目“中国环境法法典化之反思——兼论我国环境立法模式之选择”（项目编号：CSERL-FDH-18011）的阶段性研究成果。

** 李小强，华东政法大学经济法学院博士研究生。

民法典，以期推进中国特色社会主义法律体系进一步的发展完善，[1]更好地回应社会现实，解决民事法律之间的不协调和不适应现象，从而对世界范围内的法典化理论提供“中国智慧”。乘此法典化之“东风”，环境法学界欲效仿民法典的编纂制定一部环境法典。那么，作为新发展起来的法律部门，环境法律是否可以像传统的民法那样编纂出一部逻辑严谨、体系完整的法典呢？如果可以，那么环境法法典化又该如何定位？与传统的欧陆法系法典又有何区别呢？众所周知，我国数千年以来具有深厚的“法典传统”文化，那么，传统的“法典”文化对我国编纂环境法典是否有可资借鉴之处呢？自清末变法修律以来，我国本着“中体西用”的精神借鉴吸收欧陆法系的法律，那么，若在环境法典编纂过程之中，欧陆国家现在的环境法典是否还有值得学习借鉴之处呢？如果以上问题均可以顺利得到答案，或者说在我国是可以制定出一部环境法典的，那么面对我国现阶段的改革现状和环境法律的发展情况，是否在这一时期正是制定环境法典之时呢？带着这些疑惑和问题，笔者选择“环境法法典化”这一话题进行研究和探讨。

二、法典化与环境法法典化

法典化是一个宏大的命题。自有人类社会以来，规则约束就逐渐步入人们生活的视野之中并且逐渐呈体系化之态势，而体系化的最高表现则为法典。法典化，自提出以来就备受争议，肯定者有之，否定者亦有之。首次提出“法典化”这一命题的是英国著名法学家和思想家边沁（Jeremy Bentham，1748～1832年），他认为法典应当具备完整性、体系性，并且法典是一切法律的法源。著名思想家哈耶克则认为“真正的法律”是以普通法（非法典化）为重心的法律，[2]因此他反对进行法典化。历史法学派创始人萨维尼则认为，法典一经制定，天下所有人都要受其约束，试问人类何有如此智慧。[3] 可见，法典化的确是一个极富争议的法学命题。

环境法作为一个独立的法律部门，其部门法的独特地位在我国是近几年才得到法学界的普遍认同。但是，作为一门新兴的部门法，其发展速度却极为

---

〔1〕 参见吕忠梅：《中国民法典的“绿色”需求及功能实现》，载《法律科学》（西北政法大学学报）2018年第6期。

〔2〕 [英]弗里德里希·冯·哈耶克：《法律、立法与自由》（第1卷），邓正来、张守东、李静冰译，中国大百科全书出版社2000年版，第132页。

〔3〕 参见於兴中：《法理学前沿》，中国民主法治出版社2015年版，第11页。

迅速。在我国现有的法律体系之中,环境法律已经占据了一席之地。随着单行法律的增多,各不相同的单行法之间内容上就会出现不协调。[4] 因此,环境法法典化的议题也就应运而生。对于环境法法典化,支持者有之,反对者亦有之。

(一)法典化概论

谈及法典化,首先应当明确何为法典。大陆法系的"法典"一词来自拉丁文"codex"(法典),其最初的含义与我们今天所使用的书的含义相似,曾有一段时间(公元3世纪至4世纪)"codex"一词的含义与书同义;直到公元5世纪,"codex"一词才有了"完整、系统的法律汇编"的含义;公元6世纪之后逐渐才有法典的含义。[5] 但是,这一时期法典的概念是一个法律混合概念。15世纪以来,"法典"一词逐渐意指相对全面、系统的法律部门,从而取代了以前的混杂现象;以1804年《拿破仑法典》(《法国民法典》)的颁布为标志,"法典"一词意指由立法机关颁布的某一法律部门比较集中的系统性文件。它并不是一个法律整理的过程,而是一个由立法机关重新制定和颁布法律的过程,其特点是具有学理性、系统性、确定性和内部和谐统一性。[6] 就现代意义上的法典而言,自19世纪初期开始,经历了《法国民法典》的编纂到《德国民法典》的编纂,法典化达至了高级阶段,这也标志着"法典"一词含义已基本确定,即意指现行法律最高形式的系统化。

就英美法系(普通法法系)而言,对于"法典"一词的理解较为宽泛,据《牛津现代法律用语词典》(第2版)的解释,"法典"(code)一词包含三层含义:其一,指现行法律的汇编;其二,系统合并的制定法;其三,全部法律的修订,包含制定法和判例法。根据《布莱克法律词典》对"法典"一词的含义,包含以下几个方面:第一,经过仔细编排官方公布后形成的一个实定法的完整体系;第二,对法律、法规和规章系统整理或修改之后形成的系统性文件。根据《元照英美法词典》"法典"的含义是指:其一,既存制定法的编纂;其二,法律的系统性汇编;其三,立法机关颁布的法典。

自古以来,我国就有各种法律典章,从"三代"时期开始,就有刑法典产生,例如,《禹刑》《汤刑》《吕刑》等。及至春秋战国之时,魏国法家的代表人物李

〔4〕 [德]派纳:《公法法典化的思考——以环境法和营业法为例》,载范健、邵建东、戴奎生等主编:《中德法律继受与法典编纂》,法律出版社2000年版,第255页。

〔5〕 [意]桑德罗·斯奇巴尼:《法典化及其立法手段》,载《中外法学》2002年第1期。

〔6〕 参见董茂云:《比较法律文化:法典法与判例法》,中国人民公安大学出版社2000年版,第1页。

悝制定了《法经》,这标志着我国首部比较系统的成文法典的诞生。到了唐代,法典达到了封建时期法典编纂的高峰,最典型的代表就是《唐律疏议》的颁布。但是,近代以来,随着鸦片战争的爆发以及辛亥革命的进行,中国封建王朝的最后一部法典《大清律例》宣告历史终结,这也标志着封建法典在中国社会的结束。通过比较可以看出,传统中国社会的法典与近现代意义上的法典根本是两个不同的概念。古代中国的"法典"一词,主要指统治者制定的刑律,其目的重在维护王朝的统治,因此也就不具有现代意义上"法典"一词的含义。19世纪以来,随着西方法文化的输入,关于法典的认识与立法实践发生了前所未有的变化。〔7〕 沈家本等一批有为之士开始"变法修律",现代意义上"法典"一词才传入我国,今天我国法学界通用的"法典"一词也是从这一时期开始使用的。并且,我国在学习借鉴西方国家法律的过程中,主要以大陆法系国家的法律为学习对象。

法典化在理性主义思潮下得以展开,在19世纪初期,功利主义法学家边沁首提法典化,据传在其提出法典化之后,曾分别向俄国掌权者亚历山大一世(Alexander I,1777~1825年)和美利坚合众国总统詹姆斯·麦迪逊(James Madison,1751~1836年)呈书,请求委托其为该国从事法典编纂之事宜。〔8〕

关于法典化的内涵,学者们分别给出了不同的界定。有学者认为,法典化就是在一定的原则、概念和规范的指引下,国家立法机关把基本的法律部门按照一定的体系编纂成体系性、确定性和内部和谐一致性的法典。〔9〕 法典化就是一个部门法的法律进行系统化、逻辑化的过程,其遵循着一定的规则和规律。就普遍意义而言,法典化又可以称为法典编纂和编纂法典,其目的就是形成一部体系严谨、逻辑清晰、结构合理并且内容明确的法典。也有学者认为,法典化应当有三层含义:其一,将涉及同类社会关系的法律规范尽可能地收集到一个法律文件中,减少搜索的难度;其二,立法时尽可能地注意相互关联的社会关系,尽可能地将调整相互联系的社会关系规则规定到同一部法律之中;其三,明确法的层次性和权威性,不能用行政法规和部门规章代替法律的权威性。〔10〕 笔者认为,法典化就是指由国家权力机关颁布体系严谨、逻辑清晰、结构合理、内容明确,并且内容上包括总则和分则两个部分的动态法典制定过程。

---

〔7〕 参见公丕祥:《东方法律文化的历史逻辑》,法律出版社2002年版,第99页。

〔8〕 [日]穗积陈重:《法典论》,李求轶译,商务印书馆2014年版,第8页。

〔9〕 [英]C. M. 施米托夫、段兢鸣:《国际贸易法的法典化》,载《环球法律评论》1986年第6期。

〔10〕 参见乔新生:《中国法典化之路》,载《政治与法律》1998年第1期。

根据大陆法系和英美法系各自对法典化的不同定义,其意指的法典化必然也各不相同。但不可否认的是,法典化就是一项编纂法典的活动,其本身是一项程序性活动。与法典相比较而言,法典化是一个动态的过程,而法典则是静态的。在现实生活中,法典化除了其自身所具有的意义之外,还具有一定的外在意义。首先,法典化具有一定的政治意义。近代以来,法典化的实现是民族国家独立的结果。无论法国大革命之后由拿破仑主持编纂的《法国民法典》,还是德意志统一后编纂的《德国民法典》,都在一定意义上体现了法典化的政治意义。因为法典化的一个前提就是要求统一国家的建立,只有国家统一这个前提得以建立,编纂法典才具有一定的现实价值,否则,法典的编纂就可能沦为理论家们的"天方夜谭"和"海市蜃楼"。其次,法典化具有一定的经济意义。法典化随之而来的是法律的确定性和可预期性,那么,市场上的经济行为同时也就具有了可预期性,从而有效地保障市场交易。〔11〕 最后,法典化对繁荣法学教育和法学研究有一定的意义。〔12〕 作为法典化产物的法典,一般而言具有一定的体系性,从而有利于法学教育的开展,因为法学教育的开展是需要以体系化的知识为前提的。

(二)环境法法典化

如同法典化一般,环境法法典化也存在着大量的论争。这些不同的论争包括环境法是否应当进行法典化以及应当如何进行法典化等一系列问题。与法典化相比而言,环境法法典化可能更具有鲜明的自身特色和学科属性。环境法作为兴起于20世纪五六十年代的新兴部门法,与传统的部门法不同,自产生以来就具有鲜明的问题应对性,并且环境立法是近年来我国立法最为活跃的一个法律部门。〔13〕 因此,环境法律部门内法律比较零散,单行法相对较多且不容易整合。

1. 环境立法之演变

环境立法的发展经历了一个过程,并非凭空出现、一蹴而就,而是随着环境问题的日益严重而逐步出现的。从其产生之初发展至今,环境法自身也在不断地完善。环境立法的演变过程可以从国际和国内两个角度来予以审视。

---

〔11〕 参见郑少华:《商法与经济法:市场经济发展的重要法律制度设计》,载《法商研究》(中南政法学院学报)1995年第1期。

〔12〕 参见王利明:《论民法典的体系化与民法学教育》,载《中国法学教育研究》2008年第4期。

〔13〕 参见汪劲:《环境法律的解释:问题与方法》,人民法院出版社2006年版,第248页。

(1)国际上环境立法的发展演变

国际上环境立法的演变根据各个时期法律的特点和表现形式,基本上可以分为以下几个阶段:

第一个阶段(1840年第一次工业革命之前),环境立法零散时期。随着大机器生产的出现,环境问题逐渐进入人们的视野。1306年英国国会开会期间颁布了禁止伦敦工匠和制造商用煤,防止煤烟污染的公告。1448年德国颁布了《森林条例》保护森林资源。1609年法国国王路易十四颁布了森林和水方面的禁令。1719年俄国彼得大帝颁布了严厉的保护森林措施,并且对污染涅瓦河等河流的行为进行了相应的法律措施规定。[14] 综合来看,这一时期的环境保护立法比较分散,大多见于其他法律之中。主要原因是因为当时的环境问题并不明显,社会处于工业革命起步阶段。

第二个阶段(1840年第一次工业革命之后到20世纪50年代),环境立法起步时期。随着工业革命的实现,城市化和工业化带来的废水、废气等环境问题逐渐变得严重。于是,专门的环境立法开始出现。例如,英国国会于1857年颁布的《防烟法》,1876颁布的《河流污染防治法》等;美国于1864年颁布的《煤烟法》,1866年颁布的《矿业法》,1870年颁布的《木材种植法》,1872年颁布的《沙漠土地法》等一系列有关矿业、木材、沙漠和土地的法律;日本于1912年制定的对煤烟排放行为进行规制的《工厂法》等一系列专门的环境立法。除此之外,部分国家开始制定保护自然资源的法律,一些国家还建立了国家公园与国家自然保护区。[15] 总之,这一时期的环境立法开始针对环境问题而设置,但是没有环境保护整体意义上的法律,主要是一种"头疼医头,脚疼医脚"的立法。

第三个阶段(20世纪50年代至今),环境立法发展和完善时期。环境法律针对环境问题的集中爆发而产生,"环境八大污染事件"助推环境立法进入了蓬勃发展的时期。各国相继制定了环境基本法和各类环境单行法。例如,1969年美国颁布了《国家环境政策法》,另外还有各项单行法,包括:1963年颁布的《清洁空气法》,1965年颁布的《固体废物处置法》,1972年颁布的《联邦水污染控制法》和《海洋倾倒法》,1976年颁布的《资源保护和恢复法》,1986年颁布的《超级基金法》,1996年颁布的《安全饮用水法》等;日本于1969年通过并颁布的《公害对策基本法》,1993年通过并颁布的《环境基本法》,另外单

〔14〕 参见蔡守秋主编:《环境资源法学》,人民法院出版社2003年版,第47页。

〔15〕 参见吕忠梅主编:《环境法学概要》,法律出版社2016年版,第49页。

行法包括:1959年颁布的《水质综合保护法》,1962年颁布的《煤烟控制法》,1970年颁布的《自然环境保全法》和《公害健康损害补偿法》等法律。[16] 20世纪90年代以后,日本环境法制进入完善期。[17] 欧盟成员国的环境立法也发展迅速。以德国为例,1957年颁布的《水资源法》,1959年颁布的《核能法》,1990年颁布的《环境影响评价法》和《环境责任法》,1994年的《环境信息法》等。[18] 这一时期,环境立法在立法目的、立法价值和立法理念等方面都发生了很大的改变,特别是世界范围内多次环境保护相关会议的召开促使环境立法有了质的变化。

(2)我国环境立法的发展演变

我国现代意义上的环境立法产生要比西方晚将近至少一个世纪。[19] 在古代,虽然我国并没有所谓的现代环境保护意义上的环境保护相关立法,但是有很多关于环境保护的思想观念值得借鉴。比如,先秦时期的孟子就有"斧斤以时入山林"的思想,荀子也曾经指出"草木荣华滋硕之时,则斧斤步入山林,不夭其生,不绝其长也……"[20]秦朝的《田律》、唐代的《唐律》都有相关规定,至于后世,直到宋元明清基本沿用了唐律关于环境保护思想的规定。总而言之,中国古代的律法虽然规定了有关的生物资源保护的内容,体现了生态学"以时禁发"的思想。[21] 但是,其本质是为了维护封建统治阶级对资源的持续利用。

就现代意义上的中国环境立法的演变发展过程而言,大致可分为以下几个阶段:

第一个阶段(1911年至1949年之前),环境立法的萌芽时期。随着帝制的终结,我国开始了现代意义上的环境保护立法,这一时期的环境立法处于混沌状态,包括中华民国时期的一些环境方面的立法和革命根据地时期一些立法,环境保护立法处于孕育阶段。例如,中华民国时期制定了《渔业法》《土地法》《森林法》《水利法》《狩猎法》等,但是,比较可惜的是这些立法均没有得到很好地实施。另外,革命根据地时期也制定了比较有代表性的环境方面的立法,如《闽西苏区山林法令》《陕甘宁边区森林保护条例》《东北解放区森林保护暂

---

〔16〕 参见汪劲:《环境法学》(第3版),北京大学出版社2014年版,第42页。

〔17〕 参见罗丽:《从日本环境法理念的转变看中国第二代环境法的发展》,载《中国地质大学学报》(社会科学版)2008年第3期。

〔18〕 参见夏凌:《德国环境法的法典化项目及其新发展》,载《甘肃政法学院学报》2010年第2期。

〔19〕 参见金瑞林主编:《环境法学》(第4版),北京大学出版社2016年版,第26页。

〔20〕 参见天津《荀子选注》三结合注释组:《荀子选注》,天津人民出版社1975年版,第135页。

〔21〕 参见袁清林编著:《中国环境保护史话》,中国环境科学出版社1990年版,第170页。

行条例》等。

第二个阶段(1949 年至 1973 年),环境立法的产生时期。新中国成立以后,各种法律法规开始逐渐涉及环境保护领域,但是普遍比较零散,没有形成体系。例如,1954 年《宪法》有关环境保护的规定。另外,政府在农业、森林保护、水土保持、矿产资源等环境保护相关方面制定了很多的条例和纲要。

第三个阶段(1973 年至 1979 年),环境立法的初步发展时期。自 1973 年第一次全国环境保护会议起,我国环境立法开始了艰难的发展时期。这一时期,首先由原国家计划委员会制定了《关于保护和改善环境的若干规定(试行草案)》,这一规定起了环境保护政策的宣示作用。除此之外,实践中还形成了一些环境污染防治的制度或措施。

第四个阶段(1979 年至 2014 年),环境立法的快速发展时期。1979 年通过了《环境保护法(试行)》,我国有了首部环境保护综合性法律。我国的环境法律体系在这一时期出现了较大的发展,环境立法发展迅速。环境保护各项单行法逐步制定并开始走向体系化,环境法律的各项基本制度逐步发展完善。1989 年出台了《环境保护法》,随后出台了一系列环境单行法,使环境保护立法适应了当时的需求。

第五个阶段(2014 年至今),环境立法的不断完善时期。2014 年,对《环境保护法》进行了全面的修订,明确规定了保护优先的原则,在立法理念、篇章结构和法律规范的具体内容等方面均做出了较大的修改,这次修订具有重大意义。[22] 另外,2015 年修订了《大气污染防治法》,确立了坚持源头治理,规划先行以及经济发展方式转变,产业结构和布局的优化,能源结构的调整等基本理念。2018 年《土壤污染防治法》通过并颁布。

2. 环境法法典化:命题之提出

环境法法典化命题的提出相对较晚,一般认为始于 20 世纪 80 年代末[23]其主要原因是环境法的起步较晚。环境法法典化是由大陆法系的代表国家德国提出的,1992 年,在德国召开的第 59 届德国法学会年中讨论的主题就称为“环境法典制定的必要性以及应有的内容”。[24] 随后的 1995 年 2 月,在比利时的根特市召开了一次有关环境法法典化的国际会议。环境法法典化理论越来越受到关注,很多国家环境法法典化的实践也逐步地展开。环境法法典化

〔22〕 参见吕忠梅:《〈环境保护法〉的前世今生》,载《政法论丛》2014 年第 5 期。

〔23〕 参见张梓太、李传轩、陶蕾:《环境法法典化研究》,北京大学出版社 2008 年版,第 134 页。

〔24〕 参见陈慈阳:《环境法总论》,中国政法大学出版社 2003 年版,第 165 页。

自提出以来,受到了强烈的质疑和挑战,但是并未妨碍其在实践中展开。瑞典、法国、德国等欧洲大陆国家先后进行了环境法律方面的立法运动和环境法典的编纂。

国内有关环境法法典化的讨论始于1998年在南京大学举办的一次以"中德法律继受与法典编纂"为主题的会议,该会议中德国哥廷根大学著名教授派纳写了一篇名为《公法法典化的思考——以环境法和营业法为例》的文章,在国内首提"环境法法典化"一词,从此国内才开始关注环境法法典化的命题。随后几年之中,环境法法典化很少有学者问津。直至2003年由立法机关首次表达了环境法法典化的意愿后,国内环境法学界开始关注环境法法典化问题。2004年屈振辉发表的《中国环境法的法典化问题研究》一文标志着我国学术界开始关注环境法法典化这一命题。[25] 2005年全国人大环境与资源保护委员会召开了主题称为"中国环境立法研讨会"的学术研讨会,相当一部分环境法学者参与了这次会议,环境法典化的问题开始受到重视。不少著名学者都提交了论文,其中包括蔡守秋、张梓太等一批著名环境法学者。本次会议召开后,环境法法典化的研究掀起了一波"小高潮",出现了一批专著、博士和硕士学位论文等多项研究成果。但是,自2011年之后,环境法法典化问题一度很少有学者论及。

近年来,随着《民法典》编纂的展开,环境法学界重新开始提及"环境法法典化"的命题。由此是否应当进行环境法法典化也成了我国环境法实务界和理论界必须要考虑和面对的一个问题。

三、环境法法典化的中国传统与域外经验

环境法法典化既是我国环境立法发展必然要面对的一个命题,也是世界范围内环境立法不可回避的问题。我国环境法法典化命题自提出以来,学者众说纷纭,观点各异。有学者从"本土资源"的立场出发,以我国传统法典文化为视角,从历史的视阈认为当下我国应当制定环境法典;也有学者从"域外经验"的维度审视,认为我国当下应当学习借鉴西方其他国家(瑞典、法国和德国等)制定环境法典。如是观之,前者可谓"中国立场",而后者则可称为"世界眼光"。[26]

---

[25] 参见屈振辉:《中国环境法的法典化问题研究》,载《嘉兴学院学报》(社会科学版)2004年第1期。

[26] 参见陈瑞华:《论法学研究方法》,北京大学出版社2009年版,第130页。

（一）环境法法典化之本土资源

苏力在其一部代表性著作中提出了法治的“本土资源”命题。[27] 所谓的“本土资源”，就是要关注法律所运作的场景，不同的国家、不同的民族会孕育出不同的法律文化。因此，环境法法典化的“本土资源”，也是从我国的立场出发，关注环境法律所适用的本国“土壤”。就法典这一概念性的术语而言，我国也是早已有之。因此，对于是否制定环境法典，就有必要对历史上的法典进行一个相对全面的审视，以求达至“知古鉴今”“古为今用”的目的。

1. 古代法典之传统

我国是一个有着历史悠久的法典编纂传统的国家，自《法经》这部比较系统的封建成文法典颁布实施以来，历朝历代几乎都会有一部较为系统且全面的法典。例如，秦代的《秦律》，唐代的《唐律疏议》，宋代的《宋刑统》，一直到最后一部封建王朝的法典即清代的《大清律例》。历数我国古代王朝，可以发现几乎每一个朝代都制定了一部法典。正因如此，日本法学家穗积陈重认为世界法律制度可分为五大法系，中华法系自成一体。[28]

关于中国古代部门法法典化问题，有学者认为中国是世界上最早颁布部门法法典的国家，《唐律疏议》就是其代表作。[29] 当然，这一观点虽有待商榷但不失为对古代法典传统的“一家之言”。总体来看，古代中国的法典传统是毋庸置疑的，根据有关材料显示，古代中国法典具有以下特色：其一，以“律”的编纂为核心，兼顾其他如令、格、式、比等为法典编纂之辅助。自商鞅改“法”为“律”以后，后世朝代法典的编纂大多以“律”为主体。例如，汉朝的《九章律》、隋朝的《开皇律》和《大业律》、明朝的《大明律》等，沿革可谓是一脉相承。[30] 其二，民刑不分且诸法合体。是指实体法和程序法不加以区分，民法和刑法规定在一部法典之中。当然，纵观人类历史上早期的法典，几乎所有的法典都具有这种特征。其三，法典的发展经历了一个过程。从《法经》开始，古代法典开始越来越完善，直至唐代《唐律疏议》，古代法典编纂达至一个最高水准，后世的封建法典基本都是在其基础上而制定的。以上三点为古代法典最明显的特点。古代中国各个朝代，所制定的法典均表现出很强的延续性和传承性。可

---

〔27〕 参见苏力：《法治及其本土资源》，北京大学出版社 2015 年版，第 3 页。

〔28〕 [日]穗积陈重：《法律进化论》，黄尊三等译，中国政法大学出版社 2003 年版，第 3 页。

〔29〕 参见王立明：《我国古代法的一个重要特点——兼论部门法法典与诸法合体法典问题》，载《法学》1996 年第 2 期。

〔30〕 参见丁华东：《我国古代法典编纂的总体特点》，载《山西档案》1998 年第 5 期。

以说,中国古代法典化的传统根深蒂固且影响深远。

以古代中国有法典化传统而持环境法法典化观点者认为,我国自古以来就有法典化的传统,并且法典中有很多朴素的自然保护理念和环境保护思想。在我国传统法律发展进程中,法典传统贯穿其中,可以说法典化的传统已经形成了我国法律体系完善的"路径依赖"效应。环境立法若要突破几千年法典化的传统和摆脱其形成的"路径依赖"效应,必然要在法律文化、法律观念和法律制度等多个层面进行彻底的改变和重塑,而这将引发众多不适、消解甚至抗拒并且需要付出巨大的成本和代价。[31] 故持法典论者将其作为应当进行环境法法典化的一个理由。

2. 近现代法制之流变

大体来看,中国近现代的法制流变过程经历了近代时期、民国时期和新中国成立以来三个时期。[32]

(1)近代时期

近代法制之变革随着西方国家"坚船利炮"而被迫展开,并且法制变革与政治变革二者相伴而生。[33] 自鸦片战争以来,中华文明的传统政治和法律制度受到了挑战,随着西方列强的入侵和"法外治权"的划定,部分有识之士开始关注西方的法律制度并开始走上了学习之路。这次法律制度方面的学习主要以修律活动为主,并且前所未有、声势浩大。修律活动主持者沈家本等人在充分认识我国封建法典的基础之上,认为传统法典存在诸法合体、刑民不分等缺陷,在考察了日本、法国、德国、英国等西方国家法律基础之上,对近代法律制度进行了较大的改革和创新。基于我国历史文化传统和法典编纂基础,在选择修律时采用了大陆法系国家法典编纂的立法模式。例如,《大清新刑律》《大清刑事诉讼律草案》《大清民事诉讼律草案》《大清民律草案》《大清商律草案》等一系列相关的部门法典。由此观之,我国清末的法制变革主要选择了"法律移植"的路径。[34]

(2)民国时期

1911年,随着资产阶级革命的胜利建立了资产阶级性质政权,国民政府的成立为法典编纂活动的展开创造了条件。这一时期的立法活动主要以欧陆法

---

[31] 参见张梓太、李传轩、陶蕾:《环境法法典化研究》,北京大学出版社2008年版,第183页。

[32] 参见周少元:《二十世纪中国法制变革与法律移植》,载《中外法学》1999年第2期。

[33] 参见支振锋:《变法、法治与国家能力——对中国近代法制变革的再思考》,载《环球法律评论》2010年第4期。

[34] 参见[美]阿兰·沃森、贺卫方:《法律移植论》,载《比较法研究》1989年第1期。

系国家的法典化立法为学习蓝本建构了较为完整的法典法体系。可以说,民国时期的立法活动是清末修律和法典编纂的进一步延续和深化。其对大陆法系国家法典化立法更加充分地进行了借鉴和移植,并且对中国封建法典的改造和革新也更加的彻底和全面。经过民国时期的立法活动,法典化的法律体系逐渐走向成熟,法律部门比较齐全,法律内容丰富,立法技术也得到了很大的改进和提升。这一时期我国相继通过颁布了主要以自然资源保护为主的相关环境法律法规。例如,1929 年颁布的《森林法》、1930 年颁布的《土地法》和 1932 年颁布的《渔业法》等。这些法律进一步丰富了我国近代法律体系,使我国的法律体系进一步朝着专门化、体系化的方向发展。

(3)新中国成立以来

新中国成立以后,废除了国民党时期制定的一切法律、法令和司法制度。〔35〕 我国法制发生了一次巨大的转向,开始学习和借鉴苏联的法律制度。虽然法制学习借鉴的国家发生了变化,但是其法典化的立法特色和立法传统并没有发生变化,因为苏联的法律制度也是沿袭了大陆法系的传统。新中国成立初期的法制发展道路较为曲折,因为政权初建加上立法方面经验缺乏,真正法制发展始于改革开放。改革开放以后,随着经济发展对法制的要求逐渐提高,客观上社会迫切需要各种各样的法律,法制进入了快速的发展时期。这一时期我国相关立法在借鉴国外经验时,不仅对传统的大陆法系国家法典化立法进行了借鉴,并且对英美法系国家的法律制度也进行了广泛的借鉴。但是,就立法形式而言,基本上仍坚持大陆法系的法典化的立法模式,今天普遍认为我国较为完备的中国特色社会主义法律制度体系已经形成。

3. 当下我国环境法律之体系

自 1979 年《环境保护法(试行)》实施起算,环境保护法律体系的发展已经历了 40 余年。2011 年 3 月全国人大常委会委员长吴邦国宣布中国特色社会主义法律体系已经形成,这也标志着环境法律体系已经基本形成。〔36〕 就目前环境法律体系而言,主要包含以下几个方面的内容。

(1)宪法及宪法相关法中有关环境保护之规定

《宪法》是国家的最高法和根本法,宪法中有关环境保护的规定必然在法律位阶上具有最高的指导意义。并且,《宪法》中有关环境保护的规定也是其

---

〔35〕 参见何勤华:《论新中国法和法学的起步——以"废除国民党六法全书"与"司法改革运动"为线索》,载《中国法学》2009 年第 4 期。

〔36〕 参见黄锡生、史玉成:《中国环境法律体系的架构与完善》,载《当代法学》2004 年第 1 期。

他环境法律立法的依据。我国《宪法》中有关环境保护的规定主要有第9条、第10条、第22条第2款和第26条。《宪法》中的规定是我国广义上的环境法律体系的组成部分,这些规定为我国环境保护立法起了指导作用。[37]

(2)作为部门法的环境法律规范

环境法是一个独立的法律部门已是一个不争的事实,作为新兴的部门法,其法律体系如何划分学者们说法不一。在基本法之下,最主要观点有“二分法”和“三分法”之说。“二分法”认为环境法律体系主要有污染防治法和自然资源法或者污染防治法和自然资源保护法;“三分法”认为环境法律体系主要有污染防治法、自然资源保护法和生态保护法。但是,这种分类方式仍没有全面涵盖环境法律体系的全部。因此,笔者认可作为部门法的环境法律规范包括以下几个方面的观点:

第一,环境基本法。就目前而言,我国环境基本法是由《环境保护法》充当的。现行的《环境保护法》制定于1989年,2014年修改并于2015年1月1日实施。这部法律的前身是1979年的《环境保护法(试行)》。一般而言,我们认为环境基本法对整个环境法法律部门起着立法理念的指导作用,其内容包含环境保护的目的、范围、方针政策、基本原则、重要举措、管理制度、组织机构、法律原则等。[38]

第二,环境综合法。环境综合法是在基本法之下,其法律理念和法律制度贯穿整个环境法律体系的法律。环境综合法律体系主要包括2002年通过并颁布的《环境影响评价法》、2002年通过并颁布的《清洁生产促进法》、2008年通过并颁布的《循环经济促进法》等。行政法规和规章包括1998年通过并颁布的《建设项目环境保护管理条例》、2009年通过并颁布的《规划环境影响评价条例》等。

第三,污染防治法。污染防治是环境资源法的核心议题。[39] 我国污染防治法律主要包括1982年通过并颁布的《海洋环境保护法》、1984年通过并颁布的《水污染防治法》、1987年通过并颁布的《大气污染防治法》、1995年通过并颁布的《固体废物污染环境防治法》、1996年通过并颁布的《环境噪声污染防治法》和2003年通过并颁布的《放射性污染防治法》等,其中多数已经过修订。

---

〔37〕 参见金瑞林主编:《环境法学》,北京大学出版社2016年版,第29页。

〔38〕 参见汪劲:《对构筑我国环境法律体系框架若干问题的思考》,载《环境保护》1995年第2期。

〔39〕 参见孙法柏:《法学研究热点之二:环境与资源保护法学热点问题》,载《昆明理工大学学报》(社会科学版)2018年第4期。

此外,还包括 2018 年通过并颁布的《土壤污染防治法》。主要的行政法规和规章包括《淮河流域水污染防治暂行条例》、《危险化学品安全管理条例》、《海洋倾废管理条例》、《海洋石油勘探开发环境保护管理条例》、《农药管理条例》、《防止船舶污染海域管理条例》(已失效)等。

第四,自然资源保护法。其是指在资源资源开发、利用管理以及保护的过程中调整人们行为所产生的各种社会关系的法律规范总称。主要目的是规制人们的开发利用自然资源行为,从而避免不合理的自然资源开发行为。自然资源保护法律主要包括 1984 年通过并颁布的《森林法》、1985 年通过并颁布的《草原法》、1986 年通过并颁布的《矿产资源法》、1986 年通过并颁布的《渔业法》、1986 年通过并颁布的《土地管理法》、1988 年通过并颁布的《水法》等,部分已经修订。行政法规和规章主要有《野生植物保护条例》《基本农田保护条例》《森林采伐更新管理办法》《土地管理法实施条例》《草原防火条例》《森林防火条例》《森林资源档案管理办法》等。

第五,生态保护法。其目的旨在保护生态环境,从而保障生态利益。生态保护法律主要包括 1988 年通过并颁布的《野生动物保护法》、1991 年通过并颁布的《水土保持法》、2001 年通过并颁布的《防沙治沙法》、2001 年通过并颁布的《海域使用管理法》、2009 年通过并颁布的《海岛保护法》等。行政法规和规章有《自然保护区条例》和《风景名胜区条例》等。

第六,能源和节能减排法。能源法保护的对象是能源,节能减排就是能源的可持续利用。当下能源和节能减排法律主要包括 1996 年通过并颁布的《煤炭法》、1995 年通过并颁布的《电力法》、1997 年通过并颁布的《节约能源法》和 2005 年通过并颁布的《可再生能源法》等。[40] 主要行政法规、规章包括《城市建设节约能源管理实施细则》、《可再生能源发展专项资金管理暂行办法》(已失效)和《重点用能单位节能管理办法》等。

第七,防灾减灾法。防灾减灾是关于防治、减轻自然灾害的法律规范的总称。[41] 防灾减灾法律主要包括《防洪法》《防震减灾法》《气象法》等。

当然,以上列举并非全部,随着我国环境法律体系的不断完善和发展,必然会产生出新的环境法律。但是,就目前来看,环境法律体系可大致包含以上几个部分。

---

〔40〕 参见葛春、张馨月、邱强:《中国环境法律体系构架简述》,载《资源节约与环保》2018 年第 5 期。

〔41〕 参见黄锡生、史玉成:《中国环境法律体系的架构与完善》,载《当代法学》2004 年第 1 期。

(3)其他法律有关环境保护之规定

环境法律体系的组成部分,除了宪法以及专门的环境法律法规之外,还包括在其他法律中关于环境保护的规定。主要有《刑法》中污染环境类相关犯罪、《民法》中的绿色原则和环境侵权等相关内容、《城乡规划法》、《标准化法》、《文物保护法》、《突发事件应对法》等一系列法律法规中的相关规定。

环境保护法律体系不仅包含以上关于国家层面的立法,而且还包括地方层面的法规和规章。这其中既有综合性的环境立法,也有单行性和专门性的环境立法。这些法规和规章共同组成了我国庞大的环境法律体系。总而言之,环境法律体系经过改革开放以来40年的发展,已经成为中国特色社会主义法律体系必不可少的重要组成部分。环境法律体系的发展助推着环境法治建设,彰显着环境法制的功能。〔42〕这一发展既是我国社会的客观发展需要,也是全体环境法学人共同努力的结果。

(二)环境法法典化之域外经验

“域外经验”的获取是在坚持“本土资源”的基础之上对国外相关有益经验的借鉴和创新。〔43〕环境法法典化的“域外经验”是对域外国家如何进行环境法法典化这一命题的考察。就目前来看,具有代表性的环境法典编纂国家主要有瑞典、法国和德国三个国家。〔44〕

1.《瑞典环境法典》之制定过程及其内容

在世界范围内,瑞典是制定环境法典较早的国家,有学者将其称为“第一个世界上拥有实质意义环境法典的国家”。〔45〕其环境法典的制定过程和相关内容对我国来说无疑具有重要的借鉴意义。

(1)《瑞典环境法典》之立法历程

一般而言,大体上将《瑞典环境法典》的制定过程分为三个阶段。〔46〕第一个阶段(从19世纪后期至20世纪70年代之前)是环境立法的初始阶段。1874年瑞典通过了《公共卫生条例》,该条例是对健康保护进行的立法,以这一立法

〔42〕参见关凤荣、周秀娟:《改革开放40年中国环境法学的发展》,载《电子科技大学学报》(社会科学版)2018年第5期。

〔43〕参见谢增毅:《社会法的概念、本质和定位:域外经验与本土资源》,载《学习与探索》2006年第5期。

〔44〕参见耿保江:《从典型法典看我国制定环境法典的条件》,中国海洋大学2013年博士学位论文。

〔45〕参见竺效、田时雨:《瑞典环境法典化的特点及启示》,载《中国人大》2017年第15期。

〔46〕参见夏凌、金晶:《瑞典环境法的法典化》,载《环境保护》2009年第2期。

为标志,瑞典环境法得以展开。这一时期的环境立法主要以地方性的点源污染为主,避免点源污染对人体健康造成损害。随着生产力的发展,人类逐渐加剧了对自然资源的破坏,于是,瑞典首先开始重视有关自然资源保护方面的立法。比如,1903 年通过并颁布的《森林法》,紧接着又通过并颁布了《狩猎法》、《水法》和《渔业法》等法律。第二次世界大战后,随着工业化污染的加重,瑞典开始注重有关污染防治方面的法律,并且在 1969 年制定了《环境保护法》。第二个阶段(20 世纪 70 年代至 90 年代)是环境立法的发展阶段。1972 年在瑞典首都斯德哥尔摩,联合国组织召开了世界范围内的人类环境会议,自此,环境问题成为一个全球性的议题,瑞典的环境立法也走向了繁荣期,迎来了大量的环境立法。[47] 截至 20 世纪 90 年代,瑞典的环境立法已相对完善。第三个阶段(20 世纪 90 年代之后)是环境立法的法典化阶段。1992 年在巴西的里约热内卢联合国组织召开了世界范围内的环境与发展大会,这次会议上可持续发展的理念被正式予以接受。瑞典开始着手制定一部可持续发展理念指导下的世界领先的环境法典。

1989 年 5 月,瑞典开始起草环境法典。首先,议会确定了一个委员会对瑞典现有的法律进行了全面的审查,经过审查该委员会认为瑞典编纂一部综合性质的环境法典对环境法律进行全面整合的时机已到,同时,政府内阁还认为环境法典的内容应当写入相应的自然资源保护法条款。1992 年,可持续发展理念被全世界接受后,瑞典将自己的环境法典定位为可持续发展理念指导下的环境法典。1997 年 9 月,瑞典内阁声称旨在将瑞典建设成为一个生态可持续发展的国家。经过多方努力,1997 年 11 月,瑞典环境法典草案通过政府内阁呈交给议会。1998 年,议会通过了环境法典并于 1999 年 1 月正式生效实施。[48]

(2)《瑞典环境法典》之体例和主要内容

《瑞典环境法典》在体例上分为总则和分则两个部分,第一编为总则,其余各编为分则。包括编(part)、章(chapter)和条(section)三级,该法典共由 7 编 33 章 500 多个条文组成。其内容包含了 15 部原单行立法,具体包括:《自然资源法》(Natural Resources Act)、《健康保护法》(Health Protection Act)、《化学产

---

〔47〕 参见全国人大环境与资源委员会编译:《瑞典环境法》,中国环境科学出版社 1997 年版,第 4 页。

〔48〕 See Marianne Steneroth Sillen, "The Environmental Law System", in N. S. J. Koeman ed., *Environmental Law in Europe*, Kluwer Law International, 1999, pp. 524-525.

品法》(Chemical Products Act)、《动植物物种保护措施法》(Flora and Fauna Measures Relating to Protected Species Act)、《公共清洁法》(Public Cleansing Act)、《环境损害法》(Environmental Damage Act)、《农业用地管理法》(Agricultural Land Management Act)、《林地杀虫剂法》(Pesticides Spreading over Forest Land Act)、《自然保护法》(Nature Conservancy Act)、《环境保护法》(Environmental Protection Act)、《水法》(Water Act)、《转基因生物法》(Geneticaly Modified Organisms Act)、《生物杀虫剂法》(Biological Pesticides Advanced Testing Act)、《水体倾倒废禁止法》(Dumping of Waste in Water Prohibition Act)和《含硫燃料法》(Fuels Sulphur Content Act)。法典的主要内容如下:

第一编是总则。主要内容包含法典的目的即旨在实现可持续发展原则(第一章);法典的基本原则有风险预防原则、证明责任原则、资源管理和生态循环原则、合理选址原则、必备知识原则、污染者负担原则、产品选择原则、最佳适用技术原则、成本合理原则与危险活动停止原则等10项(第二章);土地和水域管理之规定(第三章和第四章);环境标准之规定(第五章);有关环境影响报告书以及其他相关决策之规定(第六章)。

第二编是关于自然保护之规定,主要涉及自然保护区以及生物物种保护两个方面的内容。主要内容包含国家公园、自然和文化、天然遗迹、海岸、植物和动物等区域之保护的内容(第七章);动物与植物的特殊保护之内容,包括禁止伤害动物和植物、域外动物与植物贸易等方面的内容(第八章)。

第三编是关于特定区域活动的特别规定。主要内容包含环境相关活动造成的危害和保护健康的内容(第九章);受污染的区域相关规定(第十章);水上区域活动的相关规定(第十一章);农业、开采业以及其他活动区域的规定(第十二章);基因工程的规定(第十三章);生物有机体与化学产品的相关规定(第十四章);生产者责任与废弃物的相关规定(第十五章)。

第四编是案件审查和相关争议事项的解决。主要内容包含审查的一般规定(第十六章);许可证(第十七章);政府审查被上诉决定(第十八章);行政机关的审查事项和市级政府的审查事项(第十九章);与环境法庭相关的案件以及诉讼程序和诉讼费用的相关规定(第二十章至第二十五章)。

第五编是关于监管的规定。主要内容包含监管体制(第二十六章);监管费用(第二十七章);政府机关与私主体的相关环保职责(第二十八章)。

第六编是关于处罚的规定。主要内容包含了刑罚规定和没收(第二十九章）；环境处罚费（第三十章）。

第七编是关于补偿与赔偿的规定。主要内容包含补偿与赔偿的适用情形（第三十一章）；环境损害赔偿请求权的规定及其他请求权的规定（第三十二章）；对环境造成损害的保险费以及环境修复所需要的保险费用（第三十三章）。

2.《法国环境法典》之制定过程及其内容

《法国环境法典》的制定对世界范围内大陆法系国家的环境法法典化极具有代表性和借鉴意义。[49] 我国在立法方面多借鉴大陆法系国家的立法模式，因此，对其予以考察对我国环境立法有重要价值。

（1）《法国环境法典》之立法历程

《法国环境法典》的制定非常艰辛，经历了一个漫长的过程。[50] 但是，法典化实现了环境法律的简约化和体系化。[51] 1971 年法国设立了环境部，1976 年 1 月法国的司法部部长（Le garde des Sceaux Jean Lecannuet）提出了制定环境法典的必要性。1980 年，在 Jean Lamarque 的主持下第一部私人环境法典得以出版，这标志着一个真正的环境法典的诞生。[52] 1989 年 9 月，法国设立了法典化高级委员会，由总理直接领导，开始了环境法法典化的编纂任务。1989 年，法国环境部委托法国环境法社团承担了“环境法法典编纂的可能性”的研究，经过研究认为确有法典编纂的必要。

关于法国环境法法典化，大致可分为以下几个阶段：第一个阶段（1989 年 9 月至 1992 年 5 月）是法典化的初级阶段。1989 年 9 月，法典化高级委员会成立之后，法国环境法法典化的学术研究逐渐开始，其法典化编纂的项目由环境法社团承担，该社团在 1989 年到 1991 年召开九次会议并于 1991 年 5 月向环境部递交了两份综合报告，报告内容从环境法典起草的必要性、环境政策的优先性、环境刑法编入环境法典的必要性和社会现实与司法对法典的需要四个方面论证了法典编纂的必要性。第二个阶段（1992 年 5 月至 1996 年 2 月）是环境法典的起草阶段。1992 年，由环境部法律处（主要负责收集现存文本和法典编纂具体工作）、法典高级委员会（主要负责修正和批准环境法典）和环境法典起草专家鉴定委员会（主要负责准备环境法典的计划和讨论）组成的“三机

[49] 参见莫菲：《法国环境法典化的历程及启示》，载《中国人大》2018 年第 3 期。

[50] 参见彭峰：《法国环境法法典化研究》，载《环境保护》2008 年第 4 期。

[51] 参见夏凌：《法国环境法的法典化及其对我国的启示》，载《江西社会科学》2008 年第 4 期。

[52] See Jean Lebon, *Meutres au conseil d'Etat*, Calmann-Lévy, 1989, p. 124.

构”着手进行法典的编纂工作。第三个阶段(1996年2月至2000年9月)是环境法典的通过阶段。1996年2月,在整合多部法律的环境法规基础之上,形成了环境法典草案。该草案两次提交国民会议审议,但是由于政治和法律技术方面的原因,直至1998年仍未通过。随后,1999年12月,法国政府通过法令形式以委任立法的方式通过了部分立法。接下来的2000年9月,法国政府依据授权以法令的形式通过《法国环境法典》。当时通过的环境法典包含了六卷,直至2003年,议会以法律的形式通过了环境法典的第七卷(南极环境保护),形成了现在的《法国环境法典》。

(2)《法国环境法典》的体例和主要内容

《法国环境法典》由三部分构成,分别是立法部分、行政法规部分和附录。立法部分为七卷,每卷下设编、章、节、分节、段和具体的条文。立法部分分为总则和分则,第一卷为总则,剩余其他各卷(第二卷至第七卷)为分则。其法典主要内容:

第一卷是关于“共同规定”,规定了环境法律的基本理念、基本原则、基本制度以及相关的一些程序性内容。主要内容包含总则部分(第一编)规定了环境法典的立法目的、实现可持续发展目标的基本原则(谨慎预防原则、污染者付费原则、参与原则、可持续利用原则、不倒退原则、预防行动与纠正行动并举原则、获取环境信息原则、互补性原则、生态互助互济原则)和基本权利与义务;环境信息公开和公众参与(第二编);环境相关的机构(第三编);环境相关的社会组织(第四编);有关环境的基础性财务制度(第五编);预防和修复环境污染(第六编);相关的环境行政和刑事检查和惩罚的措施和程序(第七编);环境许可程序(第八编)。

第二卷是关于“物理环境”(大气环境、海洋和水域)的相关规定,包括两编。第一编是水域和海洋治理的规定,主要内容包含海洋水域治理的一般原则(第一章);如何制订规划(第二章);如何设置财务机构和行政机构(第三章);如何利用水域和海洋(第四章);私有水道的规定(第五章);如何检查以及如何惩罚的相关规定(第六章);国防安全的相关规定(第七章);海洋形成环境污染如何防治的规定(第八章);海洋环境保护政策的相关规定(第九章)。第二编是大气要素和空气的规定,主要内容包含空气质量检测和信息公开的相关规定(第一章);规划的相关规定(第二章);应急措施的相关规定(第三章);与环境有关的技术措施的相关规定(第四章);空气污染相关的财税规定(第五章);造成环境损害的检查与惩罚的相关规定(第六章);防治放射性物质污染的相关规定(第七章);温室气体的排放问题等内容的规定(第八章和第九章)。

第三卷是关于“自然空间”的规定。主要内容包含自然空间的总括性规定(第一编);沿海地带,涉及沿海湖滨(第二编);公园和保护区,涉及国家公园、自然公园、自然保护区、生物圈保护区、被保护的海洋区域和国际重要湿地(第三编);景点(第四编);风景(第五编);接触自然,涉及人类在自然空间中活动时应遵循的原则(第六编)。

第四卷是关于“自然遗产”的规定。第一编是关于动物和植物的相关规定,主要内容包含动物和植物如何保护以及如何监测的相关规定(第一章);动物和植物如何利用的相关规定(第二章);圈养野生动物的相关规定(第三章);野生动物和植物群落以及其所栖息的自然保护地的相关规定(第四章);违反动植物保护应受刑事制裁的相关规定(第五章)。第二编是狩猎法的相关规定。第三编是有关渔业法的规定。

第五卷是关于“污染、风险和损害的防治”的规定。第一编是根据不同的环境保护要求和目的对不同的环保设施进行分类的规定。第二编是关于管控化学物质和防范环境风险的规定。第三编是关于有限使用、扩散、监测转基因生物及其相关制裁的规定。第四编是关于废料和放射性物质的规定,包括两章内容。第五编是关于天然气或相似气体,碳氢化合物,空中、地下和水下工程安全,化学品运输管道和危险产品和设备,被污染景点和土壤的规定。第六编是关于自然产生的风险如何预防的规定。第七编是关于噪声污染如何防治的规定。第八编是关于广告和标牌管理,视觉污染防治和光污染防治的规定。第九编是关于核安全和基础核设施的规定。

第六卷是关于法国海外行政区域和海外属地的相关规定,涉及环保协会、废水废物、大气污染、海洋水域和海路、噪声污染等内容。

第七卷是关于南极保护的规定,涉及南极活动应遵循的原则、相关行政和刑事处罚等内容。

3. 德国:环境法法典化的努力

《德国环境法典》的制定经历了两次失败之后,至今没有实现环境法法典化的目标。[53] 虽然如此,德国环境法法典化过程中展现出来的优点如立法语

---

〔53〕 参见沈百鑫:《两次受挫中前进的德国环境法典编纂》,载《中国人大》2018年第5期。

言之精练、法理逻辑之严密和立法技术之高超均具有一定的借鉴意义。[54]《德国环境法典》的制定因何以失败告终,以及在此过程中有哪些经验教训值得我国环境立法借鉴和吸收,这些问题的回答需要考察德国环境法法典化的过程和成果。

(1)《德国环境法典》之立法历程

德国统一环境立法的想法早在西德政府时期就已有之,1976年西德政府提出了统一环境行政立法的设想。[55] 也就是说,德国环境立法法典化的想法有一个比较长的历史了。[56] 德国环境法典制定的主要过程如下:

第一次环境法典编纂包含三个阶段。第一个阶段(1988~1994年)是教授草案时期。1988年,德国联邦环境局为了推动环境法典的编纂工作,委托几位著名法学教授起草一部《德国环境法典(教授草案稿)》,并且每条附有完整的解释说明。教授草案稿分为总则和分则两个部分:总则部分于1990年完成;分则部分于1994年完成。第二个阶段(1992~1997年)是委员会草案时期。与教授草案分则起草时间大致相同,1992年联邦环境部委托一个专家委员会负责起草《德国环境法典(委员会草案稿)》,该委员会组成人员较为全面,除了教授之外,还包括其他从事有关环境法领域工作的人员,包括律师、法官、行政官员和企业人员等。教授主要从理论层面提出建议,而其他人员主要从实践经验方面提出意见是草案分为总则和分则,但是于1997年同时完成。第三个阶段(1997~1999年),政府机关草案时期。在前两个草案完成的基础之上,联邦环境部于1999年4月完成了《德国环境法典(政府草案)》。但是,这一草案在征求意见中受挫。至此,第一次环境法法典化的努力宣告夭折。[57]

第二次环境法典的编纂始于2006年"联邦制度改革"的生效。2006年5月,德国部长会议决定设立"环境法典起草工作小组",同年7月,联邦环保部就环境法典的起草向内阁提交了一份基本要点文件。2007年11月中旬,德国环保部部长会议决定制定一部以综合项目许可为实质的综合环境法典。由于具有第一次环境法典编纂的前提和基础,2007年11月,法典起草小组就公布了一份环境法典的草案稿向各部门征求意见,2008年5月,该草案稿送往各州

[54] 参见戚娟:《环境法法典化趋势及我国之借鉴——以瑞典和德国两国为例》,载《学理论》2011年第23期。

[55] 参见汝亚国:《德国环境立法的经验教训及其对我国的启示》,载《桂海论丛》2015年第5期。

[56] 参见夏凌:《德国环境法的法典化项目及其新发展》,载《甘肃政法学院学报》2010年第2期。

[57] 参见张璐璐:《德国环境法法典化失败原因探究》,载《学术交流》2016年第6期。

和各个协会征求意见。2008 年 11 月,争议各方基本达成了一致意见。但是,最后由于巴伐利亚州的反对,草案受到抵制。2009 年 2 月,环境法典编纂再次受挫,联邦环保部部长宣布法典编纂失败。至此,第二次环境法典编纂的努力宣告失败。

(2)《德国环境法典(2007 年草案)》的体例和内容

德国两次环境法典的努力均以失败告终,但是其法典草案的体例和内容存在着一定的可资借鉴之处。就《德国环境法典(2007 年草案)》核心部分而言,总共包括五卷内容,具体如下:

第一卷关于总则部分的相关规定。主要内容包含环境保护的共同目标、环境法的基本原则、其他专业部门法相关的内容,如环境适应性评估、环境案件的司法途径、公法上的环境责任和项目相关的环境法。另外,综合性环境许可被纳入了项目相关的环境法中。

第二卷和第三卷分别是关于水法和自然保护法相关的规定。主要内容是将第一卷的内容予以具体化,并且落实宪法改革所赋予的立法权。

第四卷是关于防辐射和非电离辐射的相关规定。主要内容包含保护公众免受辐射和非电离辐射的伤害。

第五卷是关于排放权交易的相关规定。主要内容包含在"能源法"的基础上对有关概念进行了统一的界定,基本上将其内容并入到了法典之中。

四、环境法法典化的中国传统与域外经验之反思

对法典化的中国传统与环境法法典化的域外经验考察并非目的,而仅仅只是一个手段。重要的是通过对传统与域外有关法典历史的考察,运用历时性和共识性的视角对目前我国环境法典的编纂提供知识的借鉴。这就需要对前文有关法典化的中国传统和域外经验进行反思。

(一)环境法法典化"本土资源"之反思

"本土资源"的摄取如何得以运用到当下的环境法典的编纂之中?这一问题环境法法典化似乎无法回避。在法史学者们看来,制定一部形式意义上的环境法典对于我国这样的法治"后发"国家而言永远都不是问题,问题在于如何对域外资源和本土资源进行适当的调配,使最终合成的文本能够最大限度地契合本国国情。[58] 那么如何做到合理调配,首先就要对"本土资源"进行反思。

---

〔58〕 参见魏磊杰:《中国民法典编纂的政治学》,载《中国法律评论》2017 年第 6 期。

1. 古代法典传统之反思:传统何以当代?

古代法典是基于特定历史条件下特定化的产物,它的产生有其时代文化背景。我国古代有法典化的传统,这一历史事实是谁也不能否认的。但是,就当下环境法法典化而言,古代法典到底在多大程度上有其借鉴意义和参考价值,就需要对古代法典与现代法典进行比较研究,析出其可资借鉴之处并予以反思。

对古代法典和现代法典进行比较可见:其一,古代法典与现代法典内容不同。就古代法典而言,它是一种混合法。[59] 饶鑫贤在《中国古代法律思想和制度的历史发展大要》一书中概括中国古代法律时说,“从封建社会开始形成时出现的《法经》,到封建末世制定的《大清律》,所有的封建法典,基本上虽都是刑事法典,但是,其中还包含着民法、经济法、行政法和诉讼法等方面的内容”。[60] 这种法典混合编纂形式的特征表现在民刑不分、刑罚主导、以刑代民,刑法惩罚制度和民事交易制度没有明显的区分。其二,古代法典和现代法典产生的文化背景不同。古代法典根植于中国传统专制文化之下,是封建君主统治臣民的工具;现代法典则不同,现代法典的产生是基于平等、自由、权利等现代法律理念的基础之上。其三,古代法典与现代法典目的不同。就古代法典而言,大多是维护统治者的利益,对于臣民的利益则相对忽视;现代法典目的是维护大多数人的利益,法典需要立法机关予以通过就是一个典型的体现。其四,古代法典与现代法典文化基础不同。古代法典传统是基于中国传统文化而衍生出的一套法典体系;而现代法典则是建立在自古希腊古罗马时期发展而来的现代文化基础之上。其五,古代法典与现代法典的经济基础不同。中国古代法典是基于小农经济下的简单商品交换;而现代法典则是基于商业贸易之下的复杂商品交易。

环境法典是最为典型的现代法典,除了现代法典所具有的特征之外,还具有环境法律自身的特征。由于环境法律是基于对工业社会所带来的环境问题的应对而产生的,因此,环境法典的制定必然需要以现代标准去衡量。当然,毫无疑问的是,古代法典中的确有现代环境法典制定中可以吸收的环境保护

---

〔59〕 参见武建敏:《法典的命运:古代法官的实践主义》,载《吉林师范大学学报》(社会科学版)2017年第4期。

〔60〕 参见李显东:《从〈大清律例〉到〈民国民法典〉的转型——兼论中国古代固有民法的开放性体系》,中国政法大学2003年博士学位论文。

理念，如生态平衡的自然观和天人合一的哲学观等。[61] 但是，认为传统中国有法典化的传统就得出有必要制定环境法典的结论未免过于草率，并且这种理由明显不具有说服力。

2. 近现代法制流变之反思：借鉴何以可能？

近现代中国法制变革既非发端于鸦片战争时期的“西学东渐”，也非辛亥革命之后的制度变迁，而是肇始于清末立宪运动。[62] 在近现代法制变革的过程中，有学者认为我国近现代法制变革之路主要是一条法律移植之路。[63] 因此，环境法典的制定也应当向西方国家学习，移植和借鉴他国环境法典。那么，这一论点是否足以支持环境法典的制定，成为环境法法典化的理由呢？

首先，就近代法治变革之路而言，法律移植还是法律继承是两个无法回避的选择。[64] 可以说，近代中国的法治是一条移植西方之路。由于近代法治建立在市场经济的基础之上，而我国在近代之前一直处于封建小农经济，缺乏近代法治产生的“土壤”。1840 年以后，特别是甲午中日战争战败后，我们向西方的学习从“器物”层面转向了制度层面，当时人们认为日本“蕞尔小国”能打败我“天朝上国”，不仅是因为技术原因，更重要的是制度原因。于是清政府派“五大臣”出洋考察，开始了法制方面的学习之路。但是，我们应该反思，在这一时期难道我们仅仅只是移植西方法律，没有丝毫的本土经验吗？答案当然是否定的。在这一时期的法律移植过程，我们当然具有自己本土化的制度安排。例如，民法典编纂过程中的亲属编就掀起了“法理派”与“礼教派”之间的论争，最后的结果必然是相互“妥协”的产物。

其次，就民国时期的法制变革而言，这一时期法制变革是在清末法制变革的基础之上。[65] 大多数法律制定都沿袭了清末法制变革的“成果”，但是也并非完全“照搬照抄”，而是考虑了我国的本土化因素。例如，这一时期为了使制定的法律更能适应我国国情，南京国民政府组织编写了《民事习惯调查报告录》，其目的就是在法律编纂的过程中考量我国具体实际情况。尤其需要注意的是，这一时期共产党领导的革命根据地的法制，由于缺少相应的资料和相关

---

〔61〕 参见李文琴：《中国古代环境保护的思想基础——基于先秦两汉时期的分析》，载《西安交通大学学报》（社会科学版）2011 年第 1 期。

〔62〕 参见钱锋：《清末立宪运动：近代中国法制现代化的开端》，载《复旦学报》（社会科学版）2014 年第 3 期。

〔63〕 参见王勇：《法律移植研究与当代中国的法律现代化》，载《法制与社会发展》2018 年第 4 期。

〔64〕 参见郝铁川：《中国法制现代化与移植西方法律》，载《法学》1993 年第 9 期。

〔65〕 参见王立明：《辛亥革命与中国现代法制》，载《东方法学》2011 年第 5 期。

法律借鉴,创制了许多具有"本土化色彩"的制度,最典型的就是"马锡五审判方式"。[66] 可见,这一时期的法制变革在移植的过程中考虑到了法律继承以及法律制度的本土化因素。

最后,就新中国成立以来的法制变革而言,新中国成立初期废除了"国民党的六法全书",在此基础之上主要以学习苏联法制为主。[67] 苏联阶级法学在新中国成立初期稳定政权方面的确起到了一定的作用,有利于政权初期的社会稳定。但是,自改革开放以后,阶级法学明显阻碍了当时的经济发展。

总之,中国近现代法制流变是一个不断地通过法律移植、法律继承和本土资源的"挖掘"予以实现的过程。但是,就环境法律制度的完善而言,与其他法律存在明显的区别。传统的法律制度如民法、刑法等法律在长期的发展过程中,西方国家已经形成了比较完整的法典体系和法典架构。因此,就目前而言,认为应该借鉴他国经验制定环境法典的设想未免操之过急。

3. 当下环境法律体系之反思:已经建成还是尚待完善?

就当下环境法律体系而言,无论是宪法及其相关法中有关的环境法律规范,还是专门的环境法中的法律规范和其他法律中关于环境保护的规范,很明显存在诸多不足并且正处于不断地完善之中。[68]

首先,就宪法及其相关法的规定而言,环境权是否应当入宪一直以来就是争论不休的议题。环境权是否应当被写入《宪法》赋予其最高法的地位,有学者反对,[69]也有学者支持。[70] 笔者认为,在建设生态文明背景下,环境权应当写入《宪法》条文中并且以基本权利的方式予以保护。在新修改的《宪法》中,生态文明已经明确写入了《宪法》"序言"部分,由此可以预见,环境权写入《宪法》只是时间问题。但就目前而言,《宪法》中的环境法律规范仍然有待完善。

其次,就专门的环境法中的法律规范而言,仍然存在很多的不足。主要包括:其一,环境保护基本法缺失。现行《环境保护法》是由全国人大常委会通过并颁布实施的。就理论层面而言,《环境保护法》应该是环境保护领域最为重要的法律,其定位应当是基本法。因此,其应该由全国人大通过而非由全国人大常委会。正因如此,也就造成了环境保护领域基本法的"空壳化"。其二,要

---

〔66〕 参见张波:《陕甘宁边区司法制度的"语境论"分析——以马锡五审判方式为例》,载《理论导刊》2016年第9期。

〔67〕 参见孙光妍、于逸生:《苏联法影响中国法制发展进程之回顾》,载《法学研究》2003年第1期。

〔68〕 参见黄锡生、史玉成:《中国环境法律体系的架构与完善》,载《当代法学》2004年第1期。

〔69〕 参见徐祥民、宋宁而:《日本环境权说的困境及其原因》,载《法学论坛》2013年第3期。

〔70〕 参见吕忠梅:《环境权入宪的理路与设想》,载《法学杂志》2018年第1期。

素立法居多,缺乏系统性。例如,污染防治法律领域,之前的“污染防治六法”和新制定的《土壤污染防治法》都是以污染要素为主来立法,缺乏系统性。因为实践中可能经常会出现土壤污染导致水污染,水污染导致大气污染,大气污染导致土壤污染这样整体性污染。其三,环境法律体系内部划分不清晰,协调性不足。就环境法律体系的架构而言,学界存在二分法、三分法等不同的观点。并且就具体内容而言,存在针对一个环境违法行为,多部法律均可适用的情形。由此环境执法难度必然加大。其四,环境法律体系部分内容缺失。例如,随着生态环境损害赔偿制度的建立和生态损害赔偿实践的展开,生态损害赔偿诉讼制度的依据仅停留在政策层面而缺乏相关法律依据。[71]

最后,就其他法律中关于环境保护的规定而言,仍然有很多尚待完善的地方。以《刑法》中的“污染环境类”犯罪为例,目前,在环境污染类犯罪中,立法上保护的仍然是人类中心主义立场的法益,以至于忽视了生态法益的保护。即使有关于保护生态法益的规定,也是极小部分,多数规定秉持了人类中心主义的法益保护思路。因此,在未来的《刑法》修订过程中,应该关注生态法益的保护,即在与人类中心主义法益保护不相抵触的情况下,需要大力加强对生态法益的保护。具体而言,环境污染犯罪应该采取生态学的人类中心主义法益论。[72]

总之,对当下我国环境法律体系进行总括式的考察就会发现,现阶段的环境法律体系还需要进一步的完善。虽然立法机关宣布中国特色的社会主义法律体系已经建成,但这是针对整体性的法律体系而言的。就环境保护方面法律而言,仍需不断地完善。

(二)环境法法典化“域外经验”之反思

环境法法典化的实现,“域外经验”的借鉴必不可少。在现有的环境法典中,以瑞典、法国和德国的法典化过程最具有代表性,前文已经对其制定过程进行了梳理。但是,对其进行反思显得更为重要,在反思的基础上发现我国环境法法典化得以实现的路径,这才是对待“域外经验”的最佳方式。域外环境法典的制定是否对我国有所启示,若有,何以体现;若无,是何缘由。带着这些思考,我们有必要对瑞典、法国和德国的环境法法典化进行反思。

---

〔71〕 参见李一丁:《生态环境损害赔偿制度改革:现状、问题与立法建议》,载《宁夏社会科学》2018年第4期。

〔72〕 参见张明楷:《污染环境罪的争议问题》,载《法学评论》2018年第2期。

1.《瑞典环境法典》之反思:理念宣示的法典?

《瑞典环境法典》的制定在世界范围内首开环境立法法典化风气之先河。[73] 它的制定有一定的代表性且具有开创性价值。有学者曾说,瑞典的环境法典是一部理念宣示的法典,主要是对当时世界范围内可持续发展理念的回应,并且第1条就明确规定了立法目的是促进可持续发展。[74] 那么,《瑞典环境法典》果真仅仅是一部理念宣示的法典吗?笔者认为,首先我们应该对其特点进行考察。具而言之,《瑞典环境法典》的特点如下:

第一,规定了先进的环保理念。[75]《瑞典环境法典》制定之初就坚持了可持续发展理念、生态保护优先等先进环保理念。在具体的制度内容设计上,也让这些先进的环保理念体现其中。其中,就立法目的而言,《瑞典环境法典》第1条明确规定"法典的目的是推动可持续发展,以确保当代人和后代人有一个健康和健全的环境。这种发展是建立在承认自然值得保护的事实和我们改造及开发自然的权利必须与明智地管理自然资源的责任相结合的基础之上"。为了实现这一目的,法典还确立了5项具体目标,包含了免受环境污染危害、保护自然环境和人文环境、保存生物多样性、确保资源要素的良好管理和资源的循环利用等。就其适用范围而言,在具体的案件中,凡是关系到可持续发展原则的活动均要受到环境法典的约束。因此,可以说环境法典的规定扩大了环境案件的范围。就基本原则而言,《瑞典环境法典》除了整合之前环境立法中固有的原则之外,还加入了许多有关先进环保理念的新原则。

第二,规定了比较完善的基本原则,体系清晰、明确。《瑞典环境法典》规定了10个方面的基本原则,包括证明责任原则、必备知识原则、风险预防原则、最佳适用技术原则、合理选址原则、资源管理和生态循环原则、产品选择原则、成本合理原则、污染者负担原则和危险活动停止原则等。这些原则共同组成了《瑞典环境法典》关于环境保护的规则网。另外,《瑞典环境法典》体系也比较清晰明确,其内容对瑞典本国的环境法律规范进行了体系化,并且采用了"预防—管制—救济"的立法顺序。这也符合法典关于体系性的要求。[76]

第三,规定了专门的环境法庭,完善了司法救济的措施。《瑞典环境法典》

---

[73] 参见竺效、田时雨:《瑞典环境法典化的特点及启示》,载《中国人大》2017年第15期。

[74] 参见夏凌、金晶:《瑞典环境法的法典化》,载《环境保护》2009年第2期。

[75] 参见李挚萍:《可持续发展原则基石上的环境法法典化——瑞典〈环境法典〉评析》,载《学术研究》2006年第12期。

[76] 参见柳经纬:《民法典编纂的体系性困境及出路》,载《甘肃社会科学》2018年第2期。

一个明显的创新之处就是设定专门处理有关环境违法行为的环境法庭。环境法庭体系由三级构成,分别是地区环境法庭、高等环境法庭(上诉环境法庭)和最高法院环境法庭(终审法庭)。[77] 地区环境法庭负责审理第一审的环境违法案件,高等环境法庭负责审理上诉案件且仅有一个,那就是西维亚上诉法院(the Svea Court of Appeal),最高法院环境法庭负责最终审理。就法庭审判人员而言,由 4 人组成,包含 1 名主席、1 名环境顾问和 2 名专家成员。如果有特别需要的话,环境法庭还可以增加 1 名合格的地方法官和 1 名环境顾问。其中主席必须由法官担任,并且应当具有丰富的经验;环境顾问应当接受过专业的环境事务训练;2 名专家中一位应当熟知环保局的运作程序,另一位应当熟知工业和市政运作程序。环境法庭的成员由政府或者政府授权的机构任命。高等环境法庭的环境顾问除了由政府或者政府授权的机构任命外,还可以由高等环境法庭任命。就受案和审理而言,环境法庭的初审案件受案范围主要包括"两类""八种"。"两类"分别指"依申请"的案件和"依传唤"的案件,前者主要包括之前由水法院和环境保护许可委员会审理的案件,后者主要包括对环境有害和环境损害赔偿的案件;"八种"指与环境和水资源有关的八种案件,细化了受理案件的类型。从审理的角度来看,环境法庭在审理案件时多数情况下适用普通的民事诉讼程序。另外,《瑞典环境法典》还引进了"环境罚金"的制度。

第四,规定了与本国国情相适应的内容,具有较强的实践可操作性。法律乃是一种地方性知识。[78] 环境法律自然也不会例外。因此,瑞典环境法典的制定要与本国国情相适应。瑞典相对而言地广人少,自然资源丰富,受污染状况比欧洲其他国家轻,污染问题也不是特别严重。其污染大多集中于交通建设和酸雨方面。因此,瑞典环境立法在这一方面也关注较多。并且,环境法典的制定大多沿袭了之前环境立法的有关规定。《瑞典环境法典》规定了较为完善的程序性规定,可操作性较强。另外,由于《森林法》和《矿业法》等相关法律并没有纳入环境法典中,因此也就造成了法典与单行法平等适用的现象。[79]

就《瑞典环境法典》以上特点进行反思可得:首先,在环境法律发展到一定

---

〔77〕 参见陈真亮:《瑞典环境法院制度的新发展》,载《世界环境》2012 年第 2 期。

〔78〕 参见袁同凯:《地方性知识中的生态关怀:生态人类学的视角》,载《思想战线》2008 年第 1 期。

〔79〕 参见全国人大环境与资源委员会编译:《瑞典环境法》,中国环境科学出版社 1997 年版,第 4 页。

阶段时,环境法典是一条可供选择的路,但是必须以环境单行立法的成熟为前提。就瑞典环境法律的发展历程而言大致经历了三个阶段,环境法律发展相对成熟,正因如此,环境法典的制定就有了一定的前提基础。其次,环境法典的制定必须以先进的环保理念为先导,并且通过环境法典落实先进的环保理念。再次,环境法典可以加强环境法律的体系性和综合性,减少环境法律之间的冲突,弥合环境法律的不足。复次,环境法典比一般的单行法更具有权威性,在实践中适用性更强。最后,环境法典的制定需要一定的条件,如发达的立法基础(成熟的单行法)、合适的时机、国民环境意识等。就目前我国环境法律发展现状而言,似乎还未到环境法典制定之时。[80]

2.《法国环境法典》之反思:"有名无实"的法典?

法国作为传统的大陆法系国家,有着深厚的法典化传统。有学者说,《法国环境法典》遵循了形式化的法典模式,在此之上完成了环境法律的简约化和体系化。[81] 因此,就有学者发问,《法国环境法典》到底是"有名无实"的法典还是"实至名归"的法典?所以,有必要对《法国环境法典》进行考察,从而进行反思性的借鉴。具体而言,《法国环境法典》的特征如下:

第一,《法国环境法典》制定的初衷是解决环境法律立法膨胀和法律冲突。[82] 20世纪80年代末,法国环境立法迅速增多并且法律之间出现激烈的冲突,以至于无法形成一个统一的环境法律体系。在法律适用上经常会出现重复和烦冗,无法有效地解决国家所面临的环境问题。在制定环境法典之后,环境法律规范被纳入了一个统一的整体,各个法律规范之间变得清晰、明确,有利于环境法律的适用。

第二,体例编排上将自然保护置于污染防治之前。考察《法国环境法典》的具体规定,其将自然资源保护方面的内容放置于污染防治方面内容之前,充分表现出了自然保护优先的先进理念。从我国的环境法学科体系来看,长久以来污染防治篇总是放置于自然资源保护篇之前。一方面可能是立法技术上的路径依赖;另一方面也可能是因为我国环境立法较为注重污染防治方面的立法。但是,随着环境法律体系的不断完善,环境问题不断得以解决,以后的环境法律应该更多的将重心放在自然资源保护方面,因为这正好体现了环境

[80] 参见耿保江:《从典型法典看我国制定环境法典的条件》,中国海洋大学2013年博士学位论文。

[81] 参见夏凌:《法国环境法的法典化及其对我国的启示》,载《江西社会科学》2008年第4期。

[82] 参见莫菲:《法国环境法典化的历程及启示》,载《中国人大》2018年第3期。

法律的预防性特征。[83]

第三,没有单独的罚则篇。《法国环境法典》的法律责任规定在具体的章节之后,没有像传统的法典那般专章规定法律责任。一般而言,按照传统法典的特征,法律责任应当属于专章规定的内容。当然,《法国环境法典》如此规定,主要原因可能是由于环境法律体系过于庞杂,很难用专章来统合法律责任的内容。

第四,环境法典与其他单行法并行适用。在《法国环境法典》的制定过程中,由于历史原因,环境法典之外仍然保留了森林法、矿业法等单行法。也正是由于这一点,许多学者认为《法国环境法典》是一部"有名无实"的法典。因为按照法典的要求,应该涵括该法律部门的全部法律规定。当然,也有学者认为《法国环境法典》的这种做法是一种创新,为环境法典制定提供了一条可供借鉴的经验。毋庸置疑的是,《法国环境法典》的这种做法有利于实现环境法典和其他单行法的有效衔接,从另外一个角度而言,体现了法典的开放性。这也是法典发展到当下回应时代需求的一种体现。

对《法国环境法典》的特点进行反思,启示如下:首先,法典体例的创新。环境法律是为了回应环境问题而制定的,很多规范与传统的法律规范有所不同,如环境法律规范有很强的科技性特征。因此,在环境法典的制定过程中,其体例安排必然会突破传统的法典体例,我国在制定环境法典时也可以考虑根据我国的特殊情况,进行适当的调适。但是,这一调适不能超越传统典型法典的根本性特征,否则制定出来的环境法典恐怕就很难冠以"法典"之名。其次,环境法典制定的一个主要原因是环境立法膨胀。就《法国环境法典》的制定而言,原因之一是环境法律出现了立法膨胀的现象,为了解决这一问题,法国制定其环境法典。可以说,立法膨胀是《法国环境法典》制定的一个主要动因。[84] 反观我国,如果要制定环境法典,立法膨胀是否可以作为制定环境法典的理由是值得深思的。我国环境立法尚处于不断地发展和完善中,还没有到达环境立法膨胀的时候,所以以此为理由要求制定环境法典明显不具有说服力。最后,环境法典的汇编式编纂。根据对法典不同的分类,有学者将《法国环境法典》称为汇编式法典,汇编式法典就是对现存法律的排序和不同法律之间的内容构造进行系统性的理性分配。这种观点认为汇编式法典属于法典

---

〔83〕 参见张志勋、郑小波:《论风险预防原则在我国环境法中的适用及完善》,载《江西社会科学》2010年第10期。

〔84〕 参见彭峰:《法国环境法法典化研究》,载《环境保护》2008年第4期。

编纂的"第三条道路"。[85] 那么,这种编纂方式是否适合我国环境法典的编纂,是一个值得深思的问题。

3. 德国环境法法典化之反思:走向失败的"法典"?

《德国环境法典》的制定最终以失败终结,有学者将其称为"德国环境法典之殇"。[86] 那么作为传统的大陆法系法典化代表的国家为何没有制定出一部成功的法典,是条件不成熟还是环境法典本身就不适宜进行法典化,通过考察德国环境法法典化的过程,这些问题均值得深刻反思。虽说《德国环境法典》的制定构想最终梦碎,但是其形成的成果却成了德国环境行政法的重要组成部分。因此,应当对德国环境法典制定过程进行反思,以获取其留下的经验教训。[87] 《德国环境法典》为何失败,笔者通过考察,发现原因如下:

第一,联邦制政体是《德国环境法典》编纂失败的根本原因。[88] 德国立法体制分为两层,分别为联邦立法权和州立法权。联邦立法权包含联邦的独占性立法权和与各州共享的竞合性立法权;州立法权包含竞合性立法权和州独有立法权(凡联邦未立法事项,各州均可立法调整)。2006年,联邦宪制改革对这一立法体制作出了重大改革,对联邦立法权限进行了重新划分,扩充了联邦立法的权限。虽然这一目的是迎合环境立法的需要,但是最终仍没有避免环境法典走向失败。德国前环境部部长认为,改革意愿的不强烈和政治方面的区域化是环境法典编纂失败的重要原因。诚如斯言,在编纂环境法典的过程中,部分企业和相关的利益集团不支持环境法典。另外,由于德国联邦体制的缘由,在最后环境法典通过时,巴伐利亚州拒绝妥协,使得环境法典无法进入最终的立法程序。这也就直接导致了环境法典编纂的失败。

第二,环境法法典化的迫切愿望已经消失。随着第二次世界大战后德国经济不断地发展,环境问题逐渐严重,环境立法也随之增多。由于大量的环境立法出现,一时之间环境法律重复散乱,严重影响了环境法律的实施效果。因此,环境法法典化的呼声随之高涨。另外,由于环境法律之间的冲突无法消弭,环境审批流程复杂冗长,重复审批频现。这也要求环境法进行法典编纂。但是,在环境法典的编纂过程中,环境审批制度不断得到改进和完善。审批程

---

[85] 参见陈真亮:《中国环境法法典化的方法论问题研究》,浙江农林大学2010年博士学位论文。

[86] 参见陈戈:《德国新环境行政法之立法经验及其对中国的启示》,载《南京工业大学学报》(社会科学版)2012年第3期。

[87] 参见汝亚国:《德国环境立法的经验教训及其对我国的启示》,载《桂海论丛》2015年第5期。

[88] 参见张璐璐:《德国环境法法典化失败原因探究》,载《学术交流》2016年第6期。

序所需的时间得以减少,这让公众想通过环境法典实现一体化审批制度的期望降低。因此,现实中推动环境法法典化的动力减小。

第三,环境法典编纂受政治人物的影响。德国环境保护工作主要是由环境部推行,德国总理默克尔在就任总理之前曾担任德国环境部部长,环境保护就是其从政期间的一大政治亮点。另外,其任职环境部期间就曾推动环境法法典化工作;就任总理后,对于环境法法法典化工作更是不遗余力的予以推行。但是,为什么最终会失败?主要原因就是默克尔在大选之中虽然获胜,但是众多传言说她无法履职至终,以至于让支持环境法典出台的期待者丧失了信心,这也是环境法典失败的众多因素之一。

当然,以上三点是《德国环境法典》编纂失败的主要因素。除此之外,必然会有其他方面的原因。因为一部法典的编纂失败必然包含了众多因素,其涵括了政治、经济、文化、历史、地理,甚至包括人民的观念等一系列原因。有学者说到,德国环境法典是在受挫中前行。〔89〕诚如斯言,《德国环境法典》在受挫中前行最终还是难逃失败的命运。那么,环境法法典化失败的德国就无可借鉴之处?显然并非如此。通过对其失败的过程及原因进行反思,启示如下:

首先,就立法体制而言,德国属于联邦制国家,联邦与州之间的立法权限模糊不清,并且各州在一定程度上拥有对抗联邦立法的权限。正因如此,也造就了环境法典编纂的失败。但是,反观我国,并不存在这种状况。我国是单一制国家,中央和地方之间的关系明确,进而言之,发挥地方主动性和积极性的前提是在遵循中央统一领导的前提之下。与德国相比,我国中央立法权限享有绝对的权威。因此,在未来的环境立法中,中央和地方之间的立法权限问题不会成为我国制定环境法典的"绊脚石"。

其次,就环境法法典化的愿望而言,《德国环境法典》的编纂主要是为了解决环境法律之间存在的诸多乱象。就我国而言,环境问题频发,特别是近几年来环境问题"井喷式"增长,公众普遍要求有一个良好舒适的环境,并且环境执法存在法律依据不足的窘境。〔90〕从这个角度来看,我国当然也存在环境法法典化的愿望。就立法方面而言,环境立法也是近几年较为活跃的一个法律部门,立法部门也需要一部环境法典对环境法律进行系统整合。因此,可以判断在我国环境法法典化的愿望是存在的。

---

〔89〕 参见沈百鑫:《两次受挫中前进的德国环境法典编纂》,载《中国人大》2018年第5期。

〔90〕 参见杨娅敏:《地方环境执法的困境及出路——以洱海保护为例》,载《大理大学学报》2018年第1期。

最后,就政治人物的推动而言,历史上法典的制定总是离不开关键政治人物的推动,如《法国民法典》是在拿破仑的主持下才得以编纂成功的。虽然《德国环境法典》的编纂以失败终结,但是其制定过程也离不开政治人物默克尔的推动。自党的十八大以来,我国大力推动生态文明建设,努力构筑生态文明体制的"四梁八柱"。可以说,政治上的推动也是我国制定环境法典的一个契机。但是,是否当下就可以制定环境法典似乎还有待商榷。[91] 显然,《德国环境法典》编纂失败的启示不仅仅包括以上几点,但是毫无疑问以上几点最具有代表性和反思意义。

总之,对域外国家环境法典考察的目的意在收到"他山之石,可以攻玉"的效果。[92] 在我国,环境法典编纂的理论研究尚处于初级阶段,环境法法典化的研究成果也乏善可陈。就现有的环境法法典化研究成果而言,大多属于粗放型研究,缺少精细化的成果。因此,对域外环境法法典化进行考察及反思无疑对我国未来制定环境法典具有重要的价值。

五、环境法法典化之实现路径

法典化立法模式是我国环境立法的最佳路径选择。那么,我国应该制定一部怎样的环境法典,以及我国的环境法典应该如何定位?就现有的几种观点而言,绿色法典化未能明确体现环境法典的特性,因为任何一部环境法律在一定程度上都具有绿色性质;适度(领域)法典化未能涵括环境法律规范群所有内容,难以称为一部法典;适度(程度)法典化定位不清晰,"适度"一词难以准确界定,存在概念上的模糊。因此,笔者认为对于环境法典的定位应该另辟蹊径,而不能限于前几种观点。

(一)环境法法典化之定位:整理策略的环境法典

环境法典编纂的定位较为有代表性观点包括绿色法典化、适度(领域)法典化和适度(程度)法典化等三种学说。考量此三种学说均没有揭示环境法典定位的要义,究其实质是因为此三种学说都是立足于环境法之内,缺乏外部观察的视角。"法典"一词是法理学上一个具有普遍性的概念。因此,若要对环境法典进行定位,应当从法典的角度出发,考察法典的不同类型,从而得出环境法典应当如何定位。论及法典研究,最具有说服力的作品莫过于日本学者

[91] 参见晋海:《基本法模式:我国环境立法的理性选择》,载《江淮论坛》2007年第5期。

[92] 参见耿保江:《从典型法典看我国制定环境法典的条件》,中国海洋大学2013年硕士学位论文。

穗积陈重的《法典论》一书，此书完稿于明治二十三年。[93] 穗积陈重根据法典编纂的目的对法典进行了分类，将法典分为五种，分别是治安策略的法典编纂、统一策略的法典编纂、守成策略的法典编纂、更新策略的法典编纂和整理策略的法典编纂。治安策略的法典编纂是为了制止战乱、恢复紊乱的社会秩序，如希腊雅典的德拉古法典和梭伦法典，中国古时沛公入关"约法三章"以及《十二铜表法》和《大宪章》均属此列。守成策略的法典编纂是为了建立功业后伟绩永存，所以以法律做守成之器，如汉代萧何制定《九章律》，唐代的唐律十二篇可归入此列之中。统一策略的法典编纂是为了让国内法律齐一、加强中央集权，即所谓的"一国一法"。他认为 1804 年的《法国民法典》与 1896 年的《德国民法典》均属此类。整理策略的法典编纂是在法令累积极度复杂以致人民无法知其法令的情况下，立法者将复杂法令归类编辑，编成人民易知的一部法典，罗马时期查士丁尼法典当属最典型的代表。更新策略的法典编纂是因为随着社会的发展和进步，法律应该做出顺时的变动，响应新事物，日本明治九年刑法改修之议应属此列。就我国而言，若要编纂一部环境法典，以编纂目的论，应将其定位为整理策略的法典编纂。因为治安、守成、统一策略的法典编纂，似乎均与环境法典的编纂关系不大，至于更新策略的法典编纂很大程度上是在法典编纂之后的法律修改。因此，我国编纂环境法典应当定位为整理策略的法典编纂。此种定位一则有效地揭示了当下我国编纂环境法典之目的，即整理现有的环境法律规范；二则这一定位也避免了前几种观点的不足之处。

（二）环境法法典化之实现路径：分"两步走"的策略

在环境法典定位明确之后，随之而来的问题就是环境法典如何得以实现。有学者认为环境法典的制定时机已经成熟，当下就可以推动环境法典的编纂工作。[94] 有学者则认为环境法典的编纂目前尚不成熟。[95] 那么，当下环境法典制定的条件是否成熟，应当从以下几个方面考量：

首先，环境法作为一门新兴的法律科学，其自身尚处在不断地发展和完善之中。以环境立法为例，新制定的《环境保护税法》和《土壤污染防治法》就足以说明这一问题。并且，随着生态环境损害赔偿制度等相关诉讼制度的确立，环境诉讼专门立法的呼声也越来越高。因此，当下制定环境法典条件尚不成熟。

---

〔93〕 参见[日]穗积陈重：《法典论》，李求轶译，商务印书馆 2014 年版，第 5 页。

〔94〕 参见吕忠梅、窦海阳：《民法典"绿色化"与环境法典的调适》，载《中外法学》2018 年第 4 期。

〔95〕 参见黄锡生、史玉成：《中国环境法律体系的架构与完善》，载《当代法学》2014 年第 1 期。

其次,关于环境法典的理论研究尚处于初级阶段,学者之间尚未达成共识。有学者以民法典编纂为例说明当下环境法典制定时机已到,这似乎忽略了民法典的理论研究在我国已经经历好几代民法学人。就目前环境法典理论研究而言,存在法典定位不明确、法典体例不统一、法典内容不一致等多方面的理论供给的不足。因此,从这一角度而言,制定环境法典也不能操之过急。

再次,就环境法学共同体而言,当代环境法学者相当一部分人属于“半路出家的和尚”,没有受过专门的法学本科教育。当然,这里并非说这一部分学者学术水平不高,只是因为他们转型自其他学科,必然在思考相关命题时会有一定的“先见”。因此,这也就造成了学者们很难对一些基础性命题达成一致。在其他部门法的学者看来并不是问题的命题,环境法学者似乎将其视为环境法的主要命题在加以研究。从这一角度而言,也不宜过早地推动环境法典的制定。

最后,就环境法典编纂的技术而言,我国亦没有成熟的环境法典编纂经验。在环境法律制定方面,大多是制定各项单行法的立法技术和立法经验。法典的编纂需要一定的技术,这是众所周知的事实,倘若轻易开始编纂法典,难免有走向失败的可能。

目前而言环境法典制定的条件尚不成熟,但是不成熟并不代表环境法典不能实现。就我国环境法典制定而言,笔者认为可以分两步完成:第一步是进行环境法律规范的体系化整理;第二步是在环境法律规范体系性整理的基础上制定环境法典。由此,可在21世纪实现环境法典的制定。关于第一步环境法律规范的体系化整理而言,可以有三种方案:其一,可由立法机关完成,因为立法机关具有颁布法典的权限,通过体系化整理工作,可以为下一步环境法典的制定奠定一定的基础;其二,可由行政机关完成,行政机关主要是环境法律的适用者,其在整理过程中可以对实践中环境法律之间的冲突、重叠部分予以消除;其三,可以由社会(学术)团体或者个人完成,这种方式可以集思广益,充分发挥社会团体和民间力量。当然,这三种方案各有利弊,但是对我国环境法典制定而言,必不可少的环节就是环境法律的体系化整理。因此,笔者认为,在当下我国应该进行环境法律规范的体系化整理,待时机成熟时可制定一部具有世界范围内代表性的环境法典。

(三)环境法法典化之体例构想

鉴于对环境法体系的考量存在诸多观点,无论是已经编纂的环境法典的体例安排,还是学界对环境法律体系的划分,抑或学者对环境法典设计的“理想图景”都存在不同。

从已经编纂的瑞典、法国和德国环境法典的体例来看,不同的国家对于环境法典体例的安排均不相同。可以说,环境法典的体例并没有一个统一的样板与模式,各个国家都是按照自己的本国法律体系进行的法典体例安排。

就学理而言,关于环境法典的体例安排也是各自有不同的看法与学说。与已经编纂的基本法典体例相比较,学理上关于环境法典的安排可能更具有体系性。就目前而言,具有代表性的观点主要包括以下几种:

第一,日本学者前野直人等在《环境、防灾法》一书中认为环境法的体例包括:第一部分环境基本法,包含环境行政目标、政策体系等基本法律;第二部分公害控制法,包含大气污染、水污染等公害排放方面的法律;第三部分环境保全法,包含自然环境及景观、历史环境保全等法律;第四部分环境整备法,包含下水道、废物处理设施和地方公共团体等公共服务方面的法律;第五部分费用负担、促成法,包含防治公害事业费用负担即企业促成措施等法律;第六部分救济、纠纷处理法,包含公害发生的救济和纠纷的处理。

第二,高家伟教授在《欧洲环境法》一书中认为环境法的体例包括:第一部分环境利用规划法,包含土地利用规划、能源供应规划、水经营规划和自然保护规划;第二部分自然资源利用和保护法,包含自然保护和风景保护法、捕鱼、狩猎、土地开采和户外活动等内容;第三部分污染防治法,包含水、土地和空气等环境要素污染防治法。

第三,张梓太教授等在《环境法法典化研究》一书中提出环境法的体例包括:第一部分总则编,包含序言、基本原则、基本制度、基本责任、资金费用、教育宣传等内容;第二部分生态保全编,包含循环发展、生物物种、资源利用特殊空间等内容;第三部分污染防治编,包含原因物质、污染介质和环境污染整治等内容;第四部分环境程序编,包含环境公益诉讼、环境私益诉讼、环境侵权责任和环境损害国家赔偿等内容;第五部分附则编,包含配套立法授权、解释与修改和国家条约适用等内容。

第四,我国台湾地区学者叶俊荣教授则认为环境法的体例包括:第一部分环境预防法,包含空气污染、噪声污染、海洋污染、噪声管制和震动管制等内容;第二部分环境管制法,包含废弃物清理、毒性化学物质、饮用水和公共卫生等内容;第三部分环境救济法,包含公害纠纷处理法;第四部分环境组织法,包含环境检验所条例和环境研究院等内容。

通过实践和学理两个方面的审视,结合笔者前文对我国环境法律体系的结构划分,笔者欲对我国未来环境法典的体例提出一个构想,具体安排如下:(1)第一部分总则编。这部分是环境法典的共同部分,应当包含贯穿于环境法律体系的理念、原则、制度等内容,其中包含了前文所述的环境基本法和环境综合法,如《环境保护法》《环境影响评价法》《清洁生产促进法》《循环经济促进法》等内容。(2)第二部分污染防治编。这部分主要是关于污染防治法律的规定,包含《海洋环境保护法》《水污染防治法》《大气污染防治法》《固体废物污染环境保护法》《环境噪声污染防治法》《放射性污染防治法》《土壤污染防治法》等内容。(3)第三部分自然资源保护编。这部分主要是调整人们在自然资源开发、利用、保护和管理过程中所产生的各种社会关系的法律规范,包含《森林法》《草原法》《渔业法》《矿产资源法》《土地管理法》《水法》等内容。(4)第四部分生态保护编。这部分主要旨在保护生态利益,包含《野生动物保护法》《水土保持法》《防沙治沙法》《海域使用管理法》《海岛保护法》等内容。(5)第五部分能源和节能减排编。这部分主要包括对能源的可持续利用方面的法律,包含《节约能源法》《煤炭法》《电力法》《可再生能源法》等内容。(6)第六部分防灾减灾编。这部分主要是关于防治、减轻自然灾害的法律规范的规定,包含《防洪法》《防震减灾法》《气象法》等内容。(7)第七部分环境程序编。这部分主要是关于环境法律程序性的规定,包含生态环境损害赔偿诉讼、环境民事公益诉讼等内容。(8)第八部分附则编。这部分主要是技术性和适用性规定,包含法律的解释与适用等内容(见表1)。

表1　我国环境法典体例构想

环境法典	第一部分	总则编	环境法律体系的理念、原则、制度等内容
	第二部分	污染防治编	关于污染防治法律的规定
	第三部分	自然资源保护编	调整人们在自然资源开发、利用、保护和管理过程中所产生的各种社会关系的规定
	第四部分	生态保护编	主要旨在保护生态利益的规定
	第五部分	能源和节能减排编	对能源的可持续利用方面的规定
	第六部分	防灾减灾编	关于防治、减轻自然灾害的法律规范的规定
	第七部分	环境程序编	关于环境法律程序性的规定
	第八部分	附则编	主要是技术性和适用性规定

在考察诸种学说和观点的基础上，笔者对我国环境法典的编纂的体例安排进行了如上构想，无论这种安排是否适当，均是一家之言，或许这一安排自身存在着很多的不周延性。但是，希望通过这一感性的认识所提出的构想能够达至“抛砖引玉”的效果，从而促进环境法典相关理论的增进与完善。

六、结语

历史一直有着惊人的相似，美国著名作家马克・吐温（Mark Twain）曾说，“历史不会重演，但会押韵”。德国著名法学家蒂堡19世纪早期写的《论统一民法对于德意志的必要性》一文，为德国制定民法典鼓与呼。但是，与其同时代的德国伟大法学家，历史法学派的开创者萨维尼却以《论立法与法学的当代使命》作为回应来反对在当时制定民法典。众所周知，最终德国于20世纪初制定出了世界范围具有代表性的《德国民法典》。熟悉《德国民法典》制定过程的人都知道，《德国民法典》的制定者不是别人，正是萨维尼历史法学派学说的承继者与发展者温德莎德，谁也不会否认萨维尼对《德国民法典》的制定所做的贡献。

在当下我国民法典制定的大背景下，很多部门法都顺势而动。行政法、知识产权法、商法等各个法律部门都在努力实现各自的法典化，环境法自然也不例外。但是，我们知道，法典的制定需要一定的条件，并非一蹴而就之事。虽然我国民法典的制定在当下才得以进行，但是民法典从新中国成立初期到现在已有70年的探索。环境法典的制定并不能操之过急，目前来看，我国环境法典的制定时机尚不成熟，最可行的方式应该是进行环境法律的体系化整理。通过环境法律规范的体系性整理为我国环境法典的编纂积累经验和技术，从而为我国制定出在世界范围内具有代表性的环境法典奠定基础。

制度研究

《环境资源法论丛》
第 12 卷,第 69~81 页

论生态环境损害赔偿磋商公众参与中的"公众"*

叶榅平** 袁焰焰***

摘 要 公众参与是生态环境损害赔偿磋商的重要保障机制,科学界定公众参与中的"公众",建立合理的认定和参与规则,是保障公众有效参与磋商的前提和基础。"公众"的确定要坚持广泛性、利益相关性、自愿性和平等性原则,建立专家和普通民众的区分规则、利益相关公众范围的界定规则以及公益性社会组织的参与规则等,保障公众能够切实行使知情权和参与权,推动生态环境损害赔偿磋商机制健康运行。

关键词 生态环境 损害赔偿 公众参与

一、问题的提出

随着我国社会经济的高速发展,环境污染和生态环境损害案件激增,在缺乏有效制度安排的情况下,生态环境损害得不到有效赔偿,生态环境也难以有效修复,公众的环境权益受到严重侵害。因此,迫切需要建立一种能够实现对生态环境自身救济与赔偿的生态环境保护制度。根据党的十八大提出对生态环境实行最严格保护的要求和部署,2015 年年底国务院办公厅出台了《生态环

* 本文为国家社科基金重大项目"改革生态环境监管体制重大法律问题研究"(项目号:18VSJ040)的阶段性成果。

** 叶榅平,上海财经大学法学院教授、博士生导师。

*** 袁焰焰,上海财经大学法学院硕士研究生。

境损害赔偿制度改革试点方案》(以下简称《改革试点方案》),开始推进生态环境损害赔偿制度改革,并将磋商作为生态环境损害赔偿的重要机制。经过两年实践,在全面总结经验的基础上,2017年年底《生态环境损害赔偿制度改革方案》(以下简称《改革方案》)正式印发,标志着生态环境损害赔偿制度改革从试点正式走向全面推进阶段。《改革方案》要求,生态环境损害赔偿工作需要遵循"信息共享,公众监督"原则,并明确把公众参与作为解决生态环境损害赔偿问题的重要制度保障。但是,对生态损害赔偿制度的建设而言,《改革方案》只具有指导性意义,并不是具体的制度规范。就"开展磋商"来说,《改革方案》虽然要求生态环境损害赔偿磋商应当遵循公众参与原则,但是对公众参与的主体、方式和程序等均没有具体安排,难以直接指导和规范生态环境损害赔偿磋商的实践。

从法律规定来看,《环境保护法》第53条规定:"公民、法人和其他组织依法享有获取环境信息、参与和监督环境保护的权利,各级人民政府环境保护主管部门和其他负有环境保护监督管理职责的部门,应当依法公开环境信息,完善公众参与程序,为公民、法人和其他组织参与和监督环境保护提供便利",这是我国环境保护基本法对公众参与环境保护的原则性规定。为贯彻《环境保护法》中的公众参与原则,原环境保护部于2015年专门颁布《环境保护公众参与办法》,对公众参与环境保护的内容进行了较为具体的规定。尽管生态环境损害赔偿磋商可以参照适用《环境保护公众参与办法》的相关规定,但是生态环境损害赔偿中的磋商是一种事后救济,政府是代表国家以赔偿权利人的身份开展赔偿磋商,与环境执法、环境评价等具有重大差异,难以直接适用《环境保护公众参与办法》的相关规定。并且,从公众参与主体的相关规定来看,《环境保护公众参与办法》同样存在很多问题:一是参与主体比较单一。二是对公众参与主体的界定相当模糊。尤其把普通的民众与专家作为并列的参与者,容易导致普通公众的意见被专家意见掩盖,也容易导致普通公众的意见被决策者忽视。三是忽视了社会公益组织参与环境保护的积极意义,没有为社会公益组织建立合理的参与机制。现行环境影响评价公众参与制度以受影响程度限定可以参与的公众范围,侧重私人环境利益保护,表现为公众的个体化参与。[1] 由此可见,《环境保护公众参与办法》对生态环境损害赔偿磋商中的公众参与并没有多少参考适用的价值。

---

[1] 参见周一博:《我国环境影响评价公众参与的主体探析》,载《太原城市职业技术学院学报》2018年第3期。

从实践来看,2015年的《改革试点方案》出台后,各试点省份都颁布了具体的实施办法,但是这些试点实施办法同样没有对公众参与进行具体的制度安排,涉及的相关规定主要是参照《改革试点方案》的内容作原则性的规定:一是将参与的公民限定在“利益相关”范围内;二是将专家与普通公众并列,未显示两者之间的区别;三是没有明确规定公益性社会组织可以参与磋商,不利于公益性组织发挥维护环境公益上的优势积极参与磋商。从实践来看,各地生态环境损害赔偿磋商过程中普遍缺乏公众参与。目前所谓的“公众参与”,仅仅表现在通过网站公开拟磋商案件的相关信息或公布磋商达成的协议的内容,并没有公众参与到磋商过程中。例如,生态环境损害赔偿制度改革试点开展后,全国首例由省级人民政府提出申请的赔偿协议司法确认案,是受到广泛社会关注的贵州省人民政府、息烽诚诚劳务有限公司、贵阳开磷化肥有限公司生态环境损害赔偿协议司法确认案。[2] 在该案中,整个生态环境损害赔偿磋商在贵州省律师协会指定律师的主持下进行,贵州省环境保护厅被省政府指定为代表人和息烽劳务公司、开磷化肥公司关于大鹰田废渣倾倒造成生态环境损害的赔偿事宜进行磋商,最终双方磋商成功后达成了生态环境损害赔偿协议并向清镇市人民法院提交了对该协议进行司法确认的申请。清镇市人民法院经过审查受理了该申请并将生态环境损害赔偿协议、修复方案等相关事项在法院网站进行了公开,接受公众监督,在一定程度上保障了公众的知情权和参与权。但是该案在实际磋商过程中并没有公众参与,作为赔偿权利人的政府也没有征求公众意见和专家意见,实际上,该案的磋商过程和一般民事赔偿案件的磋商过程完全相同。又如,毅嘉电子(苏州)有限公司渗排电镀废水致生态环境损害赔偿案中,生态环境损害赔偿成功磋商后,政府通过报纸、电视、网络等媒体广泛宣传报道,[3]并在网上进行公告,一定程度上提高了公众参与环保、支持环保的热情。但是,政府仅仅是在磋商协议达成之后公开相关信息公开而已,磋商过程同样没有公众参与。

笔者认为,现有法律、《改革方案》及地方具体的实施办法,对公众参与均无具体规定,导致实践中公众参与原则形式化,公众在事实上无法实现对生态环境损害赔偿磋商的实质性参与,严重挫伤了公众参与环境治理的热情,也不

---

〔2〕 参见张林鸿、葛曹宏阳:《生态环境损害赔偿磋商的法律困境与制度跟进——以全国首例生态环境损害赔偿磋商案展开》,载《华侨大学学报》(哲学社会科学版)2018年第1期。

〔3〕 参见《苏州市首例生态环境损害赔偿磋商协议签约》,载 http://www.js.chinanews.com/news/2019/0705/189249.html,2020年2月21日访问。

利于生态环境损害赔偿制度的改革和发展。而在生态环境损害赔偿磋商中，要想切实发挥公众参与的作用,保障公众参与磋商的效果,首先必须明确公众参与中“公众”的具体所指,建立认定可以参与磋商的“公众”的规则,才能明确哪些主体有资格参与磋商,可以通过什么方式参与磋商,在磋商中可以发挥什么作用。因此,科学界定公众参与中的“公众”是核心问题,也是首先要解决的问题,只有明确可以参与的“公众”之后,社会主体才能明确自己是否具有参与磋商的资格,政府才能保障公众参与权,落实公众参与工作,形成公众参与的规则。

二、作为公众参与主体的“公众”的界定

公众参与是我国环境法确立的一项重要原则,但现有法律法规都没有对公众参与的主体“公众”进行概念界定。[4]《改革方案》要求“生态环境损害调查、鉴定评估、修复方案编制等工作中涉及公共利益的重大事项应当向社会公开,并邀请专家和利益相关的公民、法人、其他组织参与”。这里的“专家和利益相关公民、法人、其他组织”是否就是公众参与中的“公众”,具体旨意为何,相关文件也没有明确规定。

学界对于是否应该对公众参与的主体进行明确界定存在争议。部分学者认为应当对参与主体进行界定,理由在于公众属于相对广义的法学概念,具有一定的指向性,有必要对此界定展开类型化研究。[5] 还有部分学者认为无须界定参与主体,原因在于设定详细的公众范围,在某种程度上增加了对公众范围的限制,把更多的公众类型排除在外,这种设定在实质上限制了某些公众的参与和监督权利,反而不利于保障公众参与的效果。同时,出于法律实用性的考虑,既然无论用何种方式都无法对公众范围进行准确界定,那么也就无须对公众下定义。[6] 笔者认为,明确磋商中参与主体“公众”的具体含义,不仅有助于保障生态环境损害赔偿磋商的公平和公正,也有助于集中表达公众的参与意见,切实保护公众的环境权益。因此,应对可以参与磋商的“公众”进行必要的界定,以明确其内涵和外延。

---

〔4〕 参见洪大用:《试论改进中国环境治理的新方向》,载《湖南社会科学》2008年第3期。

〔5〕 参见肖峰:《我国公共治理视野下“公众”的法律定位评析》,载《中国行政管理》2016年第10期。

〔6〕 参见常纪文:《环境立法应如何给公众参与下定义?》,载《中国环境日报》2014年12月24日,第3版;张晓云:《环境影响评价公众参与主体“公众”的法律界定》,载《华侨大学学报》(哲学社会科学版)2018年第6期。

“公众”泛指“社会上大多数的人”。在法律意义上，“公众”一般指对决策所涉及的特定利益作出反应的或与决策结果有利害关系的一定数量的人群或团体。〔7〕 一般认为，公众不仅包括不特定多数的公民个体，还应当包括利益受到影响的其他社会组织和团体。使用不同的用语，也彰显参与主体“公众”的不同界定。〔8〕 我国现行相关立法中有关“公众”的含义，主要有狭义、广义和最广义三种不同的范围。其中，狭义上的“公众”仅指公民，立法上往往采取与其他组织和专家并列的方式，将其他组织和专家排除在公众之外；〔9〕广义上的“公众”不仅包括普通公民，还包括专家、单位和有关部门；最广义上的“公众”则包括任何单位和个人。法学视域中的公众参与，更侧重于关注社会公众参与在管理国家事务和社会公共事务方面的权利。〔10〕 在环境法领域中，学界对公众参与的理解存在较大分歧，主要有广义、相对狭义和狭义三种理解。这三种观点的区分主要是由于对参与主体和参与范围的界定存在不同。广义说对参与主体和参与范围并未进行任何限制，认为公众参与的主体在最广泛意义上应当包括任何单位和个人，参与范围则应囊括解决环境问题的各个阶段；相对狭义说对参与范围进行了一定的限制，认为公众参与是指公众有权依据环境法赋予的权利和义务参与到环境决策和环境管理等活动中；而狭义说对公众参与的主体和范围都进行了更加严格的限制，认为公众参与主体是指与决策利益相关的公民有权通过法定的程序参与环境决策行为，使利益相关公民的环境共同利益在最终的决策中得到体现。〔11〕 综合既有文献并结合《改革方案》的规定，笔者认为，在我国公众参与权羸弱的现状下，公众参与的主体范围不应过大，生态环境损害赔偿磋商中公众参与的主体采用相对狭义说较为合理，即生态环境损害赔偿磋商中的公众参与是公众参与在生态环境损害赔偿领域的延伸，并进一步结合赔偿磋商的特点加以运用和发展的结果，是指在生态环境损害赔偿磋商活动中，除赔偿权利人和义务人之外，其他与磋商案件有着直接或间接利害关系的公众通过法定的程序和方式参与磋商的活动，即

〔7〕 参见杨武松：《论阿尔胡斯公约对环境公害诉讼的构建》，载《凯里学院学报》2011 年第 4 期；石庆红：《论食品安全治理中的公众参与》，载《江汉大学学报》（社会科学版）2016 年第 3 期。

〔8〕 参见王乐夫主编：《公共关系学概论》，高等教育出版社 1994 年版，第 81 页。

〔9〕 参见张晓云：《环境影响评价参与主体“公众”的法律界定》，载《华侨大学学报》（哲学社会科学版）2018 年第 6 期。

〔10〕 参见张晓文：《我国环境保护法律制度中的公众参与》，载《华东政法大学学报》2007 年第 3 期。

〔11〕 参见史玉成：《环境保护公众参与的现实基础与制度生成要素——对完善我国环境保护公众参与法律制度的思考》，载《兰州大学学报》（社会科学版）2008 年第 1 期。

将参与磋商的公众限定在与该生态环境损害存在直接或间接利害关系的范围内。

生态环境损害赔偿磋商中公众参与的主体应同时具备法定性和明确性。从理论上来说,由于环境问题的公共性,环境问题与每一个公民的生活都密切相关,每一个公民都有权成为环境权的权利主体进而享有环境公众参与权。[12] 但从实然角度看,参与生态环境损害赔偿磋商的主体往往需要与磋商的案例有一定的利益相关性,并且具有相应的识别生态环境损害赔偿的知识和能力,只有这样的主体参与磋商才能保证参与的正当和高效。因此,除了相关性之外,美国学者托马斯将能够提供对解决问题有用的信息和有助于决策的执行作为识别相关公众的标准。[13] 结合上面的分析,笔者认为,不能将生态损害赔偿磋商中的公众参与理解为任何人都可以参与,在确定生态环境损害赔偿磋商中公众参与的主体资格时应该注意从以下几个方面分析:

首先,可以参与磋商的主体应当具有一定的广泛性。尽量扩大可以参与磋商的主体范围既是公众参与原则的内在要求,也是激励公众积极参与的要求。若将可以参与磋商的主体限定于狭小的范围,必定难以保证生态损害赔偿磋商有合适的公众参与,不利于发挥磋商中公众参与机制的价值。参与主体的广泛性意味着,可以参与生态损害赔偿磋商的主体不仅包括公民个人,而且应当包括利益相关的社会组织、团体和机构等;不仅应当包括利益相关的普通公众,而且应当包括具有相关专业知识的专家。总之,不能将参与磋商的主体限定在公民个人和专家这一狭小的范围,还应当发挥社会组织、团体和机构的作用,更好地实现公众参与磋商的目的和价值。

其次,可以参与磋商的主体应当具有利益相关性。在广泛性的基础上,应对可以参与磋商的主体做适当限制。从世界通行做法来看,就是用利益相关性进行适当限定。这就要求参与磋商的主体应当与特定的生态环境损害磋商案例有一定的利害关系。笔者认为,“直接利害关系人”的界定过于严苛,会导致特定的生态环境损害赔偿案件可能没有合适的公众可以参与磋商。从法律的角度来看,利害关系人是指那些自身的权利和义务可能受到影响的人,一般可分为直接利害关系人和间接利害关系人。因此,应将相关利益关系界定为“直接或间接利益关系”,只要与特定案件有相关的利益关系,就有资格参与磋

〔12〕 参见卓光俊:《我国环境保护中的公众参与制度研究》,重庆大学2012年博士学位论文。

〔13〕 参见李洪峰:《我国食品安全社会共治中公众参与主体的界定》,载《食品工业科技》2016年第17期。

商。当然,在具体规则设置的时候,可以考虑直接利害关系人与间接利害关系人的不同,建立有区别的参与规则。例如,可以对间接利害关系人在磋商过程中的具体权利做合理的、适当的限制。〔14〕

再次,要考虑和尊重公众参与磋商的意愿。生态环境损害赔偿磋商中的公众应当对环境保护和环境救济问题有积极性,有从事公益性活动的意愿和热情,这是确保公众能切实发挥监督作用,积极献计献策,尽力维护环境公益利益的基础,也是确定公众参与磋商的主体资格的一项重要原则。生态环境损害赔偿问题具有公共性和公益性,因此,凡是对环境公益事业具有参与意愿的公众个人和有关组织都应该有资格成为参与生态环境损害赔偿磋商中公众参与的主体。

最后,需要平等性地对待有意愿参与磋商的公众。平等对待是现代法律的基本原则。对于有意愿参与生态环境损害赔偿磋商的公众来说,受到法律及政府的平等对待既是社会公平正义的基本要求,也是保障公众参与磋商机制公平性的必然要求。在生态环境损害赔偿磋商中,特别要平等对待普通公众和专家公众,平等对待公民个人和社会组织,保障这些主体都能根据法律和相关规定,公平地、平等地参与磋商,共同维护环境公共利益,保障生态环境损害赔偿磋商工作公平公正地开展。

三、作为公众参与主体的“公众”认定规则

环境保护领域的公众参与主要是指公民有权通过一定的程序和方式,参与一切与环境利益有关的决策行为,使该项决策符合广大公民的环境权益。〔15〕 为了保障公众参与权的行使,应进一步明确“公众”的认定规则,适当约束作为赔偿权利人的政府在认定“公众”上的自由裁量权,保障公众能够根据规则积极参与磋商,对磋商活动进行有效监督,并提供合理建议,维护公共利益。对此,有两个规则至关重要:一是区分规则,二是“相关利益”的认定规则。

(一)区分专家与普通公众

笔者对《生态环境损害赔偿制度改革方案》和七省试点磋商办法中关于公

〔14〕 参见李国旗:《行政决策中公众参与主体的法律界定》,载《天津行政学院学报》2012 年第 5 期。

〔15〕 参见史玉成:《环境保护公众参与的现实基础与制度生成要素——对完善我国环境保护公众参与法律制度的思考》,载《兰州大学学报》(社会科学版)2008 年第 1 期。

众参与主体的具体规定进行了梳理,如表1所示:

表1 《改革方案》和七省关于公众参与主体的规定

类别	文件名称	公众参与主体
中央改革方案	《生态环境损害赔偿制度改革方案》	专家和利益相关的公民、法人、其他组织
试点省份磋商办法	《江苏省生态环境损害赔偿磋商办法(试行)》	同级人民法院、检察院派员、环保组织
	《浙江省生态环境损害赔偿磋商管理办法(试行)》	侵权行为地县级以上人民政府相关部门、鉴定评估机构、高校、科研院所以及与生态环境损害有利害关系的单位
	《山东省生态环境损害赔偿磋商工作办法》	专家和利益相关的公民、法人或其他组织
	《河南省生态环境损害赔偿制度改革实施方案》	专家和利益相关方的公民、法人和其他组织参加;鉴定评估专家、律师以及检察院派出人员
	《云南省生态环境损害赔偿制度改革实施方案》	专家和利益相关公民、法人及其他组织
	《贵州省生态环境损害赔偿磋商办法(试行)》	生态环境损害侵权行为地县级以上人民政府、相关职能部门、鉴定评估机构、环境污染防治专家、法律专家及社会组织、公众
	《湖南省生态环境损害赔偿磋商管理办法(试行)》	由从事环境保护、国土、农业、林业、水利、法律等方面专业技术人才组成专家库

根据表1,以参与主体的范围为标准,可将生态环境损害赔偿磋商中公众参与的主体大致分为一般主体和特殊主体两种。一般主体,即《改革方案》规定的“专家和利益相关的公民、法人或者其他组织”,多数省份磋商办法大体上也是根据该规定明确参与磋商的公众范围;但还有另一种特殊主体,即检察院和法院派的工作人员,这种特殊主体并未出现在《改革方案》中,而是大多体现在试点省份的磋商办法中,如《江苏省生态环境损害赔偿磋商办法(试行)》和《河南省生态环境损害赔偿制度改革实施方案》。出于分析的条理性,本文中的公众参与主体指的是一般主体。从一般主体来看,各个试点地方磋商办法整体上与《改革方案》相一致,将公众和专家作为并列参与主体。专家是指对

生态环境、损害赔偿或赔偿救济有专门研究或实践经验丰富的人；当然，生态环境损害赔偿具有技术性，具有生态环境损害评估和鉴定技术的人，也可以作为专家参与磋商。无论属于哪种情况，专家在某种程度上都属于公众的一分子，也是公众参与中的“公众”，因此，将两者并列可能会导致实践中对专家和公众的关系的理解产生分歧。

一般来说，专家与普通公众的参与在诸多方面存在明显区别，主要表现：其一，两类参与主体具备的专业知识不同。专家一般对相关领域具有丰富的专业知识，有能力从专业角度出发对磋商的主要问题提出意见；公众主要结合自身日常生活的经验，从自身环境利益出发对磋商问题发表意见。其二，两类主体的参与具有不同的正当性。专家主要结合生态环境损害的具体事实，通过技术手段解决生态环境损害赔偿问题，因而欠缺正当性的考量；而公众则是通过直接参与的形式促进生态环境损害赔偿磋商正当性。[16] 其三，两类主体参与的适用领域不同。专家由于自身具有技术优势，主要适合于需要确定技术标准和规范的领域；对于普通公众则更适合于需要进行价值选择的领域，以便最终决策符合公众的环境共同利益。对于如何界定具有专家身份的公众参与磋商，学界目前尚无定论。有学者认为，当专家具有普通公众的参与资格而以公众的身份参与磋商时，他们属于公众的构成部分。但是，当专家出于自身的技术优势而作为专门的人才被邀请参与磋商时，他们就不属于公众的范围。[17]

笔者认为，鉴于专家与普通公众的区别，在确定参与磋商的公众类型上，应当将专家与普通公众区分开。具体来说，在磋商实践中，专家具有双重身份时，界定具有专家身份的公众，主要是看他在磋商过程中以什么样的身份参与的。当专家出于对生态环境损害赔偿磋商感兴趣或与磋商结果具有利益相关性而参与磋商时，依据利益性原则和意愿性原则，此时专家应属于普通公众，享有作为公众的磋商参与权。当专家受磋商权利人或磋商义务人委托而参与磋商时，此时专家代表的是磋商双方主体的立场，不属于公众参与的主体范围。考虑到专家在国家政治生活中往往具有更高的话语权，这一群体的参与意见需要和普通公众相区分，特别是要防止其取代公众意见。

---

〔16〕 参见赵高旭：《公众参与在行政决策程序中的制度功能之探究》，浙江工商大学 2015 年硕士学位论文。

〔17〕 参见张晓云：《环境影响评价参与主体“公众”的法律界定》，载《华侨大学学报》(哲学社会科学版)2018 年第 6 期；李艳芳：《公众参与环境影响评价制度研究》，中国人民大学出版社 2004 年版，第 209 页。

(二)界定"利益相关"公众的范围

针对《改革方案》中提及的另类主体"利益相关者",各试点省份的磋商办法并没有进一步具体规定,有些省份的磋商办法甚至有意采用模糊化的处理方式。例如,《浙江省生态环境损害赔偿磋商管理办法(试行)》将与生态环境损害有利害关系的单位而非公民规定为生态环境损害赔偿磋商中的参与主体。在保障"利益相关公民"这一主体参与磋商的问题上,各个试点地方磋商办法在某种程度上与《改革方案》的要求相背离。[18] 将可以参与生态环境损害赔偿磋商的公众限定在"利益相关"的范围内,有一定的合理性。一方面,是因为生态环境具有公共性,若受到损害必定会影响到一定范围内的公众的环境利益,如果受到生态环境损害不利影响的公众不能参与利益损害的赔偿磋商,不了解损害赔偿磋商的情况,不能对损害赔偿磋商方案发表意见,而只能被动接受的话,显然是不符合公平正义原则的,也不利于调动公众维护生态环境的积极性。另一方面,这也是保障生态环境损害赔偿磋商协议公平公正并且合理可行的需要。环境利益受到影响的公众对于相关的生态环境损害赔偿问题通常具有更高的认识和理解,也更愿意花时间和精力去维护受到损害的环境利益,因此,他们也可能为生态环境损害赔偿或修复提供更有价值的建议,促成磋商顺利达成协议。

《改革方案》将受邀参与磋商的公众限定在"利益相关"的范围内,但由于立法上并未对"利益相关"进行明确界定,导致"利益相关"的公众范围的确定存在诸多问题。它只包括受生态环境损害直接影响的人,还是既包括受生态环境损害直接影响的人,又包括受其间接影响的人,在理论上存在不同见解。如果公众参与的主体限定在直接利害关系人范围,虽然有利于减少认定参与磋商公众主体资格的成本,但是无疑也使得能够参与磋商的主体范围大大缩小,不利于鼓励公众积极参与生态环境保护。因此,应将受生态环境损害间接影响的人和社会组织,纳入"利益相关"的公众范围,整体性地进行公众参与机制的设计。实际上,作为赔偿权利人的政府在磋商中具有主动性,并且在"利益相关"解释上享有裁量权,为了节约成本、减少费用,政府更容易倾向于简化磋商程序、减少公众参与,若将可以参与磋商的公众范围作狭隘的限定,更不利于落实公众参与原则。

---

[18] 参见李树训、冷罗生:《生态环境损害赔偿磋商中的第三者:功能与保障——聚焦七省改革办法》,载《华侨大学学报》(哲学社会科学版)2019年第4期。

四、保障环保公益组织的参与

《改革方案》和试点省份实施办法都将公众参与的主体重点放在公民和专家身上。然而,在我国无论是一般公民还是专家,作为个体参与磋商,都具有很大的局限性。公众个体参与存在两方面的局限性:其一,公众个体参与环境保护具有无序性。从我国公众个体参与环境决策的情况看,公众个体以自然人的身份实施参与行为,虽然减少了资格上的限制,但是从参与的有效性来看,这种参与实际上是无序的,往往也是无效的。其二,个体化公众参与常常无法集中表达公众意见。虽然公众个体在面对某一决策环节时可能具有共同的利益,但由于受到诸多个体化因素的影响,公民个体对相关利益的认知往往存在差异,他们并非协调一致共同谋求环境利益。[19]

实际上,不同于环境保护志愿者或公民个体,公益性的社会组织作为公众的一部分,具有一定的组织性,内部聚集了各个专业和各个领域的人,对生态环境损害赔偿问题具有较高的认知能力,并且,由于其组织性也使其在公众参与中具有较强行动力和执行力。在西方各国的生态环境保护体系中,环境保护组织等社会组织在环境治理和环境保护中都发挥着至关重要的作用,它们不仅有权提起环境民事公益诉讼,还可以协助环境监管机关参与环境行政执法。由于磋商中的生态环境损害问题具有较强的复杂性,普通公众即使参与其中也往往无法准确理解专业的技术术语和规范,因而难以发表有实质性意义的意见或提出科学化的建议。而环境保护公益组织长期关注和从事环境保护工作,一般具有较强组织性,拥有较多的专业人才和处理环境问题的丰富经验,其宗旨和目的决定,环境保护组织能够并且愿意花费大量的时间与资源研究和解决生态环境损害赔偿问题。并且,环境保护组织一般也与生态环境周围公众有更多的接触,可以更好地将公众的关切和意见反映到损害赔偿磋商中,以供政府在决策时加以考虑,从而使公众的环境利益在磋商协议中得到体现。因此,环境保护公益组织的参与可以在一定程度上弥补公众个体参与磋商的不足。具体来说,环境保护公益组织在磋商中发挥着重要的作用:首先,能够帮助政府对生态环境损害状况进行调研与论证;其次,能够在磋商中监督政府更好地维护环境公共利益、督促政府及相关部门在磋商中认真地履行职责,防止政府与赔偿义务人“利益合谋”损害公共利益;最后,可以进一步规范

---

〔19〕 参见朱谦:《公众环境行政参与的现实困境及其出路》,载《上海交通大学学报》(哲学社会科学版)2012 年第 1 期。

公众参与,推动生态环境损害赔偿磋商中公众参与的有效运行。[20] 总之,鼓励环境保护公益组织积极参与生态环境损害赔偿磋商工作,有利于促进公众参与健康发展,促进政府和环境监管部门提高生态环境监管能力,更好地维护环境公共利益。因此,在公众参与中应当积极发挥社会组织,特别是环境公益性组织的功能和作用,允许公益性社会组织作为公众参与的主体,参与生态环境损害赔偿的磋商。

然而,要充分发挥社会组织在生态环境损害赔偿磋商中的作用,首先要积极推进公益性社会组织的发展。其一,应为环保公益组织的设立提供制度支持。影响我国环保公益组织发展的重要问题之一是数量过少。总体来说,应适当降低环保公益组织的设立门槛,对不参与商业活动的公益性环保组织可以实行备案登记制。其二,营造支持环保公益组织发展的良好制度环境。政府及社会可以积极尝试通过各种方式为环保公益组织的发展创造条件,如税收惠免、无偿资助或合同服务。其三,应建立政府与环保公益组织之间的伙伴关系。在这点上,加拿大的做法值得借鉴。例如,加拿大野鸭基金会最初是由美国和加拿大的商界、民间共同出资设立的,它借助与地方政府建立的伙伴关系,开展了栖息地保护、社区关系、环境政策和生态研究等一系列保护湿地和野生鸟类的工作。[21] 只有促进环保公益组织健康发展,讨论公益性社会组织参与磋商才有意义。在促进环保公益组织健康发展的同时,应明确赋予环保公益组织参与生态环境损害赔偿磋商的权利,发挥自身优势,推动磋商工作有效地顺利开展。

那么,《改革方案》将磋商中公众参与主体的公民限定在“利益相关”的范围内,是否意味着利益没有受到直接影响的环保公益组织就不具有参与权呢?笔者认为不能做如此解释。事实上,将受邀参与磋商的公众限定在“利益相关”的范围内,这种界定容易局限于利益相关公众,而忽视了虽无利益关系但是出于自身环境公益理念或环境责任感而自愿参与到磋商过程中的个人和相关组织。虽然无利益相关者往往由于事不关己,参与的积极性不高,但是很多环保组织出于对环境事务的关心,参与的积极性很高,可以提供相关的有价值的信息和意见,这些专业性主体的参与可以更好地促进磋商进程,将他们纳入公众参与磋商的主体范围是很有必要的。此外,生态环境损害赔偿磋商之所

---

〔20〕 参见曹明德:《中国环保非政府组织存在和发展的政策法律分析》,载《清华法治论衡》2013年第3期。

〔21〕 参见张伟:《中加环境治理协调模式比较研究》,载《江苏行政学院学报》2011年第3期。

以应当重视公众参与，是因为生态环境损害不仅可能对特定生态环境周围的公众的人身和财产权利带来不利的影响，而且还会对生态环境本身即生态环境公共利益产生影响。〔22〕 但是，在现有的生态环境损害赔偿制度改革实践中，对于公众参与主体的设计过于强调公众个体的参与，而忽视公益性社会组织的独特作用，导致现有的公众参与存在无序性和无效性问题。因而，应适当解释“利益相关”的内涵，鼓励公益性社会组织积极参与生态环境损害赔偿磋商。

总之，公众参与磋商可以对作为赔偿权利人的政府的磋商行为和过程形成有效制约，能够更好地实现生态环境损害赔偿磋商制度的价值目标。我国公众参与磋商机制，除了积极鼓励和具体落实公民有效参与外，还应当积极鼓励社会公益组织，特别是环保组织积极参与，将具有专业性、公益性的社会组织纳入磋商参与主体范围，以积极推动磋商机制顺利发展，保障磋商机制成为公平地、有效地解决生态环境损害赔偿问题的法律机制。

---

〔22〕 参见朱谦：《我国环境影响评价公众参与制度完善的思考与建议》，载《环境保护》2015年第10期。

《环境资源法论丛》
第12卷,第82~90页

矿井水利用的法律困境与出路*

毕竟悦**

摘　要　我国矿井水利用在法律上面临着属性界定不清、资源权利权能不完整和利用激励机制缺失等问题。矿井水属于矿产资源的共伴生资源,由于我国自然资源为国家所有,对于共伴生资源实行区分所有权,矿产资源的权利人并不必然拥有矿井水的权利,需要办理取水许可证。特许权可分为自然特许权、公共资源配置特许权和市场准入特许权。水资源物权属于自然特许权,属于私权范畴;而水资源特许经营权属于市场准入特许权,属于公权范畴。在水权流转过程中,应该强调物权的优先性,以用益物权为基础规范水资源的利用关系。在具体制度设计上,应建立以行政许可为基础的市场机制,通过激励机制提高企业有效利用矿井水的积极性,包括完善二级水权交易市场、建立合理的水资源定价机制和探索水银行模式等。

关键词　矿井水　再生水　水权　特许经营权　市场机制

我国是一个缺水型国家,水资源短缺已成为制约经济社会发展的重要因素。煤炭是我国的重要能源资源,然而煤矿开采过程中会耗费大量的水资源,这无疑会加剧我国用水的紧张。完善水权制度,有效利用矿井水意义重大。

---

* 本文为中国工程院重点战略咨询项目“2035我国矿井水保护利用战略与工程科技”(项目编号:2018-XZ-10)的阶段性研究成果。

** 毕竟悦,国家能源技术经济研究院战略研究员,高级经济师,法律科学与管理交叉学科博士。

一、矿井水利用的法律困境

矿井水,是指在煤矿采掘过程中所有充入井下采掘空间的水。为保障矿山地区水资源可持续利用,2013 年国家发改委、国家能源局联合印发了《矿井水利用发展规划》(以下简称《规划》),要求以提高矿井水利用率为目标,以企业为主体,以市场为导向,以技术创新为动力,促进矿井水净化处理工程建设,推动矿井水利用产业化发展。《规划》提出,到 2015 年,实现矿井水利用产业化,全国煤矿矿井水利用率提高到 75%。近年来,我国煤矿企业注重矿井水处理,除达到排放标准外,许多还达到了使用标准。然而,矿山企业自身用水量有限,由于我国的用水制度制约,花费高成本处理的矿井水无法得到有效利用。根据中国煤炭工业协会的数据,2017 年,我国煤矿矿井水利用率仅为 72%。实践中,矿井水产生量远大于矿区工业、生活及灌溉用水量,矿井水综合利用的途径非常有限,有的地方实际利用率只有百分之二三十,矿井水利用产业化更是无从谈起,企业缺乏利用矿井水的积极性。具体而言,我国的矿井水利用面临着以下法律困境。

(一)矿井水属性界定不清

对于矿井水属性的认识,经历了不同的发展阶段。矿井水起初被认为是矿山安全生产必须排放的副产品。[1] 1993 年《取水许可制度实施办法》(已废止)中规定,“为保障矿井等地下工程施工安全和生产安全必须取水的免予申请取水许可证”。2006 年《取水许可和水资源费征收管理条例》颁布,与《取水许可制度实施办法》相比,《取水许可和水资源费征收管理条例》进一步规定,“为保障矿井等地下工程施工安全和生产安全必须进行临时应急取(排)水的”,免予申请取水许可证。根据这种理念,起初对矿井水排污给予特殊待遇。原国家计委、财政部《关于对煤矿矿井水和采用直流方式的电厂冷却水收取污水排污费的有关通知》(计价格〔1994〕1005 号)第 1 条明确规定:“煤炭开采过程中从煤矿矿井(包括露天煤矿)抽放出的矿井水……不属于污水排污费的征收范围。”

随着经济社会的发展,我国的水资源日益短缺,同时人们逐渐意识到矿井水直接排放会对环境带来一些负面影响,如污染水源、破坏地下水循环系统、浪费水资源等,目前国家针对矿井水治理的相关政策提倡循环利用。经过处

---

〔1〕 参见张运章:《关于煤炭行业排污收费问题的思考》,载《能源环境保护》2004 年第 1 期。

理而可以利用的矿井水,不再属于矿山安全生产必须排放的副产品范畴,应申领取水许可证。如1994年9月,水利部在政资法〔1994〕第41号文件“对《关于矿井正常生产抽排地下水是否办理取水许可证的请示》的复函”(对安徽省水利厅皖水源函字〔1994〕第164号文件进行批复)第3条明确:“矿井疏干排出的水经净化处理后用于矿井生产和职工生活的部分,实质是利用水资源,不属《取水许可制度实施办法》第四条第二项‘为保障矿井等地下工程施工安全和生产安全必须取水的’免予申请取水许可证的范围。”文件下达后,安徽、江西、江苏等省地方水利部门要求综合利用矿井水的煤矿办理《取水许可证》,并先后对矿井水综合利用部分征收或将要征收水资源费。〔2〕这些规定给矿山企业带来困惑:好像直接排掉矿井水无所谓,而自己费劲处理矿井水然后循环利用还要付费。

面对种种困惑,2013年发改委《关于水资源费征收标准有关问题的通知》(发改价格〔2013〕29号)提出:“鼓励水资源回收利用。采矿排水(疏干排水)应当依法征收水资源费。采矿排水(疏干排水)由本企业回收利用的,其水资源费征收标准可从低征收。”这个规定未能解决疑惑,依然存在模糊之处。按照既有的定性,如果采矿排水为安全生产所必要,不应征收水资源费,对这类采矿排水进行利用,可以比照正常水资源从低征收水资源费;如果采矿排水超出安全生产所必要,应正常征收水资源费,此时并不知道企业日后如何处理这些水资源。

(二)矿井水资源权利权能的不完整

矿井水资源权利,属于物权的范畴,具体而言属于用益物权。国家为矿井水资源所有人,具体的矿井水资源权利人为用益物权人。《物权法》第118条规定:“国家所有或者国家所有由集体使用以及法律规定属于集体所有的自然资源,单位、个人依法可以占有、使用和收益。”也就是说,用益物权的权能包括占有、使用和收益。但是根据我国现行法律,矿井水权利人只可以对一定的水资源进行占有、使用,而不可以经营收益,因而属于不完整的用益物权。矿山企业在处理矿井水之后,除了自用之外,还会有大量余水,但是我国对供水实行特许经营制度,如果矿山企业要对其他个人或单位供水存在制度上的障碍。水资源的供销属于公共事业部门管理,矿井水利用尚未纳入地方供水计划,不允许矿区对外供水。矿井水在并网、入网和水费结算等方面存在障碍,特别是

---

〔2〕参见郭雷、张硌、胡婵娟、雷俊峰:《我国矿井水管理现状分析及对策》,载《煤炭学报》2014年第S2期。

对于一些煤矿周边的企业和居民，矿山企业有心供水，但水费难以收取，导致目前大多数经过处理的矿井水不能得到有效利用，白白排放。[3]

（三）矿井水利用激励机制的缺失

由于矿井水属性的认识混乱、矿井水资源权利权能的不完整，造成矿井水利用激励机制缺失。政策一方面提倡利用矿井水，但另一方面缺乏真正的鼓励利用矿井水的激励措施。这种局面主要源于一个顾虑，就是担心如果支持鼓励矿井水产业化，难免会吸引部分矿山企业盗采地下水，从而导致地下水遭到更严重破坏。[4] 而这种顾虑的根本原因在于对矿井水属性的认识误区，本文将在下面展开分析。再如，目前出现了矿井地下水库这一新生事物，用于储用矿井水。但是根据我国法律规定，矿井地下水库修建者并不当然拥有其修建的水库中的水的物权。这一规定不利于调动社会力量投资水利事业的积极性，会造成水资源的浪费。

二、矿井水的属性与水权界定

有效利用矿井水，首先需要明确矿井水的属性，对矿井水水权进行界定。"子在川上曰：逝者如斯夫！"这句话表明了水的特性，水属于流动性资源，即一种转瞬即逝的资源。水资源具有自然属性和法律属性。自然属性的水资源，即地球上能从自然界获得补充并可资利用的水。水是自然赋予的资源，但是由于水资源的稀缺性，现代国家往往为水资源设定产权，水资源的法律属性主要关注于水资源物权。水资源物权不同于固体物物权，主要体现为在特定时间和地点利用特定数量的水资源的权利。我国《宪法》和《水法》规定，水资源的所有权属于国家，个人或单位可以拥有水的使用权。我国《水法》和《取水许可和水资源费征收管理条例》规定，水资源实行取水许可制度，由水行政主管部门负责发放取水许可证。由此可见，我国水资源的所有权属于国家，而个人或单位拥有水资源的用益物权，可以在特定时间和地点使用特定数量的水资源。

矿井水属于矿产资源的共伴生资源，水权界定具有复杂性。在传统物权法中，坚持一种"大土地观"，即认为土地权利及于地上地下的所有资源。如《日本民法》第 207 条规定，土地所有权，于法令限制内，及于其土地的上下。

---

〔3〕 参见武一男：《矿井水利用产业化：有了〈规划〉还不够》，载《中国经济导报》2013 年 3 月 30 日，第 C2 版。

〔4〕 参见别凡：《煤炭矿井水综合利用多题待解》，载《中国能源报》2018 年 9 月 24 日，第 15 版。

英国传统上的普通法同样认为土地所有权人的权利上至天空,下达地心。除法律另有限制外,土地所有权人可以修建任意高的楼房、挖掘任意深的矿藏。

随着采矿业的发展,"大土地观"的弊端逐步显露。"大土地观"最主要的问题是,偏顾土地所有人的利益,对附着于土地的水、石油、天然气及固体矿产资源的权利人过分苛刻。这种观念体现了现代工业化对于自然资源的需求,具有时代局限性,未能与时俱进。让土地所有人拥有同一地块下的所有自然资源,对于社会大众而言也显失公平。于是,出现了土地资源与其他资源的权利分立。许多国家都通过立法承认,水资源、油气资源、固体矿产资源与土地结合在一起的自然状态,并不必然意味着法律要机械地将它们视为一个物,让它们同属于一个主体。[5] 相反,为了使物尽其用,实现自然资源效益的最大化,应在不同的权利主体之间合理地分配自然资源,在法律上把土地、水资源、油气矿产资源、固体矿产资源等视为不同的物,分别承认土地所有权、水资源所有权、矿产资源所有权等。[6]

我国《宪法》第9条第1款规定了自然资源归国家所有:"矿藏、水流、森林、山岭、草原、荒地、滩涂等自然资源,都属于国家所有,即全民所有。"这构成了我国资源权利立法的基础。在使用权方面,根据资源权分立的精神,对于共伴生资源一般应实行区分物权。因而,矿产资源的权利人并不必然拥有矿井水的权利,需要办理取水许可证。

从我国水资源税费改革试点的情况来看,体现了共伴生资源区分所有权的精神,对于矿井疏干排水全部征收水资源税,无论是回收利用还是直接外排。这些规定等于已经否认了"矿井水是矿山安全生产必须排放的副产品"的提法。

不再区分采矿过程中的必要取水与非必要取水,便于行政部门的管理。同时,可有效防止矿山企业对于地下水资源的滥用,保护地下水位。矿井水回收利用鼓励机制的缺失,一定程度上与对矿井水属性的认识误区有关,即把矿井水主要视为开采阶段的安全生产副产品和排放阶段的污水,而未充分认识矿井水的水资源权利属性。把矿井水资源权利与矿业权分开看,那么问题就可以迎刃而解。矿区利用矿井水都需要办理取水许可证、交纳水资源税,这样就可以防止任意盗采地下水,解决了监管难问题。厘清矿井水属性有助于解决理论上和实践中对矿井水认识的误区及利用的难题。

---

〔5〕 参见崔建远:《水权与民法理论及物权法典的制定》,载《法学研究》2002年第3期。

〔6〕 参见崔建远:《地权客体论》,载《河南省政法管理干部学院学报》2004年第4期。

三、作为私权的水资源物权与作为公权的特许经营权

对于矿井水回收利用,还需要解决水资源物权与特许经营权之间的关系。可回收利用的矿井水属于再生水,已经不是原初的矿井水了。所谓再生水,即污水经适当处理后,达到一定的水质指标,满足某种使用要求,可以进行有益使用的水资源。一般而言,企业用水需要办理取水许可证,水资源使用后变成废水,在进行污水处理或缴纳了污水处理费后排入污水收集管网,用水户的水资源使用权灭失,排出的废水将进入新的自然循环;如果是企业自己进行污水处理,然后自己使用,相当于单位内部的水资源循环利用,因此不用再次办理取水许可审批手续。

我国立法已允许水权转让,《取水许可和水资源费征收管理条例》第27条规定:"依法获得取水权的单位或者个人,通过调整产品和产业结构、改革工艺、节水等措施节约水资源的,在取水许可的有效期和取水限额内,经原审批机关批准,可以依法有偿转让其节约的水资源,并到原审批机关办理取水权变更手续。具体办法由国务院水行政主管部门制定。"这一规定主要是针对节约的水资源而言的,但关于再生水的交易制度依然欠缺。在实践中,水权自由转让存在重重障碍。由于我国对水务实行特许经营制度,矿井水权利人只可以对一定的水资源进行占有、使用,而不可以自行经营并取得收益。不可否认,废水和污水主要是由专门的水务公司进行处理,但随着一些企业循环经济意识和环境保护意识的增强,企业自身也从事废水和污水处理的业务,激励这些企业有效利用水资源、保护水资源非常必要。

当然,水资源物权也是一种特许权,但是与水资源特许经营权之间存在属性上的区别。特许权可分为自然特许权、公共资源配置特许权和市场准入特许权。〔7〕 自然特许权,即开发利用自然资源的权利。公共资源配置特许权,即对公共设施进行利用的特许权。市场准入特许权,即对特定市场领域的准入。水资源物权属于自然特许权,而水资源特许经营权属于市场准入特许权。

关于特许经营权的性质,有私法说和公法说。笔者认为,水资源的占有和使用权,即水资源物权属于私权的范畴,而水资源的特许经营权属于公权的范畴。这是因为:其一,水资源特许经营权的设立是以保证水资源合理和可持续的利用为立法目的,需要通过行政许可而设立;其二,权利人具有社会公共事

〔7〕 参见刘永存:《矿业权研究公、私法调整的冲突与协调》,西南政法大学2011年博士学位论文。

务管理的身份,立法对权利人实行严格的准入条件控制,对权力行使的对象、范围、方式、期限以及变更等进行明确规定;其三,立法中强制性规范多,权利人意思自治范围小。因此,重要的不是把特许经营权界定为私权,而是在物权与特许经营权之间进行权衡。

总体而言,我国水权的物权属性依然过于弱化,水权交易制度不健全。在水资源物权的初始配置中,国家权力已经介入其中。在水权流转过程中,应该强调物权的优先性,以用益物权为基础规范水资源的利用关系,提高水资源的利用效率,做到物尽其用,从而切实保障公共利益的实现。国家对水权流转的限制应主要考虑可持续发展目标,控制水资源开发利用的数量和范围。具体而言,根据水利部《关于水权转让的若干意见》中的规定,"10. 在地下水限采区的地下水取水户不得将水权转让。11. 为生态环境分配的水权不得转让。12. 对公共利益、生态环境或第三者利益可能造成重大影响的不得转让"。除此之外,国家不应对水权交易作出过多限制。

四、矿井水利用激励机制的构建

矿井水是矿产的共伴生资源,矿井涌水是一种自然现象,抽排矿井水的主要目的是减少开采巷道的涌水量,防止井下突水,以保证采矿工作正常进行。因此,对于矿井水应比照正常水资源从低征收水资源税。在水资源税改革试点中,由各省根据水资源情况设定不同的税额(各省矿井水的水资源税额情况如表1所示),税额标准普遍低于一般的生产用水。同时为了鼓励矿山企业利用矿井水,减少外排,对于回收利用疏干排水和直接外排矿井水设定了不同的税额标准,后者的税额高于前者。但是这个制度设计往往难以实现预期目标。如果二者的差额不大,由于高矿化度矿井水处理工艺复杂,处理成本高,矿山企业会更倾向于直接外排。如果二者的差额过大,由于矿井水的利用缺乏出口,即便外排的成本更高,企业也不得不外排,这无疑增加了企业的成本,为了降低成本,企业可能会倾向于浪费矿井水。

表1 各省矿井水的水资源税额情况

单位:元/立方米

省份	回收利用疏干排水	直接外排	差额
山西	1	1.2	0.2
河北	城市0.6,乡镇0.3	城市2,乡镇1.4	城市1.4,乡镇1.1

续表

省份		回收利用疏干排水	直接外排	差额
四川		0.1	0.2	0.1
陕西	陕北	0.4	0.5	0.1
	陕南	0.35	0.4	0.05
山东		1	2	1
北京		0.6	4.3	3.7
内蒙古		2	5	3
天津		0.6	视同取用地下水	很大
河南		省辖市0.4,县市0.3	视同取用地下水	很大

对矿井水进行处理使其达到使用标准,需要矿山企业付出高昂的成本。在具体制度设计上,应通过激励机制提高企业有效利用矿井水的积极性。

(一)完善二级水权交易市场

矿井水资源的使用权由国家授予矿山企业。目前主要应解决的是矿山企业对于处理后可利用矿井水的经营权。鉴于作为私权的水资源物权与作为公权的特许经营权并存的状况,应建立起两级水权交易市场。在二级市场上,应放宽水务经营主体的范围,允许部分有条件的矿山企业经营水务,发挥矿山企业作为水资源权利人的主导作用,促进矿井水利用技术的研发和推广。允许取得矿井水资源权利的主体再将使用权转让给别的主体,既可以转让给从事公用事业的水务公司,也可以转让给矿山周边的企业或个人,从而实现使用权在不同主体之间的流转。二级市场可以使用招标、拍卖、挂牌等多种方式进行水资源物权流转。

(二)建立合理的水资源定价机制

在二级水权交易市场完善的前提下,水资源定价机制才能发挥积极的作用。目前,我国水价制定程序与管理制度还不甚合理,无法充分发挥价格的调节作用,促进矿井水资源的合理利用。水资源定价应体现成本原则、公平原则和效益原则。应逐步改进单一制水价,从计划定额管理,转向超定额加价管理。对于供应其他单位或个人的矿井水再生水价格,应能涵盖矿山企业处理矿井水的生产成本,反映真实价值,以切实保障矿山企业供水的合理收益,激励其提高服务水平。同时,回收利用疏干排水和直接外排矿井水的税额差额亦应大于矿山企业处理矿井水的生产成本。

(三)探索水银行模式

目前,存在一些经过处理的干净矿井水被白白排掉的情况,有的大型矿山企业为了节约水资源而修建了矿井地下水库,但在水务经营上面临着制度障碍。面对此种状况,推广水银行模式是一个不错的选择。美国于1991年推出了"水银行"模式。中国可以参照借鉴,在水资源定价机制完善的前提下,由专门的水资源产权交易中心充当"水银行"。矿井水权利人可以将多余或结余的矿井水资源以一定价格存入水银行并获得相应数额的"存水利息";水银行根据市场需求,再以更高的价格出售,由此产生的水价差额在矿井水权利人和水银行之间按比例分配;由于矿井水涌水呈现逐年减少的特征,矿井水权利人也可在未来缺水时提取"存水"。

上述三个机制可谓环环相扣。总之,矿井水相关制度应全面贯彻循环经济理念,将水资源利用过程的各个环节与循环经济减量化、再利用、资源化等环节紧密结合起来。

《环境资源法论丛》
第12卷,第91~101页

祁连山国家公园体制试点建设路径探析

张瑞萍*

摘　要　祁连山国家公园建设应遵照人与自然生命共同体理念,坚持绿色发展,统筹跨区域生态保护与建设。祁连山国家公园,建设要参考世界公园的目标、原则作为运行的根基,在祁连山国家公园体制试点建设中,存在立法、执法问题,以及原住地居民权益保护不足、民生与生态承载能力矛盾突出等问题,应通过提升立法和执法能力、建立保护管理新体制、探索保护发展新模式、构建生态保护新机制新举措等,筑牢国家西部生态安全屏障。

关键词　生态文明　祁连山国家公园　体制试点　发展路径

一、生态文明思想引领祁连山国家公园建设

自十八届三中全会提出建设国家公园体制以来,以国家公园为主的自然保护地体系建设不断推进。2013年中共中央《关于全面深化改革若干重大问题的决定》提出了严格按照主体功能区定位推动发展、建立国家公园体制的目标。2015年国家发改委等十三个部门联合印发《建立国家公园体制试点方案》,2017年9月印发《建立国家公园体制总体方案》,要求明确国家公园与其他类型自然保护地关系,制定有关国家公园的法律法规。2017年10月党的十九大报告明确提出建立以国家公园为主体的自然保护地体系,2019年1月中

* 张瑞萍,甘肃政法大学环境法学院教授,国家司法文明协同创新中心兰州基地副主任,法学博士,甘肃省“飞天学者”。

央全面深化改革委员会第六次会议审议通过《关于建立以国家公园为主体的自然保护地体系指导意见》,明确指出自然保护地是生态建设的核心载体、中华民族的宝贵财富、美丽中国的重要象征,系统性地提出了总体目标、原则、要求以及构建科学合理的自然保护地体系,确立国家公园主体地位。从发展历程来看,国家公园体制建设是贯彻习近平生态文明思想的重大举措,是我国生态文明建设的重要目标。

生态文明建设是生态环境治理能力现代化的有效保障,体现了党和国家更加注重高质量发展。随着绿色发展模式的转变,建设生态文明意味着优化更多的制度,重塑更多的绿色理念。生态文明的建设呼唤人与自然的和谐发展,也需要体现在国家制度的方方面面。国家公园的体制试点,正是生态文明走向和谐共生的崭新文明形态的体现,国家公园的发展脉络,彰显了以习近平同志为核心的党中央,在推行生态文明思想上的卓越见识,生态文明思想的理论内核体现了人与自然和谐共生的科学自然观、坚持绿水青山就是金山银山的绿色发展观,〔1〕国家公园作为生态价值和保护强度高的自然保护地,符合我国生态文明体制改革的有关政策,符合中国特色自然保护地体系建设的需求。通过建立国家公园体制,有利于更好解决自然保护地体系中的体制机制问题,更好地保护自然生态系统的原真性和完整性,保护珍稀濒危野生动植物。国家公园体制的建设是促进我国以国家公园为主体的自然保护地体系构建的指示器,是践行习近平总书记生态文明思想的重要途径。

国家公园是以保护具有代表性的自然生态系统为主要目的,实现自然资源科学保护和合理利用的特定陆域和海域。目前全国共有十处国家公园试点,涉及12个省,总面积大约是22万平方千米。2019年8月20日,习近平总书记在甘肃考察时听取祁连山生态环境修复和保护情况汇报,指出保护好祁连山的生态环境,对保障国家生态安全、对推动甘肃和河西走廊可持续发展都具有十分重要的战略意义。总书记的重要指示蕴含着丰富的哲理,为我们深入研究甘肃省地方生态文明法治理论与实践问题,提供了重要的指引。祁连山是我国西部重要的生态安全屏障,它是冰川和水源保护的重要生态功能区,祁连山开展国家公园体制试点,是践行“绿水青山就是金山银山”理念的具体行动,是体现山水林田湖草系统治理的整体系统观、实现人与自然和谐共生的具体实践。

---

〔1〕 参见晏恒:《推动生态文明建设迈上新台阶——全国生态环境保护大会释放四大信号》,载《四川党的建设》2018年第11期。

二、祁连山国家公园建设的理念根基

祁连山具有维护青藏高原生态平衡，防止腾格利、巴丹吉林、库塔格沙漠南下入侵，保证黄河内河径流补给的重要作用。丝绸之路的发展离不开祁连山塑造的地域文化，其融括了汉文化、西藏、蒙古、哈萨克、裕固等多民族经济文化交流的重要聚集因素。

祁连山国家公园体制试点肩负着为全国生态文明制度建设积累经验，为今后其他国家公园建设提供样板示范的使命。国家公园不是更新的自然保护区，祁连山地带的生物多样性不同于其他地区的自然环境，急需更严格的保护，要把祁连山国家公园建设提升到生态文明建设的高度。祁连山国家公园建设将遵照人与自然生命共同体理念，坚持绿色发展，统筹跨区域生态保护与建设。管理理念需要借鉴世界公园的三个坚持理念，即坚持国家利益高于一切，禁止利用公园的景观和物产进行任何形式的商业开发，国家公园只可以游览和参观；坚持生态优先的理念，加快推动国家公园高质量发展，维持生态稳定性和多样性；坚持为大众服务，可以搭建开放式的科研交流平台，便于开展科研和监测行动。

祁连山国家公园建设应当参考世界公园的目标、原则作为运行的根基，始终把生态保护放在第一位，在此基础上确立祁连山国家公园建设的基本目标：保护和维护原始的自然景观，运营和管理每个人都可以平等使用的公共设施，让来到国家公园的游客充分了解和理解自然。并且打造祁连山国家公园的三大功能：一是保护功能，祁连山国家公园作为一种资源利用方式，在自然遗迹保护与生态环境保护方面具有重要的作用。二是科普教育功能，祁连山国家公园在科学研究与知识普及、国际交流和提高全民科学素养等方面作用明显。三是旅游功能，建设祁连山国家公园对于原有景区品位和基础设施提升改造，对于地方文化品牌的推介和发展旅游业都具有积极作用，有利于带动地方经济发展。

三、祁连山国家公园建设的现状和问题

（一）祁连山国家公园生态环境的现状

地形特殊、生态环境多变、气候变化奇异构成了祁连山地带差异明显的环境类型，原生环境和次生环境产生的环境问题是祁连山地带的主要窘境，次生环境问题造成了祁连山区域内大面积的草植生物受到破坏，特别是祁连山东

段的温带草原地区属于农牧交错带,受人为因素干扰和影响,草地复垦率较高。同时,过度放牧造成了严重的草地退化,也为外来动物入侵创造了条件,祁连山区域常年聚居的野生物种聚居地遭受重创,这使得祁连山国家公园的物种多样性减弱,且物种生存领域进一步受限。

甘肃祁连山国家级自然保护区内违法开发和利用矿产资源、水电设施违法违规建设和运行,以及周边企业偷排偷放等问题突出,祁连山生态问题属于典型的政治公地悲剧。[2] 长期的大规模采矿和勘探造成了大面积的植被破坏,地面沉降和土壤侵蚀等问题,使祁连山国家公园的生态恢复较缓慢。重开发、轻保护的政策倾向造成了许多生态历史的拖欠,虽然保护区内的采矿业和其他企业的生产已基本停止,但是多年的滥砍滥伐、矿产采掘使祁连山生态环境极度脆弱。另外,祁连山国家公园内历史的延续活动与现行政策冲突。祁连山的大部分水电开发活动是在20世纪70年代以后批准的,这造成了大部分开发项目与自然保护区规章和现行政策法规的冲突。而且核心区的采矿和道路修复工作尚未严格按照生态脆弱地区的标准推行,也没有恢复原生植被生态。

(二)国家公园体制试点建设中的立法问题

在立法方面,我国国家公园体制建设缺失系统性和体系性。“制定法律是经济社会演绎到特别时期做出的政治抉择。立法中的成本——效益博弈和矛盾调和,是典型化了的政治行为运行。”[3] 长期以来,我国没有形成系统的、专门的“自然保护地法”和“国家公园法”,各地采用的相关法律政策主要以国家出台的政策性文件为主,并广泛适用国家层面制定的《自然保护区条例》,而在地方又有各自省域内的自然保护地条例,不统一的法律政策导致《自然保护区条例》在各地适用的标准不统一,实施细则涵盖的自然保护地在各区域范围内保护和修复状态差距明显,且各地实行的自然保护区条例内容覆盖面过窄,导致跨省交叉自然保护地部分区域处于闲置状态。

国家公园体制建设在我国起步较晚,没有丰富的先进经验可以借鉴,立法滞后、不完善问题突出,以国家政策作为治理依据的路径,并没有形成国家层面系统性的“自然保护地法”或“国家公园法”。我国前期主要以自然保护区、风景名胜区、自然遗迹、森林公园、湿地公园等形式管理和保护自然保护地的各种类型。相较于美国、澳大利亚、日本等国家,我国自然保护地相关立法层

---

〔2〕 参见戚建刚、乌兰:《克服政治公地悲剧:祁连山生态问题的行政法思考》,载《福建行政学院学报》2018年第4期。

〔3〕 吕忠梅:《关于自然保护地立法的新思考》,载《环境保护》2019年第Z1期。

级较低，在国家公园立法尚处于空白状态下，仅仅通过进一步修订和完善《自然保护区条例》很难充分挖掘国家公园立法的价值和国家公园利用的经济价值以及自然保护地的保护价值，原因在于立法目的不明确和利益协调失衡，以及立法层级较低。

我国自然保护地类型丰富多样、结构复杂、资源储存量大、交叉重叠现象明显，自然保护地区域多处于生态功能脆弱区、保护监管难度大，急需一部系统完整、全面的法律法规加以规制和保护。2017 年党的十九大报告正式将“自然保护地体系”纳入政策话语，进一步正式明确以国家公园为主体、自然保护区为基础、各类自然公园为补充的自然保护地体系构成。在祁连山国家公园体制试点中要重点将国家公园的功能定位、权责分配、保护目标等内容进行具体规定。〔4〕

（三）祁连山国家公园执法问题

祁连山国家公园建设中重要的监管问题也是原始遗留问题，由于历史和地理上的原因，青海和甘肃草原的所有权和使用权存在一定的争议，一个地方、两个证书的多头管理问题广泛存在于祁连山国家公园区域内。在祁连山国家公园体制试点建设的过程中，存在管理机构权属界限混乱、决策冲突及机制功能重叠、标准不同等问题。〔5〕 在执法主体的职能配置方面存在问题，一般这种配置分为纵向和横向的职能配置，纵向职能配置上表现为地方对中央的政策实施不到位，导致地方环境执法出现真空状态；〔6〕横向职能配置上表现为执法主体复杂以及权责的不分明导致执法的困难，以及产生损害结果时相互推诿。执法队伍专业能力薄弱，不能进行综合性的环境执法，祁连山国家公园环境执法队伍里专业人才的缺乏，行政人员又大多不懂环境测评等方面的知识技能，导致执法的效率低下以及不能合理执法。此外执法力度不够，基于对地方经济发展因素的考量，执法机构在对破坏自然资源的行为进行处罚时往往较轻。

（四）原住地居民权益考虑不周全

原住地居民依靠自然保护地天然的物产而生养憩息，祁连山国家公园建设中原住地居民权益未被妥善保护，主要体现在三个方面：首先，原住地居民

---

〔4〕 参见秦天宝：《论我国国家公园立法的几个维度》，载《环境保护》2018 年第 1 期。

〔5〕 参见李鹏举等：《祁连山国家公园自然资源确权登记实践与思索——以甘肃省片区凉州区境内为例》，载《中国国土资源经济》2019 年第 9 期。

〔6〕 参见秦虎、张建宇：《中美环境执法与经济处罚的比较分析》，载《环境科学研究》2006 年第 2 期。

需搬离国家公园建设区域,原生生存方式被打破,经济发展依赖性增强,搬迁补偿不到位,搬迁力度大影响原住地居民的生活方式。其次,原住地居民参与权与知情权受损。国家公园体制建设过程中,未完全吸纳原住地居民参与国家公园的建设,未充分调研听取原住地居民的意见,未就搬迁后原住地居民的未来就业作出合理安排和合理筹划。国家公园的建设仍旧以政府为主导,以国家政策为主线规划原住地居民的搬迁事宜。最后,原住地居民长期形成的依赖天然环境生存的习惯未被重视。长期的生活习性、生活方式、生活遗留的物品、建筑、艺术品甚至原生文化,在涉及的国家公园建设区域范围内进行搬迁改造可能会摧毁这些历史遗迹和现存物品。原生文明形成历史悠久,一旦打破原生遗迹则复原的概率极小,原生文化培育的原生遗迹是国家重要的文化旅游产业,原住地居民在此可以固守原生文化的延绵。原住地居民的权益未被妥善保护的历史原因在于靠山吃山的传统理念根深蒂固,以致造成原住地居民周边生态环境的恶化,因此"认可和强调国家公园周边原住地居民的权利需要特定领域内的强行推进"。〔7〕

此外,在祁连山国家公园建设中存在民生与生态承载能力矛盾突出的问题,国家公园范围内的民生改善工程如水电路、教育卫生以及危房改造等工程落地难。祁连山国家公园综合生态监测系统不完备,祁连山国家公园管理机构对祁连山国家公园的最新动态监测数据更新不到位,祁连山生态资源多年的统计数据严重缺失。

四、祁连山国家公园体制建设的推进路径

(一)建立健全法制保障

1. 在国家立法层面制定"国家公园法"。祁连山国家公园是根据自然秩序、人为秩序和相互宽容的规律建设的保护区,旨在促进人与自然的和谐共存。对于祁连山的生态保护和恢复,甘肃省践行了"加快甘肃省国家生态安全屏障综合试验区改造建设总体规划"等相关规章制度,这为建立祁连山生态环境保护与管理的长效机制提供了科学依据。青海省也在祁连山国家公园体制试点工作中积极推进和落实《祁连山国家公园体制试点方案》,两省针对祁连山生态保护与修复,通过法律制度协调生态保护利益与资源利用之间的冲突,制定并完善祁连山生态环境保护治理政策规章制度。在制定"国家公园法"时

〔7〕 邓禾:《论自然保护地居民的权利发展及其保障——兼论中国自然保护地完善的几点构想》,载《西南民族大学学报》(人文社科版)2007年第5期。

应该为今后的自然保护地法预留空间，并且设计相应的衔接机制，统筹谋划并协同推进国家公园法与自然保护地法研究。〔8〕通过对比拟制定的“国家公园法”与我国既有的自然保护法律规范体系的关系，为国家公园的“主体”地位设置自然生态系统重要性和代表性标准、适用最严格的管理制度，以维持自然生态系统结构、过程和功能的完整性。在我国现行的自然保护地管理体制改革中需要归纳立法需求、探究立法规律，以法律体系理论指导“国家公园法”立法是其内在需求。〔9〕

2. 法律制度践行保障原住居民权益的理念。祁连山国家公园建设中需要尊重和保障原住居民的生存权、发展权以及地方性生态文化与生态习惯法，引导原住居民与国家公园从利益相关方逐渐形成利益共同体。在人与自然共同生活的理念指导下，祁连山国家公园与原住居民共建共享的法制化路径包括以下三个层面：

（1）立法层面的规则共建。从自上而下的角度看，“国家公园法”应当承认对地方性生态习惯法作为法律渊源的正当性，“一区一法”模式下各地方国家公园立法中应当注意吸收本地区普遍奉行、行之有效的生态习惯法，将其转化为制度规范。从自下而上的角度看，地方性生态习惯法可以作为原住居民自我约束、自我治理的规则，成为国家制定法的有力补充。祁连山国家公园覆盖了甘肃、青海两省 14 县，地处 30 多个民族的文化交汇带，民族文化多样，人文资源丰富，形成了多民族文化交融、独具特色的“祁连山文化圈”，少数民族长期与自然交融产生了丰富的生态习惯法和生态文化，为祁连山国家公园法制建设提供了丰富的本土资源。

（2）制度层面的利益共享。基于国家公园统一、规范、高效的管理要求和“实现人与自然和谐共生”的国家公园体制建设目标，应该正视人与自然是有机整体，尊重合理的人地关系，需要进行更加灵活、精细化和更具适应性的制度设计，以平衡环境保护与原住居民的生存和发展权，实现国家公园与原住居民利益共享。美国在自然和文化遗产保护中形成的环境保护地役权制度为破解国家公园内土地权属复杂、统一管理困难、保护与利用矛盾突出的难题，构建国家公园与原住居民利益共同体提供了一种有益思路。

（3）治理层面的合作共治。通过规则共建、利益共享和合作共治，引导原

〔8〕 参见吕忠梅：《关于自然保护地立法的新思考》，载《环境保护》2019 年第 Z1 期。

〔9〕 参见刘超：《以国家公园为主体的自然保护地体系的法律表达》，载《吉首大学学报》（社会科学版）2019 年第 5 期。

住居民与国家公园从利益相关方逐渐形成利益共同体，经由长期的制度规范引导、利益互惠共享、环境教育宣传使原住居民形成生态保护的理念共识、由被动适应转向主动保护，在利益共同体的基础上最终形成人与自然的生命共同体，实现主体人向生态人的转变。

(二)确立科学合理的管理模式

1. 探索跨地区综合执法模式。祁连山国家公园试点区涉及多部门、多领域、跨省区的管理，有效整合国家公园生态保护、环境管理和资源开发管理，探索多部门联合执法、省州县三级联动执法、跨省区协作执法的祁连山国家公园多形式的综合执法。加强与周边省区及周边县市的合作与配合，定期举行跨区域警务合作联席会议，研究形势，解决问题，不断推进务实交流与合作。在此基础上，建立各级警察协调措施，形成有效保护和执法的平台，实现沟通顺畅、信息敏感、反应迅速、运作高效的目标。建立自然资源综合执法局，实行省州(市)双重领导、以州(市)为主的领导体制。祁连山国家公园设立的管理机构，应采用省级统一管理，国家负责设定标准和开展监督考核的托管模式，如祁连山大熊猫国家公园是按国家发布的文件进行分级管理，其他的国家公园是按省市县分级管理，确权工作已经有序开展。

2. 实施因地制宜的管理办法。确保祁连山国家公园合理布局，因地制宜，明确涉及民生项目的管理办法，处理好民生工程建设与国家公园建设的关系。要从高起点，适应当地情况，科学合理分区，明确人民生活项目管理措施。根据不同区域占主导地位的生态系统的服务功能和养护目标，合理区划，稳步发展，制定禁令清单，全面深入排查核心保护区和生态修复区的基础设施项目，对违法违规项目予以清理整治。〔10〕稳妥实现生态保护及祁连山周边基础设施建设的推进工作，建立长期环境保护综合机制，对于涉及民生的重要基础设施，如传统利用区、住宅和娱乐服务区的基础设施，要按照规范管理和标准作业的要求施工。

对祁连山国家公园进行功能分区的精细化管理与保护，按照其生态地位和现状分为核心保育区、生态修复区、传统利用区，以及居住游憩服务区等功能，对不同功能区施行不同程度的保护政策。只有精确定位，才能有效执行对祁连山国家公园生态环境的保护和治理，确保该保护的要严格保护，该开发的就要合理开发。在祁连山国家公园的严格保护区之外，合理平衡保护与利用

---

〔10〕 参见张壮、马洪波：《破解祁连山国家公园体制试点区现实问题》，载《中国社会科学报》2019年3月18日，第7版。

需求。对草原、森林、湿地、水源、冰川和野生动物等进行动态监测和监督。试点地区清理整顿祁连山国家公园的违法活动，打击偷盗、偷猎、畜牧业等破坏自然资源和生态环境的非法活动，确保和维护国家公园的生态安全。

祁连山国家公园网站要及时发布更新相关信息，协调新闻媒体，做好宣传报道。加强创新人才实训，举办各级国家公园体系试点培训课程，致力于提升祁连山政府管理层的监管能力，实现管理者监管水平符合相关部门的要求。

3. 建立健全保护管理新体制。祁连山国家公园建设各项任务开展的基础是建立健全保护管理新体制。改革国家公园管理机构，以监管权分离为基础，明晰国家公园自然资源，资产产权确权制度，使分散的国家公园自然资源管理权和产权集中统一于一个部门，仅适用一部法规政策，实现国家公园科学监管、国土空间用途和产权合理利用。明确保护区的管理体制和各级地方政府及主管部门的职责，为加强祁连山森林和野生动物保护提供了法律保障。推进“多规合一”，构建统一规范高效的祁连山国家公园管理机构，理顺各个部门的关系，目前国家林草局会同甘肃省、青海省建立了三方会商机制，成立了祁连山国家公园甘肃省管理局、青海省管理局。青海组建了省州县乡村五级国家公园管理的“大部门制”实体，甘肃省整合祁连山国家公园范围内林业保护地管理机构，将祁连山国家级自然保护区下辖 22 个基层保护站、172 个资源管护站、18 个森林派出所、5 个木材检查站交由所在县林业主管部门与保护区管理局双重管理，以地方为主。自保护区建立以来，各保护区各级管理部门密切协作，管理体系逐步健全，成立了省森林公安局祁连山分局、林政稽查大队、森林病虫害防治站等，并且加强与保护区所在地地方政府的密切联系，建立了涵盖保护区的森林防火联防委员会。随着国家公园保护管理体制的建立，青海片区和甘肃片区编制了国家公园总体规划，明确了管理规范和技术标准，上报国家林草局报批有关祁连山国家公园勘界定标方案，以此加强祁连山国家公园建设。

（三）建立健全生态保护发展机制

1. 建立多元化的资金保障机制。祁连山国家公园建设应注重多元化的资金保障机制，建立政府、企业、社会多元化多方面参与的投资渠道。当前国家公园建设的资金主要来自政府的拨款，缺乏社会公众资金的支持，导致国家公园建设速度缓慢、成效不显著。政府拨款的资金运行报批程序复杂、资金审核制度严格、资金运作成本高、执行机构积极性不足等问题突出，资金“短板”问题和资金来源单一问题始终是国家公园体制建设的关键点。引进祁连山品牌生态工业项目投资,出台相关优惠政策;鼓励祁连山区依托国家公园“品牌”,着力建设优质传统手工制造业,依托祁连山特有的野生药材,加快产业链建设,合理安排旅游体验路线,为市民提供接近、体验及了解大自然的机会。

政府建设资金的投入有限,应引入企业等社会多元化资金投入祁连山国家公园建设,实现资金来源的多元化以保障资金的稳定。借助祁连山品牌生态工业项目的发展以及特色文化产业的发展,提供稳定且效益可观的资金来源,兼顾生态保护和经济发展的效益。

2. 探索生态保护新举措。祁连山国家公园体制试点建设中探索生态保护新举措,严格执行禁牧管理制度和草畜平衡制度,对完成保护任务的地区实施奖补政策。通过对“一地两证”问题整改,进行确权登记,对重叠的自然生态空间重新确权颁证。制定自然资源统一确权登记实施方案,自然资源登记单元按照管理或保护范围优先作为独立登记单元划定,综合考虑不同自然资源种类和在生态、经济、国防等方面的重要程度以及相对完整的生态功能、集中连片等因素。编制祁连山国家公园自然资源资产负债表,这些均为完善自然资源有偿使用制度奠定了基础。[11] 另外提供生态公益性岗位,有利于提高祁连山国家公园所在地的原住居民的生态保护意识。

3. 构建生态保护长效发展机制。推进生态保护的关键与难点是生态保护与民生改善的协调发展,针对矿权退出和生态移民问题,采取综合措施恢复生态环境,将探采矿、水电、旅游等项目分类退出,细化差别化整治措施,分类整改各类生态环境问题。[12] 截至2019年6月甘肃省片区祁连山保护区内144宗矿业权已全部退出,42座水电站完成分类处置。甘肃省通过采取“四个一”措施引导农牧民易地搬迁、转产增收,从而推进重点区域生态移民的各项工作,并且已经安排保护区核心内张掖市农牧民和武威市农牧民全部搬迁。青海片区制定保护区内矿业权退出补偿工作方案,从2018年起每年安排3亿元专项资金,已注销违规矿权26宗。[13] 构建生态保护长效机制,需建立协调保障和宣传发动机制,推动形成完善的组织工作体系。建立科学决策机制,包括对国家公园的环境功能区划、重大经济和技术政策进行生态环境影响评价、统

---

[11] 参见李鹏举等:《祁连山国家公园自然资源确权登记实践与思索——以甘肃省片区凉州区境内为例》,载《中国国土资源经济》2019年第9期。

[12] 参见蒋兴国、金铭、谢继忠:《祁连山山水林田湖草保护修复调查研究之四——以祁连山生态保护修复为契机推动张掖民族地区长效脱贫》,载《边疆经济与文化》2018年第8期。

[13] 参见《国家公园体制试点各项工作有序推进》,载国家林业和草原局网:http://www.forestry.gov.cn/main/4035/20191012/084407463335069.html,2019年10月12日访问。

筹治理环境污染,确定共同的环境标准。建立领导带头攻坚机制,建立问题发现机制,制定环境问题整改工作清单,完善一系列环境问题的整改制度等。

(四)建立健全责任体系

围绕国家生态文明建设的总体方案和国家主体功能区战略,祁连山国家公园建设要抓住"明责、定责、追责"环节,明晰责任包含的具体内容、厘清责任边界。责任体系的建立有利于祁连山国家公园建设过程中的追责,进而便于督促各权力主体在采取建设措施时将可行性、保护性、公益性考虑在内,从而选择适合于祁连山国家公园建设的措施。追究责任机制的缺乏,权力和权利滥用容易违背生态保护的宗旨,且会对祁连山国家公园建设中所涉及的利益共同体造成极大的利益损害。为了实现严格的生态保护,建立健全责任体系应该从责任主体、追责机制等出发,建立督办考核和责任倒查机制,落实各方环保责任。祁连山国家公园建设中的责任主体有国家公园管理机构、国家公园范围内有权进行非开发性利用行为的主体,这些责任主体的行为关系到能否实质修复祁连山国家公园内的环境损害。追责机制应当包括对滥用权力的环境执法部门等的追究、对滥用权利造成生态破坏加剧的权利主体的追究等方面。

祁连山国家公园体制试点建设中,应提升立法和执法能力,建立国家公园保护管理新体制,构建生态保护新机制,重点区域生态移民,贯彻国家主体功能区战略,健全项目有序退出制度,探索生态保护与民生改善的协调发展新模式,筑牢国家西部生态安全屏障。

《环境资源法论丛》
第12卷,第102~110页

《土壤污染防治法》的溯及力及责任人认定规则评析

陈勇儒* 肖燕平**

摘　要　解决历史遗留土壤污染问题是《土壤污染防治法》的重要目标。土壤污染防治领域突破"法不溯及既往"原则,在美国历经了多年争议最终确立,但我国《土壤污染防治法》未明确法溯及既往,且第71条第2款明确对土地使用权人的追责不得突破上述原则。由于该条规定的存在,现有土地使用权人既有法理支持,又有金钱利益驱动不配合执法机关进行历史污染责任人认定。《土壤污染防治法》明确污染责任人认定的行政程序,且可复议可诉讼,与土壤污染防治特性不符。相较美国《超级基金法》没有污染责任人认定的行政程序,实行强制性单方行政命令制度(UAO),无辜责任人先行动再救济,且不区分土壤污染责任人和土地使用权人概念的制度设计,后者明显有利于及时清除污染物、恢复生态环境,真正落实生态优先、绿色发展原则。

关键词　土壤污染特性　法溯及既往　生态优先　污染责任人　单方行政命令

《土壤污染防治法》已于2019年1月1日正式生效,但该法要实质实施,还

---

* 陈勇儒,中国环境科学学会环境法分会委员,北京市盈科(广州)律师事务所专职环境律师。

** 肖燕平,北京市盈科(广州)律师事务所环境实习律师,法学硕士。

有待多个实施细则、办法的出台或完善，如争议污染责任人认定办法（本文建议取消该制度）、国家和地方土壤污染防治基金募集与使用管理细则、土壤污染重点监管单位认定和管理办法、建设用地土壤污染风险管控和修复名录制度、疑似污染地块的土地使用权人变更登记制度等。但综合分析该法全部条款，笔者认为，《土壤污染防治法》的制定，如要真正实现立法目的、得到真正有效实施，必须明确突破法不溯及既往的一般原则、取消污染责任人行政认定制度。

一、《土壤污染防治法》的溯及力规则辨析

法不溯及既往，是法的一般原则，即法对其生效之前发生的行为没有法的效力，在现代国家，该原则是一条基本的立法、执法、司法原则。我国《立法法》第 93 条明确规定，“法律、行政法规、地方性法规、自治条例和单行条例、规章不溯及既往”，但在特殊情形应予突破，“为了更好地保护公民、法人和其他组织的权利和利益而作的特别规定除外”。

（一）土壤污染防治法的溯及力问题

面对土壤污染危及公共利益的严峻情势，面对土壤污染明确的隐蔽性、滞后性、累积性和地域性以及治理难、周期长等特性，[1]突破法不溯及既往的一般原则，是正当的。

但是，即使是著名的美国处理现存污染土地的法律——《综合环境反应、赔偿和责任法》，即俗称的《超级基金法》，也是在立法后 8 年才完成了从法不溯及既往到法溯及既往的争辩与蜕变过程，通过判例的方式确定了这一特殊领域的非常原则——污染地块治理责任主体需要对法生效前发生的危险物质处置行为承担责任（即使其行为在发生的当时并不违法）。在该领域法律的溯及力上，从有争议到认可，其中的借鉴意义重大。

《超级基金法》是美国为解决历史遗留污染问题，尤其是“拉芙运河事件”所暴露出来的问题，于 1980 年紧急出台的一部法律。其法律条款中没有明文规定法溯及既往，但在具体实施中对于是否要突破法不溯及既往的基本原则，一直争议不断，其间法院对多个案件的处理争议不休。直到 1988 年，在美国联邦政府和纽约州根据这部法律向纽约西部地区法院提起的拉芙运河污染场地清理费用索赔案中，法院裁判才明确，“该法律是溯及既往的，在超级基金法颁

---

[1] 参见生态环境部法对法规与标准司编写：《〈中华人民共和国土壤污染防治法〉解读与适用手册》，法律出版社 2018 年版，第 238 页。

布前后发生的反应费用都是可以追偿的”。[2] 作为判例法国家,美国自此在土壤污染防治领域明确了法溯及既往的特例。

(二)我国土壤污染防治法的溯及力争议

我国不是判例法国家,但《土壤污染防治法》却没有明确规定污染地块防治的法律责任可溯及既往。2018年7月1日生效的规章《污染地块土壤环境管理办法(试行)》(原环保部令第42号)第10条也只是规定,“土壤污染治理与修复实行终身责任制”,并未明确是向后终身负责,还是向前、向既往终身负责,更未明确“身”不存在了,即责任人主体都消失了、解散了,应如何负责,特别是在2019年1月1日之前主体已经不存在的情况。

无论是《污染地块土地环境管理办法》还是《土壤污染防治法》的立法目的都是为了解决现存多年累积的、大量污染地块的环境危险问题,如果不明确“法溯及既往”,则其中所规定的“谁污染谁治理”原则、确定污染责任人、污染责任人承担清除和修复费用、地方人民政府或土地使用权人向污染责任人追偿费用等重要制度安排,都可能难以达到目的,法律中多个明确指向土壤污染责任人的条款[3]的立法价值将大打折扣。

《土壤污染防治法》不仅未明确本法溯及既往,反而明确了法不溯及既往原则在该法中的应用。该法第71条第2款规定:“对本法实施之前产生的,并且土壤污染责任人无法认定的污染地块,土地使用权人实际承担土壤污染风险管控和修复的,可以申请土壤污染防治基金,集中用于土壤污染风险管控和修复。”该条明确了在该法实施之前产生的污染地块,如不能认定土壤污染责任人,则土地使用权人能免除最终承担修复费用的责任,可申请修复费用的财政支持,实际上明确了对土地使用权人的责任追究需严格适用法不溯及既往的基本原则,不得突破。

但也有人主张,因多数国家都在不同程度上允许特定主体就历史污染求偿,故我国《土壤污染防治法》也是规定土壤污染责任人对该法实施前已经发生的土壤污染承担风险管控和修复的责任。[4] 将该法第71条第2款与该法第45条的规定结合分析,似乎也有隐含的“潜台词”,即如果能认定土壤污染

[2] 贾峰等编著:《美国超级基金法研究——历史遗留污染问题的美国解决之道》,中国环境出版社2015年版,第237页。

[3] 参见《土壤污染防治法》第39条、第41条、第46条、第47条等。

[4] 参见生态环境部法规与标准司编写:《〈中华人民共和国土壤污染防治法〉解读与适用手册》,法律出版社2018年版,第108页。

责任人，即使是该法实施之前产生的污染地块，其土地使用权人亦不能免除承担修复费用的义务，不能申请修复费用的财政支持。[5] 但是否确可如此推导仍存在疑问。

在公法领域，"法无明文规定不为罪"，"法无明文规定不处罚"，恐怕依然可以作为充足的抗辩理由，只要法律没有明文规定的，执法或者司法者不得加重责任人的重大行政或刑事责任，只要法律没有明文规定《土壤污染防治法》对土壤污染责任人溯及既往，执法者或者司法者不得对其追究该法实施前的责任。

但是，如果不能实现上述法理推导，不突破法不溯及既往的原则，则大量污染地块的防治费用将由财政基金即由全体纳税人承担，与"谁污染，谁治理"的基本原则是明显相违背的。而且，由于有第 71 条第 2 款的存在，现有土地使用权人有法律支持（至少无法律明确禁止）、有金钱利益驱动不配合执法机关进行历史、既往污染责任人认定，如此，实际上中国现存的大部分污染地块的修复责任，最终不是污染者承担，而是国家财政承担，依然是环境污染成本外部化。

2019 年 9 月 17 日，生态环境部官网公布"关于公开征求《建设用地土壤污染责任人认定办法（试行）（征求意见稿）》意见的通知"和"关于公开征求《农用地土壤污染责任人认定办法（试行）（征求意见稿）》意见的通知"。前者第 3 条规定："土壤污染责任人，是指 1979 年 9 月 13 日《中华人民共和国环境保护法（试行）》生效后，因排放、倾倒、堆存、填埋、泄漏、遗撒、渗漏、流失、扬散污染物或有毒有害物质等，造成土壤污染，需要依法承担风险管控、修复责任的单位和个人。涉及土壤污染责任的单位和个人是指具有前款行为，可能造成土壤污染的单位和个人。"后者第 3 条规定："本办法所称农用地土壤污染责任人，是指：（一）1979 年 9 月 13 日《中华人民共和国环境保护法（试行）》生效后，排放、倾倒、堆存、填埋、泄漏、遗撒、渗漏、流失、扬散污染物或者其他有毒有害物质等，造成农用地土壤污染，需要依法承担风险管控和修复责任的单位和个人。（二）违法生产、销售不合格的农药、化肥等农业投入品，造成农用地土壤污染，需要依法承担风险管控和修复责任的生产经营者。（三）违法使用不合格的农药、化肥等农业投入品，造成农用地土壤污染，需要依法承担风险

---

〔5〕 参见《土壤污染防治法》第 45 条第 1 款规定："土壤污染责任人负有实施土壤污染风险管控和修复的义务。土壤污染责任人无法认定的，土地使用权人应当实施土壤污染风险管控和修复。"

管控和修复责任的农业生产经营组织。涉及土壤污染责任的单位和个人是指具有前款行为,可能造成土壤污染的单位和个人。"

两份通知都明确,《土壤污染防治法》中有关污染责任人的认定与追责时间均需溯及至1979年9月13日,即中国第一部环境保护法实施之日,值得肯定。但是,其依据是现行《环境保护法》和《土壤污染防治法》,两部法律中并未明确对法不溯及既往原则的突破,那么,两部门规章规定《土壤污染防治法》溯及1979年的上位法依据就存在疑问。

二、土壤污染责任人认定制度辨析

《土壤污染防治法》第48条规定:"土壤污染责任人不明确或者存在争议的,农用地由地方人民政府农业农村、林业草原主管部门会同生态环境、自然资源主管部门认定,建设用地由地方人民政府生态环境主管部门会同自然资源主管部门认定。认定办法由国务院生态环境主管部门会同有关部门制定。"显然,《土壤污染防治法》针对污染责任人的争议,授权环保行政等相关部门启动认定污染责任人的行政程序。

(一)土壤污染责任人认定的制度比较

地方人民政府职能部门认定土壤污染责任人的行为是行政行为,而且是直接影响被认定人巨大利益的具体行政行为。这样一项制度安排,对比《超级基金法》中的潜在责任人制度安排,哪个更加合理?

首先,《超级基金法》没有争议污染责任人认定的单一制度安排。《超级基金法》第113条(h)款中明确规定,"联邦法院不对任何根据本法第104条所选择的清除或者修复行动的异议,或者任何根据本法第106条(a)款的规定发布的命令管辖权",而能够提起司法审查的范围,仅限于对行政记录过程中程序性违法问题,如未在合理时间进入场所、取样不规范等,但不影响实质清除或/和修复行动的执行支持。[6] 美国法没有行政行为或行政命令之说,但这种根据该法第106条(a)款颁发的"可能对保护公共健康和福利以及环境必要的相关命令",被国内环境法学者定义为单方行政命令(UAO)行为,因为该行政命令行为不可诉,只能执行,否则根据《超级基金法》第106条(b)款和第107条(b)(3)款,"在违反或者不遵守的时间内被处以每日不超过25,000美元的罚款"即适用按日处罚制度,或者支付最高相当于基金支付的、政府部门代履行

---

〔6〕 参见贾峰等编著:《美国超级基金法研究——历史遗留污染问题的美国解决之道》,中国环境出版社2015年版,第283页、第332页、第333页。

清除或恢复措施费用的3倍赔偿金。而执行清除或恢复行为的行政命令的，只能在完成行为之日起60日内请求从基金中得到补偿，遭到全部或部分拒绝的，才有权向法院提起诉讼，要求审查行政命令的合法性、合理性，要求补偿因此支出的清除或/和环境恢复费用。[7]

其次，《超级基金法》没有我国《土壤污染防治法》中明确的争议污染责任人认定制度。如前所述，《超级基金法》对于责任人的救济安排是事后制，是单方强制制、被动接受制，如果真的是无辜责任人或部分责任人的话，也是先承担责任后维权救济，故只能将《超级基金法》第107条(a)款的责任人定义为"潜在责任人"，[8]这个概念自身含有不确定的含义。

环境公共利益是优先保护的利益，根据《超级基金法》的规定，无辜责任人的自我救济，只能是在履行了污染地块修复义务或支付了污染地块修复费用之后，方可提起费用返还之诉，或通过污染清除费用和环境恢复费用的追偿之诉和分摊之诉(典型民事诉讼)完成，即由被认定的无辜责任人自己去向真正的污染责任人或应承担责任的连带责任人要求追偿或分摊责任，而不可就单一认定行为提出异议。

所以，《超级基金法》中确定的责任人，只能被称为"潜在责任人"，甚至是"疑似责任人"，其中可能就是我国《土壤污染防治法》中出现的"不确定的或有争议的土壤污染责任人"概念——且不区别土壤污染责任人与土地使用权人概念，均为责任人。潜在责任人有可能不是真正的责任人，或不是全部责任的承担人，但是最终的认定不是依靠行政机关的行政判断，而是依据潜在责任人自己的司法救济程序，依据法院法官的司法判断。

根据美国《超级基金法》1986年修正案的规定，潜在责任人的认定行为不可诉，核心原因就在于污染地块对环境污染的危害必须得到及时、快速的消除，"一刀切"的方式就是为了防止污染责任人拖延时间、规避责任，如果允许被认定的土壤污染责任人可以就行政机关的认定行为提起行政诉讼，则极大可能导致污染地块继续扩散污染、侵害公共利益。[9]

---

[7] 参见贾峰等编著:《美国超级基金法研究——历史遗留污染问题的美国解决之道》，中国环境出版社2015年版，第301页、第304页。

[8] 贾峰等编著:《美国超级基金法研究——历史遗留污染问题的美国解决之道》，中国环境出版社2015年版，第303页。

[9] 参见贾峰等编著:《美国超级基金法研究——历史遗留污染问题的美国解决之道》，中国环境出版社2015年版，第39页。

(二)潜在责任人认定制度的优势

笔者认为,这种潜在责任人制度明显优于我国《土壤污染防治法》以及将要颁布的农用地和建设用地土壤污染责任人认定办法,原因在于:

首先,土壤污染责任人认定程序过于复杂、时间过长,不利于土壤污染的及时清除、风险管控和生态修复。根据一般的行政确认行为及其救济的程序规定,比如已公布的《建设用地土壤污染责任人认定办法(试行)(征求意见稿)》第20条第1款规定,“【调查期限】调查组或者调查机构应当自启动调查之日起90个工作日内提交调查报告;情况复杂,不能在规定期限内完成调查的,经生态环境主管部门会同自然资源主管部门批准,可以适当延长,但延长的期限原则上不得超过30个工作日。延长调查期限的,告知申请人”,其调查期限就可达120个工作日,之后是技术审查时间、行政审批时间,再是行政复议和/或行政诉讼时间。而根据《行政复议法》和《行政诉讼法》,提起行政复议的有效期一般为60日,行政复议立案后的审查期最长为90日,直接提起行政诉讼的有效期一般为6个月,一审行政诉讼立案后的审限为6个月,特殊情况还可延长,延长期多长法无明文规定;二审行政诉讼立案后的审限为3个月,同样,特殊情况还可延长,延长期多长法无明文规定。

因此,实际上一份有效的土壤污染责任人认定程序可以长达数年之久——上述时间还未考虑必要的监测、技术评估、鉴定等时间。在如此制度安排下,有几名真正的土壤污染责任人不愿意发起认定行政程序?一旦土壤污染责任人迟迟不能认定下来,那么众多土壤污染清除与生态修复的责任,只能落在政府的身上,“污染者担责”的原则迟迟得不到落实,企业主体责任的制度安排也将空转,成为一句空话。

其次,“不确定的或有争议的土壤污染责任人”概念,无法准确界定,且将土地使用权人责任区别开来,实践中易引发制度性腐败。《土壤污染防治法》中,关于不确定的或有争议的土壤污染责任人,并未明确确定内涵、外延,但明确了只有土壤污染责任人不确定或者有争议时,才启动土壤污染责任人的认定程序,见该法第48条的规定,“土壤污染责任人不明确或者存在争议的,农用地由地方人民政府农业农村、林业草原主管部门会同生态环境、自然资源主管部门认定,建设用地由地方人民政府生态环境主管部门会同自然资源主管部门认定”。《建设用地土壤污染责任人认定办法(试行)(征求意见稿)》第31条规定,“产生责任人不明确或有争议的情形包括:(一)建设用地上曾存在多个从事生产经营单位和个人的;(二)建设用地土壤污染存在多种来源的;

（三）其他情形”。《农用地土壤污染责任人认定办法（试行）（征求意见稿）》第28条规定：“产生责任人不明确或有争议的情形包括：（一）农用地周边曾存在多个污染源的；（二）农用地上存在多个农业生产经营组织的；（三）农用地土壤污染存在多种来源的；（四）农业生产经营组织使用的农药、化肥涉及多家生产经营者的；（五）其他情形。”从上述两个意见稿中的表述可知，实际上，其中陈述中的情形多为“多”的问题，即有多个污染源的问题，但“多”不能认为是不明确或有争议，在发现土壤污染嫌疑之初的土壤污染状况调查阶段，其污染来源本就是《土壤污染防治法》规定的调查范围，存在多个污染源头或经营单位的，则显然要在土壤污染状况调查阶段查明污染来源。

最后，程序过于复杂的行政成本高且效能低下，不符合制度经济性要求，也不符合市场发挥决定性作用的原则，不符合市场主体承担环境治理、污染防治主体责任的发展趋势。一项法律制度的产生，不是为了增加行政环节、增加行政编制、增加行政成本，而是要达到国家治理的最终效果。党的十九大以来，国家治理体系与治理能力现代化问题成为重中之重，国家治理更多地强调政府主导下的市场主体责任，但《土壤污染防治法》从土壤污染状况调查规定到风险评估、效果评估、后期管理、土地使用权人责任等一系列行政管理规定，仍然延续行政管治模式，其中无法看到推动市场主体作为污染责任人的内生动力机制，由此可能导致土壤环境污染治理实效不佳。前述两个规章的征求意见稿中，认定程序的启动情形，一是依申请启动，二是依职权启动，其中建设用地土壤污染责任认定的启动，申请人包括土地使用权人、土壤污染状况调查报告或者土壤污染风险评估报告中提出的涉及土壤污染责任的单位和个人，而农用地污染责任人的认定为依职权启动。

依申请启动问题，在“不确定的或有争议的土壤污染责任人”概念实在无法明晰、土地使用权人和土地污染责任人均有权申请启动的情况下，两类责任主体发起启动认定程序是经济与理性的选择。当然，如前所述，《土壤污染防治法》第71条第2款规定，对本法实施之前产生的且土壤污染责任人无法认定的污染地块，土地使用权人不用承担最终的土壤污染风险管控和修复费用责任，此种情形下，对于法律实施之前的历史遗留污染地块的责任人认定不能，土地使用权人可能积极促成认定不能，无申请启动的利益驱动。但对于法律实施之后的污染地块，因有第45条的存在，土地使用权人有动力积极地反对土壤污染责任人的认定不能的，有动力在认定不能的情况下申请启动认定程序。

依职权启动必然涉及具体由哪个部门依职权启动的问题。在机构职能调整问题未解决之前,依职权启动可能属于启动不能状态,其结果是大量污染地块倾向于责任人认定不能,因为无人具体认定,其风险管控与修复责任终由土地使用权人和国家、地方财政承担,特别是农用地污染地块;在机构职能调整问题解决之后,土壤污染责任认定倾向于重复操作,即在土壤污染状况调查阶段和土壤污染责任人认定阶段两次进行,由于土壤污染责任人的认定属于具体行政行为、公权力行为,其费用也由国家或地方财政负担,国家和地方财政将因此徒增支出。

三、结论

综上所述,笔者认为,《土壤污染防治法》的溯及力规定和土壤污染责任人认定制度值得商榷,应当推动《土壤污染防治法》修改及时变更制度安排,借鉴国内外立法经验,承认该法有限的溯及力并采用潜在责任人制度,以生态优先为原则,在土壤污染状况调查的最初环节就确定潜在责任人,并要求潜在责任人和/或土地使用权人承担法定义务。

在《土壤污染防治法》规定的土壤污染责任人认定制度下,笔者认为,建设用地和农用地土壤污染责任人认定具体办法无须明确污染责任人认定行为是何种行政行为,或明确认定过程、认定结论不是一个独立的行政行为,属于过程性行政行为,未影响被认定人实质权益等,因此不可提起行政复议、行政诉讼;并借鉴《超级基金法》中的制度安排,明确只有土壤污染责任人履行了法定的风险管控和修复责任之后,或者在向国家或地方申请土壤污染防治基金被拒绝的情况下,方可提起行政救济、司法救济。

《环境资源法论丛》
第12卷,第111~138页

环境犯罪风险犯研究*

张继钢**

摘　要　技术性风险成为人类生活乃至生存发展的主要影响因素,风险社会呼唤并促成积极全面地应对、防范、控制风险的风险刑法。风险社会的典型风险是环境风险,环境犯罪成为风险刑法的主要适用场域。现有的环境犯罪类型是对风险的碎片化规制的产物,存在划分标准不统一、不区分风险与危险、抽象危险犯身份尴尬等问题。为克服风险的碎片化规制,需创设风险犯,环境犯罪风险犯是与环境犯罪实害犯、环境犯罪具体危险犯相对应的犯罪类型,以保护法益和创设风险为设立标准。依风险创设方式的不同,将环境风险犯分为环境行为犯、环境累积犯和环境预备犯。可从风险范围、判断标准、责任要素、被告人反证、刑罚配置等方面对环境犯罪风险犯进行必要限制,以防范刑法不必要扩张。

关键词　风险社会　环境风险　环境犯罪　风险犯

以实害犯为中心或核心的传统刑法关注的重心是实害,对危险以及风险关注较少,致使对风险的规制呈现碎片化或断片性。欲克服风险规制的碎片化,刑法范式必须转换,建立重点关注风险、以风险犯为核心的风险刑法。对

* 本文是国家社科基金项目“澜沧江—湄公河流域环境犯罪治理的刑事规制调试研究”(项目号:17XFX006)的阶段性研究成果。

** 张继钢,广东海洋大学法政学院副教授,法学博士。

环境风险的积极全面规制涉及如何规定环境犯罪的类型方为妥当的问题,因此,本文将专门探讨环境犯罪的类型,以风险社会为背景,直面现行环境犯罪类型的缺陷,进而提出创设环境犯罪风险犯,以期对治理环境犯罪、加强生态保护有所裨益。

一、风险社会的转向

(一)风险

1. 风险

"风险"概念并不是现代独有的概念。"风险并不是现代性的发明——比如哥伦布——当然已经认识了'风险'";只不过,"在较早的阶段,'风险'这个词有勇敢和冒险的意思"。[1] 这个概念所描绘的风险现象,自有人类文明以来,一直存在。只是不同时期的风险的表现形式、显现程度和影响后果不同而已。在当代,[2]"风险面前人人平等"。就西方而言,当代是指20世纪中后期以来的时代;就中国而言,当代是指改革开放尤其是20世纪末以来的时代。当代人类所面临的风险,更多源于自己所采用的技术手段和公共决策,是一种内生性的风险,表现为核安全风险、食品安全风险等。这种风险并不是甘愿承受,就如同人类遇到自然灾害一样。但这种风险又是以"个人或机构的决定和行为"为基础的,即这种风险一方面表现为多个个人行为无意识的集聚效应,如空气污染、森林退化、土壤侵蚀等;另一方面表现为风险原因与风险影响范围之间的体系性割裂,如核工业、现代化学及基因技术。[3] 这些风险无时无刻不在我们的生活中,具有实在性;这些风险源于人的决策和行动,人类欲求得自身生存与社会发展,必须要作出一定的决策并付诸行动,风险就存在于人类的决策与行动过程中,故风险具有人为性;这些风险既包括技术引起的风险,也包括制度造成的风险,主要是技术风险,因为科技带来高效率,同时也深藏着高风险,风险伴随科技左右;这些风险是否发生、何时何地发生、如何发生以

[1] [德]乌尔里希·贝克:《风险社会》,何博闻译,译林出版社2004年版,第18页。

[2] 这里的当代与现代不是严格历史意义上的划分,仅在社会学意义上使用,基本以贝克提出风险社会为分界线,以前称为现代或现代社会,以后称为当代或后现代或风险社会。另外,德国希尔根多夫教授也这样使用,他指出,政治家、社会学家及哲学家用风险社会这个概念来描述当代社会所具有的特征。参见[德]埃里克·希尔根多夫:《德国刑法学:从传统到现代》,江溯等译,北京大学出版社2015年版,第238页。

[3] 参见[德]埃里克·希尔根多夫:《德国刑法学:从传统到现代》,江溯等译,北京大学出版社2015年版,第241页。

及程度、概率、后果是科学所无法精确测量的，具有不确定性，即风险是对人的生命、经济活动不利状态发生的不确定程度及其结果大小程度；〔4〕同时，风险结果在空间维度上具有全球性，在时间维度上具有延续性；科学理性的局限、风险的不确定性以及价值因素的存在，使风险还具有建构性，风险总是需要借助想象和主观认知呈现。科学无法精确计算、预测风险，风险是否发生及其程度、风险结果及影响都具有不确定性，而且，科学的不确定性迫使我们在相对无知的情况下做出决策并自行驾驭，就会产生更大的不确定性，进一步增加人们的忧虑。综合当代风险的人为性、科技性、实在性、建构性、不确定性等特点，风险是指人类围绕科技的决策行为所产生的不确定的伴随性结果以及对该可能性结果的判断和认知。

2. 环境风险

环境风险作为表达环境污染或破坏所产生损害的大小及其发生可能性或期待值的概念使用，〔5〕是典型风险。表现在三个层面：

理论层面，环境风险不仅具有当代风险的上述一般性典型特征，而且还具有自身特点。环境风险的自身特征主要包括：其一，风险致害的难测性。环境风险主要是技术性风险，是技术风险在环境领域的具体体现与集中爆发。科学技术的局限性决定了技术风险的不确定性，进而决定了环境风险致害的难测性。其二，后果显现的滞后性。环境风险后果不是即刻显现的，其往往具有隐蔽性、长期性与潜在性。其三，因果判断的复杂性。环境风险危害的累积性、综合性与延续性，加重了因果判断的复杂性。在传统因果归责中，因果链条的漫长复杂，加之专业技术的困境、社会通识的缺乏，容易导致有组织的不负责任。〔6〕 其四，相关利益的冲突性。环境风险直接或间接地涉及价值冲突、地域冲突、产业冲突和代际冲突等多种利益冲突，在此背景下，环境决策因涉及复杂利益而需权衡和统筹。

文本层面，贝克在论述风险及风险社会时，经常以环境风险为典型范例作为论述的基础。比如，以巴西的维拉帕里西的污染案、印度的博帕尔毒气泄漏案来论述风险的程度，等等。

事实层面，除了贝克列举的两大事件外，近 30 年来，环境风险重大事件频

---

〔4〕 参见［日］黑川哲志：《环境行政的法理与方法》，肖军译，中国法制出版社 2008 年版，第 73 页。

〔5〕 参见［日］黑川哲志：《环境行政的法理与方法》，肖军译，中国法制出版社 2008 年版，第 74 页。

〔6〕 参见程岩：《风险规制的刑法理性重构：以风险社会理论为基础》，载《中外法学》2011 年第 1 期。

发,环境风险普遍:新七大公害、全球大气污染、非洲大灾荒、波斯湾油污染事件、日本福岛核泄漏事件、欧洲大肠杆菌污染事件等;我国的环境问题和形势比不少国家更严峻、危害后果更严重,表现在以淮河全流域污染为代表的河流污染,以滇池重污染为代表的湖泊污染,以大城市空气质量低下为代表的严重空气污染,水土流失、耕地退化、沙化、沙尘暴、雾霾等,2000年以来的重大环境风险事件不断,如2015年的腾格里沙漠污染等。这些环境要素被破坏所带来的生态环境整体功能的退化以及更大的灾难性后果可能尚未完全暴露,将长期影响我们的生活。

(二)风险社会

德国学者贝克1986年首次提出“风险社会”概念,用以描述当代社会所具有的特征。在贝克看来,风险社会是一种崭新的宏观社会学类型,是一种全新的社会结构,“在这个时代人类要应对的是取决于人类决定的、工业性地自我毁灭地球上所有生命可能性的挑战”,风险社会是“进步的负面因素制造了越来越多社会冲突的时代”。[7] 因为20世纪中后期以来,人类社会发生了巨大变化,潜在的危险可能使“这个行星上所有的生命形式处于危险之中”。[8] 社会学家贝克、吉登斯、拉什等从风险角度对当代社会巨变展开宏观分析,形成了风险社会理论,即从风险整体转型视角审视当代社会重大变迁的观点和看法的统称。根据社会学家的论述,风险社会不是历史分期意义上的阶段,是当前时代特征的描述,[9]即风险成为当今时代的核心主题和核心特征,而且人为风险超过自然风险成为风险结构的主导内容。本文所使用的风险社会与社会学上的风险社会基本相同,是对当今时代特征的描述,特指人类在工业社会中从事科技活动产生的人为风险成为主要影响人类生活、生存与发展的社会,人为风险与不确定性是风险社会的核心特征。

那么,西方的风险社会何以产生,或者说如何由工业社会向风险社会转型,其生成逻辑是什么?从外因看,有其客观生成的基础和前提:一是民主化、市场化、城市化、社会化等制度和环境;二是理性计算、强烈风险感知等心理条件。从内因看,风险社会的生成根源在于高度现代化与高度风险性之间的现

[7] [德]埃里克·希尔根多夫:《德国刑法学:从传统到现代》,江溯等译,北京大学出版社2015年版,第239~240页。

[8] [德]乌尔里希·贝克、[英]安东尼·吉登斯、[英]斯科特·拉什:《自反性现代化》,赵文书译,商务印书馆2001年版,第6页。

[9] 参见杨雪冬:《风险社会理论述评》,载《国家行政学院学报》2005年第1期。

代性的矛盾。〔10〕 因此,理解风险社会的出路和钥匙在于现代性。自反性现代化或自反性现代性是指“创制性地(自我)毁灭整整一个时代——工业社会时代——的可能性”。〔11〕 自反性现代化是对工业社会的现代化,如同简单或者古典或正统现代化对前工业社会的现代化一样。“正如现代化在19世纪消解了传统的、等级制的农业社会,并形成了工业社会的基本架构一样,如今,现代化则正在消解工业社会的结构并在现代化的进程中形成了一种全新的社会结构”,〔12〕即风险社会是作为对工业社会的历史反拨而出现的。贝克正是从自反性现代化出发,揭示从工业社会到风险社会的发生机理:“现代性正从古典工业社会的轮廓中脱颖而出,正形成一种崭新的形式——(工业的)‘风险社会’”,“工业社会退出历史舞台,它是经由副作用的后楼梯而退出的”。〔13〕 可见,现代性及其自反是风险社会的内在生成动力。现代性意味着构建未来、理性可控和进步,科学技术是建构现代性社会的重要工具和基础。但是,在现代化进程中,生产力的指数式增长,使危险和潜在威胁的释放达到了一个我们前所未知的程度。因为,科学理性具有局限性,随着科学技术和认知的发展,科学成为问题的成因,风险的质变和量变都与科技有关,由此科学祛魅;认知越多,带来的未知和不确定越多,由此无知爆发。现代性基础受到侵蚀和削弱,现代化进程偏离了原来的目标,走向了它的反面。也就是说,在工业社会,简单现代化使科学获得突破性发展,人的理性能力被抬至空前高度,社会从技术—经济进步的力量中增加了巨大财富。对于技术、经济等领域现代化所包含的及所带来的各种风险,在理性工具主义支配下,人类作出了继续发展科技和经济的决策,将风险合法化为“潜在的副作用”,予以接受和承担,从而未进入社会主题。但是,从技术—经济进步中增加的财富日益被风险所生产的阴影所笼罩,风险暗中积累并产生威胁,逐渐成为经济、政治、社会与个人的关注重心和议题,无法再在幕后扮演“潜在的副作用”,而是走向前台,并占据舞台中心。即简单现代化使人类从自然风险中解放出来的同时,又自我制造了另一种更具毁灭性的风险,为了应对这种更高级的风险,又会制造出新的进一步的风险。正是在这种不断的循环中,风险变得越来越普遍。当这些由现代化

---

〔10〕 参见刘岩:《风险社会理论新探》,中国社会科学出版社2008年版,第61~64页。

〔11〕 [德]乌尔里希·贝克、[英]安东尼·吉登斯、[英]斯科特·拉什:《自反性现代化》,赵文书译,商务印书馆2001年版,第5页。

〔12〕 [德]埃里克·希尔根多夫:《德国刑法学:从传统到现代》,江溯等译,北京大学出版社2015年版,第239页。

〔13〕 [德]乌尔里希·贝克:《风险社会》,何博闻译,译林出版社2004年版,第2页、第6页。

自身引致的现代化风险逐渐充斥生活,不断带给人们不安全感时,便不知不觉地进入了风险社会。从而,现代化的风险及不确定性对工业社会的根基产生异议并将其瓦解,即风险及不确定性取代财富及确定性,成为社会的主题和时代的特征。

贝克描述的风险社会是站在西方中心主义的立场甚至完全置于西方社会场景的,故而在其提出风险社会时,没有考虑并提及中国。那么,西方风险社会的生成逻辑对中国同样适用吗?答案是否定的。与西方以风险生产逻辑演进的经由工业社会向风险社会转变的线性过程不同,中国的风险社会是以财富生产和风险生产的共同逻辑驱动的,即工业社会构建和风险社会生成在同一过程中进行。西方渐进式的线性的风险问题,在我国仅二三十年就集中呈现出来,历时性风险和共时性风险同在,前现代社会风险、现代社会风险和风险社会风险并存,内生风险和外来风险交织。尽管我国面临复杂多样的社会风险形态,但风险社会面的特征日渐凸显,表现在中国人生存方式的改变,以前人们的日常生活节奏如生老病死、婚丧嫁娶都是固定的,日常行为是可预期的,但现在生死、工作、婚姻、吃住等问题都成为很多人的日常担心、忧虑、恐惧,成为生活的"未知数",人们越发感到风险,无论是个人风险还是社会风险。中国已步入风险社会,只是这种风险社会是局部的而非全面的。虽然贝克出版《风险社会》时,或许没想到东方的中国即将形成风险社会。但中国社会的巨大变迁已引起其关注,贝克指出,当代中国正步入风险社会甚至是高风险社会,〔14〕"压缩的现代化"是中国风险社会与西方的一大区别,它加强了风险生产,但未给风险的制度化预期和管理预留时间。〔15〕

(三)风险社会的刑法应对

风险社会这一概念的巨大影响力超出了社会学领域。"'风险社会'这个词火了,政治家、社会学家及哲学家用这个概念来描述当代社会所具有的特征。那么,在法学领域广泛使用这个概念,也就没有什么稀奇的了。"〔16〕最早尝试将贝克关于风险社会的思考用于法学领域的是赖纳·沃尔夫,他的出发点是,现代科技所带来的风险,要求在这些领域进行法律干预控制的呼声越来越高。格特布吕格迈尔将"风险社会"这个概念引入民法领域,用来解释环境

〔14〕 参见薛晓源、刘国良:《全球风险世界:现在与未来》,载《马克思主义与现实》2005年第1期。

〔15〕 参见[德]乌尔里希·贝克、邓正来、沈国麟:《风险社会与中国——与德国社会学家乌尔里希·贝克的对话》,载《社会学研究》2010年第5期。

〔16〕 参见[德]埃里克·希尔根多夫:《德国刑法学:从传统到现代》,江溯等译,北京大学出版社2015年版,第238页。

责任法。[17] 那么,风险社会在刑法领域能否运用呢?“刑法是一种适当的而且——鉴于环境污染、核能设施及产品缺陷所产生的危险——也是必要的预防新风险的手段。在这个意义上,的确可以认为存在‘风险社会的刑法’。”[18]例证就是,风险社会成为促进包括环境犯罪在内的德国经济刑法发展的一大动力,印证风险社会的切尔诺贝利核事件以及巴塞尔化工厂事件对环境影响极大,最终促成1994年环境刑法的实质性改革。[19]

风险及风险社会对刑法变动和调整具有前提和基础意义。因为,刑法是一种以社会为基础的社会治理措施,必须回应社会的需求。因此,面对风险社会,即使以社会安全最后保障自居的刑法也应当反思,积极回应,“人们在这个领域内,肯定无法完全放弃刑法的干涉”。[20] 风险社会是现代性的更高阶段,即自反性现代性阶段,因此,风险社会为我们提供了一个对传统刑法进行反思的机会。因为,传统刑法是以具有可控性和确定性特征的古典工业社会为基础的,其同样追求可控性和确定性,而风险社会走向了工业社会的反面,即风险呈现前所未有的不可控性和不确定性。从而,基于对概念和原则的演绎以及对工业社会生活经验的归纳所建立的传统刑法,在风险社会下,面对公众防控风险、保障安全的诉求,就暴露出其不足和缺陷,难以有效应对。由此,以不确定性为核心特征的风险社会与以确定性为基础的传统法律秩序之间产生了内在紧张关系。因此,必须在风险社会的逻辑支配下,建立一种新的刑法规范体系和一种新的刑法理论体系,即建立以风险为规制对象、以安全保障为价值、以风险防范为目的、以新型犯罪类型或行为样态为载体,积极介入、全面规制风险,有效处理风险犯罪问题的刑法体系。质言之,风险社会呼唤并促成了风险刑法的诞生。

关于风险刑法的适用范围,有学者认为主要适用于环境犯罪、经济犯罪、交通犯罪;[21]也有学者认为集中体现在环境犯罪、经济犯罪、交通犯罪、计算

---

〔17〕 参见[德]埃里克·希尔根多夫:《德国刑法学:从传统到现代》,江溯等译,北京大学出版社2015年版,第242~244页。

〔18〕 参见[德]埃里克·希尔根多夫:《德国刑法学:从传统到现代》,江溯等译,北京大学出版社2015年版,第242页。

〔19〕 See Marc Engelhart,“Development and Status of Economic Criminal Law in Germany”, *German Law Journal* 15,2014,pp. 695-697.

〔20〕 [德]克劳斯·罗克辛:《德国刑法学总论》(第1卷),王世洲译,法律出版社2005年版,第19页。

〔21〕 参见张晶:《风险刑法:以预防机能为视角的展开》,中国法制出版社2012年版,第184页。

机犯罪、产品犯罪等领域;[22]或者在风险刑法论题下论及环境犯罪、恐怖主义犯罪、食品犯罪、交通犯罪、医疗犯罪、金融犯罪等领域。[23] 综合来看,风险刑法涉及环境犯罪、经济犯罪、交通犯罪、恐怖主义犯罪、计算机犯罪、食品犯罪、医疗犯罪、金融犯罪等领域,典型的领域是环境犯罪和交通犯罪。由此可见,虽然风险刑法适用范围的论述不多,但已有泛化倾向。本文主张,风险社会下,风险刑法应以规范人为的不确定的技术型风险为必须,主要适用于环境犯罪、产品食品药品犯罪领域。鉴于环境风险是风险社会的典型风险,下文仅在环境犯罪领域探讨风险犯。

二、环境犯罪类型的缺陷

尽管风险社会要求刑法以风险为关注重心,对风险进行积极地、全面地规制,然而,从传统刑法看,其关注的重点是现实的法益侵害,构建的是以实害犯为中心或核心的刑法体系,对危险以及风险关注较少,同时不加区分,而且只关注因果关系确定或已被证明的危险,致使对风险的规制呈现碎片化或断片性,显然难以控制社会风险,无力处理复杂的风险犯罪问题。

(一)环境犯罪类型现状

回顾环境犯罪发展历程,环境犯罪行为类型展现了一个由环境犯罪结果(侵害)犯到危险犯再到行为犯的发展轨迹,打破了环境犯罪结果犯的一元格局,形成了环境犯罪结果犯、环境犯罪危险犯和环境犯罪行为犯共存的新格局。对于环境犯罪的行为类型,学界一方面从环境刑事立法的规定进行实然分析,另一方面进行应然分析。在我国,就解释论而言,一般认为,环境犯罪多为结果犯,少数为行为犯,无危险犯。[24] 就立法论而言,一般赞同在我国刑事立法中设立危险犯。[25] 当然,增设理由和适用范围有所不同。

从国外刑事立法和刑法理论看,环境犯罪的行为类型包括结果犯、危险犯和行为犯。英美法系国家较少探讨犯罪类型,福雷(M. Faure)、维瑟(M. Visser)两位学者在论述将环境违法行为刑事化时,提出四种环境犯罪类型:抽象危险犯、具体危险犯、严重的环境污染犯(仅危害环境本身即成立)和模糊行

---

〔22〕 参见郝艳兵:《风险刑法:以危险犯为中心的展开》,中国政法大学出版社2012年版,第273~314页。

〔23〕 参见焦旭鹏:《风险刑法的基本立场》,法律出版社2014年版,第99~104页。

〔24〕 参见赵秉志、王秀梅、杜澎:《环境犯罪比较研究》,法律出版社2004年版,第59页。

〔25〕 参见赵秉志主编:《环境犯罪及其立法完善研究》,北京师范大学出版社2011年版,第146页。

政犯(涵盖确立一般注意义务的行政法规)。[26] 苏珊·曼迪伯格(Susan F. Mandiberg)、迈克尔·福尔(Michael G. Faure)两位学者对这四类环境犯罪划分进行了修改完善,一是增加实害犯或结果犯,该环境犯罪类型包括行政从属和环境损害两个要素;二是删除模糊行政犯,从而形成由具体危险犯、抽象危险犯、实害犯和严重的环境污染犯构成的环境犯罪行为样态体系。[27] 该体系是根据犯罪的危害程度不同而进行的划分,一来符合比例原则,二来优于单独的或者不连贯的体系,从而对环境犯罪实行渐进的惩罚,有利于最大化保护环境。[28] 在论者看来,实害犯或结果犯和严重的环境污染犯的区分在于,前者的侵害对象是人身、财产,后者的侵害对象是环境本身;前者与环境行政管理有关,后者与行政管理无关。从前述法益角度来看,二者都侵犯了应然环境法益,无区分的必要;从环境犯罪具有行政犯和自然犯双重属性来看,不违反行政管理法规也可构成环境犯罪,与行政管理有关与否对于犯罪成立影响不大。因此,实害犯和严重的环境污染犯是重合的,从而可以将四类型的环境犯罪形式整合为三类型的环境犯罪形式,即环境抽象危险犯、环境具体危险犯和环境结果犯。

在大陆法系刑法理论中,存在行为犯、结果犯、侵害犯、具体危险犯和抽象危险犯等犯罪类型。如果将其适用到环境犯罪,那么环境犯罪的行为类型就包括环境犯罪结果犯、环境犯罪行为犯、环境犯罪侵害犯、具体环境危险犯和抽象环境危险犯。这些行为类型的存在系划分标准不一致所致,坚持犯罪类型划分标准的同一性,环境犯罪则只能分为侵害犯、具体危险犯与抽象危险犯。这与德国刑法学家海涅的观点基本一致。他提出了对环境刑法长期构思所得的三大中心架构原则,包括创设一般生命危害犯,构建特殊环境犯和经修饰手段化的传统犯。其中,特殊环境犯的类型,依刑法保护程度不同,可分为

---

〔26〕 See M. Faure, M. Visser, "How to Punish Environmental Pollution? Some Reflections on Various Models of Criminalization of Environmental Harm", *European Journal of Crime, Criminal Law and Criminal Justice* 3, 1995, p. 316.

〔27〕 See Susan F. Mandiberg, Michael G. Faure, "A Graduated Punishment Approach to Environmental Crimes: Beyond Vindication of Administrative Authority in the United States and Europe", *Columbia Journal of Enviromental Law* 34, 2009, p. 452.

〔28〕 See Susan F. Mandiberg, Michael G. Faure, "A Graduated Punishment Approach to Environmental Crimes: Beyond Vindication of Administrative Authority in the United States and Europe", *Columbia Journal of Enviromental Law* 34, 2009, pp. 493-494.

三类:公共危险犯、环境结果犯、环境危险犯。〔29〕 根据海涅的论述,这里的公共危险犯相当于具体危险犯,环境危险犯是抽象危险犯,〔30〕因此,其所谓的特殊环境犯类型包括抽象危险犯、具体危险犯和结果犯。

(二)环境犯罪类型缺陷

1.划分标准不统一

我国刑法理论中的结果犯、行为犯、举动犯和危险犯等犯罪类型对环境犯罪同样适用,从而,环境犯罪的行为类型包括环境犯罪结果犯、环境犯罪行为犯、环境犯罪举动犯和环境犯罪危险犯。对于我国的环境犯罪行为类型,首先,表面是从犯罪既遂标准角度进行的划分,但进一步观察分析可以发现,是以犯罪既遂是否需要发生结果为标准,即以是否需要发生结果为划分标准,需要发生结果构成既遂的是结果犯和危险犯,法定的危害结果是结果,法定的危险状态也是结果;不需要发生结果构成既遂的是行为犯和举动犯。此为第一重划分。其次,前述定义表明,结果犯是指要有法定的危害结果的发生才能成立犯罪既遂,危险犯是指危害行为产生法律规定的发生某种危害结果的危险状态才成立犯罪既遂。这表明危险犯与结果犯的侵害程度是不同的,结果犯造成了现实的损害,危险犯有造成现实损害的可能或者离现实的损害十分接近。因此,结果犯、危险犯的划分标准是二者的不同侵害程度。此为第二重划分。最后,与国外的环境犯罪行为类型相比,我国环境犯罪行为类型多出一个举动犯。那么,该类型有无独立存在的必要?笔者认为,举动犯没有独立存在必要,或者说没有必要进一步区分行为犯和举动犯。其一,按照通说,行为犯以法定犯罪行为实施完毕为既遂判断标准,举动犯以行为人是否着手实施法定犯罪行为为既遂判断标准。从表面看,行为犯和举动犯的区分标准明确,但实际上区分界限不够明确,即使实行行为也具有相对性,更不用说着手了,因此实践中不易把握,可操作性不强。其二,按照举动犯论者观点,其实为行为犯。其三,无论行为犯还是举动犯,都不以犯罪结果的发生为要件,之所以作为犯罪类型,在于行为本身具有导致侵害结果或者侵害危险的可能性,从而没有必要进一步区分二者。

因此,我国的环境犯罪行为只有行为犯、结果犯、危险犯三种类型。行为

---

〔29〕 参见[德]海涅:《环境破坏行为类型化之国际比较:论因果关系与特殊归责问题》,郑昆山译,载《环境刑法国际学术研讨会论文辑》,台北,1992年,第409~410页。

〔30〕 参见[德]海涅:《环境破坏行为类型化之国际比较:论因果关系与特殊归责问题》,郑昆山译,载《环境刑法国际学术研讨会论文辑》,台北,1992年,第412~415页。

犯与结果犯的区分标准是，构成既遂是否需要结果的发生，行为犯既不要求实害结果，也不要求危险结果。结果犯又进一步分为实害犯和危险犯，区分标准是侵害程度不同。

2. 不区分风险与危险

风险与危险只有一字之差，对二者的关系，西方社会学理论界的看法不一。贝克将二者等同起来，混同使用。在贝克看来，每个社会都存在危险。只不过，风险社会所经历的是一种新型的危险，是一种具有现代性、人为性、复杂性、未来性和不确定性的危险。吉登斯认为二者密切相关，但不尽相同，即危险是风险所可能产生一种结果，“……准确地说，风险意味着危险（但并不一定已经意识到了这种危险）”。〔31〕 卢曼则把二者截然区分开来，区分的依据在于观察的角度。他认为“当人们基于决定中的不可知之未来来观察一个决定时，这个决定就表现为风险，对于自己不做决定的受害者而言，则表现为危险”。“观察风险与危险的重点将置于：谁如何地观察危害及关于危害的期望。若是可能的危害被看成是决定的后果，也就是这些危害被归因到决定上，则谈论的是风险，而且是决定所带有的风险。若是将可能的危害看成是由外在引起的，即归因到环境，则所谈的是危险。”〔32〕在中文语境里，对风险的解释也不尽一致。《现代汉语词典》的解释是，“风险是可能发生的危险”，而危险则是“有遭到损失或失败的可能”；〔33〕《辞海》的界定为：“风险就是人们在生产建设和日常生活中遭遇能导致人身伤害、财产损失及其他经济损失的自然灾害、意外事故和其他不测事件的可能性。”〔34〕可见，风险与危险既具有共性，又有所不同。共性在于：二者均具有不确定性，而且均未造成实害。不同在于：〔35〕其一，风险主要介入了人的因素，是一种人为的风险，取决于决策以及人类自身的行动，因此，风险是客观存在与主观认知的结合；而产生危险的原因，除了人为活动，还包括自然原因。其二，风险是一个较为中性的名词，既有负面的东西，也有积极的一面；而危险则完全是负面意义。其三，风险发生的因果关系和盖然性无法确定，而危险的发生基于已掌握的知识可以加以预测，可以依照经验法

---

〔31〕［英］安东尼·吉登斯：《现代性的后果》，田禾译，译林出版社 2011 年版，第 30~31 页。

〔32〕［德］格奥格·克内尔、阿明·纳塞希：《卢曼社会系统理论导引》，鲁贵显译，巨流图书公司 1998 年版，第 226~227 页、第 236 页。

〔33〕中国社会科学院语言研究所词典编辑室：《现代汉语词典》（第 5 版），商务印书馆 2007 年版，第 409 页、第 1412 页。

〔34〕夏征农、陈至立：《辞海》（第 6 版），上海辞书出版社 2009 年版，第 718 页。

〔35〕参见陈晓明：《风险社会之刑法应对》，载《法学研究》2009 年第 6 期。

则判定为何种原因所引发。

在法教义学上,针对危险的相关论述仍是主流,少有专门涉及风险的探讨。如张明楷教授认为,危险包括行为人的危险与行为(广义)的危险,行为的危险是指行为客观上对法益造成侵害的危险,包括行为的危险与作为结果的危险,前者称为行为的属性或性质,是指行为本身具有的导致侵害结果发生的可能性;后者是指行为所造成的对法益的威胁状态,属于结果。危险犯中的危险是行为危险意义上的危险。[36] 虽然危险概念有多种含义,但可以肯定的是,在危险犯意义上,其中危险的含义是明确的,即损害法益的可能性或可能的法益损害。根据传统警察法,危险指在未受阻碍的事件进展过程中,某一状态或行为有充分的或然率将导致警察法上所保护的公共安全或秩序等法益遭受损害的情况。[37] 据此,对被保护法益是否造成损害以及损害出现的或然率成为判断危险是否存在的标准。而对于或然率的判断主要以过去累积的一般经验法则为依据,当有特定行为或状态出现,依照过去一般生活经验法则即可判断出将会产生特定损害。

但是,在风险社会,特定行为或状态由于新科技等因素影响所可能产生的损害无论是发生概率还是形态与范围,或在人类历史上尚未发生过,或因被预测将发生在遥远的未来,均为全新面貌而欠缺经验法则或者无法以过去一般生活经验加以判断。在此意义上,可以认为风险与危险二者有所区分,“主要在于相关之‘经验法则’是否存在”。[38] 同时,须对危险概念重新加以诠释。学理上有两种见解。第一种见解以损害出现可能性程度为标准,区分并构建出危险、风险以及剩余风险三阶层的风险概念体系。在该体系中,风险概念与前述危险概念相同,不同之处在于风险致受保护法益受损害的概率低于危险概念所要求的充分概率,而且包括无法确定或无法知悉是否存在有损害实现概率等情况在内,剩余风险是处于法规范要求的安全标准以下的为法律所允许的风险。该概念体系进而在科技法领域发展出三阶层立法模式,赋予危险、风险和剩余风险不同法律效果:对于法律禁止的危险,需采取危险防范措施防止危险发生;对于有使法益遭受损害的风险,并非要求完全排除风险发生而是要求危险前阶段采取风险预防措施以降低风险致害程度;对于剩余风险,应予

〔36〕 参见张明楷:《刑法学》(第5版),法律出版社2016年版,第166页。

〔37〕 参见陈信安:《基因科技风险之立法与基本权利之保障——以德国联邦宪法法院判决为中心》,载《东吴法学学报》2014年第1期。

〔38〕 王服清:《论“预防原则”之意涵及应用》,载《中正大学法学集刊》2013年第1期。

容忍。[39] 第二种见解将风险与危险同视,并以危险作为上位概念构建出二阶层的风险概念体系。在该体系中,风险是指所有处于绝对静止以及对于事件进程具有绝对确定性两个极端中间的所有事件,危险是一种逾越特定临界值的风险,是一种相当重大的风险,即危险是特定的符合危险概念规范构成要件要素的风险。该种见解除了以风险作为上位概念重新诠释风险与危险,以危险防范法中所指摘的结果包括损害、不利益等取代损害的概念,以损害的程度即出现概率作为界定风险规模的要素。二者的区别在于:风险包括出现任何主观上不欲其发生的结果,危险仅指出现法律上所欲指摘的结果;风险是有出现损害可能性者,危险是损害出现概率达到充分程度者,个案中充分程度的判断取决于损害范围或规模;法律许可风险,但为避免其可能产生的损害,仍可采取预防措施,法律则禁止危险发生,并采取有效防范措施防止其发生。[40] 该二阶层的风险概念体系见于1990年由德国几位教授起草的环境法典中,该草案将风险概念视为法律概念而尝试将其体系化,并建构内含降低环境风险及防范环境风险的广义预防概念。根据该草案,环境风险是指依据理性予以排除而有产生环境侵害的可能性;环境危险是指考量损害出现的可能性程度以及可能的损害范围后无法容忍的环境风险。显然,该草案以规范上所定的标准及环境保护目的作为区分危险与风险的依据。另外,从立法目的、文义及结构来看,德国基因科技立法亦采取二阶层风险概念体系。[41]

比较两种见解,体系上,鉴于三阶层概念体系在风险、危险基础上增加一个剩余风险,对于二者的区分并无增益,且二阶层体系一目了然,故可取,即以风险概念作为上位概念;区分标准上,二者共同之处都在于以损害出现可能性程度作为标准,不同之处在于三阶层体系中的可能性大小标准过于模糊,二阶层体系中的危险临界值标准相对清晰。但是,一方面,危险是超越危险临界值成为危险的风险,存在循环论证之嫌;另一方面,危险临界值即损害出现概率达充分程度取决于损害规模,而损害规模又取决于损害程度及损害出现概率,岂不又是循环论证。因此,这里的危险临界值形式上可取,实质内容仍需进一步探讨。考虑到危险有具体危险和抽象危险之分,如果以具体危险作为危险

---

〔39〕 参见陈信安:《基因科技风险之立法与基本权利之保障——以德国联邦宪法法院判决为中心》,载《东吴法学学报》2014年第1期。

〔40〕 参见陈信安:《基因科技风险之立法与基本权利之保障——以德国联邦宪法法院判决为中心》,载《东吴法学学报》2014年第1期。

〔41〕 参见陈信安:《基因科技风险之立法与基本权利之保障——以德国联邦宪法法院判决为中心》,载《东吴法学学报》2014年第1期。

临界值尚可,以抽象危险作为危险临界值难免使抽象危险更加抽象,因此,这里主张以具体危险作为临界值界线,当风险逾越具体危险界线,方属危险。综合社会学、法学对于风险与危险关系的探讨,风险具有广狭义之分,广义的风险是作为上位概念的风险,其基本含义是对所保护的法益产生损害的可能性或可能发生的法益损害,唯有当损害出现达到具体危险程度时或逾越具体危险界线时的风险,方可界定为危险,未逾越具体危险界线的风险是狭义的风险。这里的具体危险,与具体危险犯所要求的危险相同,是行为所将造成的现实中存在的危险状态。如果说具体危险是发生实害的密接可能性或盖然性,那么狭义的风险是发生危险的可能性或可能发生的危险,而且,狭义的风险会向具体危险转变。因此,虽然广义的风险与危险相同,并作为上位概念;但狭义的风险与危险有别,不能被危险所涵盖,要求与之对应的新的犯罪行为样态。

3. 抽象危险犯的尴尬

一方面,抽象危险犯与具体危险犯存在重大差异。虽然二者共用危险犯这个上位概念,都是对法益造成一种危险,但该危险在两种危险犯中的内容、不法内涵以及功能均有所不同。具体危险犯中的危险,是行为引起的外界变动即客观具体的危险状态,立法将该客观具体危险状态规定在构成要件中;抽象危险犯中的危险是行为本身的属性,即某种特定类型行为对被保护的法益具有的一般危险性,立法将该具有高度危险的行为类型制定为构成要件或规定特定类型行为危险性的指示要素。至于具体危险的认定标准,德国刑法理论上有诸多学说,包括损害发生的优势可能性、损害发生的密接可能性、自然科学经验的危险概念、规范性危险理论以及修正的规范性危险等理论。其中,损害发生的密接可能性为德国实务界的通说。〔42〕损害发生的密接可能性是一种描述判断,德国实务界认为危险是一种具体客观存在的事态,从而,"'具体危险'系就个案依一般因果法则,客观予以判断后,认为已经有发生不特定多数人生命、健康损害之密接可能性,且为行为人所不能完全控制之现实状态"。〔43〕具体危险是一种结果,因此,具体危险犯具有结果不法的内涵;抽象危险是行为性质,因此,抽象危险犯具有行为不法的内涵。具体危险犯以行为所发生的外界变动的具体事实教育行为人,不得继续或在程度上加深其行为

〔42〕参见陈梦黎:《从危险犯概念看我国环境刑法的现况与未来》,台湾大学2003年硕士学位论文。

〔43〕陈梦黎:《从危险犯概念看我国环境刑法的现况与未来》,台湾大学2003年硕士学位论文。

以免发生法益实害发挥保护法益的功能;抽象危险犯以规范本身所揭示的构成要件行为为模型,使国民了解该行为具有一般的危险性不得为之,从而发挥保护法益的功能。可见,二者虽然形式上以危险犯为上位概念,但由于二者的立足点不同,实质上没有同一种危险上位概念,既不能说抽象危险是具体危险的前阶段,也不能说两者间存在联系变化或者阶层关系。具体危险犯的规定并不是为了限制抽象危险犯的可罚性,抽象危险犯的规定也不是为了扩大具体危险犯的处罚范围。[44]

另一方面,围绕抽象危险犯的争议始终未曾停止。在我国传统法教义学体系中,抽象危险犯所面临的诘难和质疑之一,在于其容易混淆危险犯与行为犯之间的界限,进而会动摇我国传统的行为样态分类。[45] 鉴于行为犯是指行为人只要实施了法律禁止的行为,无论是否对法益造成现实的侵害也无论是否使法益处于某种危险之中即可构成犯罪的情形,而"抽象危险犯一般是通过反面描述的方式定义的,即行为人实施某一具有典型危险性的行为就构成犯罪,至于法益的侵害或者具体危险对构成要件的实现没有任何意义"。[46] 因此,我国的行为犯类型与国外的抽象危险犯相近。而在犯罪成立意义上,行为犯对结果的要求比危险犯的要求更低,从而使行为犯足以涵盖抽象危险犯。因此,在论及危险犯和行为犯的行为样态时,可以抛开抽象危险犯的概念。当行为人实施符合行为犯构成要件的行为时,即可定罪,实施该行为形成的危险状态或产生的侵害结果对于定罪没有任何影响,只具有量刑意义。

在大陆法系国家,同样存在抽象危险犯被抛弃或被取代的问题。德国刑法学家赫尔希(Hirsch)和齐尚(Zieschang)认为,"抽象危险犯和具体危险犯的传统分类是'过时的,简单的并且引起歧义的',因此,'应该用更为精确的、更加清楚地考虑事物不同差别的概念或者概念群取代'"。"传统的危险犯二分法应该以新的犯罪类型作为补充。在这种新的犯罪类型中,一个具体的危险性行为足以实现构成要件,我们可以将其称其为具体性危险犯。"[47] 具体论证首先基于危险和危险性的区分,"危险"一词不具有对行为属性的界定,只能用来说明某种实施状态,而危险性侧重于对犯罪行为属性的描述。在区分危险与危险性的基础上,他们提倡危险犯和危险性犯这一新的分类方法。进而根

[44] 参见许玉秀:《无用的抽象具体危险犯》,载《台湾本土法学杂志》2000 年第 8 期。
[45] 参见蒋兰香:《环境犯罪基本理论研究》,知识产权出版社 2008 年版,第 270 页。
[46] 转引自徐凯:《抽象危险犯正当性问题研究》,中国政法大学出版社 2014 年版,第 27 页。
[47] 徐凯:《抽象危险犯正当性问题研究》,中国政法大学出版社 2014 年版,第 152~153 页。

据危险性是现实的、具体的,还是一般的、典型的,将危险性犯进一步划分为具体危险性犯和抽象危险性犯。因为危险具有及物的意义,危险只能指具体危险,具体危险犯才是真正的危险犯。因此,抽象危险犯的说法不再恰当,合适的说法应该为抽象危险性犯。[48] 赫尔希和齐尚进而提出,"从应然法角度将行为的具体危险性作为构成要件要素引入抽象危险性犯之中。即将通常被称为'抽象危险犯'的构成要件转化为具体危险性犯"。[49] 显然,赫尔希和齐尚是在应然法意义上使用具体危险性犯概念。然而,在刑法中,抽象危险犯主要还是以抽象危险性犯的方式呈现出来,即对行为危险性典型的、一般化描述。所以,具体危险性犯和抽象危险性犯并非一一对应,有时需要进行切换。可见,无论我国还是德国刑法理论,都在对抽象危险犯进行改造,虽然改造路径不同,但具有内在的、根本的一致性,即注重被刑法禁止的行为方式本身,强调行为人实行某一具有一般性、典型性危险性的行为即构成犯罪。从而,一种新的行为样态呼之欲出,即将诞生。

三、环境犯罪风险犯的创设

(一)环境风险犯之称谓

在科技发展突飞猛进尤其是迈入风险社会的当下,人们行为的效力范围较以前更为长远,如果只要求人们对行为的、现在的、直接的损害后果负责,则既达不到保护法益的目的,也没有尽到对行为完全评价的功能。为充分评价行为人在现实上无法控制实害范围的行为,将保护法益的防线向前推进,应该创设单独的风险犯是一种必然的选择。为了应对风险社会的环境风险,诸多学者提出了环境犯罪行为类型的建议:采取危险犯的立法例是加强环境保护力度的大势所趋;[50] 以行为为取向将环境犯罪设定为危险犯类型也就成为必要;[51] 设置行为犯和危险犯;[52] 以行为犯的模式重构。[53]

综观以上观点,首先,就形式的称谓而言,共同之处在于都没有提及风险犯的称谓。其次,就宏观与微观的视角而言,观点一、观点三、观点四的共同之

[48] 参见徐凯:《抽象危险犯正当性问题研究》,中国政法大学出版社2014年版,第153页。
[49] 徐凯:《抽象危险犯正当性问题研究》,中国政法大学出版社2014年版,154页。
[50] 参见郝艳兵:《风险刑法:以危险犯为中心的展开》,中国政法大学出版社2012年版,第278~283页。
[51] 参见陈晓明:《环境刑法论纲》,载《法治研究》2015年第2期。
[52] 参见邓国良、石聚航:《生态犯罪的惩治与预防》,法律出版社2015年版,第103~106页。
[53] 参见张亚平:《环境风险的刑法应对》,载《河南大学学报》(社会科学版)2015年第2期。

处在于采取以点带面的视角结合微观的个罪即污染环境罪进行分析，不同之处在于，观点一认为考虑我国目前所处发展阶段，对该罪采取抽象危险犯的立法方式有过于严苛之嫌，设置具体危险犯较为妥当；[54]观点三认为在刑事立法中应当明确其基本形态为危险犯，但同时对污染环境罪的危险犯、实害犯以及加重犯情形分别予以规定；[55]观点四否定危险犯立法模式，主张将污染环境罪设置为行为犯模式；观点二则从宏观的类罪环境犯罪入手分析。最后，就建议的本质而言，四种观点都对环境犯罪的现行行为类型不满，进而或调整或革新。无论调整还是革新，都是对刑法实然规定的解构，只是在重建的道路上各自走的远近不同罢了。笔者认为，应采用环境犯罪风险犯的称谓。其一，虽然上述四种观点均未提及风险犯，但实际上观点一和观点二的论者已经在相关论著中提出风险犯的概念，并认为风险犯是风险刑法的基本载体、典型范式或应确立风险犯的核心地位。[56] 由于他们是在风险刑法一般意义上论述的，因此风险犯当然适用于环境风险犯罪。其二，观点二的论者尽管在其论述中使用了危险犯的概念，但这里的危险犯应理解为风险犯，因为其整体论证是在解构传统环境刑法基础上进行重构的。具体到危险犯的设立，其是在行为取向规范与结果取向规范的立法策略选择中着重论述的，[57]显然，设立危险犯是行为无价值的产物。为此，论者在肯定将环境犯罪设为危险犯意味着刑法评价或者非难的对象从行为的结果转为行为本身，即行为本身被加以无价值判断的同时，否定将环境犯罪设为危险犯意味着结果无价值。这似乎很全面，完美无缺。但问题在于，“危险犯则要求存在造成重大实际危害结果的危险即成立犯罪”。[58] 也就是说，危险犯显然属于结果无价值。这样，就出现了危险犯既属于行为无价值又是结果无价值的矛盾。症结何在，如何破解？笔者认为，矛盾是论者一方面混淆了作为行为属性的危险和作为与行为相分离结果的危险，另一方面是其风险刑法立场没有贯彻到底所致。破解路径在于将论者提及的危险、危险犯理解为代之以风险、风险犯。因为，一方面，与行为无价值立场一致，风险同样强调行为本身的风险属性；另一方面，有利于将其风险刑法的观点贯彻到底，实现动用刑法防控和分配环境风险的目的，正如论者所

---

〔54〕 参见郝艳兵：《风险刑法：以危险犯为中心的展开》，中国政法大学出版社 2012 年版，第 283 页。

〔55〕 参见邓国良、石聚航：《生态犯罪的惩治与预防》，法律出版社 2015 年版，第 106 页。

〔56〕 参见陈晓明：《风险社会之刑法应对》，载《法学研究》2009 年第 6 期；郝艳兵：《风险刑法：以危险犯为中心的展开》，中国政法大学出版社 2012 年版，第 170～173 页。

〔57〕 参见陈晓明：《环境刑法论纲》，载《法治研究》2015 年第 2 期。

〔58〕 陈晓明：《环境刑法论纲》，载《法治研究》2015 年第 2 期。

言“在现代高度发展的社会里,环境安全的任务越来越难以实现,人类不能不依靠刑法去建构更安全的社会,刑法也就随着时代的变迁而成为一种防范危险的工具”。[59]

(二)环境风险犯之标准

这里暂将行为人因实施某一对法益具有一般性、典型性危险性的行为而需用刑罚进行规制的行为类型称为风险犯。风险犯与实害犯、具体危险犯相对应,其分类标准是以法益为基点并根据行为对法益的不同侵害程度。实害犯对法益有现实的损害,具体危险犯对法益造成了具体危险而使其处于不安全状态,风险犯是行为人实施某一具对法益有一般性、典型性危险性的行为就成立犯罪的情形,现实的法益损害或法益侵害的具体危险对犯罪的成立或定罪没有任何意义,只具有量刑意义。为何要创设风险犯?基于风险催生的安全需求,刑法必须发挥其预防功能,将防线大大推前。危险犯是将犯罪的成立从实害结果提前至危险形成阶段,的确比实害犯在法益保护上更积极、更扩大、更有效,但提前程度仍然有限。风险社会需要在危险发生之前就动刑,即将刑法的防线推向比危险发生更提前的阶段。针对人们面对科技—经济发展所带来的无法预知的后果的风险,传统因果关系法则无法适用,必须确立新的犯罪类型以走出困境。因此,要建构与风险社会相适应的行为类型即风险犯。具体到环境犯罪,为何要为环境犯罪创设新的行为类型即风险犯?或者说,在法益侵害和具体危险都没有出现的情况下,为何就将单纯的环境污染或破坏行为刑事化?因为这些单纯的行为对刑法保护的法益创设了不可接受的风险,从而该风险行为被创设为风险犯。既没有现实的法益侵害也没有具体危险的风险犯,显然比实害犯、具体危险犯大为前置,使得刑法在扩大地、有效地保护法益的同时,会积极地介入甚至限制个人自由。因此,必须明确风险犯的立法边界,划定刑法干预的界限。这就涉及风险犯的创设标准问题。基于“可罚行为和所保护的法益之间存在特定关系或者特定的犯罪结构:可罚的行为必须创设了针对所保护法益的不容许的风险,而且这种危险必须可以归责于行为人”,[60]设立风险犯的标准有两个。

---

[59] 陈晓明:《环境刑法论纲》,载《法治研究》2015年第2期。

[60] [德]乌尔里希·齐白:《全球风险社会与信息社会中的刑法》,周遵友等译,中国法制出版社2012年版,第208页。

1. 法益保护

风险犯的创设,功能仍在于保护法益,因此,法益保护成为风险犯的设立标准。什么样的利益类型、价值状态能够成为法益,必须坚持经验和评价的双重视角。[61] 社会学的经验认知是确定法益的基础,价值评价是构建法益的核心,二者缺一不可。就前者而言,经验性的知识如自然环境对于人类生存发展具有基础性意义、排放废气一定会污染我们的生存环境等,为我们建构环境法益提供了一个事实性基础。经验性知识虽然不能从正面确定法益的内容,但可以独立地从反面排除特定事实作为法益的可能性。假设能够证明人类行为只是自然环境恶化微不足道的原因,且任何法律干预都不会使人类生存环境发生根本好转,将环境利益作为法益就毫无意义。而且,经验性知识随着时代的发展而发展。但是,经验性知识对法益建构的作用仅限于揭示特定行为与社会影响之间的关系,至于这种结果是有利还是有害,必须借助于经验性知识之外的评价标准,是否对特定行为进行禁止也必须取决于价值判断。比如,对于会污染我们生存环境的汽车排放尾气的行为是否予以禁止,则取决于生存环境和经济发展的价值衡量,哪一个更重要。这里的评价标准和价值判断应为规范性标准,而"宪法秩序是规范性社会认同的集中体现,立法者有责任结合特定社会关系,通过普通法律的形式将这种规范性的认同具体化。因此,立法者在执行这项任务是必须遵守的界限也必然是从宪法中推导出来的。"在法益内容确定方面,"宪法是法益形成过程中立法者必须依据的价值判断准则"。[62] 违反个人意志的利益以及违反多元化的利益是不具有法益质量的。结合经验和评价,当符合经验性的知识而且被评价为有害的情况下,被侵害的客体如环境利益就能够被升格为环境法益。由此,环境法益是环境犯罪风险犯的创设标准之一。

2. 风险创设

在环境法益作为刑法保护客体的前提下,如果风险行为对其创设了不可接受的风险,就成立环境犯罪风险犯。因此,风险创设成为风险犯的另一设立标准。风险创设既与风险犯第一标准即法益保护密切相关,因为有被保护法益的存在才会有创设的风险侵犯法益的可能;也与前述空白罪状以及环境法益的内容尤其是环境管理秩序法益密切相关,因为空白罪状以及环境管理秩序法益表明环境刑法所保护的法益同样为其他法律所保护,其他法律属于风

---

〔61〕 参见徐凯:《抽象危险犯正当性问题研究》,中国政法大学出版社 2014 年版,第 140 页。

〔62〕 徐凯:《抽象危险犯正当性问题研究》,中国政法大学出版社 2014 年版,第 141 页。

险规制措施或者风险控制机制。这不仅涉及环境风险的控制问题,还涉及环境风险分配问题。就风险的控制而言,意味着风险是可以控制的。因为人是理性的,可以判断风险进而预防风险。具体来说,对于某些针对非重要法益的风险,如果社会认为其他的措施已经起到一定程度的风险控制作用,就没有必要投入刑法,此时的剩余风险就是可接受的风险,被容许存在。对于重要法益,那种通过其他风险控制机制的剩余风险就是不可接受的风险,刑法介入是必然的。可接受风险与不可接受风险包括可接受与不可接受风险的范围与水平。环境风险属于重要法益,如前所述,由于环境刑法保护的环境法益是确保个人法益得以实现的共同基础,是普遍性法益或超个人的集体性法益。因此,当行为人创设了穿过其他风险控制机制的不可接受的剩余环境风险,成立环境风险犯。刑法上不可接受的风险与可接受的风险如何区分,可从正面界定入手。"风险社会中那些为社会发展和人类生活必要且在刑法上可以接受的风险",称为可接受的风险,其范围可从两方面限定:风险的来源和风险的程度。[63] 对于前者,只要采取了足够的措施或机制对风险行为进行控制,就是可接受的风险,而通过其他风险控制措施和机制的剩余风险就是不可接受的风险。总之,不可接受的风险是风险犯风险创设标准的核心,在考察风险犯的行为时,可以在所保护法益的价值及其所受到的风险,以及与此相对的通过构成要件性行为禁止的自由权利之间进行权衡。对于后者,如果单一行为影响效果轻微不值得以刑罚惩罚,属于可接受的风险,而影响较大的单一行为或者单一行为影响不大但累积造成严重后果的就是不可接受的风险。当然,可接受的风险只是价值权衡后的选择,并非明确的界限。就风险分配而言,因为在风险社会,风险无处不在无时不在。我们不可能对风险行为进行广泛的禁止,因为针对每个风险都设置禁止规范,会导致社会瘫痪,所以存在被容许的或者可接受的风险。同时,风险不仅由行为人自己制造和控制,也应该由他人包括潜在的被害人的控制和抵消、平衡。因为如果行为人可以确定地控制风险,刑法就无须干涉,否则构成对自由的过度压制。只有当风险既不能由行为人自己充分安全地控制,也不可能期待他人弥补或抵消时,才形成需要刑法介入的风险。该风险具有不可控性,或者是事实上的不可控,或者是在期待限度内的不可控,这成为了风险分配的根源所在。至于如何分配,是禁止风险行为还是容忍风险行为,仍是一个利益或价值衡量的问题。

---

〔63〕 参见张亚平:《环境风险的刑法应对》,载《河南大学学报》(社会科学版)2015年第2期。

（三）环境风险犯之分类

首先，从环境犯罪行为类型的划分看，以环境法益为基点并根据行为对其侵害程度的不同，将环境犯罪分为实害犯、具体危险犯和风险犯。因此，环境风险犯与环境实害犯和环境具体危险犯相对应。其次，从环境犯罪行为类型的行为犯和抽象危险犯的定义看，二者都是从反面来定义的，只需要实施特定行为即可成立犯罪，既不需要造成现实的法益侵害，也不需要导致法益具体危险。而行为人实施某一具有一般性、典型性危险性的行为就构成风险犯，现实的法益损害或法益侵害的具体危险对风险犯罪的成立或定罪没有任何意义，只具有量刑意义。因此，风险犯的定义与行为犯、抽象危险犯的定义基本一致。在此意义上，可将行为犯、抽象危险犯和风险犯整合为一种，即风险犯。最后，从风险犯的广狭意义看，风险犯可以由广义、狭义两种理解，狭义的风险犯特指建立在与危险相区分的风险基础上的犯罪类型，广义的风险犯除狭义风险犯外，还包括抽象危险犯、行为犯。根据德国刑法规定，理论认为，抽象危险犯是一个集合性概念，可分为具体危险性犯、累积犯和预备犯。〔64〕这样，在风险犯这个上位概念之下，有狭义风险犯、行为犯和抽象危险犯之分，抽象危险犯下面可以继续细分。鉴于风险犯、抽象危险犯、行为犯的定义基本一致，实际上可以具体危险性犯、累积犯和预备犯作为风险犯的具体类型；又基于我国使用行为犯的传统，并且狭义的风险犯、具体危险性犯和行为犯都强调犯罪行为属性，可以行为犯取代狭义风险犯和具体危险性犯，即环境犯罪风险犯的类型具体包括行为犯、累积犯和预备犯。这样，风险犯作为一个上位集合概念，包含了行为犯、累积犯和预备犯等不同种类的风险犯类型，划分或区分标准是风险犯中的风险创设方式不同。

1. 环境行为犯

环境犯罪行为犯的风险创设方式表现为被禁止的环境污染或环境破坏行为对环境法益创设了一个不受控制的风险。根据我国环境刑法，行为犯包括《刑法》第339条第1款、第341条、第344条规定的五种犯罪。在这些行为犯中，行为人的行为具有一般的、典型的风险，对环境法益形成了一个风险域，威胁了受保护的法益，从而构成不法，现实的法益侵害或者法益侵害的具体危险即使最终没有发生，也仅仅是因为法益偶然地处于风险域之外。以非法猎捕、杀害珍贵、濒危野生动物罪为例，珍贵、濒危野生动物是《野生动物保护法》的

〔64〕 参见徐凯：《抽象危险犯正当性问题研究》，中国政法大学出版社2014年版，第157页。

重点保护对象,具有重要的生态等价值,在明知是珍贵、濒危野生动物的情况下,仍然实施非法猎捕甚至是杀害行为,即使这些动物没有受到任何现实侵害或侵害危险,行为本身已使野生动物的正常生存、重点保护状态处于风险之中,从而对环境法益已经创设了不受控的风险,因此,立法规定不需要现实的危害结果或者危险状态出现即构成犯罪。如果不将该罪设定为风险犯,而是设定为危险犯甚至是实害犯,那么通过环境刑事立法保护珍贵、濒危野生动物的意图目标将难以实现,动刑的作用也就荡然无存。

2. 环境累积犯

环境犯罪累积犯的风险创设方式表现为环境污染或者环境破坏行为具有现实的累积效应且单个累积行为具备刑事不法的最小自重;[65]我国《刑法》规定的环境累积犯为第338条的污染环境罪。如果环境污染不单是行为人的行为导致,而是还取决于他人同样行为的加工,这就是累积犯现象。即单独来看,行为人的行为对法益的有害性几乎没有或者非常稀薄,却与他人同样的行为经不断复合地积累、重叠、连锁的作用,最终一起共同导致了法益损害。[66]此时,仅仅规制最后的行为或者最显著的行为是不够的,因为,行为人的行为同样对环境法益创设了风险,尽管行为人的个别行为虽然没有造成现实的法益侵害或者具体危险,却属于累积总和的一部分,即个别累积行为对于累积效应不仅具有现实性而且为刑事不法贡献了一定的量。因此,"为了阻止经由累积产生的损害,这种原本轻微的损害行为也必须被禁止,而行为人也不得以自己只是'搭便车'为由实施相应的行为"。[67] 对于具有"公地"性质的环境,人类不能只讲索取不讲付出,不能只要权利不负义务。环境是无言者和弱者,必须更加注重对人的环境义务的强调,必须更加强调对环境责任的积极承担。作为超个体法益的环境法益,关注损害环境的累积性行为,"是希望通过累积犯的概念,去维护或者强化公民的'要对社群公益负责'的观念……最终达到保护脆弱的人类共生环境的目的"。[68] 如何确定单个累积贡献的最小自重,德国学者弗里希(Frisch)的见解可以作为标准。他认为,如果人们在可能的限度内采取措施去除污,此时个别累积贡献就具有了刑法的相关性,因为采取去

[65] 参见徐凯:《抽象危险犯正当性问题研究》,中国政法大学出版社2014年版,第175页。

[66] 参见[日]关哲夫:《现代社会中法益论的课题》,王充译,载赵秉志主编:《刑法论丛》(第12卷),法律出版社2007年版,第338页。

[67] [德]乌尔里希·齐白:《全球风险社会与信息社会中的刑法》,周遵友等译,中国法制出版社2012年版,第221页。

[68] 贾健:《人类图像与刑法中的超个人法益》,载《法制与社会发展》2015年第6期。

污措施就意味着行为已经威胁到了人类的生存基础;如果在可以接受的成本范围内,放弃了治理措施则证明相关的损害并没有明显涉及人类的生存发展基础。〔69〕 就污染环境罪而言,主要涉及大气污染、水污染、海洋污染、土壤污染等,而这些不仅涉及环境要素,更涉及环境系统,是人类生存发展的共同基础,因此,即使行为人实施的单个累积行为可能不具有危险性或者危险性很低,但累积效应是现实的,国内外重大环境污染事件足以表明环境污染风险因为量的累积已从理论上的可能变成了现实中的存在。因此,立法规定在不需要现实的危害结果或者危险状态出现时才构成犯罪,即刑法无须等到风险已经造成具体危险或者实害时才干预。

3. 环境预备犯

环境犯罪预备犯的风险创设方式表现为起到犯罪预备作用的环境污染或者环境破坏行为具有明显的犯罪意义关联且没有采取安全措施。环境预备犯为我国《刑法》第152条的走私废物罪、第339条第2款的擅自进口固体废物罪亦可以修改完善为风险犯的预备犯。〔70〕《刑法》将可罚性从实行行为的着手提前至预备行为,在于行为人实施预备行为所追求的主行为高度危险,从预防目的出发,有尽早阻止的必要。认定预备犯的不法,首先,客观上必须要求行为人的行为明显存在与相应犯罪的特定联系,从而将普通日常行为排除在外;其次,行为人必须创设了显著的危险,根据经验,晚些时候将不能有效抵御行为人所创设的风险;最后,行为人决意实施犯罪行为而不是采取安全措施避免主行为的实施。〔71〕 在预备犯中,行为人的行为也为环境法益创设了风险,如果说累积犯创设的风险是直接参与法益侵害或者具体危险,那么预备犯创设的风险则是间接参与法益侵害或者具体危险。以走私废物罪为例,首先,该罪涉及的物品固体废物具有明显的犯罪意义关联;其次,尽管该罪本身不会直接危害环境,但该罪的实施开启了风险进程,当然这一风险进程的实现取决于可能尚未计划的、还未着手的或者没有外显出的后续犯罪行为,即该罪为环境

---

〔69〕 参见徐凯:《抽象危险犯正当性问题研究》,中国政法大学出版社2014年版,第177页。

〔70〕 《刑法》将擅自进口固体废物罪规定为结果犯。但是,一方面,该罪与非法处置进口的固体废物罪同属污染环境犯罪,二者社会危害性大同小异,但是,一罪为行为犯,另一罪为结果犯,显然不协调;另一方面,擅自进口固体废物后会实施后续的非法处置固体废物行为,会出现罪刑不均衡现象。因此,有必要对该罪进行修改完善。已有学者建议将其设置为行为犯,参见赵秉志主编:《环境犯罪及其立法完善研究》,北京师范大学出版2011年版,第100页。

〔71〕 参见[德]埃里克·希尔根多夫:《德国刑法学:从传统到现代》,江溯等译,北京大学出版社2015年版,第216~217页。

法益创设了风险;最后,行为人不仅实施了与高危物品相关的行为,而且没有采取安全措施,从而创设了一个不可接受的风险。如果行为人对该高危物品采取了安全措施,从而确保该高度危险物品不至于落入不具备特定资质或可能实施犯罪的他人之手,那么,与高危物品相关联的行为就是被容许的,是可以接受的,从而没有创设不可接受的风险。但是,走私废物的行为虽然不会直接危害环境,仍可能通过后续的犯罪活动间接危害环境,从而构成环境犯罪预备犯,即环境犯罪预备犯创设了一个不可接受的风险,有力地辅助和促进其他环境犯罪的实施。

(四)环境风险犯之限制

鉴于"危险概念是一个危险的概念",〔72〕那么,对于比危险更为早期的风险,以及作为刑法扩张产物的规制风险的风险犯,难免使读者产生更危险之感。正如有学者所言,应对风险的风险刑法隐含着难以划定明确的处罚界限、违反刑法谦抑的价值取向、罪责伦理陷入困境、与传统刑法基本原则产生冲突的内在风险。〔73〕但是,笔者认为,风险犯这一概念不会比危险犯更加危险。

风险犯比危险犯是否更危险的确是个问题,其核心是,在风险社会如何安置自由与安全两种价值?如何平衡人权保障与法益保护两种机能?在风险社会,自由价值和安全价值的冲突会更为突出。在危机四伏的风险时代,安全成了人们生活的核心,基于安全的需求使对自由的保障有所弱化甚至自由要为其让位。理论上,价值发生冲突时,应当选择更能保全最大多数人的最大利益的价值是人的基本需要。由于风险社会现实决定了安全或者安全价值在风险社会中较以往需要得到更多的关注和体现,因此,保障安全价值是保障最大多数人的最大利益,安全价值在特定情况下优于其他价值。事实上,就连一向标榜自由的美国,在经历"9·11"恐怖袭击后,也有近4/5(78%)的民众愿意为了获得安全感而放弃某种自由。〔74〕此外,刑事立法的活性化亦为此做了最好注脚。

风险社会下,刑法提前介入典型风险行为,仍是保护法益的,并且是为了维护社会生存发展所必需的。这些行为恐怕已非最后手段原则、谦抑性原则所能容忍。因为,刑法谦抑亦发生了变化。在确立近代刑法之初,刑法的谦抑

---

〔72〕[日]木村龟二:《新刑法读本》,法文社1959年版,第263页。转引自张明楷:《刑法学》(第5版),法律出版社2016年版,第166页。

〔73〕参见陈晓明:《风险社会之刑法应对》,载《法学研究》2009年第6期。

〔74〕参见杨雪冬等:《风险社会与秩序重建》,社会科学文献出版社2006年版,第189页。

反映了人们对自由、平等、人权的追求，具有进步意义，但是现在，其只具有理念层面上的意义，不具有操作上的价值。正如许迺曼(Schünemann)所言，自启蒙运动以来，刑法可以而且必须只能作为防止社会损害的最后手段理性，这一点作为刑法基本思想从未改变。然而今天，对这种近似天真的想法，必须予以排斥，因为刑法是一种直接有效的甚至可以说是功能紧密、能滴水不漏地保护法益的工具。〔75〕“现代刑事立法者已经放弃了这个原则，刑法不仅被用作最后的手段，而且经常也被用作首要手段加以运用，有时甚至是唯一的手段。”〔76〕人类即使排斥最后手段原则与谦抑性原则，也并不意味着为了公共目的不择手段地牺牲个人自由，相反，必须折中和平衡保护法益与保障人权之间的紧张与冲突关系，既要进行刑事立法处罚风险犯，又要限于合理的范围。这要求立法者在原则(核心)与例外(补充)之间寻找一个平衡点，以谨慎权衡的方式评估其后果，缓解和协调自由与安全两大价值以及安全维护和自由保障两大利益之间的紧张关系。首先，允许例外存在应对风险。刑事立法与司法应以刑法基本原则为指导，但这不意味着固守原则，也不意味着固守能带来最大化的利益。当原则的遵守不利于利益保护的最大化或不符合新型的社会需要时，只要合理并且能带来更多的社会利益，原则也是可以存在例外的。〔77〕只要能满足新时代对刑法的需求，能够实现利益保障的更大化，在不被滥用的情形下应当赋予例外以存在的合法性。其次，在允许例外的情形下，必须对例外进行严格的规制，以保障自由。

1. 风险范围限缩。作为风险刑法载体的风险犯特别是环境犯罪风险犯，规制的风险应限定在特定的范围内，即技术风险。环境技术风险的界定，应遵循环境行业或环境共同体的基准，如环评机构所做的环境影响预测、环境影响评价和环境风险评价等。

2. 风险行为判断。风险犯规制的对象不是风险本身而是风险行为的风险，只应将那些经社会生活经验检验已经形成社会共识的具有高度危险或实害可能的行为纳入刑法的规制范围。根据在于，这些行为会给环境刑法保护的环境法益创设或制造或增高风险、可能造成严重的或者不可弥补的危险或

---

〔75〕 参见[德]许迺曼：《从下层阶级刑法到上层阶级刑法》，许玉秀、陈志辉译，载《不移不惑献身法与正义：许迺曼教授刑事法论文选辑》，新学林出版有限公司2006年版，第15页。

〔76〕 [德]埃里克·希尔根多夫：《德国刑法学：从传统到现代》，江溯等译，北京大学出版社2015年版，第28页。

〔77〕 参见高铭暄、马克昌主编：《刑法学》，北京大学出版社、高等教育出版社2007年版，第28~29页。

实害后果。进而由此形成了风险行为的判断标准:风险决定或风险决策。由于环境决策涉及面广,致使环境决策流程中,决策考量点存在各种不确定的因素。因此,对于任何一种环境活动,无论是一般的环境资源的开发利用行为还是环境污染或环境破坏行为,决策者都应谨慎决策。

3. 贯彻责任主义。由于法益损害或具体危险对风险犯的成立没有任何意义,行为人只要实施典型环境风险行为就成立犯罪,难免让人产生无过错责任的错觉。在有责性方面,风险犯也不能例外,要求主观责任,贯彻责任主义。对于环境犯罪行为人即环境风险决策者,在决策时对其行为会给环境法益创设、制造、增高风险、可能造成后果至少要有过失,才能动刑。对于这里的过失判断,可采取新过失论,预见可能性不要求具体的预见,只要有某种程度的不安感、危惧感就够了。因为,首先,该理论正是以环境污染等公害犯罪的大量发生为背景并针对这些过失犯罪所构建,意图防止灾害、救济被害人、确保国民安心。一方面,民众的生命、健康遭受巨大危险,整个社会面临新危险;另一方面,如果固守传统的过失论,对于未知的危险领域,只要没有积累经验,即使发生重大结果,也不可能有具体预见,就不能处罚。〔78〕 其次,该理论的特色在于,鉴于被害法益的重大性,通过设定社会必要的行为准则,严格认定结果避免义务的内容;且该说只适用于现代型过失犯罪。〔79〕 最后,司法实践中,已有采用该理论的案例。在"森永牛奶案"中,日本高松高等法院认为,"这种情况下的预见可能性不要求是能看到具体的因果关系的可能性,只要有达到某种虽无法特定但无法完全忽视危险存在程度的危惧感就够了"。〔80〕 基于环境犯罪主观认定十分困难的现实,以及规制创设、制造或增高风险行为的风险刑法精神,一方面,通过将环境犯罪风险犯的行为人的注意义务设定在不实施刑法所禁止的风险行为上,实现注意义务的客观化,毕竟风险是风险行为的风险;另一方面,该风险行为所征表的决策风险,应综合考量环境风险的概率和规模、决策的空间和过程、可能的得与失、可能的危害形式等因素。特别需要指出的是,对于环境犯罪风险犯最低限度过失的判断,应依循前置专业的判据。所谓专业,就是决策时要以环境行业、共同体或领域的专业认知而不是社会一般人的一般认知为准,如以环评机构所做的风险预测和评价为准;所谓前置,

〔78〕 参见黎宏:《日本刑法精义》(第2版),法律出版社2008年版,第209~211页。

〔79〕 参见陈家林:《外国刑法:基础理论与研究动向》,华中科技大学出版社2013年版,第96页。

〔80〕 [日]浅田和茂:《刑法总论》(补正版),成文堂2007年版,第340页。转引自陈家林:《外国刑法:基础理论与研究动向》,华中科技大学出版社2013年版,第97页。

就是决策时所依据的专业标准要形成于开发利用环境资源行为以及环境污染、破坏行为之前或之中,即事前判断而不能是事后判断。如此进行审慎判断决策,即使作出风险发生概率较高的决策,也难以将其纳入规制范围;如果没有依循该判据而决策,即使风险概率很低,如果无法排除损害可能,也可对其归责。

4. 赋予反证权利。为了与推定过失相匹配,以及贯彻依法治国思想保障相对弱势的被告人的权利,设置风险犯时,一并增加"允许反证成立"的补救措施。这种反证的证明义务由被告人负担,只要被告人能够举证其实施的环境危害行为没有创设、制造或增高环境风险,经过法官严格谨慎的审查,认为行为本身确实不具有该风险的,可以阻却环境犯罪风险犯的成立。

5. 缓和刑事责任。环境犯罪风险犯是以预防犯罪为目的,这并不意味着可以为了追求此目的而设置和适用畸轻畸重的刑事责任,相反应该设置和适用轻缓的刑事责任。这不仅是对刑法扩张的一种妥协平衡,也是保护抽象化、模糊化的环境法益的要求,更是保障公民自由的要求,进而体现贯彻罪责相适应原则。轻缓的刑事责任,不仅指环境犯罪风险犯本身的责任轻,也指与环境犯罪实害犯、环境犯罪具体危险犯比较而轻。具体来说,立法设置环境犯罪刑事责任时,可针对环境犯罪的风险、具体危险、实害、加重实害等不同后果分别设立相应的刑事责任。对于以风险犯为犯罪构成基本形态的情形,先配置一定量的责任;进而对可能出现的具体危险结果配以较重的责任,对可能出现的实害结果配以更重的责任,对可能出现的加重实害结果配以最严重的责任。前者为风险犯的基本责任,后三者为风险犯的加重责任,形成基本责任与加重责任的复合责任,〔81〕实现追究环境风险行为刑事责任的层次化、合理化。

四、结语

本文首先以描述的方法,展现了风险社会的生成及面貌。本文关注的风险是人为的、不确定的技术性风险,当风险及其不确定性成为时代特征时,风险社会就产生了。风险社会是对当今时代特征的描述,特指人类在工业社会中从事科技活动产生的人为风险超过自然风险成为影响其生活乃至生存与发展的主要或主导因素的社会。环境风险是风险社会的典型风险。

风险社会具有独特性,并从社会学领域扩展运用到刑法领域,形成了与传统刑法并存的、作为其补充的应对、控制、防范风险的风险刑法,其主要适用领

〔81〕 参见张继钢:《环境犯罪的复合责任》,载《经济与社会发展》2018年第2期。

域是环境犯罪。在风险社会背景下,本文简要回顾环境犯罪行为类型演进历程,指出现有环境犯罪行为类型的缺陷,认为随着科技和经济社会发展以及独立的环境法益的强度保护,应与时俱进地演进产生并接纳新的行为类型,提出创设环境犯罪风险犯,并着重论述了环境犯罪风险犯的称谓、创设标准和分类,从而使刑法主动、提前、全面、整合介入环境风险,而不再是被动、滞后、局部、碎片介入环境风险,可有效控制社会风险、妥善处理风险犯罪、强力保障生态环境。

克服风险规制碎片化的风险犯,使刑法介入距危险发生更为遥远的风险阶段,无疑满足了民众的安全需求,但难免会限制民众的自由。风险犯限制民众自由的“危险”不仅是民众在风险社会下对刑法作为一种社会控制手段所必须忍受的,而且可以得到必要的、合理的防范和限制,足以达成安全与自由的新调和与新平衡。故风险犯不会比危险犯更危险。

外国法撷英

《环境资源法论丛》
第12卷,第141~153页

德国气候保护法立法动因、特征及对我国立法的启示*

田丹宇** 徐华清***

摘 要 2019年德国出台了《联邦气候保护法》,考察其立法背景、立法动因、立法特点和主要内容,可以为我国应对气候变化立法提供可资借鉴的经验。具体来说,应当以法律提升战略规划中减排目标的强制性和约束力,在气候立法过程中最大限度凝聚利益相关方共识,在气候立法后建立定期跟踪评估机制。

关键词 德国气候保护法 立法动因 主要特征 立法启示

2019年11月15日,德国联邦议院通过了《联邦气候保护法》,[1]通过立法确定了德国到2030年温室气体排放比1990年减少55%,到2050年实现净"零排放"的中长期减排目标,兑现了德国总理默克尔在联合国卡托维兹气候大会闭幕式上通过立法展现雄心的承诺。该法将德国联邦减排目标在能源、工业、建筑、交通、农林等部门进行了目标分解,规定了部门减排措施、减排目

---

* 本文为德国国际合作机构(GIZ)资金支持的"德国气候保护法研究与借鉴"项目成果。
** 田丹宇,国家应对气候变化战略研究和国际合作中心办公室副主任,副研究员。
*** 徐华清,国家应对气候变化战略研究和国际合作中心主任、研究员。

〔1〕 Referentenentwurf des Bundesministeriums für Umwelt, Naturschutz und nukleare Sicherheit Artikel 1 Bundes-Klimaschutzgesetz (KSG).

标调整、减排效果定期评估的法律机制。德国采用的总量控制、部门分解、地方先行的立法模式,值得我们学习借鉴。

一、德国气候变化保护法立法动因分析

(一)德国气候立法的环境与条件

德国的政体分为联邦和州两个层级,联邦和16个州均有立法权,立法过程成熟规范。立法所需外部环境主要分为四类:其一,直接适用更高层级的立法。如欧盟层级的法规已经规定好的,不需要转为国内法的,德国就可以直接执行。其二,涉及国家主权的立法,如外交、国防、核安全、国家交通战略等,全部由德国联邦负责。其三,涉及各地区具体发展的立法,全部由州级立法机构负责,如建筑领域立法几乎都是由州一级负责。其四,联邦和州都有立法权的,凡是宪法有规定的、而联邦层面没有立法的主题,各州都可以独立开展立法。

德国环境领域的立法很大比例是联邦层级的立法,但由于环境保护涉及范围很广,具体情况复杂,16个州在宪法改革后均获得了环境立法权,《德国北莱茵威斯特法伦州气候保护促进法》《德国巴登符腾堡州气候保护法》[2]等4个州级气候法相继出台。由于执法权主要在地方各州,联邦在开展气候保护法立法过程中需充分尊重各州的意见。

(二)德国气候立法的主要背景

德国作为大陆法系国家代表,在《联邦气候保护法》出台之前,已经制订了促进能源转型、低碳发展和应对气候变化的一系列战略、规划和行动计划,2016年与1990年相比,德国在实现经济增长39%的同时,温室气体排放也减排了27%,表明其经济增长已经与温室气体排放脱钩。但德国近年来开展的减排评估结果显示,基于原有的气候战略和规划开展的行动效果有限,政策性的减排目标因缺乏强制约束力而预期难以完成,最终促使德国下定决心开展立法。

2018年德国总理默克尔在卡托维兹大会闭幕式上正式对外宣布德国要开展联邦气候变化立法,以展示其强化减排目标与行动的雄心。德国联邦环境、自然保护与核能部分别于2019年2月和10月就《联邦气候保护法草案》公开征求意见,并于11月气候大会前正式获得了联邦议院的批准。

---

〔2〕 参见田丹宇:《德国巴登符腾堡州气候保护法及其对我国的启示》,载《中国经贸导刊》2016年第35期。

(三)德国气候立法的主要动因

德国推动立法的动因主要来自三个方面:其一,国际法层面,特别是欧盟法,有一种说法是德国80%的环境立法动因来自国外。作为《联合国气候变化框架公约》缔约方和欧盟成员国,德国在气候政策法规制定方面直接受欧盟气候政策法规和机构安排上的影响。其二,政党间的政治磋商结果。德国各党派在组阁谈判时,会确定每届政党的立法纲领,一旦某个立法项目被列入政党的立法纲领,就将在未来五年中一步步被落实。其三,政府管理的需要。如为了落实弃核、发展可再生能源等国家战略,气候保护行动计划等政策文件,需要通过相关层级的立法推动这些政策落实。以下分别通过欧盟、联邦和州三个层面分析德国应对气候变化的政策、法规制定情况。

(四)德国气候立法的主要模式

德国联邦气候立法最终选择了先制订气候行动计划以框定目标、取得共识,后通过联邦气候立法以增强法律约束力的气候治理路线。德国联邦在气候立法前,已经根据《巴黎协定》以及《欧洲治理条例》制定了《气候保护计划》,即国家长期减排战略。联邦政府负责对《气候保护计划》进行定期更新,在更新过程中需要与各州政府、地方政府、部门协会、社会组织和公众进行协商。首次更新《气候保护计划》于2019年进行,其后每次更新均要通过一份《气候措施方案》。联邦政府将在气候保护预测报告基础上,确定要采取哪些措施达到各部门的气候保护目标。各主管部门应在《气候保护计划》更新后6个月内提出措施建议。德国联邦环境、自然保护和核安全部负责评估所建议措施的预期减排效果。

在德国巴登符腾堡州,则采用了立法和气候保护计划齐头并进的模式。巴州环境、气候保护和能源部在科学论证的基础上负责了《巴登符腾堡州气候保护法》的起草和《巴登符腾堡州能源和气候保护计划》的制定。其中气候保护法是一个框架性的法律,而能源和气候保护计划则更为具体和可操作,将减排目标在交通、工业等部门进行分解并提出实现目标的具体措施。在巴州气候保护法出台后一年,巴州能源和气候保护计划也在州议会讨论后由州政府决定实施,每五年进行一次修订。

二、德国气候保护法的主要内容和特点

(一)确定有力度的中长期减排目标

2018年版《欧洲治理条例》确定了现行欧洲能源与气候保护治理体系。

2018年版《欧洲气候保护条例》对成员国确定了具有法律约束力的2021年至2030年减少温室气体排放的年度目标,以履行《巴黎协定》的义务。2019年12月11日,新一届欧盟委员会发布了《欧洲绿色新政》(European Green Deal)[3],提出到2050年欧洲要在全球范围内率先实现气候中和,并在2020年3月初起草了首部《欧洲气候法》公开征求意见。《欧洲绿色新政》被誉为欧洲绿色新纲领,对"后巴黎时代"应对气候变化进行了中长期战略布局,成为提高全球应对气候变化雄心和力度、推动全球可持续发展的重要风向标。德国有义务遵守欧盟层面分配的减排目标,并根据本国的实际情况提出更高的减排目标。德国国内某些州也提出了高于联邦要求的减排目标。

《德国联邦气候保护法》的核心目标是"到2030年温室气体排放比1990年减少55%,到2050年实现净零排放,且目标只能提高,不能降低"。这些刚性目标是严格按照国际法义务分解下来的,该法围绕目标的分解落实来安排法律条款。将目标纳入法律,有助于落实责任,传导压力,建立减排目标责任制及倒逼机制,促进相关部门采取减缓行动以确保减排目标的实现。

(二)确立有一定灵活性的部门目标及调整机制

根据德国已有的减排进展评估和《联邦气候保护法》的法律规定,德国联邦层面2018年与1990年相比已经完成减排30.6%的目标,法律规定的目标是到2030年减排55%。法律规定的各主要部门与1990年相比的减排进展和中期目标分别为:能源部门在2018年已完成减排33.4%,目标是到2030年减排61%~62%;建筑部门在2018年已完成减排目标44%,目标是到2030年减排66%~67%;交通部门在2018年完成减排0.9%,目标是到2030年减排40%~42%;工业部门在2018年已完成减排30.7%,目标是到2030年完成减排49%~51%;农业部门在2018年已完成减排18.8%,目标是到2030年减排31%~34%;废物管理及其他领域在2018年完成减排75%,需要在2030年完成的减排目标是87%。该法还规定,国家公共机构要发挥示范作用,在制定规划、决策和政府采购时应考虑应对气候变化目标;到2030年,联邦行政部门应以气候中性的方式组织工作,联邦政府应与各州开展经验交流,支持各州研究提出其责任范围内的类似规定。

---

[3] The European Green Deal, Communication from the Commission to the European Parliament, the European Council, the Council, the European Economic and Social Committee and the Committee of the Regions, Brussels, 11.12.2019. https://ec.europa.eu/info/files/communication-european-green-deal_en,2020年3月20日访问。

《德国联邦气候保护法》规定，联邦政府有权力在无须获得联邦议院同意的情况下调整各部门的排放目标。联邦各主管部门具有完成相应减排目标的法定职责，应在和地方政府、行业协会和公众协商后制定部门具体减排措施，按时序完成本部门下的减排目标。法律规定，减排目标在完成过程中具有一定灵活性，可根据低碳技术发展、国际碳市场变化等因素进行微调，也可在部门之间进行抵销。从2020年开始，大部分剑指2030年目标的部门减排措施将开始付诸实施，由德国气候变化委员会负责评估各部门的减排目标进展和减排措施实施情况。

（三）成立独立的气候问题专家委员会

《德国联邦气候保护法》规定设立一个跨学科的气候问题专家委员会，由7名专业人士组成，分别由环境问题专家委员会、全球环境变化科学顾问委员会、可持续发展委员会、消费者问题专家委员会和总体经济发展评估专家委员会提名，德国联邦议院任命，女性和男性名额平等，任期为5年并可再度获得一次任命。气候问题专家委员会的议事规程需要德国联邦议院批准，负责以《德国联邦气候保护法》为依据独立工作，设立一个办事处，由联邦政府按照联邦预算承担费用。气候问题专家委员有权因履职查阅联邦公共机构必要的数据，可以开展气候保护项目研究，可以组织气候相关的法律草案起草、听证和询问。

气候问题专家委员会的职责为审查现有和计划中的气候保护措施对于实现德国和欧洲气候保护目标，以及《巴黎协定》目标是否有效。气候问题专家委员会每年12月向联邦议院递交一份审查报告，对德国气候保护进展进行评估并提出建议。审查报告应包括：科学评估现有和计划中的气候保护措施，温室气体排放量的实际变化和预期变化，预判气候保护目标完成情况；为达到规定的气候保护目标，现有的年排放目标是否适当；考虑生态、社会和经济发展因素，为实现气候保护目标必须采取哪些额外的措施和手段。气候问题专家委员会负责研究气候保护政策，向联邦议院和联邦政府提出政策建议。联邦政府在修订气候保护目标、修改年排放量、更新气候保护计划前应征求气候问题专家委员会的意见。

（四）规定年度进展报告和每两年预测报告制度

参照2014年6月《欧洲气候报告条例》明确的成员国向欧盟报告排放相关信息的结构、格式、递交程序和审查方式等要求，《德国联邦气候保护法》规定，德国联邦政府每年编写气候保护报告，包含不同部门排放量变化的最新趋势、气候保护措施方案和应急方案的实施情况,预测减排目标完成进展。联邦政府每年6月30日前向联邦议院呈交上年度的气候保护报告。

德国联邦政府从2021年起,每两年编写一份《欧洲治理条例》规定的《气候保护预测报告》,并向德国联邦议院呈交。报告应包含对温室气体排放情况的预测,土地利用变化和林业部门的排放情况,以及国家减排的政策措施。在编写气候保护预测报告时,应充分考虑气候问题专家委员会的意见和建议。《气候保护预测报告》应纳入由德国联邦经济和能源部与联邦环境、自然保护和核安全部协商制定的国家综合进度报告中。

三、德国联邦立法体系和气候政策体系

德国《联邦气候保护法》是联邦立法,在此介绍德国联邦立法体系,以便于理解《联邦气候保护法》在法律体系中的位置。在出台联邦气候保护法之前,已经建立了一套气候政策体系,也是理解《联邦气候保护法》的重要视角。

(一)德国联邦立法体系

1.联邦立法机构

联邦层面,由联邦议院和联邦参议院负责立法,联邦政府负责执法,联邦法院负责司法。德国联邦议院由631名成员组成,每四年通过普遍、直接、免费、平等和秘密的方式选举产生,作用是批准预算和选举联邦总理;联邦参议院由各州政府代表组成,作用是参与立法进程、参与选举总统、参与联邦宪法法院的审判。德国联邦总统由联邦议会选举产生,负责颁布法律、任命联邦总理和联邦政府。德国联邦总理由联邦议院选举产生,职能是制定政策规划和选举联邦大臣。联邦政府由联邦总统根据联邦总理的建议任命,由各个部门共同组成并掌权。联邦宪法法院由8名法官组成,由联邦议院和联邦参议院选举产生,主要职责是违宪审查、处理政府部门间的纠纷、处理联邦和联邦各州之间的纠纷,以及抽象性地司法审查。

2.联邦立法程序

各类适格主体都可以提出立法草案,通常立法草案是由联邦政府中某个部门在专家帮助下起草的。一项立法草案初步形成之后,就进入从联邦政府到联邦议院的立法程序。

联邦政府内部的立法参与过程分为正式和非正式两种。联邦政府内部各部委之间需要就法律草案进行平衡,形成联邦政府内部各部门协调好法律草案。政府需要就法律草案举办听证会充分征求立法意见,近几年还增加了网

上公开征求立法意见的形式,但近几年的立法凡涉及公众的,基本都会在网上开设一个专栏,所有人都可以对法律草案进行评论。

联邦议院包括众议院(由630名议员组成)和参议院(由16个州派政府官员参加)。所有的立法法律必须要经过联邦众议院,但不是全部需要经过联邦参议院。两院中设有各专业委员会,负责具体对法律草案进行讨论。众议院会邀请社会各领域的专家对法律草案进行研究,有些议员也会提出修改建议,因此法律草案在提交到联邦众议院以后也会进行较大改动。根据德国宪法,联邦参议院只有参与立法的权力,没有决策权,在很多情况下不是实际的立法机构。

除了联邦政府和联邦议院,德国的立法专业协会在立法过程中也发挥了重要作用。立法专业协会成立于2001年,由大企业代表、行业协会、环境团体、工会、政党、16个联邦州派出代表组成,是一个常设性的工作机构,经费由各参与部门承担,负责为立法机构提供充足的专业信息,帮助立法机构衡量法律草案在执法过程中的难易程度。在德国,很多环境领域的立法都是由利益集团推动的。

3. 联邦执法程序

德国的执法机构分为联邦和州两个层次,具体执行分为三种情况:其一,绝大多数的联邦立法需要依靠各州执行,联邦与州之间进行交流协调。联邦执法机构对于州执法机构没有指示权,不能决定州执法机构如何执法。州层面自己成立执法机构,自己决定如何执法。其二,宪法中规定由联邦层级负责执行的法律必须由联邦执行。例如,涉及国家铁路、水路、电网、核废料处理、碳排放权交易等领域的法律则由联邦执法机构管辖,且联邦执法机构对这些领域具有独断权。其三,公民监督。德国的行政诉讼比例相当高,公民可以直接写信给联邦政府,联邦政府负责将投诉信转交给州级机构。联邦执法部门与各州执法部门每年两次举行磋商,讨论政策法规及重点案件的执行。

(二)德国联邦气候政策体系

1. 设定政策减排目标

德国气候政策的核心目标是到2020年比1990年减排40%,到2030年减排55%,到2040年减排70%,到2050年减排80%~95%,这些刚性目标是严格按照国际法义务分解下来的。

在大联合政府组阁前两个政党已经对2020年、2030年、2040年的减排目标达成共识,本届政府正在制订2050年的减排计划。关于2050年减排计划的基础,一是大联合政府组阁时的约定,二是《巴黎协议》对于欧盟的要求,欧盟据此又对德国提出要求,这就要求更广泛地对话,更广泛地参与。德国的气候政策原计划是到2050年在1990年的基础上减排80%~95%,根据《巴黎协定》的要求则要达到100%。

到目前为止,德国在实现了27%的减排目标的同时,经济增长了39%,证明经济增长与减排脱钩了,减排与经济具有负相关性。同时也印证了德国整个气候政策的有效性。

2. 政策组合拳

德国与气候相关的政策包括能源政策、财税政策和利用市场机制。德国能源政策的核心是"能源转型"。2010年的《联邦能源整体方案》包含三个支柱:一是促进现有能源转型,2011年后提出"弃核";二是发展新的和可再生的能源;三是提高能效。

德国通过《联邦预算法》《复兴银行促进法》,对减排企业在融资上给予激励,在信息等方面提供帮助。在税法体系中征收能源税。在利用市场机制方面,德国积极参与欧盟碳排放权交易(以下简称EU-ETS)(涵盖交通等领域),在联邦层面有关于碳排放权交易的单独立法。

3. 气候政策的制定与实施

由于德国在排放总量上已经达到峰值,排放量曲线呈下降趋势,因此比照自然情况下的减排量和减排目标之间的缺口,就是需要通过实施气候政策所要达到的目标,也就是说需要通过政策措施促使减排曲线下降更快。例如,据测算德国在不采取任何政策措施的情况下到2050年会减排60%,若按照80%减排目标来算则缺口是20%。

目前德国正在研究为实现2050年气候目标所要实施的政策措施,主要思路是将减排缺口进行领域分解,向各利益相关方征求意见。各利益相关方共提出了900多条建议,政府从中选取了100条要做的措施,包括能效,交通,非能源领域(服务、农业、废物处理)等。政府部门通过情景模拟对各行业的减排情景进行模拟,分别将每项措施量化为一个目标,明确每个目标及具体落实路径。目前已经明确要实现减排目标必须做的事情是提高能效和促进可再生能源全部脱碳(包括可再生能源本身和电气化,如交通领域的汽车)。目前存在的困难:一是对未来科技的发展情况很难预判;二是对于工业过程、农业排放的估算很难,要做好情景模拟。在广泛征求各方面意见的基础上,形成建议书提交政府气候主管部门的部长。

4. 气候政策的评估

德国关于2020年的目标已经落实到了单项法规中，并已通过一系列的气候政策进行落实，2030年的政策路径清晰可行，2050年的气候计划正在广泛征求意见的制定过程中。为了保证气候政策的有效性，德国联邦政府规定了每五年一次的报告和政策评估制度。联邦政府制定了一个气候变化连续跟踪报告系统（该系统由“行动大联盟”负责）。政府部门需要分别向联邦议院、“行动大联盟”和环保部（负责信息公开）提交气候政策实施情况报告，报告中要包括相关预算。目前2015年的气候报告已经提交第一次报告，证明大多数的气候政策都在如期落实。与《巴黎协议》一样，德国议会根据五年一次气候报告评估结果，对中长期气候政策进行校订，以不断适应低碳发展的进程。

四、欧盟气候政策法规对德国的影响

（一）欧盟立法的“三驾马车”

欧盟委员会是欧盟的执行机构，负责贯彻执行欧盟理事会和欧盟议会的决策，拥有立法草案的建议权，同时也负责作出行政层面的决定。欧盟委员会由各成员国每国派一名成员组成，委员们效力于整个欧盟而不是各自的成员国。

欧盟理事会是欧盟的最高决策机构，负责审批立法草案，实行轮值主席国制，每个国家任期半年。欧盟理事会由各成员国正式的部长组成。

欧洲议会由各成员国选的立法代表组成，设有专业委员会。

以上三个机构各自形成对法律草案的意见，通过磋商讨价还价，最后形成欧盟法案。欧盟各成员国对欧盟法案对自己国家的影响进行立法影响评价，供以上三个机构参考。

在欧盟立法过程中还包括公众参与环节，各大企业、行业组织会通过游说影响立法结果和立法进程。例如，EU-ETS的出台时间是2年。

（二）欧盟气候目标对德国的影响

欧盟气候法规对成员国的影响主要体现在减排目标分解落实方面。欧盟提出了到2020年与1990年相比减排20%的减排目标，具体分解到德国，要求德国在此标准上减排34%。德国根据本国的实际情况提出了到2020年与1990年相比减排40%的目标，相当于在欧盟基础上又加了一码。

（三）欧盟碳排放权交易对德国的影响

欧盟最主要的减排机制是EU-ETS，其基本规则是：根据减排目标先确定碳排放权交易的总量(以下简称 Cup),然后再进行碳权分配和交易(以下简称 Trade)。包括企业和工业设施运营者在内的碳排放主体负责报告碳排放情况,由独立的第三方机构负责审核,报告给碳权管理部门负责综合评价,每吨超额排放将被惩罚100欧元。对排放主体来说,可以在"提高能效、节能改造以减少排放""购买碳权""接受惩罚"三者之间进行选择。欧盟碳排放权交易的基本规则不需要落实到成员国的国内立法,直接就有法律效力。

在交易的具体规则上,欧盟碳排放权交易第一期和第二期的规则制定比较灵活,各成员国需要制定国内的细则以便在国内具体落实。而到2013年第三交易期后,欧盟的交易规则变得更加刚性,各国在具体规则上几乎没有调整的余地。各成员国在执行 EU-ETS 的过程中可以将遇到的问题提交给国家气候主管部门,主管部门负责收集相关要求并反馈给欧盟。

在碳排放权交易的 Cup 确定和分配方面,欧盟把各国提出的减排总量相加,若相加结果超过预期总额则乘以一个加权系数,然后压给各国,各国不需要自己确定减排总额。欧盟直接规定了其碳排放总额、免费发放部分和拍卖比例,并按照基准线方法分配到各国。

在碳排放权交易的 Trade 方面,欧盟有一个配额拍卖平台,德国、英国还建有自己的碳排放权拍卖平台,但要按照欧盟要求统一使用。欧盟将配额拍卖所得按比例分配给各成员国,对于发展阶段不同的国家,配额分配的标准是一样的,但配额拍卖所得的分配有所不同,穷国可以多给点钱。各成员国可以调剂自己排放配额的分配并有权决定如何使用配额拍卖所得。

在第三方核证核查方面,EU-ETS 的第三方核证核查标准和规则不需要落到国内法,对各成员国百分之百有效。各成员国的气候认证部门之间开展互查,以保证各国间的认证标准一致。各成员国的气候认证部门负责审批本国核查机构的核查资质。任何成员国的核查机构一旦获得了核查资质,就可以在全欧盟范围内工作。

在 EU-ETS 的监管方面,欧盟自己有一个注册登记系统,直接对各成员国的国家气候主管机构开放。欧盟对 EU-ETS 按照普通金融机构的标准进行监管,在 EU-ETS 的相关惩罚力度上全欧盟一致,但各成员国可以在此基础上加码。同时 EU-ETS 还接受公众监督,欧盟专门开放一个网络,任何法人、企业、NGO 等相关方都可以发表意见,并被请到欧盟总部进行交流。征求来的公众意见将在今后的规则修改中一条条落实。

当前 EU-ETS 的运营情况并不乐观。为了刺激碳价恢复,欧盟成立了一个“碳排放稳定基金”,不久会实际运行。当前欧盟气候工作的重点是处理英国脱欧对 EU-ETS 的影响和 2030 年计划的修订。

五、对我国的启示

当前《巴黎协定》及其实施细则已进入实质性实施阶段,通过法治建设推动应对气候变化治理进程,维护国家利益和国际形象,提升治理体系和治理能力现代化,已成为许多国家共识。我国应借鉴国际气候立法经验,通过立法尽快明确应对气候变化的主要目标和核心制度,推动应对气候变化尽快走上法制化轨道。[4]

(一)以法律提升战略规划中减排目标的强制性和约束力

德国在开展联邦气候立法前企图仅以行动计划的形式制定减排目标并督促目标落实。在行动计划中主要是对部门采取激励性的措施推进减排,但从 2014 年以来开展的减排目标进展评估显示目标难以实现,在巴黎气候大会前,德国为了确保 2050 年的长期目标增加了 109 项行动措施。在 2016 年马拉喀什气候大会前,德国国内对于开展单独的气候变化立法仍未达成共识。在 2018 年卡托维兹气候大会前,德国国内认识到在既有减排路径下难以实现国家的原定目标,正式启动了国家气候立法进程。

我国《国家应对气候变化规划(2014—2020 年)》中提出了“到 2020 年单位国内生产总值二氧化碳排放比 2005 年下降 40%~45%”的强度目标,2015 年进一步提出 2030 年左右二氧化碳排放达到峰值并争取尽早达峰、碳强度比 2005 年下降 60%~65%的中长期目标。2018 年,我国碳排放强度比 2005 年下降 45.8%,超额完成 2020 年碳强度下降中期目标,应对气候变化目标引领作用初步显现。在开展国家应对气候变化立法和重大气候政策制定过程中,应该努力将这些目标纳入法律,通过国家法律的强制力保障减排目标的实现。

(二)在气候立法过程中最大限度凝聚利益相关方共识

德国气候立法是通过科学、规范程序实现各利益相关方取得共识的过程。德国联邦政府内部的立法参与过程分为正式和非正式两种。“非正式参与过程”主要是在联邦政府内部进行的,主要包括:找各利益相关部门充分讨论;将草案送相关部门会签形成共识;各部门之间就法律草案进行平衡;形成联邦政府内部各部门已经协调好的一个法律草案。“正式参与过程”,是指法律草案

---

〔4〕 参见李艳芳:《各国应对气候变化立法比较及其对中国的启示》,载《中国人民大学学报》2010 年第 4 期。

在联邦政府正式提交到联邦议院之前所要开展的立法工作,主要包括:征求利益相关方的意见;进行“听证”,近几年还增加了网上公开征求立法意见的形式;对法律草案进行归纳整理和吸收;将草案提交“立法复审委员会”进行再次审查。同时德国在气候立法过程中非常注重公众参与和信息公开,了解各方面对法律草案的具体态度,消解可能产生的社会阻力。

我国在开展应对气候变化立法、重大政策和重大制度制定过程中,也应本着信息公开、公众参与、公众监督的原则开门立法,广泛听取地方政府、企业和公众代表、社会团体的意见建议,以减小立法阻力。〔5〕 在应对气候变化法治建设中,应注重国家和地方气候管理部门的充分沟通,同时推进国家和地方的气候立法进程。

(三)在气候立法后建立定期跟踪评估机制

气候政策法规具有一定的前瞻性。为了保证气候政策的有效性,德国联邦政府规定了每五年一次的报告和政策评估制度。政府相关部门需要分别向联邦议院、“行动大联盟”和气候变化主管部门提交气候政策实施情况报告。德国议会根据气候报告评估结果,对中长期气候政策进行修订。在州级层面,德国巴州环境、气候保护和能源部负责每三年按照《巴州气候保护法》和《巴州能源和气候保护计划》的要求作一个气候保护工作报告,巴州议会负责对《巴州气候保护法》和《巴州能源和气候保护计划》的落实情况进行每五年一次的评价。

我国实施了积极应对气候变化的国家战略,有必要结合国家重大政策、重大改革、重大项目后评估制度,〔6〕评估现行应对气候变化政策进展,知不足而后知进步。我国2014年印发的《国家应对气候变化规划(2014—2020年)》已近收官之年,除碳强度下降目标已超额完成、碳排放快速增长局面得到初步扭转外,有关非化石能源占比、森林面积和蓄积量、产业结构和能源结构优化的目标,重点领域和工业生产过程的温控效果,以及有关低碳试点示范、适应气候变化、能力建设、国际交流合作的规划目标落实情况均需评估;我国在2013年印发的《国家适应气候变化战略》中提出了多项到2020年重点领域适应气候变化的战略目标,也亟须跟踪战略目标进展,以为起草新的适应战略打好基础;我国2014年出台的部门规章《碳排放权交易管理暂行办法》作为当前国内

〔5〕 参见田丹宇:《国外应对气候变化管理体制研究》,载《世界环境》2019年第1期。

〔6〕 参见于文轩、田丹宇:《美国和墨西哥应对气候变化及其借鉴意义》,载《江苏大学学报》(社会科学版)2016年第2期。

碳交易的最高层级法律依据,需要根据机构改革、全国碳市场建设进展及时更新并提升立法位阶。地方层面,山西省和青海省颁布的省级应对气候变化管理办法,石家庄市和南昌市出台的市级低碳发展促进条例也需要开展执法检查。

对于规划、战略或地方立法中推进迟滞的应对气候变化目标,应优先考虑将其纳入更高层级的法律规范,推进出台碳排放权交易条例和国家应对气候变化法,为收官“十三五”规划、布局“十四五”规划、开展《巴黎协定》要求的国家自主贡献进展评估,实现对中长期温室气体排放的有效控制提供法制保障。

《环境资源法论丛》
第12卷,第154~175页

德国可再生能源电价市场化补贴之立法实践研究*

吴悦旗**

摘　要　自2000年德国可再生能源正式立法至今,共出台了六个修订版本,分别针对不同时期可再生能源发展的现实矛盾及阶段性目标制定新的补贴机制,以推动可再生能源更好发展。可再生能源产业不断发展的同时,随之而来的财政补贴负担过重与可再生能源产能过剩等问题,引起了德国立法者和社会的关注。为应对可再生能源"井喷式"发展并平抑可再生能源上网电价,《可再生能源法(2014)》首次提出将固定的"粗放型补贴"转向变动的"集约型补贴",完成了修法历程的一次蜕变,使德国可再生能源的财政压力、产能过剩及电价高企等问题势头得到遏制和缓解。在可再生能源法市场化阶段,其核心制度的变动情况值得关注。

关键词　德国可再生能源法　上网电价　市场化补贴　制度变革

一、《可再生能源法(2014)》的主要变更

基于最重要的上网电价形成机制,德国可再生能源法的六个版本可划分

---

* 本文为广州市哲学社会科学发展"十三五"规划2020年度共建课题"绿色建筑推行与管理机制研究"(课题编号:2020GZGJ137)的阶段性成果。

** 吴悦旗,广东外语外贸大学南国商学院讲师,欧洲学博士。

为三个发展阶段,包括 1.0 阶段(固定电价制度)、2.0 阶段(市场化补贴制度)及 3.0 阶段(全面招标竞价制度)。经历了“可再生能源法 1.0”阶段的政策加持及资本助推,可再生能源产业也品尝到一波发展红利。但物极必反,作为德国政府能源转型战略核心之一的可再生能源法,在产业红利爆发期却面临着偏离航道的风险。[1] 该风险的成因不一,首当其冲的却是“成本超常”。风电和太阳能光伏近乎疯狂的扩张,已动摇可再生能源法律体系的基础,造成沉重的财政负担、昂贵的电费支出及过量的电力剩余。无论是国民经济层面,还是能源经济层面,无限制的优先并网和固定不变的偿付标准,导致德国可再生能源体系崩溃的可能性被加速放大。因此,2014 年的可再生能源法改革势在必行,也正当其时。

(一)立法目的功能转向——强调“经济可行”

有别于可再生能源法 1.0 阶段立法目的的功能性,到 2.0 阶段,其立法目的的功能性由“能源安全”转向“经济可行”,即从关注能源功能转为关注经济功能。德国立法者认为,由于经济领域涉及范围的广泛性,因而可再生能源法的经济功能所涉及领域也相应广泛。[2] “经济可行”,从狭义的角度理解,是指国民应当享有充足且廉价的能源供应;从广义的角度理解,则是指持续提升可再生能源产业效能,深挖相关经济领域的潜力。例如,以可再生能源产业的发展带动德国可再生能源产业及其延伸产业的就业岗位创造以及形成 GDP 的增量。

1.“可再生能源法 2.0”的立法目的

根据《可再生能源法(2014)》第 1 条第 1 款,该版本的立法目的原则上首先是“为了有可能在保护气候与环境的前提下使能源供应得到可持续性发展,为了通过长期的外部效应也能降低能源供应的国民经济成本,为了保护化石能源资源,为了继续发展可再生能源发电技术”。[3] 从该条款的字面上看,《可再生能源法(2014)》与《可再生能源法(2012)》没有什么变化。有学者认为这样表述的立法目的抽象且不含直接的法律效力,不能将其仅仅理解为法律政策。[4] 确切地说,这样的表述既是一个标准,也是一个原因解释,解释可

---

[1] Matthlas Knauff, Die Ausschreibung der Ökostromförderung nach dem EEG aus verfahrensrechtlicher Perspektive, in: EWeRK 3/2016, S. 160.

[2] 参见杜群、王利等:《能源政策与法律——国别和制度比较》,武汉大学出版社 2014 年版,第 580 页。

[3] EEG-2014, § 1(1).

[4] Christoph Moench, Das EEG 2014-Überblick und Ausblick, Generiert durch Philipps-Universität Marburg, 1. Dezember, 2019. https://doi.org/10.5771/9783845257556_9.

再生能源法为什么要干预该法律中相关的各参与者的基本权利，而标准则被用作阐述和诠释整个法律的尺度。

为达到此立法目的，可再生能源法的各修订版本内里均追求阶段性具体目标，其被写进该法的第1条第2款第一句。《可再生能源法(2014)》的具体目标就是不断地、高成本效益地提高可再生能源电力在总电力供应中所占的比重，2050年至少提高到80%。[5]

(1)不断增加可再生能源电力供应

为了达到第1条第2款第一句所述之扩建目标，紧跟着的第二句就设定了两个步骤："2025年至少提高到40%~45%，2035年至少提高55%~60%。"[6]此处涉及"在奔向能源供应广泛转型的道路上"[7]的期间目标。第1条第2款第二句里写明的扩建路径应该为电力领域"保障"了一条不间断的、可持续的扩建路径。以这种方式扩建可再生能源电力的成本应该得到控制。另外，这条扩建路径应该为传统能源经济参与者(如电网运营商、传统发电设备运营商)规划后续可行的转型出路。这样才能使电力系统转型实现效率最优、效益最大，才能较好地实现电力生产扩建与电力输送扩建同步进行。

为了完成第二句中的期间步骤，德国立法者在第3条为大部分可再生能源发电技术规定了每年的扩建量。陆上风电机组的年扩建量是2500兆瓦，此处指的是净扩建量，即一年内关停的额定装机容量要在同一段时间内安装的额定装机容量内扣除。太阳能光伏发电机组的年扩建量也是2500兆瓦，而此处指的是总值，因为在光伏领域不存在大量的机组关停。海上风电机组的年扩建量在2020年应该提升至6500兆瓦，2030年提升至15,000兆瓦，该扩建量已考虑到目前正在实施的海上项目进展，这些项目给离岸风电提供了可靠的扩建前景。至于生物质发电机组的扩建，第3条第4项设定了每年不超过100兆瓦的限制量，这部分电力生产的原料首先要考虑生物质废料。[8]

截至2013年年底，德国可再生能源发电设备的总装机容量为84.34兆瓦。其中太阳能光伏发电设备装机容量为35.95兆瓦，风电设备装机容量为34.66兆瓦，两部分合计70.61兆瓦，在德国可再生能源发电设备的总装机容量的比重超过80%。可再生能源电力在国内总耗电量中的比例，2012年上升到

---

[5] EEG-2014, § 1(2).

[6] EEG-2014, § 1(2).

[7] Die Rede von Bundeswirtschaftsminister Gabriel ist im Internet abrufbar, 1. Dezember, 2019. http://www.bmwi.de/DE/Mediathek/videos,did=644290.html.

[8] EEG-2014, § 1(3).

23.6%,2013 年上升到 25.3%。[9]

(2)基于成本效益扩建可再生能源电力

各类可再生能源电力扩建的关键应该落在成本效益上。[10] 可再生能源电力生产中成本效益的提高主要通过递减对技术研发的资助(补贴)额度实现。

为了确保实际扩建严格恪守《可再生能源法(2014)》第 3 条规定的扩建路径,[11] 德国立法者对此还设计了专门的控制手段。控制手段指的是若干自动适应补偿的机制,这些机制被立法者写进了《可再生能源法(2014)》的第 29 条(陆上风电)和第 31 条(太阳辐射能电力)。具体来说,新修订版给陆上风电资助的月递减额度为 0.4%(第 29 条第 2 款),给太阳辐射能电力资助的月递减额度为 0.5%(第 31 条第 2 款第一句)。只要陆上风电的净扩建或太阳辐射能电力的总扩建不偏离各自的目标路径(目标量),这些递减值就有效。陆上风电设备的目标量(第 29 条第 1 款)和太阳辐射能发电设备的目标量(第 31 条第 1 款)一样,均为每年 2400 兆瓦至 2600 兆瓦。超过目标量时,递减额逐级上升(陆上风电见第 29 条第 3 款,太阳辐射能电力见第 31 条第 3 款);未达到目标量时,资助额递减减少(陆上风电见第 29 条第 4 款,太阳辐射能电力见第 31 条第 4 款第 1 项、第 2 项);远未达到目标量时,资助额反而上升(陆上风电见第 29 条第 5 款,太阳辐射能电力见第 31 条第 4 款第 3 项)。[12] 因此,递减额度取决于已装机容量在 12 个月内超过目标量的兆瓦数。

2. "可再生能源法 2.0"的立法原则

除了第 1 条第 1 款中的立法目的和第 1 条第 3 款第二句中的主要目标,立法者在第 2 条中表达了《可再生能源法(2014)》的诸项基本原则。这些原则在内容上体现了《可再生能源法(2014)》的价值取向,可以被理解为政策指导方针。第 1 条第 1 款确定了新制定的"整个能源供应体系的转型"这样的基本原则。第 1 款、第 2 款共同奠定了可再生能源电力电网一体化及市场一体化的基本原则。第 3 款阐述了成本效益的基本原则,第 4 款订立了成本公平分配的基

〔9〕 Arbeitsgemeinschaft Energiebilanzen (AGEB), Auswertungstabellen 1990 - 2018 (Datenstand August 2019), 15. Dezember, 2019. https://ag-energiebilanzen.de/4-0-Arbeitsgemeinschaft.html.

〔10〕 Kommission, Leitlinien für staatliche Umweltschutz-und Energiebeihilgen 2014-2020 ABl. 2014 C 200, S. 1.

〔11〕 EEG-2014, § 3.

〔12〕 EEG-2014, § 29 & § 31.

本原则。第2条第6款通过竞争方式引入了招标竞价原则,即只要满足第1~3项的要求,招标将以每年至少5%的比例向欧盟境内的其他国家开放。〔13〕

(1)容量控制原则

容量控制机制的意义与目的是“保证生产方的中长期供应可靠”(能源转型的三项平衡目标之一)。容量控制机制应该能够引导社会资本对于传统能源发电厂的投资热情,源于传统能源发电厂可以用于平衡由可再生能源的不确定性而引起的日间发电量的波动起伏。为了确保在风电和太阳能电力中断生产时所导致的电力供应,德国境内需要80吉瓦时至85吉瓦时的可靠安全电力,这些电力目前可以由现存的传统能源发电厂提供。〔14〕德国现存的燃气电厂大多由于低廉的电价而入不敷出,几乎所有的城市燃气电厂都是这样,多数能源供应企业的大型燃气电厂也是一样。截至2014年年底,联邦网络管理局共收到约35,000兆瓦的发电厂关停申请待处理。〔15〕如何确保必不可少的电力供应,必须找到永久且可行的解决方案,这是能源转型战略的一个关键话题。

容量控制机制既可以价格为基础,也可以容量为基础(如同可再生能源电力的各种资助方式)。基于价格模型以固定的容量报酬为基础(也被称作容量支付)。〔16〕通常意义上来说,容量的大小是由市场决定的,但在固定价格体系中,总有某些容量虽然预期可完成,而实际却无法完成,需要通过中心调整以适应现状。因此,基于价格的调控机制实际没有自由,价格不自由、容量也不自由。基于容量的模式,其标志是可以精确地确定所期望的容量,相关容量的价格由市场决定,因而容量市场也属于基于容量的模式。容量市场的目标在于发电厂具有两个财政收入来源:一是现存的大宗贸易市场,二是为发电厂容量新建立的市场。

关于建立容量市场的必要性,在科学界与能源界已经达成了共识。2014年第三季度,联邦经济部发表了一本关于电力市场的绿皮书,总结了该话题当前的讨论状况,为接下来与相关协会、各联邦州以及科学界的咨询探讨奠定了

---

〔13〕 EEG-2014, § 2.

〔14〕 Kreuter-Kirchof, Grundrechtliche Maßstäbe für eine Reform des EEG, in: NVwZ 2014, S. 770.

〔15〕 Susann Pankow, *Die Weiterentwicklung des Erneuerbare-Energie-Gesetzes (EEG) für die zweite Phase der Energiewende*, 2015, S. 6.

〔16〕 在这种机制(模式)中,由某上属机构决定需要多少容量以确保供电可靠。在此基础上按已装机容量或可随时提供的容量支付。使为急需而保留的容量的成本得以全面覆盖。在西班牙和爱尔兰有通过行政手段确定容量支付的例子。

基础。其讨论的结果已于2015年以白皮书的形式展现,以此说明具体的措施并着手立法。

(2)成本效益原则

按照《可再生能源法(2014)》第2条第3款所述的成本效益的基本原则,"可再生能源发电和沼气发电的财政资助应集中于成本低廉的技术"。[17] 通过此原则和扩建资助的递减,《可再生能源法(2014)》减少了过度资助,废止了给予地热能发电奖励(《可再生能源法(2012)》第28条第2款)[18]或风能改建发电奖励(《可再生能源法(2012)》第30条)。[19]

在持续扩建可再生能源电力行业的今天,在不断用可再生能源电力替代煤电、油电、核电的当下,实现可再生能源法中树立的目标不再是供电企业独自承担的责任和义务。随着能源生产日趋分散化,从中产生了一个高度的责任感,从能源生产分散化中获益的人要有这种责任感。将在能源生产分散化过程中获益的人视作独立供电的个体,他们凭借至今仍存在的特许权利生产自身所需的电力,不用考虑市场上电价的变化,当自产电不够时就利用电网电补充,自产电富余时则并入电网。事实上,上述自产电的行为无益于社会上必不可少的电力供应的灵活性。提高德国的经济竞争力也属于第2条第4款提到的"能源经济角度"。因此,成本效益的基本准则和成本合理化实质上是这样得到贯彻的:将自产电纳入可再生能源分摊税的征缴范围,继续贯彻和发展可再生能源法中的特别均衡条款。[20]

(3)市场一体化原则

《可再生能源法(2014)》第2条第5款重新提出了确定并网补偿额度和资助额度的基本准则。根据这项基本准则,资助额度及资助对象的确定方式,由行政手段转变为招标竞价。但该法提及的招标竞价仅处于试验阶段,资助对象也未完全开放。根据《可再生能源法(2014)》第2条第5款第一句,在制度转换的过程中应该先探寻、积累最初的经验,以太阳能地面光伏发电设备招标为试点。这个试验模式"应该为其他可再生能源发电资助的转型做好准备",试点经验的普及需要以法律形式加以落实。[21]

《可再生能源法(2014)》第2条第6款补充了通过市场化竞争的方式确定

---

〔17〕 EEG-2014, § 2.

〔18〕 EEG-2012, § 28(2).

〔19〕 EEG-2012, § 30.

〔20〕 EEG-2014, § 40-51.

〔21〕 Begründung zum Gesetzentwurf der Bundesregierung (BT-Drs. 18/1304, S. 149).

资助的基本原则。遵照这一规则,每年的招标都要有不少于5%的额定装机容量预留给其他的欧盟国家。然而欧盟内的开放与严格的先决条件紧密关联,如果德国境外的中标项目所生产的电力需进入德国,则必须提供进口书面证明,而资助必须遵循此原则,必须同步采取可再生能源指令的合作措施。〔22〕

(二)附加费分摊规则与透明度要求的变更

基于"经济可行"目标的要求,当利用国际能源市场手段保障能源供应安全时,不可避免会涉及能源国际贸易与境外能源投资,因而德国政府通过调整可再生能源附加费分摊规则,在由全社会分摊可再生能源发展成本的同时有效地保护了用电密集型企业的国际竞争力;通过提高透明度要求,对各参与主体分别设置了相应的信息披露规定。

1. 进一步优化了可再生能源附加费的分摊规则

根据可再生能源法规定,德国可再生能源的补贴来源于电力终端消费者(含企业和个人),即电力终端消费者以支付随电费征收的可再生能源附加费的方式,全额承担能源转型成本。在《可再生能源法(2014)》中,基于成本因素的考量,德国政府进一步优化了可再生能源附加费的分摊规则,一是将自产自用用户纳入分摊范围内,二是减免用电密集型企业(用电大户)的分摊费用。

(1)自产自用用户

《可再生能源法(2014)》第5条第12款,将"自我供电"的定义首次进入可再生能源法。根据该定义,"自我供电"指的是"由电力用户自产自用的电力,不经过任何电网,且发电设备由电力用户操作运行"。〔23〕在1.0阶段的可再生能源法中,电力用户自发自用的电力是无须支付可再生能源附加费的。与2014年6.24欧分/千瓦时的可再生能源附加费相比,无须承担可再生能源附加费,必然导致越来越多的电力用户选择自产自用的电力,形成自发自用发电设备显示公平的竞争优势。

可再生能源电力的自产自用,尤其是光伏发电,是一个具有前景的解决方案,有利于解决能源系统灵活性的问题,应当获得支持,且开发和实施须处于有效的监管框架内。根据《可再生能源法(2014)》的规定,对于新投产运行的发电项目,2014年8月1日之后需支付一定比例的可再生能源附加费,2015年增加至30%,2016年增加至35%,2017年起维持在40%;基于不溯及既往原

---

〔22〕 Markus Kahles und Fabian Pause, Öffnung nationaler Fördersysteme für Strom aus erneuerbaren Energien aus anderen Mitgeliedstaaten, in: EnZW Heft 20/2015, S. 776.

〔23〕 EEG-2014, § 5(12).

则,2014 年 8 月 1 日之前投产的发电项目政策不变,无须支付可再生能源附加费。〔24〕

自产自用的电力用户参与分摊可再生能源附加费(第 61 条第 1 款第一句),〔25〕事实上导致发电设备运营商与供电企业彼此没有什么区别,因为双方都要给输电网运营商交纳附加费。于是,德国立法者们订立了一些例外规定,形成了一个综合体系。同时,在修订过程中,德国立法者们也看到了针对上述规定来自宪法角度的大量批评。〔26〕

(2)用电密集型企业

可再生能源附加费的特别均衡规定在《可再生能源法(2014)》中被彻底重塑,并在第 63 条至第 69 条进行了详细规定。〔27〕 主要针对用电密集型企业和电气铁路企业,这些部门属于《可再生能源法(2014)》附件 4 所提及的行业,里面列举了拥有申请减免优惠权利的行业,其中名单 1 包含 68 个行业,名单 2 包含 151 个行业。〔28〕 特别均衡规定的目的在于限制由资助引起的用电密集型企业和电气铁路企业的纳税负担。〔29〕 因此,为了保护本国工业的国际竞争力,德国绝大部分可再生能源发展成本都是由居民用户承担。但这并不意味着用电密集型企业可以完全豁免,因为特别均衡的规定不会完全免除用电密集型企业的附加费,只会根据相关标准降低。《可再生能源法(2014)》将减免优惠的范围限定在电费成本占总成本比例极高的用电密集型企业,这些企业必须是处于严酷国际竞争中,要保证其竞争力不受影响,因而德国政府对于享受可再生能源电价附加减免优惠的工业企业范围进行严格限定并大幅缩小范围。

2. 进一步提高了可再生能源发电项目的透明度要求

《可再生能源法(2014)》第 6 条详细规定了可再生能源发电设备注册登记义务,自 2014 年 8 月 5 日起,发电设备注册登记由联邦网络管理局负责执行,具体操作细节由《关于可再生能源和矿井瓦斯发电装置登记册的条例》

---

〔24〕 EEG-2014, § 31.

〔25〕 EEG-2014, § 61.

〔26〕 Matthlas Knauff, Die Ausschreibung der Ökostromförderung nach dem EEG aus verfahrensrechtlicher Perspektive, in: EWeRK 3/2016, S. 160.

〔27〕 EEG-2014, § 63-69.

〔28〕 EEG-2014, Anhang 4.

〔29〕 Verordnung zur Ausführung der Verordnung zur Weiterentwicklung des bundesweiten Ausgleichsmechanismus (Ausgleichsmechanismus-Ausführungsverordnung-AusglMechAV) vom 22. February 2010.

(Anlagenregisterverordnung, AnlRegV)进行规定,联邦经济部基于《可再生能源法(2014)》第93条颁布了AnlRegV。根据AnlRegV,第5条第1项意义上的、于2014年8月1日后投产的所有可再生能源发电设备都要在联邦网络管理局注册登记;投产运行后3周内未进行注册登记的设备,将失去从投入运行到追补注册之间的补偿享有权。[30]

发电设备注册登记的功能首先是提高可再生能源电力领域的透明度。注册登记的目的是掌握新建设备的扩建量,就此来看,这也是《可再生能源法(2014)》建立的自动适应补偿机制功能的基础,以备所需的能源经济信息,一方面减轻了总扩建量调控的难度,另一方面减轻了可再生能源电力融入能源供应体系的难度。按照德国立法者的意图,在中心控制点详细呈报扩建的信息,可以更好地照顾国民的利益,有助于全民接受能源转型。[31]

(三)电力系统参与各方的法律关系之变更

在德国电力系统中,从可再生能源法1.0阶段基于“全额收购、优先上网”的原则过渡到2.0阶段基于“直接销售、溢价补贴”的原则,参与主体虽然没有发生变化,但各参与主体间的法律关系与权利义务却产生了重大差异。下面以可再生能源电力及费用流向说明《可再生能源法(2014)》中参与主体间的法律关系与权利义务的变化。

如图1所示,在1.0阶段,根据可再生能源法关于各参与主体权利义务的规定,其一,电力流向,采用“固定电价制度”,可再生能源发电设备运营商生产出来的电力,由输电网运营商依据法定上网电价优先全额收购,后经由电力交易市场(电力现货市场)批发至各区域的供电企业;供电企业向其所在区域的终端用户分销零售所采购的电力。其二,费用流向,可再生能源发电设备运营商所在区域的输电网运营商,须不计成本地收购可再生能源电力,并按法定上网电价偿付,这部分是其费用流出。其费用流入则来自两部分:一部分是输电网运营商的售电收入,主要是终端用户向供电企业支付的电费;另一部分是经由可再生能源账户向输电网运营商支付的固定补贴。

---

[30] AnlRegV, § 93.

[31] Gesetzentwurf der Bundesregierung. Entwurf eines Zweiten Gesetzes zur Änderung des Erneuerbare-Energien-Gesetzes, http://dipbt. bundestag. de/doc/btd/18/048/1804891. pdf, December 1, 2019.

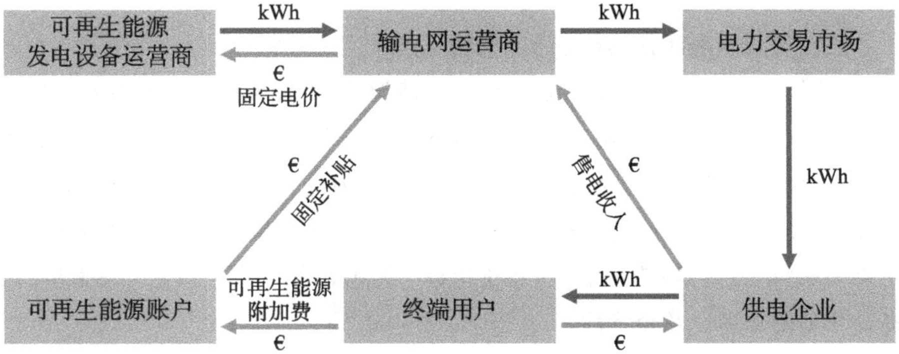

图 1 "可再生能源法 1.0"阶段电力市场各参与主体关系

如图 2 所示,在 2.0 阶段,根据可再生能源法关于各参与主体权利义务的规定,其一,电力流向,采用"直接销售制度+市场溢价制度",可再生能源发电设备运营商生产出来的电力,直接经由电力交易市场(电力现货市场)批发至各区域的供电企业;供电企业向其所在区域的终端用户分销零售所采购的电力。其二,费用流向,可再生能源发电设备运营商的费用流入来自两部分:一部分是其售电收入,主要是终端用户向供电企业支付的电费;另一部分是经由可再生能源账户向其支付的溢价补贴。[32]

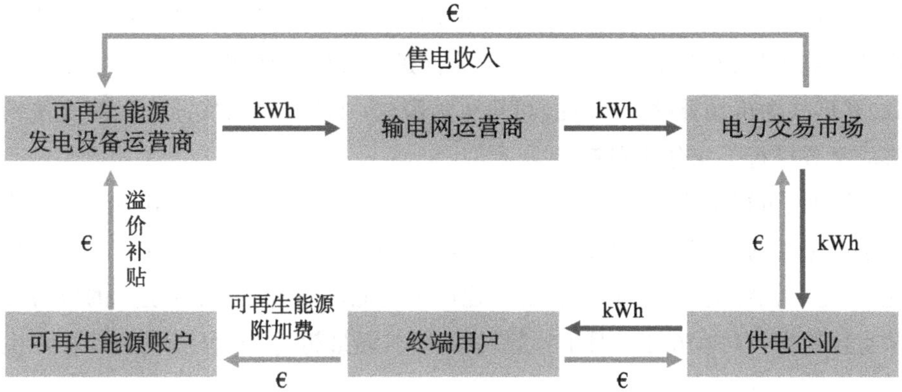

图 2 "可再生能源法 2.0"阶段电力市场各参与主体关系

〔32〕 Lippert, *Beiträge zum neuen EEG* 2014, München: Moench/ Dannecker/ Ruttloff (Hrg.), 2014, S. 105.

二、《可再生能源法(2014)》的探索之路

德国可再生能源的成功得益于可再生能源法,或者说得益于振奋人心的补贴政策,但日益沉重的补贴负担,不仅仅预示着某种市场失灵的可能性,更有可能成为制约德国能源转型战略实施的障碍。[33] 因此,《可再生能源法(2014)》的颁布实施可以称得上是一种尝试,一种对于调节优化补贴体系的有力尝试,主要采取"电力直销+市场溢价+竞价招标"等制度,核心在于控制补贴额度,以提升补贴的合理性及经济性。

(一)可再生能源电力的直接销售制度

1.直接销售制度的法律规定

长久以来,利用可再生能源发电的政策,虽然一直得到了德国国家层面的财政支持,但实质几乎完全与市场相脱离。德国政府一直想营造一个特殊的环境,让可再生能源电力行业不受市场影响并无竞争压力地发展。这样做的结果是法定的并网补偿,这种制度的危险之处在于与市场脱节。[34]

近年来,可再生能源电力融入电力市场日益成为德国政府重要的施政目标,消除行政干预的影响力,更多地以市场价格为导向,在使用可再生能源电力时应该越来越多地发挥市场价格的信号作用,以激励可再生能源运营商按需求组织生产。最早在《可再生能源法(2009)》中规定了直接销售的具体规定;[35] 到了《可再生能源法(2012)》,为促进直接销售而制定的规定则全面细致,其形式为市场补贴。[36] 在《可再生能源法(2014)》中,实际上已对直接销售的义务进行了充分的完善。[37]

即使《可再生能源法(2014)》大面积推广可再生能源电力,其改革的步伐也是渐进式的,而非一蹴而就,从该法第37条就可看出。自2014年8月1日起,额定装机容量超过500千瓦的新建可再生能源发电机组,其生产的电力必须直接销售;自2016年1月1日起,额定装机容量超过250千瓦的新建可再生

[33] Susann Pankow, *Die Weiterentwicklung des Erneuerbare-Energie-Gesetzes (EEG) für die zweite Phase der Energiewende*, 2015, S. 2.

[34] Gesetzentwurf der Bundesregierung. Entwurf eines Zweiten Gesetzes zur Änderung des Erneuerbare-Energien-Gesetzes, http://dipbt. bundestag. de/doc/btd/18/048/1804891. pdf, December 10, 2019.

[35] EEG-2009, § 33a-33i.

[36] EEG-2012, § 37.

[37] EEG-2014, § 34-36.

能源发电机组,其生产的电力必须直接销售;自 2017 年 1 月 1 日起,额定装机容量超过 100 千瓦的新建可再生能源发电机组,其生产的电力必须直接销售。[38]

2. 直接销售制度的具体措施

可再生能源电力进入市场的最重要制度就是有补贴的电力直销。《可再生能源法(2014)》第 2 条第 2 款规定,"为了市场一体化,利用可再生能源生产的电力应该直接销售",[39] 以此强调了新增设备的直销义务,德国立法者们称为"核心轨道变轨"。[40]

(1)市场补贴的先决条件

《可再生能源法(2014)》第 35 条声明了市场补贴请求权的先决条件。其一,上游电网运营商无须支付电网费用。依据第 35 条第 1 款的规定,可再生能源发电设备运营商不得以直销电力要求电网运营商支付电网费用。该条款排除了重复补贴。其二,关于设备可遥控性的规定。[41] 依据第 35 条第 2 款的规定,可再生能源发电设备须可遥控,这一要求是要确保设备能视市场形势而运行,尤其是要与市场上的交易价格相吻合。[42] 可遥控性的核心意义在于能够远程撤回设备的实际并网,能够减少并网容量。其三,关于收支账户的规定。须在一个收支账户中结算电力,在该账户中只结算获市场补贴而直销的可再生能源电力。建立并使用"纯粹的"市场补贴结算账户能够形成必要的透明度,可以避免滥用舞弊。[43] 实际意义是,可以进行涉及直销的统计学的评估鉴定,可以杜绝重复利用重复销售同一批电力现象的发生。

(2)市场溢价与补贴额度

市场溢价制度,既考虑到可再生能源发电的真实成本状况与价格政策需求,又与电力市场中的电力竞价挂钩。事实上,为了鼓励可再生能源更好地参与市场竞争,自《可再生能源法(2012)》起,德国政府对太阳能光伏发电就已开

[38] EEG-2017, § 37(1)-(3).

[39] EEG-2014, § 2(2).

[40] André Lippert, Die Markt-und Netzintegration Erneuerbarer Energien im EEG 2014, Generiert durch Philipps-Universität Marburg, https://doi.org/10.5771/9783845257556_105, November 1, 2019.

[41] EEG-2014, § 35(1).

[42] EEG-2014, § 35(2).

[43] EEG-2014, § 75.

始试行市场溢价制度。〔44〕 而到了《可再生能源法(2014)》,市场溢价制度的适用范围得到了进一步扩大。根据《可再生能源法(2014)》,2016年前投运的500千瓦(含)以上的可再生能源发电项目、2016年及以后投运的100千瓦(含)以上的可再生能源发电项目,均适用市场溢价制度。〔45〕

德国的市场溢价,按日历月追溯结算,补贴额度(MP)是月度各类可再生能源发电技术固定电价(AW)与月度电力市场的均价(MW)之差。〔46〕 与《可再生能源法(2012)》第33条规定的市场补贴相比,《可再生能源法(2014)》第34条第2款中的市场补贴规定更为具体。与《可再生能源法(2012)》不同的是,今后只根据产品电力在线预测进行月市场值的测算。算出的结果由几家传输网运营商公布在它们共同的网页上。〔47〕 测算的基础是在几台有代表性的参考设备上测出的数据,参考设备位于各自的调节区。

(3)直销企业与接续直销

小型发电设备运营商担心由于缺乏经验而在交易市场上不能充分地卖好自己的电。〔48〕 因此,为避免影响参与者多样化,《可再生能源法(2014)》规定了直销企业的条件,使小型设备运营商也具有电力直销的机会。〔49〕 直销企业的业务中断停止(如破产)会导致"接续直销"(Ausfallvermarktung)事件发生。〔50〕 部分小型发电设备运营商(尽管负有法定直销义务)可将自己的电力出售给输电网运营商,由其作为接续直销者介入直销业务,而小型发电设备运

---

〔44〕 EEG-2012, §33. 依照第33条,一台设备一年的产量只有90%可以得到资助。发电人可自行处置剩余电量——既可以自行直销,也可以自行耗用。发电人通常采用自产自用、直接送给第三方或无资助地直销市场三种处理方式。第33条包含的标准应该已经在小范围内为退出固定的并网补偿系统做好准备,为可再生能源电力的竞争能力打开通路,将可再生能源电力引入市场。

〔45〕 Gesetzentwurf der Bundesregierung, BR-Drs. 157/14, S. 257.

〔46〕 EEG-2014, Anhang 1 (1).

〔47〕 EEG-2014, §77.

〔48〕 Gawel/Purkus, Einführung der Marktprämie im EEG 2012, in: ZUR, 2012, S. 587 ff.

〔49〕 EEG-2014, §5 (10). 第5条第10项说明了这样的企业,它们就是那些小设备运营人能够委托直销的企业。它们从事直销业务,或从小电厂收购电力,然后独立上市,成为电力商家。小电厂可以自由选择直销委托企业。

〔50〕 André Lippert, Die Markt-und Netzintegration Erneuerbarer Energien im EEG 2014, Generiert durch Philipps-Universität Marburg, https://doi.org/10.5771/9783845257556_105, November 20, 2019.

营商此时只能获得原有市场补贴的80%。[51] 以此风险转嫁能够降低成本，但也会影响小型设备运营商的补贴成本。

（二）太阳能地面光伏项目的招标制度

另一种更强烈地将可再生能源电抛向市场，解决电价问题的方式是招标制度。德国政府在与欧盟委员会达成共识下，[52]遵循了欧盟设想的组织资助的构成，首次将招标竞价模式写入《可再生能源法（2014）》，而这种模式在该版本中仅作为试验用途，且仅适用于太阳能地面光伏发电设备。

《可再生能源法（2014）》第55条第1款规定，联邦网络管理局必须为依照第19条建立的地面光伏发电设备生产的电力，或为依照第52条建立的这类设备的待运行的已装机容量确定资助额度，确定额度时要依照第88条所述及招标法规。[53] 第5条第3项将招标定义为，“客观、透明、无技术偏见的竞争程序”。[54] 第55条第1款提及的法规指的是颁布于2015年2月的《地面光伏电站招标规定》（FFAV）。该法规将法律里设定的招标程序细化，并规定了联邦网络管理局的组织费用以及垫款。

1. 招标与投标报价

（1）明确发电项目的招标进度计划。依照《地面光伏电站招标规定》第3条，太阳能地面光伏设备招标由联邦网络管理局组织举办，至2017年年底每年举办三轮（4月、8月、12月），招投量在100兆瓦至200兆瓦允许改变招投量，但须具备第4条设定的先决条件。改变招投量的目的是实现《可再生能源法（2014）》的扩建路径。

（2）投标人以及招标公告制作投标文件。几乎与每次发包程序一样，招标公告登在由联邦网络管理局的网页上，登载时间为每次的投标截止日前的第九周后至第六周前。公告后跟着提交投标文件报价，有兴趣的企业遵照《地面光伏电站招标规定》第6条行事。每个出价人可以报若干个价格，这些价格须符合《可再生能源法》第55条第2款的要求。投标文件的中心内容是项目规格（Gebotsmenge，投标量），按照《地面光伏电站招标规定》第2条第6项的要

---

[51] Moench/Lippert, Leitfaden zu den kommunalrechtlichen Anforderungen an die wirtschaftliche Betätigung von Kommunen im Energiebereich in Mecklenburg-Vorpommern, in: EnWZ 2014, S. 112.

[52] Communication from the Commission, Guidelines on State aid for environmental protection and energy 2014-2020(2014/C 200/01).

[53] EEG-2014, § 55 (1).

[54] EEG-2014, § 55 (2).

求以“已装机容量”说明。《地面光伏电站招标规定》第 2 条第 8 项称此数据为出价人在投标文件中说明的基础值(anzulegender Wert),即报出的价值(Gebotswert),以千瓦小时为单位,是出价人需要的资助额度。[55] 报价不得超出一个最高限,该上限产生于《地面光伏电站招标规定》第 8 条和第 51 条第 2 款第 3 项,以及《可再生能源(2014)》第 26 条第 3 款和第 31 条第 1 款至第 5 款。报价量不得超出的范围是 100 千瓦至 10 兆瓦装机容量。报价量不应作为项目实现的装机容量,使报价装机容量与最终实现装机容量之间有些回旋余地。报价时还应详细说明设备建立的位置,并出具证明,证明项目位置不违背建筑法。[56] 投标文件须符合使用联邦网络管理局要求的格式,在截止日前送达联邦网络管理局,过时报价无效。欲撤回投标文件取消投标必须在截止日前办理,否则只能保持原出价。根据《地面光伏电站招标规定》第 9 条第 2 款,联邦网络管理局不得在截止日前启封投标文件,此规定符合发包法标准。[57]《地面光伏电站招标规定》第 7 条交付保证金的要求也是有发包法的榜样可循。报价人须在投标截止日前交 4 欧元/千瓦定金(第一保证金),以此防止虚假投标。如果投标文件中包含了项目建设公开决议或最终建设计划,则第一保证金减半。[58] 其他情况须遵照 FFAGebV 第 2 条第 1 款为每一个报价交付保证金。

(3)招标人核验投标文件的有效性。开标后先检查该投标文件是否符合《地面光伏电站招标规定》第 9 条第 3 款规定的定标程序的准入要求。遵照第 10 条第 1 款,不符合期限等招标条件以及未交足保证金的投标文件须剔除。[59] 检查时如果怀疑出价人未在投标文件中说明的位置设计地面光伏设备,或怀疑投标文件有假,则考虑在《地面光伏电站招标规定》第 10 条第 2 款中列举的情况中做出选择,剔除该投标文件。[60] 若出现这种情况,联邦网络管理局可以依照《可再生能源法(2014)》第 3 条将检查上升为一种有规律的排查义务。如果由于能够进入定标程序的投标文件过少而出现相关出价人出局的风险,即低概率麻烦(geringere Übel),则被开除出局的可能性是不大的。同样,《地面光伏电站招标规定》第 11 条规定几条开除投标文件的理由,这些理

〔55〕 FFAV, § 2.

〔56〕 EEG-2014, § 26.

〔57〕 FFAV, § 9 (2).

〔58〕 FFAV, § 7.

〔59〕 EEG-2014, § 10 (1).

〔60〕 EEG-2014, § 10 (2).

由都是在“对所有情况大范围权衡”[61]的基础上决定的。出价人蓄意或由于大意提供了不符合实际情况的说明,或者出价人之间有报价约定的,都可能被取消投标资格。这些有关开除投标文件及报价人出局的规定从结构到功能都与发包法中的供货检查和适合度检查相对应,只是具体细节有部分明显偏差。

2. 开标程序

(1)合规且符合响应性要求的投标文件进入开标及定标程序。没有被开除出局的投标文件则进入开标程序。开标程序不是一个独立的程序,而是招标程序的组成部分。开标本身就是一个管理行为,具有发包法上的意义。该意义有民法上对某一供货进行承兑说明的作用,并导致合同签订。[62]

在所有投标文件的总量没有超出招投总量时,根据《地面光伏电站招标规定》第 12 条第 1 款,出价人都能在各自的价格范围内获得定标。[63] 然而招投量总有被超之时,按照第 12 条第 2 款,从最低报价开始依序定标,直到该轮招标量定满为止。[64] 遵照第 13 条第 1 款,各投标文件获得的定价与自己的出价一致(pay-as-bid)。这样的结果是所有的中标项目都能按自己的价格(Gebotswert)实现自己的投标量(Gebotsmenge),[65]同时意味着招标最高价以内的资助量无法预测。如何挖掘节约潜力,在多大程度上实现节约,完全取决于众投标在多大程度上实现了低价竞争。每一轮招投都给投标人留下预判价格的空间,尝试在最高价范围内最大限度地获得资助。

(2)招标人就定标结果依规发布中标公示,并告知所有投标参与人。遵照《可再生能源法(2014)》第 55 条第 4 款第一句,联系《地面光伏电站招标规定》第 14 条,联邦网络管理局须在其网站公布开标结果,并另外专门通知中标人中标消息。此外,联邦网络管理局还须立即通知被剔除出局和未获定标的投标,并说明理由。联邦网络管理局还须在其网站公布招标结果,其最重要的内容是该轮招标的最高和最低中标价格、所有中标的平均价格,以及对地面光伏设备的建立地点和计划状况的说明。[66] 联邦网络管理局还须遵照《可再生

[61] Gesetzentwurf der Bundesregierung, BR-Drs. 157/14, S. 227.

[62] André Lippert, Die Markt-und Netzintegration Erneuerbarer Energien im EEG 2014, Generiert durch Philipps-Universität Marburg, https://doi.org/10.5771/9783845257556_105, November 1, 2019.

[63] FFAV, § 12 (1).

[64] FFAV, § 12 (2).

[65] FFAV, § 13 (1).

[66] EEG-2014, § 55.

能源法(2014)》第55条第4款第二句,以及《地面光伏电站招标规定》第22条第3款给相关的电网运营商通知某台中标设备的资助结算,包括资助额度。还要给电网运营商告知当要求发电设备运营商支付罚金时所必需的说明。这些规定确保了招标程序中以发包法为榜样的广泛的前后透明度。这些通告同时使所有参与投标的项目人了解到中标的项目和应实现的项目。

(3)招标人依规向中标人收取履约保证金。定标后出价人必须遵照《地面光伏电站招标规定》第15条在10个工作日内交付第二保证金,保证中标项目实现投产。[67] 这一笔保证金一般为50欧元/千瓦。与第一保证金一样,第二保证金也减少一半,条件是投标文件中包含了项目建设公开决议或最终建设计划,或投标文件中能够做出这样的证明。第二保证金如不能如期交付,则根据《地面光伏电站招标规定》第20条第1款取消定标。[68]

尽管有标准规范机制,中标项目仍有可能无法实现。失败率如果达到不可忽视的程度,《可再生能源法(2017)》第3条设定的扩建目标就会受到损害。若某一轮招标的废除失效项目共计超过了30兆瓦(小概率极限 Bagatell-grenze),联邦网络管理局就应依照《地面光伏电站招标规定》第12条第3款在每轮招标的开标程序后进行一个追补开标程序(Nachrückverfahren)。所有参与投标但未获定标的项目统统参加,追补开标程序的容量与由于保证金不到位而被废除的项目的容量相等。

3.法律后果

招标中的拍板定标是资助请求权产生的必要条件。另外,定标项目还需要一个"资助受益权"(Förderberechtigung),用以实施接下来的管理行为,如项目建设、项目实现、设备投产以及产品并网等。《地面光伏电站招标规定》第21条规定了"资助受益权"的颁发,第20条第2款规定中标通知后的两年内须按照第14条申请"资助受益权"。定标项目的投标量可以转让给建立在其他地点的设备,但须接受资助折扣。实现容量算进扩建目标里,但投标时必需的项目关联不复存在,而中标人的资助受益权维持不变。

依照《地面光伏电站招标规定》第17条,出价人将自己的中标转让给第三方属违法行为。不允许进行投机性的投标,这类似于由无意实现项目的服务产业建立囤积公司。然而不触及中标项目的项目转让权,中标项目在获得资助受益权(Förderberechtigung)之后将自己的资助请求权(Förderanspruch)连同

---

〔67〕 FFAV, § 15.

〔68〕 FFAV, § 20 (1).

设备转让他人。[69] 如果招标方或中标方在条件允许情况下,收回一项定标,必须缴纳罚金。[70] 第39条设立了关于定标的请求权益保护的可能性。参与投标者有权利对发标方提起诉讼,联邦网络管理局必须为发标量超过第3条和第4条规定的招标量承担责任。按法律规范第三方不能反对已拍板的定标,使第三方通过请求权益保护也不能废除已经颁发的定标,这与发标法的内容一致。[71]

三、2.0阶段的立法评价

(一)固定电价制度与招标制度对比

1. 两种制度的共同点

(1)通过总量控制,保证生态效益。两个模式都使用了总量控制,使其相对于以价格为基础的可再生能源法有了较高的生态准确性。为使容量控制有效,两个模式都通过立法进行有力约束——法定电价或法定总容量。同样,规划安全方面两个模式中都设定了长期扩建路径或配额,因为投资可再生能源发电设备须以长远规划和长期折旧为基础。由于两个模式的高度准确性,电网扩建或整个能源转型都要更好地规划,以避免诸如未协调好的电网扩建带来的后续费用。

(2)通过分类资助,确保多元发展。两个模式都允许不同技术不同资助。而在通常的专业讨论中,不同技术不同资助不是可再生能源各种资助模式的本质特征。换言之,此处谈及的资助模式既可以构建成技术中立无偏袒,又可以构建成不同技术不同资助。[72] 不同技术不同资助机制中,国家指定能源混合体中哪种技术占多大份额。可再生能源法中的资助分类很细,不仅看能源载体技术,还要看设备建立的时间、设备的位置及规模。采取不同技术不同资助的原因,一是要厘清运用混合技术的生产者(资助)剩余;二是要实现供应可靠性目标,即关心建立比例平衡的能源混合体,不仅要最低成本,也要关注不同载体技术生产出的电力价值。电力价格从用电高峰时段的可用性中得出,从设备的可调节性及承担系统服务的能力中得出,如同从无功功率或从稳频

---

〔69〕 Susann Pankow, *Die Weiterentwicklung des Erneuerbare-Energien-Gesetzes (EEG) für die zweite Phase der Energiewende*, 2015, S. 55.

〔70〕 FFAV, § 19.

〔71〕 GWB-2016, § 168(2).

〔72〕 Susann Pankow, *Die Weiterentwicklung des Erneuerbare-Energien-Gesetzes (EEG) für die zweite Phase der Energiewende*, 2015, S. 76.

稳压中做好准备。电力价格不是单纯通过发电成本形成的,而是通过政府实施调控的结果。

2. 两种制度的不同点

(1)两个制度在生态效益方面的对比。如表1所示,在生态准确性准则下,招标制度略胜于固定电价制度,固定电价制度尽管在理论上也具有高的准确性,实际运作中达不到目标时有发生。

表1　固定电价制度与招标制度在生态效益方面的对比

对比	固定电价制度	招标制度
控制对象	价格控制	容量控制
扩容量与目标量	不完全一致 (实际扩容量高于目标总量)	基本一致
执行情况	存在较高浪费	执行程度高

(2)两个模式在成本效益方面的对比。如表2所示,从成本效益角度看,招标制度明显胜于固定电价制度模式。招标制度优点首先在于它高度的资助额度灵活性和持续的资助金竞争。固定电价制度的最大缺点主要在于资助金额不能按未来走势做调整,不能及时根据成本下降而降低资助额度。

表2　固定电价制度与招标制度在成本效益方面的对比

对比	固定电价制度	招标竞价制度
竞争	欠缺	电力市场(直销义务); 拍卖中一次性竞争
风险	扩建未能按时投入生产的风险	电力市场上的市场风险
资助灵活性	不灵活; 不能为现有设备按未来走势调整资助额度,因事先一次性确定的资助额是长期的	很灵活; 通过投标结果确定资助额度; 中标价格反映当前走势(如边际成本)
生产者剩余	较多	较多
交易成本	较高	较低
过度资助	有可能	无可能
总评价	高	很高

(3)两个模式在供应可靠性方面的对比。如表3所示,从供应可靠性角度看,招标制度明显胜于固定电价制度模式。招标制度鼓励按需供电入网,且供

应可靠性高于固定电价制度。

表 3 固定电价制度与招标制度在供应可靠性方面的对比

对比	固定电价制度	招标制度
鼓励按需求送电入网	无	有
可靠性评价	可靠性低,需附加措施	可靠性较高,仍需附加措施

(二)试验招标制度的意义与影响

根据《可再生能源法(2014)》第 2 条第 5 款,德国政府为建立在空闲地带的光伏设备进行试验性招标。〔73〕《地面光伏电站招标规定》中对提高可再生能源成本效益提供了扩建路径:首先通过采取集中发展成本低廉的能源技术策略,降低能源转型中的扩建成本;与此同时,采取公开招标使可再生能源设备与电力市场接轨,以削减过度资助。

2014 年至 2015 年,德国政府在地面光伏设备范围内成功地举办了三轮试验招标。根据光伏发电试验招标的经验、资助额度的测定以及必须参与招标的发电量或装机容量作出的报告所述,"为光伏设备举办的招标程序目前看起来基本上适合于大型太阳能项目"。该报告中还指出"不建议将光伏设备招标原封不动地转用于其他能源设备的招标",因为"精细的市场分析和招标规则适应于其他具体的市场环境,这两点构成了将光伏设备招标转用于其他可再生能源电力招标中的先决条件"。〔74〕

鉴于欧盟委员会的旨意"国家立法机构在欧盟的若干基本原则下致力于构建招标体制,最迟不晚于 2017 年内,努力在《可再生能源法(2014)》和《地面光伏电站招标规定》的基础上,制定相对简便的招标制度"。〔75〕 2014 年版本中的试验招标制度建设尽管不完整且有一定的复杂程度,但发包法上的标杆作用依然可见。从法律框架的可操作性上看基本上是可以肯定的。雷同于发包法也无妨,只要能针对约束对象的特有问题。总体上看该法已经清楚地表达了,资助利用可再生能源发电的新政策即为招标。可谓是德国可再生能源法发展进程中的又一个里程碑版本,为"可再生能源法 3.0"奠定了关键基础。

---

〔73〕 EEG-2014, § 2 (5).

〔74〕 Deutscher Bundestag, Unterrichtung durch die Bundesregierung-Ausschreibungsbericht nach § 99 des Erneuerbare-Energien-Gesetzes, Drucksache 18/7287, 2016. 01. 14.

〔75〕 Knauff, Die Ausschreibung der Okosteromforderung nach dem EEG aus verfahrenrechtlicher Perspektive, in: EWeRK, 3/2016, S. 160.

四、结语

本文对“德国可再生能源法2.0”阶段的法律制度变革进行探讨，并通过比较2014年已实施各类电价制度的特点，研判其对德国可再生能源发展阶段的适用性。经过14年的实施运行，德国可再生能源产业得到了长足发展，但由之而来的财政补贴负担过重与可再生能源产能过剩等问题，已然成为德国立法者与全体公民共同的痛点。如何让痛点转为突破点？这就是“德国可再生能源法2.0”阶段首要解决的问题。在此阶段，为应对可再生能源“喷井式”发展和平抑可再生能源上网电价，可再生能源法的立法目的已发生改变，发展可再生能源不应再“唯产能论”“唯规模论”，政府救市手段也逐渐由行政救市向经济救市过渡。因此，德国立法者计划对可再生能源电力入市的实施路径进行改革，《可再生能源法(2014)》的具体法律制度可归纳为“一个转型突破，两个创新尝试”：

“一个转型突破”，指的是全面实施可再生能源电力直销。电力直销制度是为推进可再生能源电力市场化进程而迈出的关键一步，从与电网运营商交易到与供电企业交易，可再生能源电力将直面市场，在电力现货交易市场(日间市场)中与传统电力直接竞争优先消纳资格。这并不意味着电力直销制度违背了可再生能源法关于优先入网的立法原则。由于较传统电力，可再生能源电力的特点是高投资成本、低运营成本和零燃料成本，其发电的边际成本无限接近于零，在日间市场中的竞价撮合必然优先成功。因此，在实施效果上，电力直销制度依然遵循优先入网立法原则。

“两个创新尝试”，指的是尝试以市场溢价制度代替固定电价制度，以及尝试以招标竞价的方式确定发电项目的补贴额度。一方面，市场溢价制度实质上是固定电价制度的变形，其核心思想在于以浮动补贴取代固定补贴。在电力直销的基础上，由于日间市场的成交价格是每小时浮动的，当法定电力上网价格不变，补贴额度必然随着小时成交价格而浮动，进而补贴额度的有效降低。另一方面，根据《可再生能源法(2014)》的规定，从2015年起针对太阳能地面光伏发电项目实施试验招标，先积累新招标模式的使用经验，进而在2017年全面推广实施。

随着“电力直销+市场溢价+试验招标”等市场化补贴制度的持续深入落实，德国可再生能源的财政压力、产能过剩及电价高企等问题势头得到遏制和缓解。市场溢价制度本身所折射出的改革不彻底性，仍然具有一定的行政干预色彩,这也预示着其成为过渡政策的必然性;而对比招标竞价制度与固定电价制度,前者更适合于解决可再生能源发展的当前矛盾,满足能源转型的现阶段要求,太阳能地面光伏试验招标为可再生能源全面招标开创了成功范例及集聚了众多样本数据,更为《可再生能源法(2014)》下一版本的诞生奠定了坚实的框架基础。

《环境资源法论丛》
第12卷,第176~192页

美国雨水管理立法及其启示

刘林琳* 贾韶琦**

摘 要 面对雨水给城市治理带来的挑战,美国基于可持续发展、市场失灵和成本效益理论,确立了层次分明的"联邦—州—县"三级雨水管理立法模式。联邦将雨水管理纳入"全国污染物排放削减系统",各州因地制宜颁布具体法律,各县编制具体计划及相应法令。立法内容涉及管理主体、措施、资金以及激励等方面的规定,包括富有特色的绿色基础设施、雨水排放许可、雨水费等制度。总结美国雨水管理的立法历程以及法律实施过程中的经验和教训,可以对我国应对雨水问题、建设海绵城市面临的推广力度弱、资金困难大、投资收益少等现实问题的解决提供有益借鉴。

关键词 美国立法 雨水管理 雨水立法 雨水费

随着降雨量的增多以及城市化进程的加快,对雨水疏于管理引发的城市内涝、热岛效应、雨水径流污染等问题愈加严重,也备受关注。我国的城市雨水管理主要通过建设海绵城市的形式进行。"海绵城市"概念提出后,为了缓解雨水增多给城市治理带来的问题,充分利用雨水资源,我国于2015年4月确定了16个海绵城市建设试点;同年10月,国务院办公厅下发《关于推进海绵城市建设的指导意见》。2020年1月1日,我国第一部海绵城市建设综合性地

---

* 刘林琳,湘潭大学法学院硕士研究生。
** 贾韶琦,湘潭大学法学院博士研究生。

方性法规——《池州市海绵城市建设和管理条例》正式生效,标志着我国雨水管理立法进入新阶段。放眼全球,美国在雨水管理领域处于领先位置,积累了丰富的立法经验,值得借鉴。

一、美国雨水管理立法的发展历程

雨水管理是一项关于暴雨排水、防洪、面源污染控制和城市发展的环境综合问题。[1] 美国雨水管理立法也经历了一段曲折过程。

1888 年,美国制定了《为建造、修复、保存河流及港口公共工程及其他目的的拨款法案》,此时街道水流即地面径流被排除在管理范围之外。然而,随着雨水事故频发,美国联邦和各州在民众呼吁下开始通过法律规制雨水管理。1936 年,《非点源污染控制法》颁布,首次将地面径流纳入规制范围。

1948 年的《联邦水污染控制法》(Federal Water Pollution Control Act)是美国水污染控制领域最早的法律,1965 年美国国会颁布《水质法案》(Water Quality Act,WQA),对水污染的法律控制进一步加强,并依照该法案创立了联邦水污染控制管理局。《水质法案》明确要求各州对非点源污染进行系统的识别和管理,并给予资金支持。[2] 同年,国会修改《清洁水法案》建立了控制非点源污染的国家计划,将雨水管理作为单独一节纳入"全国污染物排放削减系统"(NPDES)。至此,美国进入雨水管理立法的成熟时代。

1972 年,为了适应水污染防治新形势的需要,《联邦水污染控制法》迎来第六次修订,这部《1972 年联邦水污染控制法修正案》又被称作《清洁水法案》(Clean of Water Act,CWA),并以此闻名。彼时,非点源污染超过点源污染成为美国第一大污染源,因此,《清洁水法案》突破了《联邦水污染控制法》原有立法内容和形式,首次明确提出控制非点源污染,倡导以土地利用方式合理化为基础的"最佳管理实践"(BMP),成为此后美国水污染立法的基础。[3] 该法第 208 条将控制非点源污染的权力赋予了各州;第 319 条明确规定各州要制定合理的非点源污染管理规划,确保相关水域达到水质标准,并且要求各州在实

---

〔1〕 Neil S. Grigg, "Is a Stormwater Fee a Rain Tax?", Accessed September 16, 2019. https://ascelibrary.org/doi/10.1061/%28ASCE%29LA.1943-4170.0000333.

〔2〕 参见《美国水污染治理及管理体系发展历程》,载搜狐网:https://www.sohu.com/a/29347733_232427,2019 年 10 月 10 日访问。

〔3〕 参见谭绮球等:《国外治理农业面源污染的成功经验及对广东的启示》,载《广东农业科学》2008 年第 4 期。

施非点源污染管理规划的同时,向联邦环保署提交报告说明具体的应对措施。[4] 对此,联邦政府规定,对于非点源污染自愿采取防治措施者,政府将分担一部分费用;对于自愿采取其他措施的,给予减免税额等鼓励政策。[5]

综上所述,《非点源污染控制法》《联邦水污染控制法》《水质法案》《清洁水法案》构建了美国雨水管理的基本法律框架,据以实施的一系列举措不仅有效增加了雨水下渗,减少了雨水污染,还创新了雨水管理技术理念,缓解了雨水管理的财政压力。

二、美国雨水管理立法的理论支撑

在美国雨水管理立法发展过程中,以可持续发展、市场失灵和成本效益等理论为基础,政府通过立法建立了包括绿色基础设施(green infrastructure)、雨水费(stormwater fee)等在内的一系列配套制度。

(一)可持续利用:持续推进雨水资源绿色发展

一方面,雨水管理立法符合环境"可持续利用"的价值理念。据美国环境保护署(EPA)估算,由于路面和屋顶等不透水建筑的普及,只有约15%的雨水能够渗入地下,更多雨水聚积于不透水路面从而形成径流。[6] 雨水径流在流动过程中会携带各类污染物,包括沉淀物,汽车上的石油、油脂和有毒化学品,草坪和花园中的农药,动物的排泄物和其携带的细菌、病原体,屋顶、停车场和其他来源产生的重金属等。经由不透水建筑形成的雨水径流污染危害巨大,尽管不透水建筑的拥有者或使用者是私人,但为了保护公共利益,法律有必要对其予以规制。立法者已经清楚地意识到,如果混合各类污染物的径流雨水流入河流、湖泊,将严重威胁水环境安全,不利于水资源的可持续利用,因此雨水管理立法是保护生态环境可持续利用的重要手段,势在必行。

另一方面,绿色基础设施是"可持续利用"理念的具体创新。降落雨水一部分经由不透水建筑形成径流,通过排水口进入管网系统处理;另一部分通过土壤渗入地下,或直接流入江河湖泊。通过利用技术手段增加雨水的下渗以及下渗过程中的过滤、净化是雨水管理的重要思路。"绿色基础设施"便是基

---

〔4〕 参见[美]詹姆斯·萨尔兹曼、巴顿·汤普森:《美国环境法》(第4版),徐卓然、胡慕云译,北京大学出版社2006年版,第142页。

〔5〕 参见张维理等:《中国农业面源污染形势估计及控制对策Ⅱ.欧美国家农业面源污染状况及控制》,载《中国农业科学》2004年第7期。

〔6〕 U. S. Environmental Protection Agency, Protecting Water Quality from Urban Runoff", https://www3. epa. gov /npdes/pubs/ nps_urban-facts_final. pdf, September 30, 2019.

于可持续利用理念提出的雨水管理技术手段,意指利用草地、土壤、鹅卵石等自然条件的特征增加雨水下渗,初步净化雨水。这一创新雨水管理措施既减少了雨水处理的人力、资金等成本负担,又美化环境,有利于雨水资源的绿色发展。

(二)市场失灵理论:切实加强国家干预雨水管理

雨水危害的严重程度受个体行为的影响,而个体行为所造成的环境影响却是社会共同承担的,当人们处于一个污染没有成本、治污成本大的“自由市场”时,环境日益恶化的结果是不难想象的。

具体而言,一个自由竞争的市场能使资源的全部生产价值达到最大,然而“外部(不经济)性”和“集体用品”是使市场机制不正常的两个重要因素。[7] 外部性,又称外在效应或溢出效应,是指一个人或一个企业的活动对其他人或企业的外部影响。[8] 环境的外部不经济性,是指“生产者和消费者抛弃到环境资源中的超过环境容纳能力的废弃物在给环境资源造成危害的同时,又通过受到污染的环境资源对其他生产者和消费者的福利产生了危害,且这种危害尚没有从货币或市场交易中反映出来”。[9] 例如,雨水径流造成的环境污染就属于这种情形。“集体用品”或者称“公共用品”(public goods)不具有专属性,指在向某些特定人供应这些用品的同时,不能阻止他人的使用。[10] 例如,在建筑施工场所或停车场建造雨水净化设施处理污染雨水,在设施建造者使用该产品的同时,他人亦享有着雨水净化设施带来的更优异环境的益处。显然,环境属于“集体(公共)用品”,新鲜的空气和干净的环境是人们都乐意享有的。但是,尽管生态环境提供的福利对人们有价值,生态产品和生态功能本身却是没有价值的,而为了维持一个适宜的环境,又需要成本,故此时的“失灵市场”加剧了环境治理难度。[11]

为了解决这些问题,恢复市场机制的正常运转,适当的政府干预是必要的。美国学者芬德利认为政府治理的基本途径有四种:第一,制定财产受损害

---

〔7〕 参见[美]R. W. 芬德利、D. A. 法贝尔:《美国环境法简论》,程正康等译,中国环境科学出版社 1986 年版,第 97 页。

〔8〕 参见邓海峰:《排污权:一种基于私法语境下的解读》,北京大学出版社 2008 年版,第 7 页。

〔9〕 Cabe R. ,J. Herrige,The regulation of non-point-source pollution under imperfect and asymmetric information”,*Environmental Economics and Management* 22,1992,pp. 134-146.

〔10〕 参见邓海峰:《排污权:一种基于私法语境下的解读》,北京大学出版社 2008 年版,第 7 页。

〔11〕 参见[美]詹姆斯·萨尔兹曼、巴顿·汤普森:《美国环境法》(第 4 版),徐卓然、胡慕云译,北京大学出版社 2006 年版,第 16 页。

时的补救程序;第二,直接管理;第三,补贴,即政府对“集体(公共)用品”所花费的费用提供补助;第四,收费,即对造成这种“环境外部不经济性”的行为收取费用。[12] 詹姆斯和巴顿指出解决这种情况的政策又可归纳为五种:规范性规定(pre-scriptive regulationg)、产权(property rights)、惩罚(penalty)、支付(payment)和说服(persuasion)。[13]

雨水费正是在这一理念下产生的一种雨水管理经济手段。雨水费制度包括雨水费的收取与折扣、抵免两部分。前者将雨水污染治理责任产权化、市场化,有利于实现雨水资源的可持续发展;后者通过对实施积极治理行为的主体给予费用的折扣、抵免,以激励个体为增加公共福祉做贡献。

(三)成本效益分析:综合运用经济手段管理雨水

雨水治理高昂的财政压力,迫使政府创新管理方式。回顾联邦水污染防治立法的历程可以发现,城市污水处理厂建设的财政负担,逐渐从州和地方政府承担转移到由联邦政府分担主要部分。[14]

雨水服务涵盖的内容非常广泛,包括洪涝的减少/保护、河道侵蚀的保护/恢复、雨水规划/流域管理的改进、实施现有和新的雨水计划、监测等。通过缴纳少量雨水费便可取得这些社会服务,具有合理性。再加上雨水公用事业部门在运营过程中实施的非法排放的检测和消除、施工现场径流控制、施工后径流管理、计划评估和报告等工作都需要一定的资金支持,使地方雨水项目的实施费用逐年递增。据统计,在马萨诸塞州雨水项目实施期间,贝灵汉姆市的相关费用每年增长约891,000美元,富兰克林市每年增长约1,815,000美元,米尔福德市每年增长约1,037,000美元。[15] 即使有联邦财政支持,逐年增长的雨水管理费用还是给地方带来了巨大的财政压力,从这一角度来看,雨水费用的收取也是很有必要的。

---

〔12〕 参见[美]R. W. 芬德利、D. A. 法贝尔:《美国环境法简论》,程正康等译,中国环境科学出版社1986年版,第97页。

〔13〕 参见[美]詹姆斯·萨尔兹曼、巴顿·汤普森:《美国环境法》(第4版),徐卓然、胡慕云译,北京大学出版社2006年版,第38页。

〔14〕 参见[美]保罗·R. 伯特尼、罗伯特·N. 史蒂文斯主编:《环境保护的公共政策》(第2版),穆贤清、方志伟译,上海人民出版社2004年版,第279页。

〔15〕 See U. S. Environmental Protection Agency, "Stormwater program costs: Balancing level of service, costs, resource sharing, and benefits", https://www.epa.gov/sites/production/files/2017-01/documents/session_2_claytor.pdf, September 30, 2019.

三、美国雨水管理立法的主要内容

在美国联邦体制下,各州拥有高度的立法自主权。20 世纪 20 年代以前,州环境立法一度走在联邦立法之前,并取得了不错的效果。20 世纪 30 年代后,虽然联邦政府仍未取得高于州政府的环境治理地位,污染控制的权力仍属于各州,但是联邦已开始通过财政、技术等方式间接影响州环境治理,如 1948 年《水污染控制法》、1955 年《空气污染控制法》等。直至 20 世纪 70 年代,随着 1969 年《国家环境政策法》的颁布,联邦主导环境治理的局面开始形成。不过在环境立法方面,联邦大多情况下仅负责监督国家标准是否执行,州依然可以自主制定严于联邦标准的法律。[16]

美国 1987 年通过修改《清洁水法案》对雨水排放进行规制后,各州及地方政府纷纷立法,制定了详细的雨水管理制度。例如,佐治亚州哥伦比亚县、华盛顿特区、伊利诺伊州、路易斯市、特拉华州、新泽西州、纽约州等地皆颁布了雨水管理法令。[17]

(一)管理主体:成立专门管理机构

在环境保护署的统一领导下,美国雨水管理主要集中在州县一级。州以下地方政府在参与雨水管理时成立了专门的雨水径流专门管理机构(the stormwater utilities)负责具体实施。

雨水径流专门管理机构在性质上等同于市政单位,是为雨水收集系统提供维护、改进、规划、管理、许可和行政职能的法律主体。根据西肯塔基大学(Western Kentucky University)在 2019 年进行的普查发现,地方上已经成立了 1716 个雨水径流专门管理机构,比较著名的包括比奇格罗夫市、哥伦比亚县、华盛顿特区、伊利诺伊州、路易斯市等地。[18]

雨水径流专门管理机构向居民收取费用以支付产品费,提供的"产品"不是像电力或水这样具体和可衡量的东西,而是一种服务——"雨水管理"。[19]

---

〔16〕 参见汪劲、严厚福、孙晓璞编译:《环境正义:丧钟为谁而鸣——美国联邦法院环境诉讼经典判例选》,北京大学出版社 2006 年版,第 8 页。

〔17〕 参见汪诚文、郭天鹏:《雨水污染控制在美国的发展、实践及对中国的启示》,载《环境污染与防治》2011 年第 10 期。

〔18〕 Campbell, C. Warren, "Western Kentucky University Stormwater Utility Survey 2019", https://digitalcommons.wku.edu/cgi/viewcontent.cgi?article=1000&context=seas_faculty_pubs, September 10, 2019.

〔19〕 See Brisman, Avi., "Considerations in Establishing a Stormwater Utility", *Southern Illinois University Law Journal* 26, 2002, pp. 505-528.

根据《清洁水法案》的规定,联邦授权各州管理本地区的雨水排放治理事宜。各州通过立法细化各地方政府的雨水管理计划,基层地方政府根据实际情况决定是否建立雨水径流专门管理机构,并自主管理。例如,特拉华州行政法典(7 Del. Admin. Code 5101-7.0)规定,“根据本法建立的雨水管理系统的所有者可以向委托机构、公共实体、市政当局、雨水公用事业公司或私人实体提供雨水管理系统,以及系统正常运行可能合理需要的地役权和附属物”。

(二)管理模式:末端管控加源头治理

一方面,美国加强雨水排放审批,严格把控末端管理,未取得排放许可证的特定市政和工业雨水不得排放。美国通过修改《清洁水法案》,将雨水污染纳入“全国污染物排放削减系统”(NPDES)进行规制。该法在第402条(p)部分详细规定了市政和工业雨水排放许可的一般规则、例外、要求、申请程序、相关研究活动及地方立法,是联邦要求各州实施雨水排放管理的直接法律依据。可见,该法案着眼于加强对雨水排放许可证的管理。根据“全国污染物排放削减系统”规定,环境保护署有权要求任何排污量大或没有达到水质排放标准的排放主体申请并取得雨水排放许可证,具体标准各州县可自主制定,但不得超过NPDES规定的标准。雨水污染虽然是一种非点源污染,但是其最终却会流入管道,因此可以通过排污口的设置将其转化为点源而纳入许可证的范围,这便是规定雨水许可证的原理。[20]

法案规定分两个阶段实施该计划。第一阶段始于1990年,规定以下三类主体形成的雨水径流必须申请NPDES许可证:(1)通常服务于100,000以上人口的大中型市政雨水分流系统(Municipal Separate Storm Sewer Systems, MS4);(2)影响5英亩以上面积土地的建设活动;(3)工业活动。第二阶段始于1999年12月8日的《雨水第二阶段最终规则》,其将阶段一规定的NPDES许可证控制范围扩大到服务于25,000至100,000人口的市政雨水分流系统和影响1英亩以上面积土地的建筑活动。颁发雨水排放许可证的权力由环境保护署授予州级政府,不过要根据不同地区的人口情况进行权力授予,如果是人口较少的地区,权力通常会被进一步下放至县级。[21]

另一方面,通过创新雨水治理技术,加强源头治理。在雨水管理技术标准

---

〔20〕 参见王明远、黎颖露:《美国城市雨水污染法律对策及其对我国的启示》,载《中国人口·资源与环境》2009年第5期。

〔21〕 See Ashley, Richard, et al., “Delivering more effective stormwater management in the UK and Europe-lessons from the Clean Water Act in America”, *NOVATECH* 2007, pp. 1697-1704.

上，推广低影响开发（绿色基础设施）理念。[22] 1965年的《水质法案》要求州政府对其辖区内的水域制定与所标记用途相适应的净水计划，以达到相应的水质标准，但是由于众多原因，最终以失败告终。之后，《清洁水法案》颁布，改为采取技术标准控制水污染，虽仍保留水质标准，但只是将其作为"基于技术的排污上限的备用方法或安全网"。[23] 在不低于联邦政府设定的水质管理标准的前提下，州政府应自主决定水质标准及其应适用的领域，并适用相应的技术手段。[24] 该法第301条和第304条规定了点源污染的三种技术标准：最佳现有实用控制技术（BPT）、最佳控制技术（BCT）以及最佳可行控制技术（BAT）。[25]

而对于非点源污染，国会将其交给各州来解决。现有的管理点源污染的技术标准对于非点源污染来说，过于僵化，且费用高昂。故1987年的《水质法案》明确提出非点源污染责任方应采取最佳管理实践（BMP）方式，即在实际情况下，根据流域特点、水体特征、非点源性质等情况，选择能有效控制非点源污染的管理方式。[26] 在这一理念下，20世纪90年代美国马里兰州乔治亚王子郡率先提出以低影响开发技术代替BMP，即通过使用分散式水文控制的方法模拟自然流动状态，以减少雨水径流量，提高雨水水质。[27]

相对于传统雨水控制技术，低影响开发强调对雨水的现场处理和渗透，如雨水花园、绿色街道、透水路面等，[28] 更符合成本效益的需求。例如，位于明尼阿波利斯的目标中心竞技场的绿色屋顶每年可吸收近100万加仑的雨水，

---

〔22〕 "低影响发展"（LID）突出工程技术，绿色基础设施（GI）侧重于强调符合自然水文特征的"基础设施"，虽然起源与表述不同，但是在雨水管理领域，两者理念存在交叉，通常情况下可相互替换使用。

〔23〕 [美]詹姆斯·萨尔兹曼、巴顿·汤普森：《美国环境法》（第4版），徐卓然、胡慕云译，北京大学出版社2006年版，第145页。

〔24〕 参见[美]戴维·H.格奇斯：《水法精要》（第4版），陈晓景、王莉译，南开大学出版社2016年版，第331页。

〔25〕 参见[美]R.W.芬德利、D.A.法贝尔：《美国环境法简论》，程正康等译，中国环境科学出版社1986年版，第88页。

〔26〕 参见[美]保罗·R.伯特尼、罗伯特·N.史蒂文斯主编：《环境保护的公共政策》（第2版），穆贤清、方志伟译，上海人民出版社2004年版，第281页以下。

〔27〕 See Damodaram, Chandana, et al. "Simulation of Combined Best Management Practices and Low Impact Development for Sustainable Stormwater Management", *Journal of American Water Resources Association* 46, 2010, pp. 1-12.

〔28〕 ECONorthwest, "The Economics of Low-Impact Development: A Literature Review", http://www.econw.com/reports/ECONorthwest_Low-Impact-Development-Economics-Literature-Review.pdf/ 2007, September 15, 2019.

使每年的能源成本减少了30万美元。[29] 除此之外,绿色基础设施还具有减缓洪水、增加地下水补给、改善水质、缓解MS4雨水输送压力、美化环境等优点。[30] 目前,美国多个州县市和非营利组织专门出台的雨水设计手册中,都有强调绿色基础设施建设。如亚利桑那州西南社区的《绿色基础设施》、佛罗里达萨拉索塔县的《低影响力开发手册》、马里兰州的《雨水设计手册》等。

(三)管理资金:收取雨水费用

为了保障雨水管理的持续运转,美国多地开始收取雨水费。雨水不管是从空中降落还是在地面形成径流,貌似都是一个自然的、没有人为干扰的现象,那么人类为什么要为自然的行为埋单?这是因为雨水服务公共基础设施所体现的防洪、水质保护等功能具有一定的公共利益属性。然而,有些时候私人行为却会影响到公共设施的使用。例如,扩建不透水停车场会增大雨水径流量;修建雨水蓄水池、绿色屋顶会减少雨水径流量,当私人行为影响了公共环境时,需要为此埋单。[31] 再加上政府为居民提供的雨水管理服务涵盖的内容非常广泛,所以雨水费的适当收取是很有必要的。正如有学者指出的,"雨水费用的法理基础在于,一个水域中的任何主体都因为雨水管理而受益,所以他们理应为此支付对价,而无论这种收益是不是直接的和可以量化的。美国的很多州已经设置了此部门,征收的费用一般都用于维护城市雨水排放设施,实施雨水管理计划,建造绿色基础设施等用途"。[32]

雨水费是由政府评估,用于雨水基础设施的运营、维护和设备改建而收取的周期性的资金。[33] 虽然NPDES未就雨水处理系统的收费事宜作出规定,但是多数州、市政府在管理当地雨水时,除了对雨水许可之法律规定进行细化之外,还会根据本地实际情况设置雨水费。自1964年蒙大拿州比林斯市颁布

[29] See Center for Neighborhood Technology, "The Value of Green Infrastructure: A Guide to Recognizing Its Economic, Environment and Social Benefits", https://www.cnt.org/publications/the-value-of-green-infrastructure-a-guide-to-recognizing-its-economic-environmental-and, September 15, 2019.

[30] See ECONorthwest, "The Economics of Low-Impact Development: A Literature Review", http://www.econw.com/reports/ECONorthwest_Low-Impact-Development-Economics-Literature-Review.pdf/ 2007, September 15, 2019.

[31] See Chalfant, Brian Alexander, Paying for Rain: The Emergence, Diffusion, and Form of Stormwater Fees in the United States, 1964-2017 (Ph. D. diss. University of Pittsburgh, 2018), pp. 3-6.

[32] 王明远、黎颖露:《美国城市雨水污染法律对策及其对我国的启示》,载《中国人口·资源与环境》2009年第5期。

[33] See Chalfant, Brian Alexander, Paying for Rain: The Emergence, Diffusion, and Form of Stormwater Fees in the United States, 1964-2017 (Ph. D. diss. University of Pittsburgh, 2018), pp. 3-6.

美国首个雨水径流费制度以来,在美国50个州中,目前已有41个通过专门立法的形式允许地方政府收取雨水费。[34] 例如,美国佛罗里达州2012年通过的《交通—环境保护—减缓法》虽未对收费作出规定,但立法明确要求雨水处理设施的运行成本应与公众受益相平衡,相当于间接地设置了收费机制。

关于雨水费的征收标准,在美国,最广泛使用的是"等效流失单位"(equivalent residential unit)标准,即根据不透水区域面积收取相应比例的雨水费用。据统计,有800个雨水径流专门管理机构适用此方式。其次是分层费用(tier fee)和固定费用(flat fee)标准,分别有245个和236个雨水径流专门管理机构采用,最后是住宅等效因子(residential equivalent factor)标准,有236个雨水径流专门管理机构适用。[35]

雨水费用收取后将为各种治理活动提供资金,包括维护城市管网和雨水管道的入口,实施雨水管理和河流恢复项目,以避免污水直接排放到城市的溪流和水道,造成污染。

(四)管理激励:规定多种减免奖励

美国各地实行的雨水激励措施主要有四种类型:收费折扣或信用额度、发展奖励、绿色基础设施的安装补贴以及奖励和表彰方案。[36]

收费折扣或信用额度,是指在雨水正常收费基础上给予折扣。各地雨水费通常是依据不透水面积的大小来收取,如果业主增加建筑物的透水性或排水口数来减少雨水径流量,那么其雨水费可获得一定数额的抵免。例如,美国罗得岛州在《2002年罗得岛雨水管理和公用事业区法案》中规定,"对于维护具有阻滞截流功能的洼地或其他过滤结构的房屋所有人,予以费用抵扣";弗吉尼亚州的《下水道及下水道系统—管理者与管理—处理》规定,"采用此种系统的地区应当对下列任何人给予费用的全部或部分免除:安装、运营和管理雨水管理设施,能够减少雨水流量或污染物承载量的;其他诸如此类的设施、系统;根据第62.1编3.1章(§62.1-44.2及以下)批准的雨水管理规划就地拦

---

〔34〕 美国新泽西州发布的《雨水径流净化与洪涝灾害缓解法》使其成为第41个通过专门立法允许地方政府收取雨水径流费的州。

〔35〕 See Campbell, C. Warren, "Western Kentucky University Stormwater Utility Survey 2019", https://digitalcommons.wku.edu/cgi/viewcontent.cgi?article=1000&context=seas_faculty_pubs, September 10, 2019.

〔36〕 See U. S. Environmental Protection Agency, "Encouraging Low Impact Development, Incentives Can Encourage Adoption of LID Practices in Your Community", https://www.epa.gov/sites/production/files/2015-09/documents/bbfs7encouraging.pdf, September 15, 2019.

截、处理雨水径流的做法”。

发展奖励是针对开发商而设置的一类激励措施,用于鼓励开发商积极推进绿色基础设施实践。例如,芝加哥的“绿色许可证计划”(green permit program)审查可以更快地满足符合某些设计标准(包括更好的雨水管理实践)的项目。[37]

绿色基础设施的安装补贴是指为了抵扣建筑成本,鼓励社区业主自主采取措施减少雨水径流污染,作为回报,可以为其提供的赠款、配套资金、低息贷款、税收抵免或补偿。例如,费城水务局(PWD)对于主动安装雨水花园、多孔铺路、种植树木等绿色基础设施的业主,补贴其费用的80%。

奖励和表彰方案是指通过举办“低影响发展”(LID)设计比赛以鼓励地方创新。例如2013年,费城水务局就主办了一场名为“Infill Philadelphia:Soak It Up!”的比赛。挑战者通过设计具有创新性、跨学科的LID和绿色基础设施模型参加比赛,获胜者将赢取1万美元的高额奖金。[38]

四、美国雨水管理立法的基本特征

(一)雨水管理法立法层次分明

联邦基本法完成对雨水管理的定位。市政和工业雨水排放被置于《清洁水法案》第4章“许可证和执照”第402条“国家污染物排放消除系统”中的(p)部分。这一方面体现了对雨水作为水资源的一种特殊形态的认可;另一方面是在雨水排放已严重影响美国环境的情况下,将雨水径流污染定性为非点源污染,从法律上承认了新的污染源,从而将雨水管理作为水污染防治的重要环节。

联邦行政法典明确了雨水管理基本内容。根据“国家污染物排放消除系统”,在联邦行政法典第122部分第26节专门规定了雨水排放管理的具体内容,包括:(1)许可证要求;(2)定义;(3)与工业活动有关的雨水排放和与小型建筑活动有关雨水排放的应用要求;(4)大中型市政雨水排放口的应用要求;(5)申请截止日期;(6)请愿书;(7)有条件地排除不暴露在雨水中的工业活动和材料。

---

[37] See Copeland, Claudia, “Green Infrastructure and Issues in Managing Urban Stormwater”, https://digital.library.unt.edu/ark:/67531/metadc821441/, September 15, 2019.

[38] See U.S. Environmental Protection Agency, “Encouraging Low Impact Development, Incentives Can Encourage Adoption of LID Practices in Your Community”, https://www.epa.gov/sites/production/files/2015-09/documents/bbfs7encouraging.pdf, September 15, 2019.

州、县因地制宜制定具体雨水管理的法律和政策。在联邦法的基础上，各州制定具体的雨水管理法，并要求下属各县制定雨水管理计划，上报州和联邦。例如，宾夕法尼亚州在1978年制定了《宾夕法尼亚雨水管理法》(Pennsylvania Storm Water Management Act)，规定由州环境保护部负责实施《清洁水法案》。该法要求指定流域内的县制订雨水管理计划，并且每个受影响的城市都采用特定的雨水法令实施各自的计划。故费城根据联邦法和宾夕法尼亚法规定制订了雨水监控计划以及《雨水条例》，该条例规定在费城法典的第6章，主要包括水质、航道保护、防洪、公共卫生和安全(PHS)释放速率四个部分。为了帮助市政工作人员、项目设计师、开发商和工程师理解、执行雨水管理计划，州环境保护部还于2006年发布了《宾夕法尼亚雨水最佳管理措施手册》(PA Stormwater BMP Manual)。具体到费城，根据联邦和州法要求，在2014年1月10日提交宾夕法尼亚环境保护部和联邦环境保护署的《清洁水综合监控计划》(Clean Waters Comprehensive Monitoring Plan)涉及对地表水、地下水、降雨、CSO排放、下水道流量和绿色基础设施性能的监控和评估。

(二)依托自然水文特征加强管理

美国在雨水管理上越发强调依托自然水文特征来管理雨水，从灰色基础设施转向以绿色基础设施建设为主。灰色基础设施是以单一功能的市政工程为主导，由道路、桥梁、铁路、管道以及其他确保经济正常运作所必需的公共设施所组成的网络，传统的不透水路面以及下水道系统都属于此类设施。由于路面不透水性而形成的雨水径流并不会直接排入溪流、河湖，而是通过排水口进入公共下水道系统。

美国公共下水道系统主要有两种：联合下水道系统和卫生下水道系统。联合下水道将家庭和工业废水和雨水通过单一管道系统输送到废水处理设施，然而在降雨和融雪等潮湿天气事件中，污水和雨水径流进入联合下水道的综合水量往往超过输送能力造成管道溢流，结果未经处理的溢流直接排放到附近的地表水或城市街道。当排放发生在饮用水来源附近时，一旦出现溢流，无疑严重威胁人类健康。因此，从20世纪初开始，美国市政当局开始大力建设卫生下水道系统，专门输送生活和工业废水；雨水径流由另外设置的取得相应雨水排放许可证资格的市政独立雨水排水系统(MS4)收集和输送。[39]

绿色基础设施是相对于灰色基础设施而言的，指利用自然水文特征管理

〔39〕 Copeland, Claudia, "Stormwater Permits: Status of EPA's Regulatory Program", https://digital.library.unt.edu/ark:/67531/metadc93808/, September 15, 2019.

雨水以确保环境利益的一类基础设施,与传统的“灰色”雨水基础设施相比,其建造成本低5%~30%,寿命周期成本低25%。[40] 传统的“灰色”雨水基础设施(管道排水和水处理系统)旨在将雨水从城市建筑环境中转移出来,而绿色基础设施则是从源头减少雨水径流量并改善水质,如雨水收集系统、雨水花园、花盆箱、生物交换、透水路面、绿色街道和小巷、绿色停车场、绿色屋顶、城市树冠层、土地保育等。

(三)创新雨水收费维持项目运转

雨水费是美国雨水管理的创新手段,故在其性质上多有争议。雨水费在使用用途上具有社会公益性,在收取对象上具有选择性,在征收标准上具有区别性,那么雨水费究竟是一项税收(tax)还是费用(fee)?

关于雨水径流费的性质问题,美国地区法院已经发生过数次争议。[41] 以麦克劳德诉哥伦比亚县(Mcleod v. Columbia County,278 Ga. 242)案件为例。2003年哥伦比亚县将该案移交佐治亚州南区联邦地区法院,该院审理后认为,雨水径流费是一项税收(tax)而不是费用(fee),根据“禁止税法(TIA)”,[42] 区法院对该案没有管辖权,并将其发回上级法院(佐治亚州高等法院)。上级法院经审理后却得出了一项相反的决定,认为这是一项费用,而不是税收。

该案中,税收和费用的区分标准来自圣胡安移动电话公司诉波多黎各公共服务委员会(Valero Terrestrial Corp. v. Caffrey,205 F. 3d 130,134)一案,包括收取费用的主体、缴纳费用的主体、费用的受益方。地区法院据此认为:第一,收取费用的主体是立法机关。法院认为,虽然该案的被告认为征收雨水径流费的主体是雨水径流专门管理机构,但根据对雨水法令的解读,实际上征收主体应该是委员会。首先,委员会确定了征收雨水径流费的基础是“等效流失单位(ERU)”;其次,确定了费用的标准,每ERU 8.75美元;最后,保留了设置和修改雨水径流费的权力。因此,按照雨水法令规定,实际的征收主体应该是立法机构——委员会。在是否自愿性上,税收和费用有着巨大的区别,当立法机构(委员会)设定了一项收费标准并使他方有义务付费时,此费用一般被看作

---

[40] See Natural Resources Defense Council, “Rooftops to Rivers, Green Strategies for Controlling Stormwater and Combined Sewer Overflows”, https://www.nrdc.org/resources/rooftops-rivers-green-strategies-controlling-stormwater-and-combined-sewer-overflows, September 9, 2019.

[41] See Brisman, Avi. “Considerations in Establishing a Stormwater Utility”, *Southern Illinois University Law Journal* 26, 2002, pp. 505-528.

[42] 地方法院不得禁止、中止或限制任何根据州法律对税款的评估或征收,除非该法院可以采取简单,迅速和有效的补救措施。参见28 U.S.C.A. §1341。

是强制性的。第二,缴纳费用的主体是该地区的大多数公民。法院指出,一个典型的税"是由立法机关施加于大多或全部公民"。而本案中哥伦比亚县制定的"雨水服务区域地图"不仅在地域上覆盖了大部分的发达地区,而且在人口上囊括了66,137人(本县人口共计89,288人),共有24,354个账户需缴纳雨水费。因此,哥伦比亚县通过评估认定的缴费主体涵盖了本县的大多数公民,符合税收的特征。第三,费用受益方是该地区几乎所有的公民。虽然被告主张雨水费是户主对雨水管理服务的具体使用而支付的相关服务费,且费用最终存入"企业基金",并没有存入县的一般收入账户。但是法院并未支持这一主张。法院认为,正如哥伦比亚县制定该系统时的目的——"雨水系统有助于防止侵蚀,收集受污染的水进行清洁,防止道路浸水,并防止积水池的形成",在雨水服务区覆盖之下所有公民的工作、生活都将因此而受益,可见,收取费用的最终受益者又是本县几乎所有的居民,因此其具有明显的公共价值。基于以上分析,哥伦比亚县收取的雨水径流费是一种税,因此根据"禁税法"规定,区法院对此案没有管辖权。

然而,佐治亚州高等法院在审理中作出了相反的判决。该法院将税收定义为"根据立法机关为增加收入用于公共或政府目的而实施的强制性缴款,而不是为特殊特权或提供的服务付款"。即税收是强制的,非自愿的,本法令所规定的雨水径流费却不是如此。根据佐治亚州法典授权,县有权建立雨水公共事业部门征收雨水管理服务费,〔43〕法令规定业主可以通过建立和维护私人雨水管理系统来减少实际缴纳的数额,并且有证据表明,公用事业费只用于支付指定服务区内的雨水管理费用,只有该区域内的设施和系统才能在该区域内产生径流。因此,该县雨水费的缴纳主体和受益主体是特定的,非强制性的,因而法院认定雨水径流费是一项费用而不是税。

雨水费性质的争议还在继续,事实上,费用和税收之间的区别因州而异,在不同的司法管辖区,法院往往会更倾向于作出对整个地区发展更有利的结论。虽然大多数州都将雨水径流费的性质视作一项费用,但总有例外,如密苏里州。自2013年密苏里州最高法院裁定圣路易斯大都会下水道征收的雨水径流费实际上是一种税以来,密苏里州再没有地方政府征收过雨水费,因为这项税是在没有选民批准的情况下成立的,违反了该州的宪法。〔44〕

---

〔43〕 West's Ga. Const. Art. 9, § 2, Par. 3(a)(6),(c,d).

〔44〕 See Chalfant, Brian Alexander, Paying for Rain: The Emergence, Diffusion, and Form of Stormwater Fees in the United States, 1964–2017 (Ph. D. diss. University of Pittsburgh, 2018), p. 31.

五、美国雨水管理立法存在的问题

美国通过立法的形式规范了雨水管理体系,从雨水许可证、雨水费及激励措施、技术规定、管理体制等方面都有所细化,但是在实施过程中仍存在某些问题需要改进。

第一,社会抗拒风险需加强预防。雨水管理的一系列计划涉及多方利益,当对社会主体产生的价值为负值时,便会使主体在实施方案时的积极性降低,甚至形成抵抗意识。对于公众来说,虽然该计划有效改善了居住环境,但雨水费的收取也意味着日常生活成本的增加。对于相关行政机构来说,义务与权力相伴而生,责任也会随管理职能范围的扩大而扩张,如建筑开发商若未获雨水排放许可证面临罚款风险,市政当局面临雨水相关设备维护的要求及不当管理责任风险等。[45] 对于社区来说,在实施雨水费用收取、LID技术等雨水管理计划时,会考虑得更多,尤其对于旧建筑重建等大型市政基础设施建设工程的开展,会更加慎重。美国雨水管理在公众观念的改变、建筑商和开发商的教育以及社区信任等方面仍需努力。

第二,管理多元、权责分散需更加明晰。权责不清是各国环境管理中普遍存在的问题,美国同样存在混合监管的困境,表现于外,就是联邦、州和地方政府之间普遍缺乏协调。首先,雨水资源管理方面涉及多个政府部门,如县和市级卫生和工程部门、环境质量局、水土保持区等,主体混乱。其次,政策制定和实施由州或市县政府管理(如NPDES雨水排放许可证),雨水费收取甚至下放至社区自主管理,地区差异较大。最后,政府部门管理权限的划分是基于地理边界而不是流域,人为割裂了流域,也忽视了雨水管理对流域综合保护的重要意义。

第三,项目技术等信息需进一步公开。雨水管理重要的一项环节是利用绿色基础设施(或称为"低影响开发技术")从源头初步处理雨水,通过模拟建筑开发前自然状态下雨水的流动,利用植被、泥土、卵石等以减少径流、增加下渗、初步净化。然而,在决定是否兴建绿色基础设施时,当地政府往往面临着风险和不确定性,一方面是对此种做法是否能够达到预期雨水处理效益、是否有助于水环境改善的怀疑;另一方面是对投资绿色基础设施比传统灰色雨水

---

[45] See Roy, Allison H., et al. "Impediments and Solutions to Sustainable, Watershed-Scale Urban Stormwater Management: Lessons from Australia and the United States", *Environmental Management* 42, 2008, pp. 344-359.

基础设施回报更高、成本更低的不确定性。[46] 在不同的地理环境中,雨水会受到当地气候、土壤、地下水位和其他特定地点参数的独特影响,这些都增加了设计和施工的复杂性,也影响着绿色基础设施对雨水治理的效果。例如,在土壤不流失、斜坡过于陡峭或空间不足的地区,不适宜建设绿色基础设施。[47] 在许多情况下,由于技术知识和实践经验不足,缺乏绿色基础设施雨水治理效能、成本和收益的信息,使一些公民和建筑商、工程师不相信绿色基础设施在雨水管理方面的功效,造成技术推广的障碍。

第四,资金成本压力需得到尽快释放。在联邦层面,没有一项专门的联邦资金用来支持雨水治理的成本。[48] 联邦对市政供水基础设施项目的最大财政援助来源是《清洁水法案》和《安全饮用水法案》(SDWA)批准授权的用于国家周转基金(SRF)贷款计划的联邦赠款。在联邦一级,SRF 计划由 EPA 管理,但项目和资金决策由各个州管理,落实到社区,援助只限于项目资本成本。所谓资本成本,除了传统的灰色基础设施,还包括植树、绿化屋顶等。实践中,许多州的市政当局反映很难为仅由绿色基础设施组成的项目获得 SRF 贷款,再加上联邦 SRF 取决于国会拨款,近年来拨款一直持平或下降,雨水治理项目难以依靠国家资助维持运营。[49]

在此基础上,美国多个社区通过设立雨水专门管理机构收取雨水费的方式以提供绿色基础设施项目资金,并采用多种激励措施。然而在地方一级,尽管雨水费可作为雨水管理设施的收入缓解财政压力,仍存在设立、增加或强制征收雨水费的困难。对于绿色基础设施这类投资大、回报周期长的大型城建项目而言,在没有联邦资金援助的情况下,地方上很难形成投资意愿。[50] 再加上绿色基础设施并非在所有情况下都比传统基础设施便宜,以及长期维护

---

〔46〕 See Environmental Finance Center, "Encouraging Efficient Green Infrastructure Investment", https://efc.umd.edu/assets/encouraging_efficient_green_infrastructure_investment_1-23-13.pdf, September 15, 2019.

〔47〕 See Copeland, Claudia, "Green Infrastructure and Issues in Managing Urban Stormwater", https://digital.library.unt.edu/ark:/67531/metadc821441/, September 15, 2019.

〔48〕 See U. S. Environmental Protection Agency, "Green Infrastructure Funding Opportunities", http://water.epa.gov/infrastructure/greeninfrastructure/gi_funding.cfm#fundingtools, September 15, 2019.

〔49〕 See Copeland, Claudia, "Green Infrastructure and Issues in Managing Urban Stormwater", https://digital.library.unt.edu/ark:/67531/metadc821441/, September 15, 2019.

〔50〕 See Clean Water America Alliance, "Barriers and Gateways to Green Infrastructure", https://www.ezview.wa.gov/Portals/_1965/Documents/Background/Barriers-and-Gateways-to-Green-Infrastructure.pdf, September 15, 2019.

成本的不确定性,结果导致许多社区不相信绿色基础设施具有更加节约的长期成本效益。[51]

六、对我国的启示(代结语)

美国雨水管理立法经过100多年的发展,形成了"联邦—州—县"三级管理体系,形成了雨水公用事业部门、雨水径流费、雨水排放许可证等一系列具有特色的制度。对比而言,我国现有的法律体系中对于"雨水管理"问题显然需要进一步重视。雨水治理涉及雨水污染、城市内涝等多个方面。我国现有雨水治理制度主要存在两个问题:其一,雨水治理并未形成系统化、专门化立法,仅在部分海绵城市建设试点地区有所体现;其二,现有环境资源法律体系并未考虑到雨水污染这一前提,从而在雨水污染治理方面存在制度空白。应当认识到,雨水问题是生态保护、环境治理,特别是海绵城市建设过程中亟待解决的重点、难点问题。"他山之石可以攻玉",美国关于雨水管理的相关经验可以给予我们许多启发。因此,为了更好维持水环境的生态循环,推进海绵城市建设,有必要汲取美国丰富的雨水管理经验。

在法律制定方面,可以在地方上先行先试,采用"嵌入式"的方法修改现行地方性法规,将雨水治理融入相关法条,逐步推进雨水治理立法的专门化,将美国的丰富经验与我国的地方现状相结合,将雨水管理体制、管理措施、费用收取以及激励机制等制度有选择性地通过立法予以明确,制定具有地方特色的雨水治理法律。在此基础上,于恰当的时候启动国家立法,将地方立法中的成功经验上升为国家统一规定。

在雨水治理体制方面,其一,考虑成立雨水治理的直接责任单位,负责雨污分流排放、雨水费用收取、雨水设施管理等事宜。其二,在雨水管理模式上,设置雨水径流费并规定相应的激励措施,鼓励公民树立减少雨水污染、兴建绿色基础设施的意识。其三,推进雨水治理配套设施改建,一方面需要加强绿色基础设施的建设;另一方面亦需关注雨污分流管网等灰色基础设施的改建,坚持多举措并进,逐步强化我国雨水治理,为生态文明建设添砖加瓦。

---

〔51〕 See Copeland, Claudia, "Green Infrastructure and Issues in Managing Urban Stormwater", https://digital.library.unt.edu/ark:/67531/metadc821441/, September 15, 2019.

学位论文选粹

《环境资源法论丛》
第12卷,第195~229页

污染地块修复状态责任研究

杨茂林*

摘　要　污染地块是指经生态环境主管部门的监测和检查,确定存在土壤污染现象,需要由相关责任人进行土壤治理与修复的地块。污染地块的修复责任为公法责任,主要由生态环境主管部门做出修复命令。根据土壤污染的性质,可以在适用"污染者担责"原则的基础上,在修复中借用"状态责任"的概念完善修复责任制度,弥补行为责任的不足、提高修复效率。结合我国立法实践,构建我国污染地块修复状态责任可以从以下几个方面入手:其一,明确状态责任的构成要件。其二,由于状态责任和行为责任的责任基础不同,承担状态责任的范围以是否具有"期待可能性"为衡量标准。其三,结合土壤修复治理特性,需对状态修复责任人履行修复责任的程度、方式、追偿,与环境公益诉讼的衔接等予以关注。

关键词　污染地块修复　状态责任　行为责任　责任主体

《土壤污染防治法》明确规定土地使用权人在污染地块修复中需承担责任。与大气、水、噪声等领域的环境保护立法相比,诸如此类"物的管领人"责任源起于何?本文借用德国行政法上"状态责任"(Zustandsverantwortlichkeit)概念,结合土壤污染修复的特征探讨以污染行为责任人为基础、以状态责任人

* 杨茂林,2018届中国政法大学环境与资源保护法学硕士研究生,现就职于深圳市大鹏新区应急管理局。

为突破的修复主体及其责任承担问题。

《土壤污染防治法》虽未提及"状态责任"这一概念,但第45条第1款[1]对包括土壤污染责任人和土地使用人在内的污染地块修复主体作了概括性的规定。这还不足以应对实践中污染地块修复过程中出现的责任认定问题,在立法层面厘清并明确污染地块修复责任制度迫在眉睫。综观现行立法,包括《土壤污染防治法》《土壤污染防治行动计划》《污染地块土壤环境管理办法(试行)》等在污染地块修复责任承担主体、责任界限、责任构成(尤其是主观方面)、责任承担方式、责任追究过程等方面或模糊或空白,可操作性不足,因而给污染地块修复工作带来隐患。相较于其他环境介质,土壤及土壤污染有其自身的特点,"谁污染,谁治理""污染者负担"等环境法基本原则并不能完全囊括污染地块修复责任人的范围。

从物的状态角度出发,土地是民法上确立的有体物,借助"状态责任"的概念,力促我国污染地块修复相关立法和实践能够在遵循"污染者担责"原则的同时,对能够为污染地块修复带来成效的状态责任加以重视。在污染修复领域引入"状态责任"概念,有助于完善我国针对土壤污染治理责任主体的认定,明确各有关主体的责任范围和免责条件等。

一、污染地块修复状态责任概述

(一)污染地块修复责任

近年来,土壤污染事故频发,土壤污染的现状逐步被公众知悉。土壤具有固定性、物权属性、较强的经济属性等特征,其治理修复责任有何特殊性?在此先定义污染地块修复责任和污染地块修复的状态责任并明确其性质。

1.污染地块的概念

《土壤污染防治法》第2条明确了土壤污染的概念,《污染地块土壤环境管理办法(试行)》第2条区分了疑似污染地块和污染地块。基于本文是对需要进行修复的土壤即已被生态环境主管部门认定为需要修复的污染地块的修复责任进行研究,所以进一步限定污染地块是指经生态环境主管部门的监测和检查,确定存在土壤污染现象,需要由相关责任人进行土壤治理与修复的地块。囿于城市用地和农用地在诸多方面存在较大差异,农用地修复责任不在本文的探讨范围内,讨论的污染地块修复排除了农用地修复的情形。关于被

[1] 该款规定:"土壤污染责任人负有实施土壤污染风险管控和修复的义务。土壤污染责任人无法认定的,土地使用权人应当实施土壤污染风险管控和修复。"

污染土地的表述,德国将其称为污染土壤,美国则称为污染场地,而我国相关立法将其定义为污染地块,相关概念没有本质差别,本文统一将之称为污染地块。

2. 污染地块修复责任的概念

政府作为土地管理主体,承担着土壤污染的预防和治理等工作,根据《土壤污染防治行动计划》,土壤污染防治工作需要落实"国家统筹、省负总则、市县落实"的属地责任。在污染地块修复工作中,政府兜底责任具体表现为在责任主体灭失或不明时,由污染地块所在地的县级人民政府负责相关治理修复工作,本文不讨论这种情形。本文所称污染地块修复责任是指相关责任主体应当承担的修复污染地块的责任。

依据我国现行立法,原则上由造成损害的污染者承担修复责任,就此而言,污染行为人应当承担污染地块的修复责任,此为行为责任和行为责任人。除此之外,土地因其具有固定性、稳定性、物权属性,土地所有权人或者土地使用权人对于土地本身拥有使用、收益等权利,由此衍生出基于物的管领力而需要承担的状态责任,并成为状态责任人。本文的修复责任是指广义上的责任,包括责任主体参与的调查评估、方案编制、修复施工、工程监理、效果评估等污染地块修复的全过程,并不因其已委托给施工单位、监理单位、评估单位等而免责。在污染地块修复责任的法律制度构建中,不可忽视的一个问题是,相较于具体实施修复行为的从业单位,业主[2]责任应当居于主体地位。业主承担污染地块修复责任的形式包括进行修复行为和承担修复费用两种。而业主承担的污染地块修复责任不外乎是基于责任人的行为或者物的状态,即所谓的行为责任和状态责任,这部分内容在后文详细论述。

3. 污染地块修复责任的公法属性

责任的承担无非是基于公法或私法。公法责任强调行政机关基于其优势地位,可向行政相对人提出义务要求,相对人即便持有异议,也必须先履行。从美国环境保护的立法和实践来看,可由环保局发布行政指令命令潜在责任人开展修复,该污染地块治理修复责任属于公法责任。日本《土壤污染对策法》第7条规定,发现某划定区域特定物质造成的土地污染达到环境部法令规定的标准时,地方行政长官可以根据内阁法令的规定,在防止污染的必要限度内,命令地块的所有者等或者污染行为者采取清理污染、防止污染扩散以及其

〔2〕 业主是指修复责任主体,其可以委托从事污染地块修复工作的相关主体对污染地块进行修复。业主包括污染者及土地使用权人等。

他必要措施。[3] 其也是由行政机关发布命令,具有公法属性。我国《土壤污染防治法》第45条、第48条等均列明了生态环境部门应确定污染修复责任人并对其修复工作予以监督 。

由于土壤污染整治、修复具有很强的专业性和技术性,各国大都规定,土壤污染修复整治计划由专门的土壤污染修复专家负责起草,同时,还需提交给有关主管机关审批,只有经审批之后才能付诸实施。[4] 土壤修复的进程与质量,同公众健康、公共利益具有最直接的联系,也直接导致污染地块修复的各个环节均需要行政机关的参与,体现了污染地块修复的公法属性。

在我国,环境法上的行政责任是指环境行政法律关系的主体在违反环境行政法律规范或者不履行环境行政法律义务时应依法承担的法律后果。[5] 污染地块修复一般由生态环境部门负责。城乡土地规划部门、建设部门等有必要与生态环境部门做好协调工作。土地是经济生活的基础,关乎公众的切身利益,与行政机关承担的公共管理职能密切相关,再加上行政机关在此领域所具有的专业性,把污染地块修复归于公法责任是合理的。

(二)污染地块修复状态责任

1. 污染地块修复状态责任的概念

污染地块修复责任属于公法责任,公法责任包括行为责任和状态责任。与行为责任不同,状态责任并非源于人的行为,而是源于物本身的属性或物在空间上所处的位置。由于当代社会风险加剧,法律需要对扩大的风险加以控制,进而运用公权力把相关主体的责任范围扩大,以致超越行为责任的范围,让特定主体在行为之外负担更多的义务。状态责任是一种对物责任,是一种以物为中心的责任,通常是以排除危险、恢复物的安全状态为内容。[6] 物的所有人或对其具有管领力的人实际上享有对物的支配权能,应承担物的状态所可能导致的不利后果,负有排除妨害等行政法上的责任。物权所有人或对物具有管领能力的人均可能因为他人的行为承担责任。例如,某块土地遭受他人违法倾倒废弃物,导致了土壤污染,土地所有人或使用人并不是违法行为人,但状态责任依旧存在。

---

〔3〕 参见胡静:《国外土壤法怎么立?》,载《中国环境报》2017年12月11日,第8版。

〔4〕 参见梁剑琴:《世界主要国家和地区土壤污染防治立法模式考察》,载《法学评论》2008年第3期。

〔5〕 参见吕忠梅主编:《环境法导论》(第3版),北京大学出版社2015年版,第195页。

〔6〕 参见胡静:《污染场地修复的行为责任和状态责任》,载《北京理工大学学报》(社会科学版)2015年第6期。

状态责任源于物本身就是危险源。状态责任之所由生的危险,其情形有两种:一是物本身的属性;二是物在空间上所处的位置。〔7〕 由于状态责任是以物的所有或占有为基础,一旦物的所有人或占有人转移或抛弃该物,则对物的管领力随之消失,此时的状态责任是否就不复存在了呢？实际上,如果对物进行转移,受让人便取得了对物的管领力,成为新的状态责任人;如果抛弃该物,则违背了状态责任所包含的不得抛弃有危险的物的义务。鉴于此,行政机关可对其转移或抛弃的行为采取必要措施。状态责任以排除危害可能性为首要考量因素,基于这一目的,物的所有权人、管理人、使用人对物原则上最为了解,能在最短的时间内达到排除妨害的目的。

《水污染防治法》《大气污染防治法》等法律中未涉及状态责任的规定,但土壤污染的治理修复与大气、水等具有显著差别,只有土壤具备典型的"物"的特征,土壤属于有体物、独立物和特定物,〔8〕因此,土壤修复治理同时要求具有管领力的主体承担相应责任,在污染地块修复中借助"状态责任"的概念完善修复主体及其相关制度显得尤为必要。综上所述,污染地块修复状态责任指在确定污染地块修复责任主体时,依据状态责任理论或法律规定,状态责任人需承担土地修复过程中花费的费用或履行土壤修复义务。

2. 行政法意义上的污染地块修复状态责任

行政责任是土壤污染法律责任的重点,几乎所有国家的土壤污染防治立法中都有关于行政责任以及行政救济的相关规定。〔9〕 状态责任具有公法属性。通过明确状态责任公法属性,确保在行政行为的实践中有效实行。在此主要将污染地块修复的状态责任与行政命令、行政处罚这两个易混淆的概念进行对比。

第一,污染地块修复状态责任与行政处罚。根据《行政处罚法》第 3 条,行政处罚与污染地块修复状态责任的承担存在以下三个适用的难题:其一,行政处罚针对的是"人的行为(包括作为与不作为)",与状态责任的来源"物之状态"存在差别,无行为则无处罚;其二,行政处罚有其惩罚力度,对于状态责任而言,其内涵是行政机关责令状态责任人采取必要措施排除危险,并无惩罚意

---

〔7〕 参见李建良:《"状态责任"概念的辩证与运用:〈台中大里区段征收土地掩埋物清理案之一〉——"最高行政法院"102 年度判字第 370 号判决、台中"高等行政法院"99 年度诉字第 268 号判决重点评析》,载《台湾法学杂志》2014 年第 246 期。

〔8〕 参见王利明:《物权法论》,中国政法大学出版社 2003 年版,第 29 页。

〔9〕 参见梁剑琴、王精一:《世界主要国家和地区土壤污染防治基本制度比较研究》,载《河南司法警官职业学院学报》2009 年第 4 期。

图;其三,行政处罚需在主观层面存在故意或过失,而状态责任不考虑主观因素。

状态责任与行政处罚最大的分野是其目的偏差。状态责任的依据来自行政管制上为达成行政目的而针对侵扰安全与秩序者所发动的,目的在于排除社会所不容许的危害。〔10〕 但一旦允许行政机关以行政命令的方式让行政相对人为或不为一定的行为,就已经对民众的权利添加了不利侵扰因素,因此状态责任的行使对象需要在法律层面加以明确。既然污染地块修复无法纳入行政处罚的范畴,近年来在环境执法领域逐渐兴起的"环境行政命令"或与污染地块的修复有一定关联。

第二,污染地块修复状态责任与行政命令。状态责任是环境行政机关课以状态责任人清理、修复污染土地的基础,无论责任人是否有过错,都需基于其物的状态承担责任。行政命令是由行政主体为相对人施加一定义务,通过命令的方式督促行政相对人采取行动,纠正其违法行为,其特点是补救,区别于行政处罚。这一点与状态责任"补救"的目的相同,不履行修复或治理责任即违反了这一行政命令,涉及行政处罚。

立法为状态责任人创设的修复和清理义务,重点不在于处罚力度和强制手段,而是促使修复义务本身的实现,其实施手段、责任界限等具有自身特点,生态环境主管部门可利用其掌握修复治理等关键技术的优势地位,对整个过程进行监管,生态环境主管部门命令行政相对人修复污染地块的行政行为会对其利害产生影响,对生态环境主管部门的修复决定不服可以提起行政诉讼。法院仅仅是对合法性进行审查,并不触及合理性,因为专业技术性是行政机关而非法院的优势所在。〔11〕 从污染地块修复的目的及与行政机关紧密的关联来看,为了有效落实修复计划,无论是从状态责任角度还是污染地块修复的公法属性出发,污染地块修复应纳入行政命令的范畴,由行政机关主导。

3. 污染地块修复状态责任与行为责任

在污染地块修复中适用状态责任,并不意味着对行为责任的排斥,相反要通过行为责任和状态责任的共同作用,才能实现污染地块修复的目标。

第一,污染地块修复状态责任与"损害担责"原则。我国《环境保护法》确

〔10〕 参见吴宗育:《环境法中状态责任争议问题之研究——以土地污染清理为中心》,文化大学(中国台湾地区)2012年硕士学位论文。

〔11〕 参见胡静:《我国环境行政命令体系探究》,载《华中科技大学学报》(社会科学版)2017年第6期。

立了“损害担责”的原则,指对环境造成任何不利影响的行为人,包括因利用环境造成环境超出其自身自然恢复能力之退化的行为人,应承担恢复环境、修复生态或支付上述费用的法定义务或法律责任的原则。[12] “损害担责”原则沿袭了“污染者担责”原则,环境法上的责任源于行为,因其行为给环境造成不利影响的主体应当承担责任。由此看来,状态责任有违环境法的基本原则,让行为人之外的物权人承担修复责任,似乎毫无依据。

从社会学角度看,状态责任源于财产权的社会化所衍生的义务。人类社会化活动愈加频繁,社会风险随之增加,一旦危害发生,往往会造成范围极广且难以挽回的后果。从权利义务与责任的关系角度出发,权利人拥有特定物后,即获得该物的物权权利,需承担该物所负有的社会义务,一旦违反义务内容,相应的责任随之产生。土地的直接管领人享有土地的所有、使用、收益等权利,从维护其自身经济利益角度,对污染地块进行修复也并非不合理,与污染行为人承担不真正连带责任。

第二,污染地块修复状态责任与行为责任的区别与联系。可借助民法中关于排除妨害请求权的分类理解状态责任和行为责任的区别。我国台湾地区“民法”(2015 年修正)第 767 条[13] 将请求权分为行为妨害人和状态妨害人。[14] 行为妨害人指的是依自己行为对他人所有权产生妨害的人,如将垃圾扔在他人院内;状态妨害人指的是持有或经营某种妨害他人所有物权之物或设施的人,并不限于所有人,占有人和对妨害之物或设施有事实上支配力的人,也归于状态妨害人之列。例如,甲院子种的树被台风吹到乙的院内。[15] 无论基于行为还是状态,只要产生了损害后果,均可请求行为责任人或状态责任人排除妨害。

状态责任除了与行为责任存在分野,在理论上和实践中也常与不作为混为一谈。行为包含作为与不作为两种,公民因不作为引发特定危险,同样是行为责任的样态之一。在立法中可对不作为予以规定,将隐含的状态责任规定

---

〔12〕 参见竺效:《论中国环境法基本原则的立法发展与再发展》,载《华东政法大学学报》2014 年第 3 期。

〔13〕 我国台湾地区“民法”(2015 年修正)第 767 条规定:“所有人对于无权占有或侵夺其所有物者,得请求返还之。对於妨害其所有权者,得请求除去之。有妨害其所有权之虞者,得请求防止之。前项规定,于所有权以外之物权,准用之。”

〔14〕 此为德国法通说。参见王泽鉴:《民法物权(第一册)通则 · 所有权》,中国政法大学出版社 2001 年版,第 181 页。

〔15〕 参见王泽鉴:《民法物权(第一册)通则 · 所有权》,中国政法大学出版社 2001 年版,第 181 页。

为明确的行为责任,此种做法是在法律预设的前提下将状态责任包含的义务和责任明确化。

二者的联系多体现在实践中存在"危害的发生,往往有数个责任人,既可能有数个行为责任人,也可能有数个状态责任人,还可能有行为责任人和状态责任人同时存在,甚至是一人同时承担行为责任和状态责任"的情形。当以上几种情形发生在同一个污染地块修复责任案件中,如何确定责任人之间应承担的责任成为一个问题。快速有效排除污染的前提是尽早确立污染地块修复的责任主体。

(三)污染地块修复状态责任的意义

引入"状态责任"这一概念,有助于完善我国土壤污染修复治理责任主体的认定规则,进而明确各有关主体的责任范围、承担方式等,推进污染地块修复工作。

1. 提高污染地块修复效率

在保障环境安全要素的基础上,环境法追求效率,环境法的效率价值,是指在实现环境安全的前提下,以最小的成本获得最大的效益。[16] 状态责任通过与行为责任的配合,能够提高污染地块修复的效率。现实中存在因为历史原因导致污染行为人难以确定的情形,如果此时行政主管机关把精力放在寻找污染行为人上,则有可能错失污染地块修复的最佳时机,并可能会对土壤及其周边环境造成二次污染。而状态责任人因其拥有物权,并与行为责任人可能存在租赁、委托、借用等法律关系,由其先承担污染地块的修复责任具有现实可能性和合理性。

在司法实践中,环境行政机关基于及时且有效地修复污染地块的目的,有权裁量并最终决定状态责任人优于行为责任人,因为前者对于危害来源的污染物具有法律上或事实上作用的支配可能性,对污染物的数量、性质、特点以及危害性比较了解,也对土地和土壤的信息掌握相对准确全面,较能早日达成排除危害或者控制风险的目的,[17] 从而提高污染地块的修复效率。对于偶发性的土壤污染,状态责任人即土地使用权人或使用者能够在最短的时间内组织人力、物力修复污染地块,状态责任人代为修复产生的费用可以通过民事诉

〔16〕 参见胡静:《环境法学的价值范畴》,载文轩主编:《环境资源与能源法评论》(第1辑),中国政法大学出版社2016年版,第45页。

〔17〕 参见胡静:《污染场地修复的行为责任和状态责任》,载《北京理工大学学报》(社会科学版)2015年第6期。

讼予以追偿。如果不能即时启动污染修复程序,不仅会导致下渗、扩散进而危害土地、周边环境,也会为以后的修复增加成本。在土地资源紧缺的当今社会,及时有效地修复能够尽快恢复土壤原状,使土地进入市场流通重新产生经济价值。

2. 弥补行为责任的不足

在污染地块修复中使用状态责任这一概念能够弥补单一依靠行为责任追责的不足。我国行政法领域、环境保护法领域等均是以“行为”作为追责的依据,对于实践中出现的如某工厂土地半夜被堆放有害物质,却不能因为其“行为”而做出命令工厂经营者快速清除有害物质的行政行为,也不能一味依靠行政机关的代履行能力。随着社会的变迁,物的利用与之伴随产生的风险加大,风险涉及的地域范围和人员范围也在增加,更多地转向针对社会大众的义务。从财产权绝对到财产权承担社会义务的转变,意味着财产权的功能在发生着变迁。〔18〕 就此而言,“行为”已经不能满足行政机关在社会事务管理活动中的正当性依据,由此衍生出的“状态”概念恰是借助财产权社会化的理论拥有了合理性基础。污染行为所导致的结果往往会在一段时间后才显现出来,此时的污染行为人已经难觅踪迹,但此时的污染修复责任应当由相应的主体承担,而不是一味地由政府担责,对状态责任人追责可谓是一剂良方。

立足于土壤污染的特殊性,诸多国家和地区已经将污染地块修复责任主体的范围延伸至土地所有权人等对土地具有物权的主体。仅以“行为”作为责任主体的确定标准存在局限性,限缩了责任主体的范围,而且在特殊情况下行为责任人难以确定,从而影响环境污染的及时治理。〔19〕 状态责任的使用扩大了责任主体的范围,在“行为”的基础上使用“状态”的概念,二者均是与污染土地存在最紧密联系的主体,能够最快地开展污染地块治理和修复工作。从环境保护角度,环境行政法中的行为责任的追究更多的是给予行为人惩罚和教育,状态责任则是以恢复社会安全及管理秩序为目标,这一点符合环境保护立法目的。

---

〔18〕 See Vgl. Peter Badura, “Eigentum”, in Ernst Benda , Werner Maihofer und Hans-Jochen Vogel, (Hrsg.), HVR, Berlin, New York: Walter de Gruyter GmbH&Co., 1995, S. 328ff. 转引自张翔:《财产权的社会义务》,载《中国社会科学》2012 年第 9 期。

〔19〕 参见李贤森、罗楚湘:《新型环境法律体系重构:责任与状态》,载《重庆社会科学》2016 年第 1 期。

二、我国污染地块修复状态责任的立法现状及评价

在对立法进行分析之前,通过司法实践中发生的土壤污染责任纠纷,以小见大,能够发现一些民事纠纷中对土壤污染重视不足、立法存在缺陷的端倪。

(一)我国"土壤污染责任纠纷"中的问题分析

在中国裁判文书网对"土壤污染责任纠纷"案由的民事案件进行检索,与土壤污染最为关联的 7 份判决书中,大多都是因交通事故、生活生产导致土壤污染。根据检索到的判决书,对案例进行总结和评论如表 1 所示。

表 1　案例分析

案件名称	案情和判决结果	分析评论
(2013)吉中民一初字第 56 号 房某、吉林松花江热电有限公司土壤污染责任纠纷案	此案中,被告的煤灰水灌入原告的种植地中,造成原告种植生长了 9 年的林下参被严重损害	法院判决中援引《环境保护法》和《侵权责任法》作为判决依据,但仅判决被告赔偿原告林下参被污染的损失,原告诉求和法院判决均未对土壤因此遭受的损失做出任何说明
(2016)晋 0429 民初 264 号 武乡县石北乡东河村民委员会与李某福等土壤污染责任纠纷案	被告驾驶的罐式货车发生车祸,导致车内的数吨烧碱泄漏,造成原告村集体土地约 150 立方米需要修复。法院判决由被告投保的保险公司赔偿土壤修复费用	投保车辆造成土壤污染,即可由保险公司赔偿修复费用,但如果是数额过大的修复费用,则需要个案衡量
(2014)黄民一初字第 00644 号 仙源镇越山村村民委员会与铜陵交通运输有限公司土壤污染责任纠纷案	胡某驾驶的罐式货车因操作不当,导致车辆侧翻,车内柴油泄漏导致周边农田污染。法院判决被告(被告为胡某罐式汽车的所有权人)与胡某共同承担清除泄漏油污的费用	该判决体现了针对车辆具有所有权的主体应当承担责任
(2015)门环民初字第 00013 号 张某君与张某等土壤污染责任纠纷案	原告的土地因使用了被告公司生产的化肥导致作物减产、死亡,并导致土壤的损害,使土壤不能达到其合理使用的要求。法院判决被告赔偿原告经济作物损失费及土壤修复费用	土壤质量具有公共属性,当法院将污染修复费用以民事判决的形式让受污染的个人进行修复,是否妥当?是否可以保障土壤能得到及时、有效的修复

续表

案件名称	案情和判决结果	分析评论
(2013)外民二初字第919号 田某与杜某超土壤污染责任纠纷案	该案件判决只对农田的农作物进行赔偿	未提及对土壤的损害
(2014)盐边民初字第689号 石某友诉盐边县祥黎工贸有限责任公司等土壤污染责任纠纷案	原告对涉案土地具有使用、收益的权利,是本案的适格原告。本案把土地修复费赔偿给原告	难以保障原告把366,194元的土壤污染修复费用真正落实
(2017)鄂1024民初58号 钟祥市丰登化工厂土壤污染责任纠纷案	此案为公益诉讼案件。被告工厂内的硫酸罐被他人蓄意破坏,硫酸流出,致28.79亩农田被污染,法院认为其存在疏忽管理的行为,判决其对被硫酸污染的农田进行土壤恢复原状	生态环境主管部门命令被告修复土地,具有其合理性。但如果生态环境主管部门没有命令被告修复土地,公益诉讼可以发挥补充作用

通过对以上案件的判决书进行梳理分析可以发现:其一,在民事案件中,如果土地使用权人或土地承包人未提及土壤修复费用,法院则按照不告不理的民事诉讼原则不对土壤遭受污染后的修复治理问题予以任何说明,主要是援引《侵权责任法》对土地上的附着物予以赔偿。其二,如果法院判决被告赔偿原告土壤的修复费用,如何保证获得赔偿的原告把这笔费用用于土壤修复存在疑问。因土地具有公共属性,土地的修复亦具有公共性,是否需要环境行政机关的介入及其程度如何。其三,通过"(2017)鄂1024民初58号"案件,针对污染地块修复的公法属性,当状态责任人疏于修复且行政机关未命令其进行修复时,检察院、公益组织等可以提起公益诉讼,维护公共利益。

因土壤污染引发的民事案件,法院通常援引《侵权责任法》裁判。相较于一般的环境侵权,土壤污染具有隐蔽性、滞后性、不可逆转性和累积性,一旦确认土壤被污染,仅仅依靠切断污染源的方法往往很难恢复,有时要靠换土、淋洗土壤等方法才能解决问题。分析土壤污染侵权民事案件,是为了表明目前土壤污染修复的立法和司法领域存在缺陷,以期完善责任主体规则,构建微观且整体的污染地块修复制度。

(二)污染地块修复状态责任的立法现状

近年来,我国土壤污染防治领域立法中,虽然未明确提及状态责任的概念,但其内涵却在相关条文有所体现。《土壤污染防治法》《污染地块土壤环境管理办法(试行)》以及各地方性法规规章等均对污染地块修复责任作出规定,其对状态责任的涉及各有特点。

1. 污染地块修复相关立法中的状态责任

第一,土壤污染防治法和土壤污染防治行动计划。根据《土壤污染防治法》,土地使用权人对污染地块所承担的修复责任多是在土壤污染责任人不明时。无论土地使用权人是否有过错,在污染行为责任人不明时,应由其承担修复责任。这里的土壤污染责任人,理解为污染行为人。《土壤污染防治行动计划》(2016年)明确了"谁污染,谁治理"的基本原则,污染行为人应承担首要责任,状态责任人的责任是次要的。

第二,污染地块土壤环境管理办法。《污染场地土壤环境管理暂行办法(征求意见稿)》中明确污染场地的责任人包括污染者和土地使用权人,并明确了土地使用权人责任。《污染地块土壤环境管理办法(试行)》(2016年)中区分了污染者和土地使用权人在土壤污染修复治理中居于的责任主体地位。《污染场地土壤环境管理暂行办法(征求意见稿)》明确将土地使用权人纳入污染地块修复主体范围,但《污染地块土壤环境管理办法(试行)》将土地使用权人的责任缩小为开展疑似地块和污染地块的相关活动,使其担责范围和责任程度更为模糊。虽然责任范围缩小了,但其中提到的土地使用权人等概念属于状态责任的范畴,对于土地承租人、土地管理人、土地实际使用人等主体的责任如何,没有提及。同时,关于土地使用权人与污染行为人之间属于连带责任、按份责任抑或其他责任,并无规定。

第三,地方性法规规章。例如,《湖北省土壤污染防治条例》(2016年)第32条仅界定了污染行为人责任和政府的兜底责任,对于土地使用权人、承租人等主体的责任并无规定,也未对责任范围进行界定,不够完整且缺乏可操作性,其他地方立法多数仅对污染行为人责任作了规定。《福建省土壤污染防治办法》(2016年)第33条对污染地块的所有权人、使用权人和实际使用人的责任予以明确。该办法中,明确提到污染地块的所有人、使用权人和实际使用人承担的是不真正连带责任,且状态责任人在承担修复责任后可向污染行为人追偿。《上海市经营性用地和工业用地全生命周期管理土壤环境保护管理办法》(2016年)第7条明确了土地使用权人需承担修复责任,但未涉及污染行为人的概念;对于租赁人,也需承担相应的污染地块修复责任,同时不免除土地使用权人的责任。这里的土地使用权人和污染行为人之间的关系是包含还是对立？抑或既包含又对立？该办法通篇未提及污染行为人责任，仅在第3条提到“谁污染，谁治理”。该办法的着眼点在于明晰土地储备机构或土地使用人的责任，所涉及的主要是土地出让或转让的环节，至于污染行为人与土地储备机构或土地使用人的责任分担，不在其规范范围内。

2. 其他立法对于状态责任的涉及

状态责任的核心是基于物的状态承担责任。以此为界定标准，可以发现民法中也体现着状态责任的理念。我国《侵权责任法》中有些许基于物的状态承担损害赔偿责任的情形，如第85条关于物件损害责任的规定，第90条规定对林木所有人及管理人的规定。所有人、管理人、使用人均不是导致危险的行为人，因其对物存在法律或事实上的管控力、所有权等承担责任，同状态责任的概念相符。《侵权责任法》中的动物侵权、物件损害侵权等属于特殊侵权，以“行为”归责不符，要为特殊侵权寻找一个理论依据，状态责任最为恰当。综上所述，状态责任和侵权责任法上因物所生的责任的共通之处在于财产权人对财产负有义务，并对财产造成的损害后果承担责任。

3. 小结

我国环境修复治理的义务主体主要还是援引“行为”归责。在污染地块领域建立了以“损害担责原则”为基础，由造成土壤污染的行为人担责，对于无法确定行为责任人的，由土地使用权人或政府担责的制度。但这样一个基础性的明确责任的顺序对于落实污染地块修复追责远远不够。根据我国《物权法》，城市土地属于国家所有。我国污染地块修复责任主要由污染行为人、土地使用权人、土地实际使用人等构成。以上立法所涉及的状态责任人主体并不完备。如果污染地块存在多个土地使用权人、土地使用权人与污染者并存，多个主体的责任怎样界定？责任的范围是什么？

（三）对我国污染地块修复状态责任立法的评价

现行立法对状态责任有所规定，但这一表述并未明确被使用，与此同时，存在现行立法对状态责任规定不统一、不具体等缺陷。

1. 现行立法并未排斥状态责任的适用

虽然我国立法及司法实践中并未明确状态责任这一概念，《侵权责任法》等立法中也均是以“行为人”作为责任人，但“状态责任”一词的内涵在我国立法中早已有所呈现。法律条文对土地使用权人、承租人、实际使用人等主体责任的界定，与状态责任的内涵一致。有学者把动物所有人的侵权责任、建筑物所有权人的清理义务、船舶所有权人清理海洋污染的义务等均视为状态责任在立法上的呈现。在民事侵权领域表现为物权所有人、使用人的无过错责任;在行政法上则以物权所有人、使用人等在面对公共利益时权利和义务的社会化趋向为表现形式。

状态责任在行政法和环境法领域少有提及,主要是我国立法和司法都以"行为"归责。借助状态责任,能够完善责任归责体系。例如,在拆除非法建筑的行政执法活动中,如果非法建筑已卖给新的所有权人,对善意买受人,行政机关是否可以对其作出拆除非法建筑的决定书?实践中,行政部门可向非法建筑的买受人发出责令改正违法行为通知书,实际上就已经将《行政处罚法》第3条所规定的"违反行政管理秩序的行为"解释为:违法的建设行为和所有、管理的建筑物具有违反法律法规等行政管理秩序所持续的非法状态。

2. 现行立法对状态责任的规定不统一、不具体

现行立法对状态责任的正当性、主体、责任类型等少有提及,且其内容并不一致。现行立法并不排斥状态责任及其责任人,实际上已经扩宽了责任范围,但笼统的规定导致在实践中难以适用。例如,《污染地块土壤环境管理办法(试行)》第9条规定土地使用权人应当负责开展疑似污染地块和污染地块相关活动,但具体如何开展、确立并未涉及。相较于部门规章,地方性法规更为具体:《福建省土壤污染防治办法》规定污染地块的所有人、使用权人和实际使用人承担的是不真正连带责任,状态责任人在完成修复后可以向污染行为人追偿。整个修复过程,涉及的程序繁多,可能持续数十年,需耗费巨大的财力物力,且修复过程中方案可能变动,为了达到预期修复目标,需对修复责任人在修复过程中的责任予以明确细化。

三、德国和美国污染地块修复状态责任的理论与实践研究

既然现行立法并未排斥对状态责任的适用,在诸如污染地块修复领域引入状态责任还能弥补行为责任的不足,那么针对目前立法对状态责任规定不统一、不具体以及法学界对状态责任认识还不充分的问题,本文认为有必要从状态责任的概念入手,形成对状态责任的整体认识。通过对德国、美国立法和实践进行分析,可以对污染地块修复状态责任形成一个全面的认知。

(一)德国污染地块修复状态责任的理论与实践

土壤修复与治理中"状态责任"最早源于《联邦警察法》第7条,根据该条的规定,当公共秩序受到威胁或者滋扰时,由警察对财产所有权人或者相关当

事人采取措施,执行公权力加以应对。[20] 德国法上的警察是一个相对宽泛的概念,指国家对一切具有防范公共安全与秩序危险或消除已发生的侵害的行政行为,类似于利用命令或禁止等干预性手段行政干预或对私人权益设定界限的秩序行政。私人权益的行政活动需有法律依据,包括特定主体的行为(作为、不作为)和特定主体基于对物的支配控制力。基于对物的支配控制力所要承担的义务为"状态责任"。如此观之,"状态责任"一词的责任与"违反法律义务所要承担相应的后果"的概念不同,指的是在行政法层面,行政相对人基于某种原因负担义务,而非因违背某类义务需承担责任。与基于行为的行为责任不同,状态责任是基于物的危险状态而产生,以对公共安全或秩序具有危险或潜在危险的物的存在为基本要求。

德国状态责任的宪法依据是《基本法》第 14 条第 1 项、第 2 项,即对物具有所有权或支配权的主体,在享有物的权利的同时,也承担相应的义务和责任。而之所以赋予物的所有人、管理人、使用人等主体状态责任,究其主要原因是这些主体是对物最了解和关系最密切的人,无论这些主体是否引发侵害行为,都有条件及时、有效排除妨害,实现污染地块修复的目的才是其行政效力追求的目标。

1. 土壤污染防治法中的状态责任

《联邦土壤保护法》《联邦土壤保护与污染地条例》是德国针对防治修复土壤污染的主要立法,而以"状态责任"作为确立修复主体的内容主要体现在前者中。《联邦土壤保护法》规定有义务修复被污染的土壤的主体包括:污染行为人、土地所有权人、占有人以及土地的继受人等,修复主体的最终确立依据个案衡量。《联邦土壤保护法》第 4 条对土地污染治理的责任人进行了规定,包括行为人、土地所有权人和事实管领者的责任,其中土地所有权人和事实管领者就是状态责任人。[21] 土地污染治理的责任人不仅需要采取净化措施,还要采取措施防止污染物扩散,如果不能在一定期限内完成,还要采取其他保护和限制措施。针对 1999 年 3 月 1 日之后造成的污染土壤,有害物质必须被排除,但对于当时已经履行了法律规定的义务且基于诚实信用原则的,通过个案考量,将被排除责任。对于在 1999 年 3 月 1 日以后的土地购买人,如果对购买

---

[20] 参见秦天宝、赵小波:《论德国土壤污染防治立法中的"状态责任"及其对我国相关立法的借鉴意义》,载邵建东、方小敏主编:《中德法学论坛》(第 8 辑),法律出版社 2010 年版,第 267 页。

[21] See Federal Soil Protection Act (Bodenschutzgesetz, BBodSchG) -Excerpts, available at http://germanlawarchive.iuscomp.org/? p=322#1, March 1, 2018.

土地的污染状况有所认知,则负有整治土地的义务;相反,基于信赖原则,不在责任范畴内。《联邦土壤保护法》对土地的买受人所要履行的责任亦进行了规定,但可基于信赖保护利益免责。另外,根据《联邦土壤保护法》第 25 条第 1 项,当由国家修复污染土壤时,如果土地价格上涨,在国家承担的费用限度内,土地所有权人需补偿土地价格上涨的这部分费用。[22]

2. 德国联邦法院相关判例中的状态责任

2000 年 2 月 16 日,德国联邦宪法法院第一庭对两起主张违反《基本法》关于废弃物土地清理的状态责任界限的申诉案件进行了裁定(1 BvR 242/91,315/99)。[23]

兔皮厂污染案:1982 年 10 月,原告以拍卖的方式获得了附近的一块土地即兔皮厂,该土地在 1981 年之前是一家使用高氯物质去除皮毛的兔皮制帽工厂,长期使用化学品致使土地严重污染。前期两次法院判决均由购买该土地的原告承担土壤治理与修复责任。直到 1998 年,治理所花费的费用达 110 万马克,远超当初土地成交价约 35 万马克。地方行政法院和高等行政法院均未支持原告的诉讼请求,因其认为,如果状态责任人在获得财产之初即了解违反秩序的事实或者至少知道类似状况相关的事实,那么限制责任的考虑一开始即可被排除。[24] 鉴于原告长期居住在兔皮厂附近,没有理由不知道其污染的现状,所以原告购买土地的行为并不能使其成为受害者。但原告认为,基于《基本法》第 14 条中"财产权负有义务"的状态责任和行政法的"比例均衡"原则,状态责任的担责并非没有界限,应由造成土壤污染的兔皮厂承担治理修复责任,继而向联邦行政法院上诉。

射击场污染案:1970 年 10 月,原告将 16 公顷土地出租给射击协会,射击协会在此建立了射击设施并进行射击活动,后由于水利规划变更,在对水质进行检测时,发现共有 200~300 吨铅弹留在射击场的土地中,其污染深度达 80 厘米。1988 年 7 月,当地主管部门要求射击协会清理污染,随后射击协会破产,清理修复责任转而归于土地的状态责任人即原告。地方行政法院认为原

---

〔22〕 See Federal Soil Protection Act (Bodenschutzgesetz, BBodSchG)-Excerpts, available at http://germanlawarchive. iuscomp. org/? p=322#1, March 1, 2018.

〔23〕 See Federal Ministry for the Environment, German Federal Government Soil Protection Report (First Edition), available at: http://www. bmub. bund. de/fileadmin/bmu-import/files/pdfs/allgemein/application/pdf/soilreport. pdf, March 1, 2018.

〔24〕 参见秦天宝、赵小波:《论德国土壤污染防治立法中的"状态责任"及其对我国相关立法的借鉴意义》,载邵建东、方小敏主编:《中德法学论坛》(第 8 辑),法律出版社 2010 年版,第 272 页。

告把土地出租给射击协会的行为,致其不仅成为状态滋扰者,也成为行为滋扰者;而财产的社会义务局限于具体财产的内容也只是假设观点。高等行政法院认为当土地价格提升多倍时,要求土地所有权人修复土壤可能会得到相反的回复,以土地价值作为责任界限是不合理的。

德国联邦宪法法院的判决表达了不同的观点。从《基本法》第 14 条第 1 项和第 2 项出发,联邦宪法法院认为既要考虑财产所有权人承担的社会义务,也不能忽略财产所有权是一项基本人权,应当受到保护,并同时受宪法的比例原则和平等原则的制约;从土地废弃物的清理费用来看,若清理土壤所花费的费用超过了其市场价值,那么该土地对于所有人来说就是无价值的。一般而言,如果土地所有人基于状态责任需要承担清理土壤的义务,那么超过土地价值的清理费用负担被认为是不合理的。如果财产的风险来自自然领域、公共领域或存在未经授权的第三方,由履行了所有风险管控义务的主体对修复承担全部责任不具有可期待性。但如果土地所有权人或具有事实管领力的人自行将自己置于不利地位时,责任限制对其并不当然适用;法院还认为原判决未衡量状态责任的界限,已经违反《基本法》。

联邦宪法法院将土地所有权人列为状态责任人而承担责任,首先是源于危害防止的有效性,其次是基于土地使用权人对污染地块具有事实上的管领力。在考量基于财产权的社会义务时,同样不可忽略比例原则和平等原则,因此而承担的修复责任应当有界限。两个案件判决的核心:状态责任人所应负担费用不能以财产所有人的经济效益作为衡量标准。如果承担清除污染物的费用缺乏期待可能性,行政机关需要决定状态责任所应承担的费用界限。行政法院须明确财产所有人在何种程度下将承担清理费用,并根据《基本法》第 14 条第 1 项衡量状态责任的界限。《基本法》第 4 条保障了财产所有权既是一项主观性的权利,同时又受社会约束。与此同时,在任何情况下,《基本法》第 14 条第 1 项第 1 句都要求维护财产所有权的实质内容与配置比例。[25]

(二)美国污染地块修复状态责任的理论与实践

美国使用严格责任、连带责任等规范污染行为人之外的责任主体,这些主体承担污染地块修复责任基于物权。美国认定污染地块责任人是从侵权行为入手,首先由导致土壤污染的行为人承担费用,而后根据《超级基金法》的严格责任制度,其造成的结果与美国普通法上侵权行为的认定大相径庭,以至于形

---

〔25〕 参见[德]康拉德·黑塞:《联邦德国宪法纲要》,李辉译,商务印书馆 2007 年版,第 351 页。

成类似以“地位”或“状态”认定责任人的方式,与德国法所说的状态责任殊途同归。

《超级基金法》通过强制严格责任,避免了许多限制普通法责任需要证明的内容,《超级基金法》的责任是基于状态的对符合“被覆盖人”定义的任何一方施加责任。[26] 1986年对《超级基金法》进行修订后,除了增加债权人的避风港原则外,这一法案在之后的十年一直没有变动。然而,来自市长和其他方面的压力让国会意识到法案中宽泛的状态责任(status-based liability)使开发商想方设法逃离担责。《超级基金法》的颁布实施,使依靠州普通法理论将私人清理修复纠纷从基于侵权责任转变为基于状态的严格责任。所有对该地块污染可能承担修复责任的都被称为潜在责任人,《超级基金法》对所有的潜在责任人规定了基于状态的严格责任,以进一步推进“污染者支付”清理修复费用的策略。

另一点需要明确的是,美国污染地块修复责任由行政机关主导。法院支持行政机关根据其职权和专业能力作出修复命令,并且不会对其进行干预,维护了污染地块修复的专业性和行政机关在发布修复命令时的主导性。在修复治理的过程中,行政机关需负责监督整个场地的清理工作,一旦潜在责任人无法与其达成和解,则可以开展以下几项工作:发出行政命令强制潜在责任人执行清理行动;起诉潜在责任人执行修复相关的行政命令,或对其进行处罚;也可以动用超级基金自行进行场地清理,之后找潜在责任人追偿,防止有毒物质继续对土壤造成污染。

1.《超级基金法》中的状态责任

《超级基金法》第107条(a)第(1)~(4)款对潜在责任人予以规定。通过对潜在责任人的追责,能够解决一些土地污染暂时找不到侵权行为人的问题,从制度功能的角度看,美国法上的“潜在责任人”与德国法上状态责任人并无差异。[27]《超级基金法》包含一种基于状态的严格责任,且具有状态责任的内涵。例如,当污染地块的当前所有人不满足第107条(b)提供的抗辩条款而成为修复责任人时,从普通侵权法的角度来看,所有人是无辜的,因为土地所有人既没有实行污染行为也不存在过错。然而,在《超级基金法》之下,只能是

---

[26] See Ronald G. Aronovsky, Federalism and CERCLA: Rethinking the Role of Federal Law in Private Cleanup Cost Disputes, 33 Ecology L. Q. 1, 4 (2006).

[27] 参见沈跃东:《论状态责任我国生态修复法制中的运用》,载《2014年全国环境资源法学研讨会论文集》。

"侵权无辜",但仍需担责。这是《超级基金法》下的责任与普通侵权法责任的最大区别。《超级基金法》中状态责任的另一个表现是连带责任。《超级基金法》规定,行为人如果没有排放污染物质的行为,也可能因其所有者的身份承担责任,且无论其过错与否。如果可以证明损害后果可分,修复责任可在多个责任主体间分配,则无须承担连带责任;反之,需要与污染行为人等其他主体承担连带责任。

1980 年《超级基金法》实施前,关于污染地块修复私主体之间的争端由州法主导,在普通法基础上,滋扰、侵犯、疏忽和超危险的严格责任这四种理论被用于解决这类纠纷。对于土壤污染来说,污染行为往往发生在几十年前,普通法中侵权责任的抗辩极为困难,在各州之间并未形成统一的关于潜在责任人之间追偿的法律。《超级基金法》颁布后,自愿履行清理修复责任的潜在责任人可利用超级基金法对其他潜在责任人追偿。

如果某一潜在责任人率先进行清理修复并希望利用《超级基金法》的严格的、可追溯的、基于状态的责任,这一潜在责任人可向联邦法院提交依据《超级基金法》第 113 条(f)第(1)款提出的赔偿请求。[28] 总的来说,较 1980 年以前依据普通法上的侵权责任确立潜在责任人之间的追偿诉讼,超级基金法采取的严格责任,其中已经包含了基于责任人身份或者说状态的责任来源。

2. 美国法院相关判例中的状态责任

有关污染物质处理时的土地所有人和管理人是否应当承担修复责任的问题,美国法院存在不同见解。《超级基金法》所规定的"处理"意为在任何土地和水体中放置、倾泻、泄漏、排放、涌出固体废物或有毒有害物质。在纽德瑞公司诉胡珀父子公司(Nurad v. Wiliiam E. Hooper & Sons)[29]一案中,纽瑞德公司认为如果土地所有者需要对与废物处理行为没有任何关系的污染承担责任,那么在污染行为发生时只要袖手旁观就可以了,而不必施加任何补救措施,就能避免《超级基金法》的修复责任,强调存在一种"被动所有者责任"。

美国诉格利(United States v. Gurley)[30]一案中,关于个体是否需要承担《超级基金法》第 107 条规定的处理危险物质责任,认为任何处置过该危险物质设施的人均需承担责任。法院认同实际控制检验理论,认为"实际控制"需

〔28〕 See Ronald G. Aronovsky, Federalism and CERCLA: Rethinking the Role of Federal Law in Private Cleanup Cost Disputes, 33 Ecology L. Q. 1, 34 (2006).

〔29〕 966 F. 2d 837(4th Cir. 1992).

〔30〕 43 F. 3d 1188(8th Cir. 1994).

满足两个条件:其一,是否有权决定进行污染物质的排放行为及其具体方式;其二,自行实施或指导他人实施,且该个体实际使用了这项权力。

关于如何确立土地的管理人,在美国诉Fleet Factors公司(United States v. Fleet Factors)[31]案中,法院将"管理"进一步明确为是否有能力控制公司的运营。对于公司的股东或放款人而言,如果通过资金控制对污染地块的危险物质活动产生了直接影响,当然适用管理人责任。1996年《超级基金法》修订过程中,"参与经营管理"被定义为实际参与到土地的管理或经营事务中,不包括仅有能力影响或未实际控制场地的情形。

这些案例表明美国已经意识到,在土壤修复发展进程中单纯依靠政府修复或把所有的责任主体诉讼至法院并不现实。大多数污染地块都不是由单个主体造成的,所有对该地块污染可能承担修复责任的都被称为潜在责任人。依据《超级基金法》,某一潜在责任人如果自愿对污染地块进行修复,事后便能获得补偿或获得地块所有权。

四、对我国台湾地区污染地块修复状态责任的考察

我国台湾地区的污染地块修复制度较为完善,状态责任的理论体现在"土壤及地下水污染整治法"等规范性文件、法院的相关判决和学者们的学术著作中。

(一)状态责任的法理分析

行政责任分为行为责任和状态责任,并在此基础上形成行为责任人和状态责任人的概念。李建良认为:状态责任以物在法律或事实上是否具有支配力作为连结因素,而非根据个人行为。换言之,状态责任仅以物的状态作为连结要素,可能导致过于严苛的责任。[32] 在现代干涉行政法和秩序行政法的分野下,当对行为责任的追究难以达到目的时,状态责任可以弥补污染修复、危险防止等领域责任追究的空白。

可通过比较"行为责任与行政处罚"和"状态责任不适用行政处罚"进一步区分行为责任和状态责任。由于状态责任是基于物之状态而形成,并非基于违反行政法上义务而承担消极结果,故不具有惩罚性。在行政法理论的框架

---

〔31〕 901 F. 2d 1550(11th Cir. 1990).

〔32〕 参见李建良:《论行政法上"责任"概念及责任人的选择问题——兼评"最高行政法院"93年度判字第628号、95年度判字第1421号判决及其相关判决》,载黄舒芃主编:《2007行政管制与行政争讼》,"中央研究院"法律学研究所筹备处2008年版,第56页。

下，基于物的原因，状态责任人负担危险排除义务。只有在状态责任人消极履行义务的情况下，才需承担由其消极履行义务产生的法律责任。状态责任的运用，其目的不是处罚，而是让相关状态责任人在一定时间内消除妨害、恢复物之原状，尤其与故意、过失的“有责性”无关。[33] 基于此，可进一步明晰状态责任和行为责任的界限，并对状态责任与行政罚之间的关系做了探讨。其中，李建良教授认为状态责任是义务产生的前提之一，不是行政处罚。蔡宗珍教授认为对物具有管领力的人有维持物安全状态的义务，如果该物引发了法律上需要予以排除的危险，具体的义务人只要不履行这一违反状态责任产生的义务，就需要承担随之产生的行政罚等后果。由此可见，状态责任中的“责任”并不同于民法上的责任，也不同于行政法上“一旦违反就要承担包括行政处罚在内的法律后果”的责任，仅是判断哪些具体的人可能对危害担责。状态责任与行为责任的区别如图 1 所示。

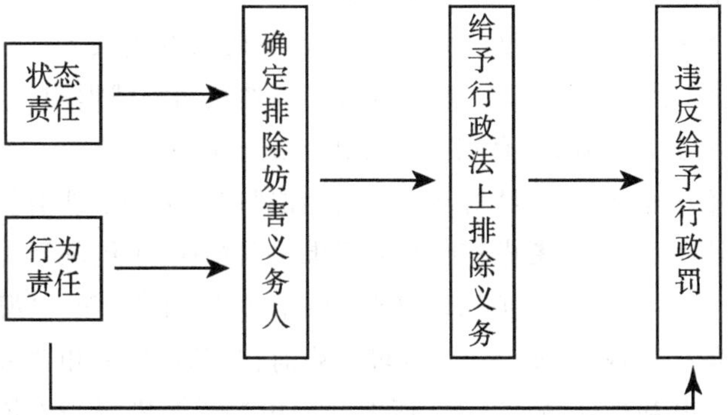

图 1　状态责任与行为责任的区别

（二）污染地块修复状态责任的法律框架

“土壤及地下水污染整治法”（2010 年修正）第 2 条第 19 项中规定的污染土地关系人包括污染行为人之外的土地使用人、管理人和所有人，这些主体没有污染行为，但因其与土地存在物的关联，成为土壤整治责任的主体。另外，第 8 条中的土地让与人需要提供评估调查资料，并与没有尽到合理注意义务的土地责任人承担连带责任。“废弃物清理法”第 11 条对土地或建筑物所有人、管理人或使用人的清除义务作了规定，这里的清除义务人并不一定是废弃物堆放或弃置的行为人，此部分清理责任包括状态责任。根据“废弃物清理

[33] 参见蔡宗珍：《建筑法上义务人之类型与具体义务人之判定：行政法上行为责任与状态责任问题系络的一个切面分析》，载《台大法学论丛》2011 年第 3 期。

法”第50条,对于不履行清理义务的责任人,处以相应数额的罚款,逾期未改正的,按日计罚。可见,“废弃物清理法”中也明确规定了状态责任人的清理义务及其不履行清理义务的法律后果。另外,“废弃物清理法”第71条还规定土地所有人、管理人或使用人必须在容许或者是重大过失[34]时,才能命令其限期清理废弃物或给付代履行求偿费用。“土壤及地下水污染整治法”和“废弃物清理法”中的状态责任,是在德国法的基础上加以限制,选定课予存在重大过失或者未尽善良管理人注意义务的人承担义务或负担费用,这些人在管理所有权本身亦未尽到应有管理,让其负担清除义务或者负担费用亦有正当性,对于负担费用部分,是否必须一定负担全部费用,[35]可以根据其注意义务的履行程度并结合个案区别对待。对此,林昱梅认为,如果大部分土地所有人可以因不存在重大过失而免责,这与强调风险承担的土壤污染整治理念不符,如此宽松的条件,恐难收到理想的整治效果。

“海洋污染防治法”(2014年)第3条第11款规定的海洋污染行为人包括造成污染行为的自然人、公私场所的负责人、管理人及代表人;以及船舶、航空器的所有权人、承租人、经理人、运营人等。虽然这两种情形均归为“污染行为人”,但从定义上看,船舶所有权人等主体与造成污染的行为人承担污染修复责任的理由不尽相同。是以“海洋污染防治法”中有关船舶所有权人的责任并非因其行为所引起,也不考虑其间有无因果关系存在,单纯基于海洋环境保护的急迫性要求,成为行政机关采取必要措施的处罚对象。[36]“海洋污染防治法”第13条第4项规定,发生海洋环境污染时,公私场所的相关人员需及时提供污染处理设备和专业技术人员,所需费用由海洋污染行为人承担。此处的海洋污染行为人与第3条第11款的“污染行为人”不同,是指因其污染行为需要承担行为责任的主体。高雄“高等行政法院”98年诉字第92号判决中,甲公司所有的船舶,因其船员乙修理器械故障漏油导致海洋污染,海洋行政机关对甲公司予以行政处罚,甲公司遂诉至行政法院。高雄“高等行政法院”认为,根据“海洋污染防治法”,船舶所有权人、承租人、经理人及运营人应配备污染防治设备,并禁止将船舶的污水、废弃物等排放至海洋,此为状态责任。甲公司所承担的状态责任不因污染的发生与其行为不具有因果关系而消灭,而需根

---

[34] 这里的容许或者重大过失指的是土地关系人未尽到善良管理人的注意义务。

[35] 参见吴宗育:《环境法中状态责任争议问题之研究——以土地污染清理为中心》,文化大学(中国台湾地区)2012年硕士学位论文。

[36] 参见周成瑜:《论海洋污染立法中船舶污染之状态责任与刑事责任》,载《台湾海洋法学报》2011年第1期。

据基于对物具有法律和事实上的管领力而承担责任。所以,甲公司对污染事件承担状态责任,海洋行政机关对其加以处罚并无不妥。在类似的台北"高等行政法院"97年度诉字第98号判决、高雄"高等行政法院"96年度简字第328号判决等判决书中,均将船舶所有人作为状态责任人予以处罚,并援引状态责任作为处罚依据。除此之外,"警察职权行使法"(第28条)、"建筑法"(第95条)、"水土保持法"(第4条)、"道路交通管理处罚条例"(第85条第1项)中对状态责任人均有所涉及。

(三)行政诉讼案例中的状态责任

行政诉讼判决中存在诸多引用"状态责任"这一理论作为裁判依据的现象。针对一桩土地污染事件,〔37〕判决中提到:土地遭人倾倒废弃物,虽非该土地所有人、管理人、使用人所为,但仍然属于疏于管理所致的危害后果,自应担负排除危害的责任,此即行政法理论上所谓的"状态责任"。该判决援引"废弃物清理法"第71条并明确提及状态责任,认为土地上的有害物质虽不是土地的所有人放置的,但疏于管理和防范,导致土地被他人堆放的有毒有害物质污染,土地所有人有清理土地污染的责任。另外,此案还提及状态责任的继受问题,认为土地继承人可以继受此项义务并承担清理费用。

针对另一起案件,〔38〕判决载明:原告主张按照"土壤及地下水污染整治法"的规定,应当先命令污染行为人作出应变措施,不可命令土地管理人先为应变措施,本案所争议的责任主体,可以分为"行为责任人"和"状态责任人"。对于"状态责任人"而言,只要客观上发生危害状况,法律上的状态责任就已成立,故案件中的原告已经属于"状态责任人",需要承担相应的清除

〔37〕 案件概要:吴某所有、坐落于我国台湾地区屏东县的一块土地,自2006年年底到2007年,任由他人连续非法弃置有害事业废弃物。案经当地"环保局"于2001年3月20日派员稽查,发现争议土地留有大量有害事业废弃物,于是在2001年3月27日以函通知土地所有权人吴某陈述意见,逾期将依法告知处分。但吴某接到通知后于同年4月17日死亡,争议土地由吴某的妻子和子女继承,并于2002年7月2日以抵缴税款的方式移转为政府所有。"环保局"分别三次先后告知吴某妻女限期动工清除废弃物,逾期将依照规定,由"环保局"代为清除,并向其求偿清理、改善和衍生之必要费用。其妻女于2003年1月7日共同据陈请求放款清除期限至该月月底,"环保局"同意。并于2003年1月15日表明其无能力负担清除费用,"环保局"依旧函请其于限期内清除。遂提起诉讼,遭到驳回,遂向法院提起撤销行政诉讼。

〔38〕 案件概要:经政府部门调查后,结果显示原告所管理的土地多种污染物质超标,已经影响人体健康和地下水安全,"环保署"于2010年发出函件请原告配合并采取必要措施,原告随后函请"环保署"优先责令由污染行为人执行必要反应措施。随后,"环保署"经过几番斟酌,在2010年8月16日函请原告依照"土壤及地下水污染整治法"第7条第5项的规定执行应变及必要措施消除污染。原告不服,遂提起诉愿,被驳回后诉至上一级法院。

义务。

这两起案件的判决书中都明确提及“状态责任”,并对其概念予以说明。由此可见,在实践层面,状态责任具有可运用性,也能帮助法官在实务中确定污染地块修复的责任人。

五、污染地块修复状态责任的建构

(一)污染地块修复状态责任构成要件

污染地块修复状态责任的构成要件由状态责任人的性质决定,在客观上反映了何种情况下状态责任人需承担污染地块修复责任。结合前文,将对我国污染地块修复状态责任的构成要件予以说明,主要包括状态责任人、主观要件和客观要件。

1. 状态责任人

我国土地为国家所有,故本文排除土地所有人作为状态责任人的情形。对于地面的建筑物、设施等存在确定的权利所有人的情况,建筑物、设施的所有人亦是污染地块状态责任人之一,可类比适用土地使用权人的规定。

(1)污染地块修复状态责任人的种类

宜将我国污染地块修复的状态责任人范围明确为土地使用权人、土地使用人、管理人以及其他对土地具有管领力的主体。下文将对这四类主体分别论述。

第一,土地使用权人。私主体在我国对土地不享有所有权,最具排他效力的物权为土地使用权。课予土地使用权人责任存在的问题是:如果土地使用权人将土地出租给他人或由于第三人原因导致土壤污染,那么作为污染受害者的土地使用权人同时还要承担修复责任,未免过于苛责。

第二,土地使用人。其区别于土地使用权人。土地使用人并非指违法使用人,也不单指在物理上对土地予以利用的人,判断标准为是否对土地享有事实或法律上的管领力。例如,虽然未经土地使用权人许可,存在利用土地的行为且无法律上的使用权的使用人亦可成为此处的土地使用人。

第三,管理人。指依据法律规定或合同约定,对土地具有管理职责的人。对其归责的直接原因也是对土地具有管领力,是因其实际参与了土地的管理或经营。例如,土地使用权人委托他人管理土地,此时的被委托人享有土地管理权,成为管理人。

第四,其他对土地具有管领力的主体。理论上,包括具有事实管领力和法律上的管领力。所谓“对物具有事实上之管领力”者,包括民法上的有权直接占有人、间接占有人、占有辅助人、使用人、承租人、管理人,乃至于无权占有人。例如,物之窃盗人或窃占人。[39] 所谓“对物具有法律上的管领力”者,除了土地使用权人,还包括土地使用权抵押权人、债权人等。

(2)状态责任人担责的顺序选择

以《侵权责任法》建筑物上的搁置物、悬挂物坠落致人损害的推定责任为例,如果此建筑物同时存在不同的所有权人和使用人,该由谁来承担侵权责任?依据《侵权责任法》第85条的规定,建筑物所有人、管理人和使用人都有可能成为责任人,不能证明自己没有过错的诸方将共同承担连带责任。可通过区分建筑物搁置物坠落的成因进一步明晰责任主体。例如,如果是承租人在建筑物上放置搁置物坠落导致他人损害,可由建筑物的实际使用人或承租人赔偿;但若损害由建筑物自身质量缺陷所致,则由建筑物所有人而非实际使用人或承租人担责。

我国台湾地区“污染土地关系人之善良管理人注意义务认定准则”第2条第4项规定,主管机关认定污染土地之使用人、管理人及所有人之善良管理人注意义务时,应依次序为之。即在确立污染土地关系人是否尽到善良管理人注意义务时,应按照使用人、管理人、所有人的顺序。土地使用人对土地拥有直接控制力,也最了解土地当前状况,如果让土地使用人开展调查、修复、治理,能够提升土壤修复工作的效率。若土地的权利状况较为复杂,一块土地可能拥有数个使用权人,同时又由数人租用,甚至还有抵押。对于行政机关来说,短时间内确定土地的状态责任人之间的关系颇为不易,而此时对物具有直接管理能力的人是最能掌握污染状况的,一般情况下也最能及时反馈。可根据对土地的管领力大小、可控程度确立担责顺序,具体而言,可按土地使用人、管理人、土地使用权人的次序确立。

(3)污染地块状态责任人与行为责任人的责任承担顺序

行为责任人和状态责任人同时存在时,行政机关应优先选择哪一个,是隐藏在状态责任内部的重要问题之一,而“污染者担责”的原则往往会把这个问题的答案毫不犹豫地引向行为责任人。根据德国法的观点,警察法上的目的考量,通常为“有效及快速之危险防止”(wirksame und schnelle Gefahrenabwehr),机关为

---

[39] 参见李建良:《“状态责任”概念的辩证与运用:〈台中大里区段征收土地掩埋物清理案之一〉——“最高行政法院”102年度判字第370号判决、台中“高等行政法院”99年度诉字第268号判决重点评析》,载《台湾法学杂志》2014年第246期。

裁量时,原则上应优先选择可有效快速排除危险的责任人,但应符合最小侵害原则及正当负担分配原则(Grundasatz der gerechten Lastenverteilung)。[40] 按照行政法的效率原则和比例原则,行政机关选定的污染地块修复责任人应当是能够在最短时间内达到修复目的的主体。

我国台湾地区"最高行政法院"101年度判字第58号判决载明,依据"土壤及地下水污染整治法"第7条第5项的意图:"三、……第5项明定主管机关'应依序'命土壤、地下水污染行为人、场所使用人、管理人或所有人采取必要措施,以减轻或避免污染之危害或扩大。"[41]"土壤及地下水污染整治法"虽明文授予各主管机关可以命令污染行为人、场所使用人、管理人或所有人采取紧急必要措施的权力,但同时也明确说明应当先命令污染行为人采取紧急必要措施,再依次命令土地使用人、管理人或所有人采取紧急必要措施。[42] 据此,应优先选择污染行为人承担修复责任,方符合目的和行政法上比例原则。若主管机关无正当理由,未按照先后次序而随意指定,便属于恣意裁量,涉及滥用裁量权。据此能够推断:对于污染行为人与状态责任人的选择,除却特殊理由,是以污染行为人优先的。当然,按照行政法上的比例原则,如果通过污染行为人可以达到修复污染地块的目的,那就没有必要对其他主体采取措施。行政机关在选择修复责任人时,应该根据实际情况裁量选择,有效率地进行危害防止,应是最重要的裁量标准。原则上以"行为人"为责任人,例外以"行为人以外之人"为责任人。[43] 至于被选定的修复责任人与其他责任人之间的关系,应为连带责任,后续的追偿和费用分担参照民法上的连带责任。

可借助行政法上的"有效行政原则"和"比例原则"作为衡量标准。具体而言,有效行政原则——选取较有能力包括经济能力和专业能力的责任者,以最有效的方式排除妨害;比例原则——责任人所要进行的修复治理行为需要与其造成的妨害相适应,不能有失均衡。无法确定行为人或者确立行为人有困

---

〔40〕 Schoch. a. a. O. (Fn. 3). Rn. 171-172. 转引自林昱梅:《土壤污染行为人整治责任概括继受之法律问题——以德国法之比较为中心》,载《东吴法律学报》2015年第3期。

〔41〕 参见我国台湾地区《"最高行政法院"101年度判字第58号判决》,载 http://www.rootlaw.com.tw/BookContent.aspx? Page=2&TOID=64882&LCode=55&Year=101&TNumb=58&Conj1=AND&Conj2=AND&CCode=55,2018年2月1日访问。

〔42〕 参见我国台湾地区《"最高行政法院"101年度判字第58号判决》,载 http://www.rootlaw.com.tw/BookContent.aspx? Page=2&TOID=64882&LCode=55&Year=101&TNumb=58&Conj1=AND&Conj2=AND&CCode=55,2018年2月1日访问。

〔43〕 参见赖怡雯:《行政法上状态责任之研究——以建筑法为例》,政治大学(中国台湾地区)2010年硕士学位论文。

难时，应以状态责任者为第一责任人，而同时具有行为责任和状态责任的人又应当优先于仅具有其中一种责任者。污染地块修复的状态责任与行为责任是补充责任和主要责任的关系。

2. 主观要件

关于行政责任是否应考量主观过错的问题，主要有三种观点：其一，以主观过错归责。如果行为人没有主观过错，只是客观上有违法行为，就不应当为其设定或者适用行政处罚。[44] 其二，以客观行为归责。行为人的主观意图已经被行为的违法性包含，所以行政处罚的适用应不考虑其主观状态。其三，以主观归责为原则，客观归责为例外。行政处罚一般以主观过错为要件，某些情况下，行为人无过错也需承担基于工业灾害、工业事故、环境污染、产品责任的行政处罚。

学界对状态责任是否应该考虑“过错”存在争议。洪家殷认为，状态责任的最终构成与否应以构成故意、过失为要件，而非有此身份者即当然有此责任的“结果责任”，故“状态责任”及“行为责任”毋宁是一种“状态义务”或“行为义务”。[45] 李建良认为，行政法上的责任原则上不以过失或故意为要件，不管是行为责任还是状态责任都与责任人有无故意或过失无关。[46] 与李建良观点相悖的是，在实践中，对是否存在过失有明确的规定。例如，根据“废弃物清理法”第 71 条第 1 项，容许或有重大过失导致废弃物遭非法弃置于土地的所有人、管理人或使用人负有清理污染物的状态责任，行政主管机关鉴于此作出污染地块修复的行政命令；“土壤及地下水污染整治法”第 31 条第 1 项规定状态责任人只有在未尽善良管理人注意义务时，与行为责任人承担连带责任、状态责任。这些规定将状态责任的主观因素考量与行政处罚相混淆，状态责任的目的在于将被污染的土地恢复原状或排除污染，而主观因素与此并无关联。

从状态责任的制度功能出发，其目的是在最短的时间内确定责任人并排除妨害而不是予以行政处罚，是否存在过失不应成为状态责任成立与否的要

---

〔44〕 参见李孝猛：《主观过错与行政处罚归责原则》，载《华东政法大学学报》2007 年第 6 期。

〔45〕 洪家殷：《行政罚之状态责任及一行为不二罚原则——台北“高等行政法院”96 年诉字第 1288 号判决简评》，载《台湾法学杂志》2008 年第 104 期。

〔46〕 参见李建良：《论行政法上“责任”概念及责任人的选择问题——兼评“最高行政法院”93 年度判字第 628 号、95 年度判字第 1421 号判决及其相关判决》，载黄舒芃主编：《2007 行政管制与行政争讼》，“中央研究院”法律学研究所筹备处 2008 年版，第 49~104 页。

件之一。[47] 因此,状态责任的成立不需要考量主观因素。既然无论主观过错与否,那么状态责任可能会导致过于严苛的结果,甚至认为状态责任的概念等同于应当给予状态责任人行政处罚。这就需要在最终责任承担环节对状态责任的过错与否进行区分,并明确其责任界限。

第一,存在过错承担最终责任。环境侵权行为无须考虑过失因素,但对于状态责任人而言,是否承担最终责任需要以是否存在过错为界。若状态责任人无法证明自己不存在过错,则应当承担污染地块修复的最终责任,这就是过错推定责任。状态责任人存在过错是指状态责任人未尽到善良管理注意义务,虽未直接导致污染的发生,但因其过错导致污染行为发生在对其具有管领力的土地上。从行为责任的角度看,状态责任人未尽到注意义务担责实际上是一种不作为担责,似乎状态责任人因此而承担的修复责任可归结为行为责任。状态责任与不作为的行为责任存在部分重叠,这是因为立法者在制定法律的过程中已经预见了某些对物具有管领力的人可能因其过错导致危险发生,为了避免危险发生而未雨绸缪,将状态责任通过立法转化为作为义务。而当由物的状态所引发的危险尚不能归结为作为或不作为责任时,状态责任就能发挥其制度价值。

状态责任人如需对其过错承担责任,责任大小应与其过错程度对等,并符合比例原则。状态责任人在承担了污染地块修复责任及相关费用后,无过错的,可向其他责任人追偿相应份额。状态责任人存在过错的举证责任应由其他责任人负担,与行政机关课予其修复的行政命令无关。

第二,无过错承担中间责任。[48] 状态责任的目的是在有限的时间内排除妨害、清除污染地块上的污染物质,以免土壤污染给周边环境造成损害。如果状态责任人对污染的发生没有过错,基于行政法上的效率承担清除责任后,是否就意味着要承担最终的无过错责任?状态责任人是基于物的状态承担修复责任,其本身不具有违法性,若让其承担的责任过重,有侵犯状态责任人财产权的可能。

---

[47] 例如,甲拥有使用权的土地被乙在半夜倾倒了废物垃圾,导致甲的土地被严重污染。此时,乙对污染地块承担行为责任,甲对于土地的污染不具有主观上的故意或过失。但基于行政法上的效率原则,以及排除妨害、恢复原状等目的,让甲在第一时间进行污染地块的修复工作符合行政法的比例原则。当然,甲承担状态责任的界限和后续追责还应当进一步明确。

[48] 本文将污染地块修复的最后责任归属分为最终责任和中间责任。参见张景良、黄砚丽:《关于侵权补充责任形态的若干思考》,载《探索社会主义司法规律与完善民商事法律制度研究——全国法院第23届学术讨论会获奖论文集》(下)。

环境侵权责任是无过错责任,但环境侵权的一个重要要件或者说前提是行为人存在侵权行为。状态责任人是基于物的原因承担修复责任,不存在所谓的“行为”因素。状态责任人应根据行政机关的裁量负担具体责任,存在过错的就其过错程度与污染行为人承担不真正连带责任;不存在过错的可就其承担的全部责任向污染行为人求偿;在污染行为人消灭或者无力承担的情况下,宜由土壤环境基金予以补偿。

3. 客观要件

污染地块修复状态责任的客观要件是指在客观方面存在状态责任以及相应的危害后果。李建良认为,状态责任的成立,并非以“造成危害的发生”为基础,因此无须因果关系的判断。〔49〕 而谢硕骏认为,状态责任的成立所需考量的因果关系只是不同于行为责任,只要是物的状态跨越了危险的门槛,状态责任的因果关系随之成立。〔50〕 本文认为状态责任的成立需危险发生与物的状态之间存在因果关系。

第一,污染地块的状态是否造成危险发生。物的状态造成危险的发生存在两种可能:物本身就具有危险属性;不可归责于状态责任人的原因使物具有危险属性。两种情况均是由于土地所持续的危险状态已经对或将对周围的环境造成危害,行政机关需及时发布行政命令,清理修复土壤污染。如果天灾或第三人的污染行为使污染地块状态责任成立,因此无须考量危险发生的原因,这一问题与状态责任的免责有关。

是否存在因物的潜在危险而成立状态责任的情形?还是一贯应以物实际存在的危险状态作为衡量标准?在环境行政领域,以违反相关法律法规作为行政处罚的前提,最直接的考量因素就是是否导致危害后果。状态责任所导致的危险应当包括物的潜在危险性。物的潜在危险性是指物的状态不存在危险,但可能因为外部环境的改变,导致物产生危害。但与已经发生的危险不同,潜在危险可以通过课予状态责任人管控义务而避免危险的发生。

第二,因果关系。直接肇因说,是指导致危害直接发生的行为人必须为此危害负责,成为行政机关行政行为的相对人。行为责任因果关系成立与否取决于该行为是否跨越危害的门槛,而状态责任的因果关系存在与否取决于物

---

〔49〕 参见李建良:《论行政法上“责任”概念及责任人的选择问题——兼评“最高行政法院”93 年度判字第 628 号、95 年度判字第 1421 号判决及其相关判决》,载黄舒芃主编:《2007 行政管制与行政争讼》,“中央研究院”法律学研究所筹备处 2008 年版,第 57 页。

〔50〕 参见谢硕骏:《论警察危害防止措施之行使对象》,载《中正大学法学集刊》2011 年第 32 期。

的状态是否跨越了危害的门槛并引发危害。这一层面的因果关系仅仅关注危害和物的状态之间是否存在必然联系,而不管“什么原因让物之状态造成危害发生”,所以即便是因为天灾或是因为第三人的行为而让物的状态造成危害发生,对该物有支配力的人(无论是否具有过失)对此仍然必须负起状态责任。[51]本文认为状态责任的承担不言过失,但在最终的责任认定时,过失是区分中间责任和最终责任的标准。

状态责任的成立以物的状态引起危险的发生为前提,既然行为责任的因果关系可以借助直接肇因说来判断,状态责任也可以。但也有学者认为,状态责任的成立并不以“引起危险的发生”为前提,因此不涉及因果关系判断。[52]根据直接肇因说,状态责任的成立与否将直接取决于“物的状态”,至于是何原因导致物的状态造成危险不考虑。那么,天灾、第三人原因等导致物进入危险状态,状态责任人若要对此承担责任,显得过于严苛。

(二)污染地块修复状态责任的范围

污染地块修复状态责任的范围是指状态责任人在一定范围内承担修复责任,其承担的责任应有限度。在行政机关确定状态责任成立之时,需对状态责任的界限综合考量,以便作出合理的污染地块修复命令。

1.“绝对说”与“合理牺牲界限说”

“绝对说”的观点认为污染地块土地使用权人、使用人、管理人及其他有管控力的主体因其享有财产权能,在土地对周围人群及生态造成安全威胁的情况下,应负全部责任。财产权应是公民的权利,若让财产权所有人过多地维护公共利益,会对财产权权能造成损害,也会降低社会经济主体的经济活动效能,“绝对说”虽然在最大程度上保证了公共利益,却对财产权自由造成威胁。

“合理牺牲界限说”则认为,所有权人无法承担所有危险,对重大环境危害案件,其清理或排除的费用难以负担,不具期待可能性。[53] 因所有权人的状态责任并不以其对污染有违法及可归责的事由为要件,所以其整治责任的轻

[51] 参见李建良:《论行政法上“责任”概念及责任人的选择问题——兼评“最高行政法院”93年度判字第628号、95年度判字第1421号判决及其相关判决》,载黄舒芃主编:《2007行政管制与行政争讼》,“中央研究院”法律学研究所筹备处2008年版,第56页。

[52] 参见李建良:《论行政法上“责任”概念及责任人的选择问题——兼评“最高行政法院”93年度判字第628号、95年度判字第1421号判决及其相关判决》,载黄舒芃主编:《2007行政管制与行政争讼》,“中央研究院”法律学研究所筹备处2008年版,第57页。

[53] 参见黄启祯:《干涉行政法上责任人之探讨》,载《当代公法新论》(中),元照出版有限公司2002年版,第307页。

重,依比例原则,特别必须从整治费用与土地价值的比例关系加以权衡。

2. 本文观点:是否具有期待可能性

状态责任人修复污染地块的范围以其是否具有期待可能性为界。正如德国和我国台湾地区的状态责任理论,状态责任的来源之一是财产权的社会属性,如果不对状态责任的界限加以明确,那么对于状态责任人来说,未免不具有期待可能性。对不具有期待可能性的状态责任人过于苛责,存在违反行政法上比例原则的可能,也会对土地权利人的权利造成损害。考虑到污染地块修复的公法属性,更需要明确私法和公法之间的界限,不能让状态责任人无界限地为污染行为人的过错埋单。

首先,因第三人行为或外在原因导致土壤污染的,行政机关为了排除妨害,可命令状态责任人实行修复行为,但其承担的费用最高限应为土地的市价,不宜让其承担超过土地市价的修复费用。状态责任作为中间责任时,无须纳入状态责任人的主观因素予以考量,对于无期待可能性的情形如天灾、战争等,原则上应当不纳入状态责任人的修复范围。而对于法律已经将状态责任人的管理注意义务转化为行为责任的,若也由不具有期待可能性的原因造成,则可能需要根据相关法律承担清理修复责任。可以土地市价作为责任上限,自愿承担风险的状态责任人不在这一限制内。

其次,如果土地状态责任人自愿承担土地风险,这是一种明显的经济投资行为时,则可不考虑责任界限。例如,德国联邦宪法法院2000年的判例已经指出,理性经济人在明知土壤已经存在严重污染的情况下,依旧购买土地,说明其已经预先知道了污染地块可能潜在的危险;美国《超级基金法修正案》增加的无辜土地所有人抗辩、善意购买者抗辩、邻地土地所有人抗辩,在严格责任的背景下对一部分主体适用免责条款,也是体现了只对"善意"购买人适用免责。

再次,对于无人修复、难以修复的土地,国家作为土地所有权人,应当负担兜底责任。与德国、美国等不同,我国的土地所有权属于国家,土地的污染状态存续将会给周边环境带来危害的,应由国家代为修复。一方面,国家作为物权上的所有人,应当对土地的污染状态负责;另一方面,行政管理机关有义务对影响或者可能影响环境的污染土地采取措施,履行环境管理的职能。

最后,状态责任的承担范围应由行政机关发挥自由裁量权确定。污染地块修复的行政命令由行政机关发布,污染地块的状态责任人的责任范围也应当由行政机关综合考量后作出。行政机关可以将土地的污染状况、状态责任人的财务能力、修复后的追责可能性等纳入考量范围,对于状态责任人界限之外的部分,可由土壤修复基金补充;界限之内的部分,可事后追偿。

（三）污染地块修复状态责任的履行

污染地块修复过程一般都较为漫长,状态责任人的修复责任应当贯穿修复过程始终,并从污染地块修复的自身特点出发,由状态责任、行为责任共同发挥效用。

1. 状态责任贯穿调查评估、治理修复等全过程

污染地块修复的全过程由调查评估、方案编制、修复施工、监理、效果评估以及风险管控等环节构成。状态责任应贯穿污染地块修复全过程。

在污染修复的具体实施环节,无论是行为责任人还是状态责任人,基于行政法上的责任和义务,应当对被委托进行修复工作的单位进行监督,并配合命令其修复的行政机关的各项工作,直至达到修复目标。调查评估及修复施工单位等与状态责任人等业主之间是契约关系,双方的权利义务由民事法律规范。但污染地块的修复责任是公法责任,修复的效果应当由行政机关认定,在行政机关认定后才能更改污染地块的性质。业主责任应优先于施工单位责任,在污染地块修复的全过程中,必须确立业主的主体责任,业主需对各方参与施工的主体进行监督,若修复工程质量有瑕疵,要追究造成工程质量问题的施工单位的责任,同时也不能忽略业主的责任。状态责任具有"责任"一词的全部内涵,一旦状态责任人违反相关规范,就会引发相应的行政处罚。

2. 以"消除危险""恢复原状"为主要履行方式

状态责任所引发的后果是行政机关课予修复污染地块的行政命令,从这个角度来看,适用于污染地块修复的行政命令具体种类主要为责令限期治理。〔54〕前文虽将状态责任归为行政命令,但与《环境行政处罚办法》中的行政命令概念有出入,责令限期治理恐无法涵盖行政机关课予状态责任人的全部修复责任,可从民事侵权责任承担方式中寻求答案。

《侵权责任法》规定承担侵权责任的方式包括:停止侵害、排除妨碍、消除危险、返还财产、恢复原状、赔偿损失、赔礼道歉、消除影响、恢复名誉。鉴于被污染的土地对周围的生态环境会造成损害,从污染地块的特征来看,污染地块

---

〔54〕《环境行政处罚办法》第12条第1款对责令改正或者限期改正违法行为的行政命令进行了列举。从该条来看,环境行政命令所涉及的是违法行为,而状态责任的产生原因不包含违法行为,如果状态责任人无视行政机关的修复命令,则可能引发违反行政命令的行政处罚。从这个角度看,把状态责任归为行政命令存在立法实践的不统一。

的修复责任人承担责任的方式以停止侵害、消除危险和恢复原状为主。在污染地块的修复阶段，主要涉及消除危险和恢复原状。消除危险，消除环境危害后果的责任形式不是针对行为而是针对行为造成的环境危害后果。[55] 消除危险可以通过责令恢复土地原状、责令限期清理废弃物、责令消除污染物、清除污染地块上的固体废弃物等实现。我国的环境民事案件中，原告当事人的诉讼请求一般没有消除危险、恢复原状，导致在最后的判决中，法院也不会对破坏生态环境的行为作出裁判。相较于直接的金钱给付，消除危险和恢复原状具有抽象性和模糊性，执行过程中不好把握，这或许是法院在环境侵权案件中少有提及的原因。而状态责任涉及的主体主要为状态责任人和行政机关，行政机关的最大优势在于其专业性，能够把握污染地块消除危险和恢复原状的程度和进度。

本文认为行政机关在课予状态责任人污染地块修复的命令的同时，可以发挥其专业优势，作出消除危险或恢复原状的具体要求。亦即危害状态的责任若非物的所有权人所应完全承担，则其责任应有一定的界限，才符合"比例原则"的法理。[56] 正如上文提到的，状态责任具有一定的界限，在实际履行过程中修复的程度亦有所不同。为了因地制宜，更好地让被修复的土地发挥价值并提高修复效率，应在制定土壤修复计划时确立修复所要达到的标准。污染地块修复程度应当与土地用途一致，根据土地用途设立不同等级的修复指标。

3. 污染地块修复状态责任人履行后的追偿

污染地块修复状态责任人所承担的并非最终责任，类似于民法上的不真正连带责任。无过错的状态责任人在履行修复义务后，可就修复污染地块的全部费用向污染行为人追偿，或向法院提起追偿诉讼。

行为责任人明确且有能力偿还污染地块修复费固然最好，但不乏污染行为人消灭的情况，一旦发生此类情形，状态责任人是否就要独自承担修复费用呢？可通过建立了土壤整治基金，在各方责任不明，或需要实施紧急应变措施时，由基金垫付。土壤修复基金主要源于土壤及地下水的治理费用、污染行为人和污染土地关系人缴纳的费用和罚款、行政主管机关拨款等。在我国面临

---

〔55〕 参见胡静：《我国环境行政命令体系探究》，载《华中科技大学学报》（社会科学版）2017年第6期。

〔56〕 参见周成瑜：《论海洋污染立法中船舶污染之状态责任与刑事责任》，载《台湾海洋法学报》2011年第1期。

此类情况,亦可发挥政府“兜底”、环境基金等的作用。同时凸显强制环境责任保险的作用,以免最终让状态责任人独自承担巨额的修复费用。美国《超级基金法》所确立的由潜在责任人先行对污染地块进行修复,后期经由诉讼方式追偿的模式是可借鉴的。在法律层面应当为保障状态责任人追偿建立相应制度。

4. 污染地块修复与公益诉讼

关于土壤污染侵权,私人受害主体提起的诉讼主要目的是保障人身财产权,缺乏对土壤这一环境要素的关注,而且也难以获得对土壤质量进行维护的法律权利,导致通过私主体提起民事诉讼维护土壤质量所承载的公共利益并不现实。对于行政机关而言,环境行政处罚主要是制止和惩处土壤污染违法行为,《行政处罚法》的法定形式也并不包括消除危险、恢复原状等可直接运用于污染修复的形式,难以解决土壤污染的根源问题,与此同时环境行政命令在我国行政行为领域的运用还不够成熟。污染地块修复领域的公益诉讼制度能够在一定程度上改善这一窘境:私主体之间的民事诉讼可以解决污染者和受害者之间的赔偿损失问题;公益诉讼则可聚焦修复土壤环境质量。

从环境行政公益诉讼角度,土地具有公众共用物的属性,涉及不特定多数人的利益,一般而言,污染地块仅仅是环境污染的源头,对源头的治理修复是杜绝可能引发的诸多环境风险的根本途径。污染地块修复为公法责任,主要由行政机关通过行政命令的方式让行为责任人或状态责任人履行修复责任,但也存在行政机关怠于履职的情况,可发挥环境行政公益诉讼的作用。检察机关作为行政公益诉讼的主体地位已经确立。针对存在或疑似存在污染的土地,检察院可对行政机关怠于履职的行为提起公益诉讼,其前提是我国的土壤污染防治立法必须明确政府部门的监管职责。

由自然之友和中国生物多样性保护与绿色发展基金会作为原告的常州毒地环境民事公益诉讼案,被告是三个造成土地污染的化工厂,其在生产经营中的危险废物未进行管理、污染地块未进行修复的情况下便搬迁,导致附近学校学生身体出现不适。法院认为涉案地块“后续的环境污染监测、环境修复工作仍在实施”且“环境公共利益的诉讼目的已在逐步实现”,遂不予支持原告提出的判令三被告消除危险或赔偿环境修复费用、赔礼道歉的诉讼请求。[57] 一审判决中,法院同时适用了“污染者担责”原则和《污染地块土壤环境管理办法

---

〔57〕 参见《常州毒地公益诉讼案:环保组织败诉承担189万受理费》,载https://news.qq.com/a/20170125/023061.htm,2018年2月15日访问。

(试行)》第 10 条第 4 款“土地使用权依法转让的,由土地使用权受让人或双方约定的责任人承担相关责任”的规定。《土壤污染防治法》规定有关机关和组织可以就污染地块损害公共利益的情况提起公益诉讼,环境公益组织可据此起诉行为责任人和状态责任人,令其对污染地块承担修复责任,以此维护公共利益。

六、结论

当前,我国针对土壤污染中责任主体的规定相对局限,仅凭单一的污染行为责任难以在一定时间内快速有效实现修复污染地块的目标。在明确“污染者担责”的基础上,应明确物的所有人需要对诸如土地这种流动性较低的物承担物上责任。并结合土地作为有体物的特性,借他山之石,应当在我国污染地块的修复领域使用状态责任这一概念。需要明确的是,状态责任的使用并非要取代行为责任,二者是补充与促进的关系,共同致力于污染地块修复目标的达成。

由于“状态责任”一词在我国立法中缺乏基础,本文将继续以土地使用权人、土地使用人、管理人或其他对土地具有管领力的主体呈现状态责任人的概念,并就我国《土壤污染防治法》如何规定状态责任提出些许建议,即污染地块修复状态责任在我国立法中可主要包括以下三点:

第一,污染地块修复为公法责任,由生态环境主管部门做出对污染地块进行修复的行政命令。对状态责任人而言,修复形式根据土壤的污染程度和后续用途分为排除危险和恢复原状两种,其应当承担的状态责任贯穿于修复活动始终,修复的具体事项应由行政机关结合自身专业优势予以确定。

第二,行政机关需要在第一时间确定污染地块的修复状态责任人时,可按土地使用人、管理人和土地使用权人的次序,其中对土地具有直接管领力的土地使用人承担优先修复责任。状态责任的成立不需要考量主观因素,但污染地块的土地使用权人、土地使用人、对土地具有管领力的人没有过错的,承担污染地块的修复责任后可向污染行为人追偿。

第三,污染地块的土地使用权人、土地使用人、对土地具有管领力的人承担修复责任,应以污染地块修复后土地使用权的市价为限。随着土壤污染防治立法的确立及完善,环境公益组织、检察机关等还可对行为责任人和状态责任人提起环境公益诉讼,令其对污染地块承担修复责任,促进土壤修复工作的落实。

研究报告

《环境资源法论丛》
第 12 卷，第 233~252 页

生态文明建设与粤港澳大湾区环境法变革*

谢　伟**

摘　要　区域资源环境承载力、环境容量接近甚至超过警戒线，环境污染跨界传输和区域环境质量下降，粤港澳大湾区环境保护面临巨大压力。建设生态文明是粤港澳大湾区经济持续发展的自然环境支撑，也是《粤港澳大湾区发展规划纲要》专章明确的重点内容之一。粤港澳以府际环保合作协议为代表的环保合作机制在区域环境治理上发挥了重要作用，但难以满足大湾区建设生态文明的需要，因为粤港澳大湾区的"一国两制三法系"特征会导致三地的环境法律制度及实施出现冲突，已经较大地影响到环境污染、生态保护要求的区域性、流域性协同治理，违背了山水林田湖草的生命共同体理念，成为建设湾区生态文明的突出障碍。作为区域经济一体化、地缘相邻和共同的环境资源基础而形成的典型区域环境共同体，粤港澳大湾区应以生态文明建设为目标，求同存异，协调三地环境法律制度冲突。改革以府际协议为主体的粤港澳环保合作治理机制，通过设立权威性环境立法协调机构、制定粤港澳大湾区统一环境标准、协调环境污染防治、生态保护行政执法机制、环境保护的市场

* 本文是 2018 年度教育部人文社会科学研究规划基金项目"粤港澳大湾区环境行政执法的冲突与协调研究"(项目号:18YJA820025)、2018 年度广东省哲学社会科学规划项目"粤港澳大湾区环境影响评价制度研究"(项目号:GD18CFX01)的阶段性研究成果。

** 谢伟，广东财经大学法治与经济发展研究所、法学院副教授，广东财经大学粤港澳大湾区创新竞争力研究院研究员，法学博士。

经济机制和公众参与机制,促进粤港澳大湾区环境法变革。

关键词　粤港澳大湾区　生态文明建设　环境法　冲突　协调

中国特色社会主义事业发展到一个新时代的转折点,党中央、国务院提出“粤港澳大湾区”的发展战略。所谓“湾区”,是由一个海湾或彼此相连的若干个海湾、港湾、临近岛屿共同组成的区域,由于湾区独特的地理位置、发达的海陆交通,湾区经济已经成为全球经济发展的重要增长极和引领技术变革的领头羊,湾区以开放性、创新性、宜居性和国际化为重要特征,具有开放的经济结构、高效的资源配置、良好的生态环境、和谐的社会治理。2009年,粤港澳三地政府在澳门联合发布《大珠三角洲城镇群协调发展规划研究》报告,首次提出“一湾三区”的概念,这是我国首个跨不同制度边界的空间协调研究成果,该研究创造性地把“湾区发展计划”列为空间总体布局协调计划的一环,明确了生态环境保护合作等四项促进工作。2010年粤港澳三地政府联合制定了《环珠三角宜居湾区建设重点行动计划》,再次提出珠三角湾区的概念。2014年深圳市首次在政府工作报告里提出了“湾区经济”的概念。2015年,中国共产党广东省委十一届五次全会在此基础上首次提出了“粤港澳大湾区”的概念。2016年2月,广东省2016年政府工作报告再次提出:开展珠三角城市升级行动,联手港澳打造粤港澳大湾区。2016年12月,国家发展和改革委员会印发《加快城市群规划编制工作的通知》,安排了12个城市群规划的编制时间表,在跨省级行政区城市群方面,提出2017年启动珠三角湾区城市群等规划编制,明确珠三角湾区城市群将包括香港、澳门,把香港、澳门和珠三角9个城市作为一个整体来规划。2017年党的十九大报告明确提出,要以粤港澳大湾区建设、粤港澳合作等为重点,全面推进广东同香港、澳门互利合作;同年度的国务院政府工作报告也明确提出,制订粤港澳大湾区城市群发展规划。

毫无疑问,粤港澳大湾区是一个产生于珠三角但又高于珠三角的全新战略规划。从世界一流湾区经验来看,湾区特有的资源禀赋和地理特点等要素可以更好地成为经济发展的内生动力;从长远来看,湾区需要具备的良好生态环境是实现湾区经济发展的重要内生动力要素之一。要建设粤港澳大湾区生态文明,就必须形成大湾区良好的环境治理,然而,粤港澳大湾区存在的“一国两制三法域”的现实状况却使湾区存在较明显的环境法律冲突。如何有效化解冲突,实现区域环境一体化治理是一个崭新课题。

一、粤港澳大湾区加强生态文明建设的必要性和意义

国际一流湾区和世界级城市群无一不拥有优美环境。作为最基本的公共品和最普遍的福祉,优美环境是成为世界一流湾区必不可少的基础性条件之一。目前公认的世界一流湾区主要有美国旧金山湾区、纽约湾区和日本东京湾区,而这三大湾区都有着与其经济实力相匹配的优美环境,从而形成宜居宜业宜游的生活圈。当前粤港澳大湾区的空气、水环境质量、生态和自然资源保护等方面,距离世界一流湾区还有相当大的差距。

(一)环境优先是世界一流湾区建设的历史经验教训总结

综观世界三大一流湾区,均经历了先污染、后治理的曲折发展路径,造成了经济社会发展的很大损失。其治理成本之高,遭受损失之大是不可想象的,这是预防为主、环境优先的环境法基本原则的反面实践证明。比如,第二次世界大战结束后,日本东京湾沿岸成了工业大会战地区,钢铁、化工、造船等重污染企业将废水废料排入东京湾;同时,林立的大烟囱让东京看不到蓝天。严重的环境污染还引发了严重的社会危机。1971年,东京发生严重的光化学烟雾污染,熏倒了操场上的小学生,而曾经供应"江户前寿司"原料的东京湾也赤潮泛滥。此外,东京湾内大规模填海造地也带来了对自然环境的破坏,其负面影响至今还存在。日本政府不得不从20世纪70年代开始,下定决心铁腕治理东京湾的环境,经过30多年的努力,东京湾才水变清,鱼儿洄游,天空变蓝。这种"先污染、后治理"的做法,令日本政府、社会和企业付出了沉重的代价。[1]旧金山湾区在"二战"结束后,随着经济的迅速发展也产生了严重的空气和水污染,以至于政府不得不耗费巨资、花费巨大的人力、物力对空气污染进行治理。旧金山湾区设立了湾区空气污染控制区,成立了湾区空气污染控制管理局,制定了空气污染控制区域性立法,实施严格的空气污染防治标准和区域行政执法,[2]并通过广泛的公众参与、公民诉讼等监督政府对空气污染的防治行政执法;对水污染则由专门设立的区域水资源质量控制委员会负责,协同联邦环保局为流入湾区的每条河流量身定做了TMDL计划,[3]实施严格的国家

---

〔1〕《日本如何将东京湾建成世界最成功的大湾区》,载https://pit.ifeng.com/a/20170910/51939787_0.shtml,2018年10月7日访问。

〔2〕参见梁英振:《双城记:旧金山四十年大气污染治理历程对北京治污的启示》(上),载《世界环境》2013年第6期。

〔3〕TMDL,即Total Maximum Daily Load,是指某个水体在不违反水质标准的前提下可接受的最大水污染物排放量。

水污染物排放许可证制度,实行水污染物排放总量和强度双控制,经过这样严格的环境法律控制,才逐渐恢复碧水蓝天。对湾区经济发展模式的反思证明一个真理,湾区经济发展必须坚持环境优先,否则只会导致更大的损失。

(二)生态文明是粤港澳大湾区建成世界一流湾区的必备条件

要建成世界一流湾区,必须具有支撑经济发展的资源环境承载力和环境容量。当今世界已经进入了生态文明的时代,而人类发展的无限性和区域生态资源环境承载力、环境容量的有限性要求人们必须摒弃传统的工业文明发展思维,采行经济发展与环境资源协调的生态文明思维。在粤港澳大湾区中,珠三角经历了改革开放以来的高消耗、高污染、高能耗的粗放式经济发展模式,港澳地域狭小、生态环境资源承载能力本来就低,在改革开放以来的数十年中,采用产业转移、前店后厂的模式,既充分利用了广东的劳动力,又转移了污染,但由此造成的珠三角污染叠加、污染累积,形成典型的复合型、压缩型、结构型污染。港澳虽然在环境治理上优先于珠三角,但由于地缘相邻、产业的互补和融合等原因,受到珠三角较大的污染传输影响,总体来看,粤港澳大湾区的自然资源开发强度已经超过国际警戒线,已经接近资源环境承载力的上线、环境容量几近饱和。仅以土地资源为例,按照国际惯例,一个地区土地开发强度的警戒线为30%。目前,粤港澳大湾区"9+2"城市中,澳门、深圳、东莞的土地开发强度已超过48%;中山、佛山的土地开发强度接近38%。根据《粤港澳大湾区生态足迹报告2019》,粤港澳大湾区人均拥有的生物承载力空间仅0.27全球公顷,为全国平均水平的1/4、全球平均水平的1/6。[4]

(三)粤港澳大湾区环境质量距离世界一流湾区还有差距

随着粤港澳经济的高速发展,粤港澳大湾区的环境质量很令人担忧,距离世界一流湾区还有相当大的差距。以空气和水质量为例,粤港澳大湾区空气质量与国际一流湾区水平差距明显。PM2.5年均浓度是同期国际一流湾区水平的3倍左右;大湾区地表水黑臭水体占比8.9%,而国际三大湾区已不存在地表水黑臭水体问题。[5]

1. 粤港澳大湾区空气质量现状

其一,粤港澳大湾区空气跨界污染问题突出。粤港澳大湾区各个城市的

---

〔4〕 参见曹淑艳:《地球的一半,以规划之力,留住大湾区的"绿"》,载http://gd.news.163.com/zhuhai/19/0721/09/EKJMRUG204178DBJ.html,2019年7月31日访问。

〔5〕 参见张彬等:《探寻新历史使命下粤港澳大湾区生态环境政策着力点》,载《中国环境报》2019年3月26日,第3版。

大气污染程度各异，仅珠三角城市就差异较大。2018 年，在珠三角城市中，深圳、惠州连续 4 年 PM2.5 年均浓度保持在 30 微克/立方米以下，广州市 PM2.5 年均浓度连续 2 年达标，佛山市 PM2.5 年均浓度首次实现达标，但还有肇庆、东莞尚未达标。由于区域内各城市的大气污染状况不一，而大气污染极具流动性、扩散性特征，空气污染的跨界传输影响区域整体空气质量，导致区域空气质量不佳。其二，湾区空气质量控制整体上与世界一流湾区差距明显。据 2016 年大气环境监测结果表明，粤港澳大湾区 PM2.5 年均浓度为 30 微克/立方米，而纽约湾区约为 7 微克/立方米，旧金山湾区和东京湾区分别为 9 微克/立方米和 12 微克/立方米。珠三角虽然努力治理空气污染，但由于产业结构转型升级需要一个过程、珠三角人口密度和人口总量较大、能源结构还无法从根本上转变、区域汽车保有量偏大等因素的影响，导致珠三角空气污染虽有改善，但比较差距仍然显著，且湾区以臭氧型污染为主，作为首要污染物占到 59.6%，而臭氧的污染控制较为复杂，珠三角对臭氧的污染防治尚处于低级阶段。[6]

2. 粤港澳大湾区水环境质量现状

其一，跨界水污染影响较大，特别是黑臭水体。在包括广州、深圳这些高度发达的一线城市在内的珠三角城市，黑臭水体依然十分普遍。黑臭水体的普遍存在说明流域性污染防治的薄弱，这些黑臭水体多数都涉及跨流域、跨区域问题，行政管制的分割治理和流域治理的整体性要求矛盾突出、难以调和。其二，普遍存在较严重的缺水问题。我国香港特别行政区、澳门特别行政区因为自然条件限制，天然就缺水资源供给；而湾区的跨界水污染也造成了大湾区普遍存在水质型缺水，比如，由于经济迅速发展和人口规模的迅速扩张，广州、深圳、东莞都存在生活生产缺水问题。同时，还有因为水资源利用不均而产生的工程型缺水。比如，在人口、经济集中的东江流域，水资源开发利用率已达 38.3%，逼近国际公认的 40%警戒线，但仍不能满足沿线用水需求。而水资源总量是东江近 10 倍的西江水系，开发利用率却仅有 1.3%。优化东西部水资源配置，成了珠三角亟待破解的问题。[7] 其三，普遍存在的用水浪费问题，也造成了缺水。根据《南方日报》的统计数据，广东全省都存在用水极大浪费问

---

〔6〕 参见《31 微克/立方米，去年粤 PM2.5 浓度创新低，广东空气质量连续四年达标》，载广东省生态环境厅（公众网）：http://www.gdep.gov.cn/hjjce/hjxt/201904/t20190409_251107.html，2019 年 7 月 29 日访问。

〔7〕 参见黄熙灯、单小亮：《粤港澳大湾区 5 年后可饮西江水》，载《信息时报》2018 年 8 月 9 日，第 A9 版。

题,全省人均日用水近390升,高居全国之首,广州则高居全省之首。并且水体污染严重,年排废污量超过106亿吨(按去年数),为全国之首,占全国污水排放年总量的1/7,其中广州大约25亿吨,深圳、东莞大约10亿吨。[8]

正是由于粤港澳大湾区存在环境资源承载力、环境容量、生态环境保护等多方面问题,党中央、国务院在发布的《粤港澳大湾区发展规划纲要》中专章论述了生态文明建设,明确了粤港澳大湾区生态文明建设的重点和难点,要求结合建设宜居宜业宜游的优质生活圈,打造粤港澳大湾区生态保护屏障、加强环境保护和治理、创新绿色低碳发展模式。习近平总书记指出,只有实施最严格的制度、最严密的法治,才能为生态文明建设提供可靠保障。然而,粤港澳大湾区的现行环境法律制度和法治状况能否为湾区生态文明建设提供可靠保障呢?

二、湾区现行环境法律制度的多元化冲突

粤港澳大湾区现在的环境法制呈现典型的"一国两制三法系"特点。香港是英美法系下的环境法律体系,构建了比较完整、相对健全的环境污染防治法、自然生态保护法,广东省珠三角也有较为全面的环境资源法律制度,澳门由于缺乏本地法律,目前的环境资源法还在发展中。需要明确的是,始于改革开放后粤港澳日益增多的区域环保合作协议机制,以府际协议为代表和主体,在三地环保合作中发挥了至关重要、不可替代的重要作用,这种机制还将在大湾区生态文明建设中继续发挥重要作用,但仅仅依靠府际协议难以满足大湾区差异化环境法律制度协调的需要,而粤港澳大湾区的建设彰显了三地在环境法律制度上协调的必要性,为三地环境法律制度的融合提供了一个难得的宝贵契机。

(一)环境法律制度的冲突

1. 香港环境法律制度

通常而言,香港法律的主要渊源是判例法和衡平法。此外,香港也有制定法,其中少部分为通过各种方法在香港适用的由英国直接制定的法令,大部分则为香港的地方立法。历史上香港地方立法的表现形式有两种:一种是港督经立法局的建议和同意制定的各种条例;另一种是由港督直接制定,或由政府有关部门或某些公司团体制定并经港督批准的各种规程、规划和细则等附属

---

[8] 参见羊华:《广东用水极度浪费 省内五缺水城市广州名列第一》,载搜狐网:http://news.sohu.com/46/55/news147055546.shtml,2019年3月5日访问。

法规,统称附属立法。附属立法虽然是较条例低一层次的地方立法,但为数众多,实际上已经承担起调整香港社会关系的基本职能。由于环境问题缺乏足够的先例可循,世界各国环境法都是以成文法为主,即便是以判例法为主的英美法系也不例外。香港环境法的主要渊源也是制定法,不过这个制定法体系主要是以各种条例和附属立法构成。其中,条例是由港督经立法局的建议和同意制定,回归后立法权收归香港特别行政区立法会独有,行政长官不再有立法权。因此,香港现行环境法条例实际上是由回归前港督和立法局共同制定并在回归后得到特区立法会核审后保留以及修改的版本,再有就是新制定的环境条例,如2006年制定颁布的《保护濒危动植物物种条例》。条例在香港的成文环境法中占主要地位,也是仅次于基本法的、具有最高效力的法律规范。香港的环境条例包括多个种类,涵盖了污染防治、自然资源保护、节约能源、环境影响评价等多个方面。

2. 澳门环境法律制度

澳门回归祖国之前,澳门法律的主要渊源是制定法,由于澳门实行的是“双轨立法”制,立法职能由立法会和总督共同行使。立法会通过的提案及草案定名为法律,澳督的立法权限以法令行使,两者在效力上无高低之分。除此之外,澳督和政府主管部门还有权以训令、批示等形式制定颁布行政法规或其他规范性文件。澳门回归之后,除了依照基本法规定予以撤销、废弃的法律、行政法规等立法之外,大部分澳门法律得以保留,确立了行政长官主导制,形成了法律、行政法规、批示等多种法律渊源并存的现状。澳门在确定回归后,迅速进行了法律本地化。在澳门回归前,澳门环境法已经开始发展,特别是作为基本法的环境纲要法的颁布,为澳门环境法奠定了基本框架。澳门回归之后,按照中央政府对澳门的要求和澳门自身需求,为保持澳门长期繁荣稳定快速发展和丰富环境法架构,迄今为止,澳门环境立法已经涵盖了水及污水、海域污染、汽油、机动车辆、臭氧层、公共地方总规章、噪声、自然资产、濒危物种、化学物品、工商业、相关法规、职业安全及卫生、国际协议与公约等多个领域,对防治澳门环境污染、保护澳门的自然资源发挥了重要作用。然而,澳门环境法律制度整体上仍然规制不足,“问题在长期环保法例不全,不少人习惯制造污染,或许不自知,或许没法律可管便不理,甚至囿于旧生产设施,故控制污染上,始终需要切合实际的法例先行,拨乱反正,整顿好现时紊乱的环境,解决好长期困扰民生的老问题”。[9] 有学者将澳门特别行政区在近年来加入国际环境条约,快速构建环境法律制度称为澳门环保法发展的茁壮时期。“(澳门环境保护法的产生和发展)第三阶段是茁壮阶段,即从回归后至今的5年期间,开始向国际化发展,并引入多项适用于澳门的国际公约。此外,还制定了《公共地方总规章》,废止了若干市政条例。”[10] 由此可见,澳门环境资源法的本地化、国际化趋势会随着澳门的发展而不断强化,而在建立粤港澳大湾区的战略下,澳门环境资源法更加需要和粤、港协同发展,这是粤港澳大湾区经济协调发展的重要条件之一。

3. 广东的环境法律制度

广东的环境资源法律制度总体上归属于统一的国家环境资源法律体系,但也包括地方性环境法规、规章和规范性文件。党的十八大以来,我国开始了轰轰烈烈的生态文明建设,其中就包括加速进行生态文明法制建设。在依法治国背景下,环境和自然资源立法更加趋于符合生态文明建设的实际需要,更加符合改革开放40年以来广东省的经济发展状况,更加体现了环境污染防治和自然资源保护的内在规律要求。尤其是在《立法法》修改赋予设区的市地方立法权以后,不少设区的市把首要立法基本上都放在了生态文明建设方面,这更加丰富了广东省地方环境和资源法规体系。总之,广东省现有的环境法由省地方性环境法规、地方性环境规章、有立法权的设区的市的地方性环境法规和环境规章,以及其他规范性文件组成。地方性环境法规,是指由有立法权的地方各级人大及其常委会依照法定程序制定的,对本辖区范围内的环境和自然资源保护事项作出规定的法规。地方性环境规章,是指有立法权的地方各级政府为执行环境法律、行政法规和地方性环境法规,依照法定程序制定的,对本辖区范围内的环境和自然资源保护事项作出的比较具体的、可操作性较强的事项作出规定的规章。另外,广东省作为全国第一经济大省,也制定了不少地方性的环境标准。

比较大湾区三地的环境法律制度,可以发现,三地在环境法律渊源、法律程序规制等方面存在较大的差异,这些差异导致了三地的环境法律在环境行政执法和环境司法中发生潜在冲突的可能。

---

[9] 夏耘:《切合生活环境修订环保法》,载《澳门日报》2009年8月14日,第3版。

[10] 谭佩雯、黄明健:《澳门水污染防治和循环经济立法初探》,载《水污染防治立法和循环经济立法研究——2005年全国环境资源法学研讨会文集(第一册)》,第194~197页。

(二)环境行政执法的冲突

基于实用主义的英国法对香港法例的影响根深蒂固,香港法例的价值观受英国法影响,体现出强烈的实用主义和程序主义倾向,实体法律规范和程序法律规范集于一身,信奉程序正义为圭臬。而重形式、轻实用,重实体、轻程序的大陆法系传统也贯穿于广东适用的环境污染防治立法中。从环境污染防治的实际效用角度出发,可以发现两地主要在环境污染防治的监督管理体制、执法主体、违法认定、法律责任追究机制方面有相当大的差异,在公众参与环境污染防治、运用市场经济手段等方面也有一定的差异,因而影响到环境污染防治的实际效果。[11]

1. 环境污染防治的监督管理体制

环境监督管理体制是决定环境行政执法形式、执法标准、执法程序等要素的主要制度,三地在环境监督管理体制上存在显著差异。以水污染防治的监督管理体制为例,香港《水污染管制条例》以特别行政区环境局为主管单位,环境保护署署长为具体执法主体,责任主体简单、明确,权力集中,权力划分和责任归属严谨规范。以保证产权明确为目的的一系列程序法律规范和构成法律制度的各方面规范设定,保证了产权之权属划分和责任划分的确定性,进一步界定了权利和义务、风险和收益的对等,从而有效降低交易成本,提高产权利用效率。另外,海洋污染主要是由海事处主管。澳门的水污染主要由澳门环境保护局统一监管,包括海域环境保护,但对海事管辖范围内投掷或倾倒有害物质则由港务局局长监察,现改为海事及水务局;对按照《澳门供排水规章》规定的供排水系统中的污染则由土地工务运输司及其他有关实体负责监察,对按照《公共地方总规章》规定的公共地方排放水污染则由民政总署负责监察;涉及排污费的征收,香港是由水务署和渠务署负责,其中水务署署长负责水务监督,而排水事务监督则是渠务署署长或其授权的代表的职责。广东按照《水污染防治法》的规定,虽然明确水污染防治由生态环境部门统一监管,但同时赋予水行政部门、交通运输部门、自然资源部门、卫生部门、建设部门、农业部门、渔业部门、流域水资源管理机构在各自的职责范围内,对有关水污染防治实施监督管理。这种“一部门为主、多部门分段监管”设置的目的是分清职责、便于更好地管理,但由于行使权力的职责边界范围划分在立法上并未细化和明确,导致“九龙治水”,在具体执行中出现权力交叉,乃至相互掣肘。在排污费征收

---

〔11〕 参见谢伟:《香港与内地水污染防治法比较》,载《社会科学家》2012年第5期。

上,广东实行了费改税,按照《环境保护税法》的规定,原有的排污费平移改为环保税,由生态环境部门征收改为由税务局在生态环境部门的协助下统一征收。

在管制模式上,香港采用了水质管制区制度,将全港水域划分为十个水质管制区,对每个管制区实行共同而有区别的管制制度,较好地实现了水质有效管理。广东当前实行的是河长制主导下的重点流域水污染物排放总量控制制度,结合正在进行的一证式、综合性的排污许可证改革,这种管理体制也沿袭适用到广东省的水污染控制模式,水污染防治效果非常明显,但由于这种管理体制尚在改革中,制度还需要进一步完善。

2. 环境污染防治标准的比较

环境污染标准同样呈现与特定经济社会发展水平相适应的特点。以水污染防治标准为例,水污染防治标准主要是水环境质量标准和水污染物排放标准,以及由此产生的方法标准、技术标准等。广东的水污染防治标准是按照功能划分,主要有五套标准:《地表水环境质量标准》《地下水质量标准》《海水水质标准》《农田灌溉水质标准》《渔业水质标准》。广东水污染主要是点源和面源污染,农村面源污染造成的水污染和城镇生活污水处理占据了水污染排放的主要部分,水污染防治法主要针对的是点源污染,对农村面源污染仅有原则性的规定。与此相适应,实践中广东执行的水污染物排放标准只有两套:一套是污染物排放综合标准,主要适用于城镇污水处理厂和污水海洋处置工程;另一套是行业污染物排放标准,适用于各行业水污染物的排放。目前广东正处于由综合性污染物排放标准到行业排放标准的过渡阶段,国务院已经先后发布了《发酵类制药工业水污染物排放标准》《合成革与人造革工业污染物排放标准》《电镀污染物排放标准》等数十项水污染物排放标准,但显然不能满足水污染法律调控的实际需要。我国的城镇污水处理厂有规模大小,包括了两千吨的小厂到日处理规模十几万吨的大厂,都必须执行同一个排放标准,会带来整体投资大幅上升以及达标运行困难等问题。毕竟,小厂和大厂的污水排放量差异很大。全国所有的污水处理厂按照一个标准运行,将付出非常高的代价,不同地区的项目应根据环境容量实行有差异的排放标准,应该根据不同地区、不同生态环境要求、不同的水体使用功能设定多样化的排污标准。香港的水质标准是由环境局局长在咨询环境咨询委员会后,为每个水质管制区的水域设定一个水质指标,甚至还可为管制区内的不同部分订立不同指标。而污染物排放标准则是由《技术备忘录:排放入排水及排污系统、内陆及海岸水域的流出物的标准》具体确定,一般按照每个管制区包含四个可供废物排放入内的系统，即脏水渠、雨水渠、内陆水域及海岸水域。对流出物标准则考虑到不同系统的实际用途，但各系统及管制区分成各个适当的组别。一般而言，每个组别的标准也有不同。如对内陆水域的管制，根据内陆水域的实际用途分为A、B、C、D四组，其中A组是抽取用作可饮用水的供应，B组用作灌溉用途，C组用作池塘养鱼用途，D组则用于一般设施和次级接触康乐活动，这四个组别分别有四套相应的流出物标准。

3. 对环境污染违法行为的程序性规制不同

广东在对环境污染违法行为认定上的一个重大缺陷是程序性规制供给不足，对水污染违法行为如何依据水污染防治法的实体性规定进行程序上的认定没有明确规定，导致在实际操作中过度依赖行政机关给予解释。如国家环境保护总局2003年专门针对《水污染防治法》出台了《关于"不正常使用"污染物处理设施违法认定和处罚的意见》，2008年环境保护部对《水污染防治法》第22条有关"其他规避监管方式排放水污染物"及相关法律责任适用问题专门复函。在认定水污染行为的违法程序上，香港法例规定也比较完备。如《水污染管制条例》规定了对于水污染所订罪行的精神因素的考量，"在为第8(1)、8(1A)、8(2)、9(1)或9(2)条所订罪行而进行的法律程序中，凡指称被告导致物质进入香港水域或内陆水域或公用污水渠或公用排水渠，或导致物质如第2(3)条所述般沉积，则对于所涉的作为或不作为，控方无须证明被告在就该罪行的任何元素方面是带有任何意图、知情或疏忽的成分"。

对水污染违法主体的认定上，广东的主体范围规定不够全面和明确，主要是企事业单位和其他生产经营者而非"任何人"，香港法例则不仅规定凡是从事了违法行为的"任何人"都可能成为违法主体，还特别规定了法人团体的董事、个人合伙的合伙人等的法律责任，"凡被判犯有本条例所订罪行的人是法人团体，且证明有关的罪行是在该法人团体的任何董事、经理、秘书或其他与管理该法人团体有关的人士的同意或纵容下而犯有的，或是可归因于该法人团体的任何董事、经理、秘书或其他与管理该法人团体有关的人士的疏忽或不作为的，则该董事、经理、秘书或其他人士亦属犯有该罪行"。

4. 环境污染防治处罚方式和手段的比较

香港立法比较重视通过严刑峻法处罚环境污染违法者，尤其是追究环境刑事责任，监禁和高额罚款成为普遍适用的环境污染防治法律责任。例如，香港《水污染管制条例》规定，任何人"将任何废物或污染物质排放入水质管制区内的香港水域，即属犯罪"，可处监禁6个月。如属第一次定罪，并处罚款20

万港元;如属第二次定罪或其后定罪,并处罚款40万港元,如该项罪行属持续罪行,则可就法庭已获得证明并信纳该罪行持续的期间,另处每天罚款1万港元。再如,《水务设施条例》规定:“水务监督信纳已经发生或相当可能发生浪费、滥用或污染供水的情形,任何人放置、或导致或容许放置任何固体或液体,而放置的方式或地方使该固体或液体可能跌落或被冲入或带入构成水务设施部分的水中,即属犯罪。任何人犯了本条所订的罪行,一经循简易程序定罪,可处第5级罚款及监禁2年。”

广东按照《水污染防治法》规定,针对以往罚款普遍较低、威慑力不足的现状,提高罚款的绝对数额,如最高罚款数额上限为100万元;采用比例计罚法,如规定造成一般或者较大水污染事故的,按水污染事故造成的直接损失的20%计算罚款;造成重大或者特大事故的,按照水污染事故造成的直接损失的30%计算罚款。处罚手段主要有两种:行政处罚和行政强制执行。强制执行措施,既有直接强制,也有间接强制。关于直接强制的规定,如该法规定,违规设置排污口或者私设暗管的,由环保部门责令限期拆除;逾期不拆除的,强制拆除。这是环保部门为数不多的直接强制执行权。间接强制主要指“代执行”。由于《水污染防治法》规定的水污染违法主体主要包括企事业单位和其他生产经营者,因而在处罚方式中设立了责令改正、责令关闭、责令限期治理等方式。为增加威慑力,还设立了行政拘留制度,即对违法排放水污染物的行为,尚不构成犯罪的,由公安机关对直接负责的主管人员和其他直接责任人员处10日以上15日以下的拘留;情节较轻的,处5日以上10日以下的拘留。澳门水污染防治法规定的处罚手段主要就是罚款,对行政违法行为处以法定的罚款额度,对累犯提高罚款额度。

(三)环境司法的冲突

司法具有权利救济、公权制约、纠纷终结三项功能。香港法例充分运用司法手段,结合水污染损害的潜伏性、缓发性、难以修复性等特点,实行行政处罚刑罚化,较有效实现了司法的功能:其一,对水污染违法行为以“危险犯”为标准,高标准地实现对水污染违法行为受害者的权利救济。如《水污染管制条例》规定:“在本条例中,凡提述将物质排放入水质管制区内的香港水域、内陆水域、公用污水渠或公用排水渠或作出将物质排入水质管制区内的香港水域、内陆水域、公用污水渠或公用排水渠的排放,即包括导致或准许该物质在下述情况下沉积于任何地方(无论位于该管制区内或其他地方):该物质或其任何组分相当可能会在一段合理可预见的时间内,因掉下、下降、渗透或被风或水传送而进入该管制区内的香港水域或内陆水域或进入公用污水渠或公用排水渠。”以或然性很高的“相当可能”作为实施处罚的原因,采用“危险犯”为标准作为追究责任的依据。其二,对水污染违法行为以刑罚追究。如《水污染管制(排污设备)规例》“关于通知书的违反”规定:“任何人没有遵从根据第3、4(2)或5条送达的通知书所指明的任何规定,即属犯罪,可处罚款10万港元,并可就法庭已获得证明并信纳该人自罪行发生日期起持续没有如此遵从规定的期间,另处每天罚款5000港元。”其三,通过《水污染管制条例》和《水污染管制(上诉委员会)规例》实现对公权力的有效制约。“上诉人”有权因监督或局长根据《水污染管制条例》第29(1)条所列的任何条文而施加或作出的任何规定或决定而感到受屈可向根据本部组成的上诉委员会提出上诉,在任何上诉中,上诉委员会可确认、推翻或更改监督或局长的决定或规定。

广东在环境保护中重视行政法律手段的运用,包括行政处罚、行政强制执行、行政和解手段,但对司法手段规制不足,存在三个明显的缺陷:一是环境污染犯罪的入罪门槛较高;二是环境公益诉讼的起诉门槛较高;三是对公权力行使的监督不够。首先,不可否认,近年来内地环境司法发展迅速,制度供给快速增加,广东省高级人民法院和广东省人民检察院联合发布了关于环境污染犯罪的司法解释,降低了环境污染犯罪门槛,但在行政处罚和刑事处罚的制度衔接上还存在漏洞,行政执法和刑事司法联动不足,与香港相比,环境污染犯罪的入罪门槛还是偏高。其次,《环境保护法》《民事诉讼法》虽然设立了环境公益诉讼制度,但由于内地环保组织普遍的发育先天不足,缺乏提起环境公益诉讼的能力,心有余而力不足,使内地的环境公益诉讼难以发挥有效的司法监督功能。最后,内地环境污染防治法缺乏对行政执法者有效的监督,对执法者的执法行为是否合法、合理缺乏广泛而深入的司法审查机制。澳门主要是追究行政违法行为的行政法律责任,以罚款为主要形式。

(四)环境管制市场经济手段运用冲突

市场配置资源具有高效率优势,因而也成为环境管制中行之有效的手段。以大气污染防治的市场手段为例,主要有排污权交易和碳排放权交易两种。在粤港澳大湾区里,这两种机制手段不同程度地存在于粤港澳三地中。广东省在中央政府的强力支持下,迅速构建排污权交易制度,大力推进制度实施,已经逐渐构建了适合广东省情形的排污权交易制度框架,先后成功进行了多宗大额排污权交易,交易方式从政府定向、定价、定量的签约方式升级到企业电子竞价方式,交易成交金额屡创新高,交易标的物从二氧化硫逐步扩展到包括氮氧化物、挥发性有机化合物(VOCs)等多种污染物。香港在《空气污染管制条例》中明确规定了排污权交易制度,但香港由于体制性原因,在排污权交易实施方面踌躇不前。2007年2月,广东省环保局和香港环保署公布《珠江三角洲火力发电厂排污交易试验计划》实施方案,该方案选择了二氧化硫等几类污染物作为标的物,主要内容涉及香港火电企业通过购买广东火电企业的污染物指标而实现粤港两地按照《改善珠江三角洲空气质素的联合声明》"双达标"。由于香港企业在脱硫减污方面面临高成本压力,香港方面感到在限期内难以完成脱硫任务,因此才向国务院港澳办提出了跨区交易的申请,希望促成该试验计划,实现港企向广东购买排污权。但实际上,香港发电厂主体较少,只有香港中华电力公司和香港电灯公司两家,很难实现一个排污权交易的自由市场;加之香港大气污染排放指标基数比较小,大比例减排存在难度;香港实行的是"小政府、大社会"的管理体制,政府体制不如广东政府具有更高的行政效率,很难以行政命令的方式强制企业执行排污权交易制度,而政府在游说相关企业方面又要花费更多的时间,由此香港的大气污染排污权交易陷入僵局。

随着温室气体排放的增加,全球气候变暖的法律控制也越来越具有强制性。港澳和内地都加入了联合国气候变化框架公约、京都议定书和巴黎协定,按照相关国际公约规定,粤港澳三地都制定了相应的法律制度。广东省早在2014年就发布了《广东省碳排放管理试行办法》,该办法规定了碳排放信息报告和核查制度、碳排放配额管理制度、配额交易制度及相应的法律责任制度,这是广东省关于碳排放交易的一个地方规章。其后又发布了《广东省企业碳排放信息报告与核查实施细则(试行)》,2017年又发布了《广东省"十三五"控制温室气体排放工作实施方案》,对"十三五"期间广东省温室气体排放工作作出了全面部署,是"十三五"期间广东省温室气体排放控制工作的指导性规范文件。从2015年到2018年,每年都相继发布了该年度碳排放配额分配实施方案,并组建了专门的广东碳排放交易所,该所是专业从事碳排放权、核证自愿减排量及环境资源权益交易的专业机构,自组建以来截至2019年1月30日,已经完成的交易额达95,958,365吨,初步构建起碳交易规范性文件体系。香港虽然加入了巴黎协定,但尚未制定碳排放交易的规范性文件,不过对碳排放已经有实质性减排行动。香港成立了气候变化督导委员会,督导和统筹各决策局和部门的有关气候行动,发布了《香港气候行动蓝图2030+》《香港都市节能蓝图》等,详细描述在减缓气候变化、适应和应变方面的主要措施,主要包括逐步减少燃煤发电，以天然气逐渐取代燃煤，增加可再生能源，增加绿色建筑和基建的碳效益等，不过尚未发生实质性的碳排放交易。澳门近年来虽然为应对气候变化做出区域性的努力，颁布了一系列低碳经济措施，但尚未在温室气体减排方面有实质行动，因此也就没有碳排放交易发生。

在经济手段方面，香港实行的排污收费制度也有很好的调节效果，但这种排污收费与广东省显然不同：其一，缴费主体不同。香港是对任何用户，只要该用户的处所直接或间接接驳属于政府并由政府维修的公用排水渠或公用下水道，以便将废水从该处所排出，则该用户须缴纳排污费；对工商业企业将所产生的工商业污水排放于该公用排水渠或该公用下水道，该用户除须向政府缴付排污费外，还须额外缴纳工商业污水附加费。广东省实行的是直接向环境排放应税污染物的企业事业单位和其他生产经营者，原来是征收排污费，自2018年开始改排污费为征收环保税，对家庭和个人虽然不缴纳环保税，但家庭用户缴纳的水费中却分为水资源费和污水处理费两部分，实际上也是缴排污费的，因家庭用水不直接向环境排污，所以排污费实际上是由污水处理厂缴纳了。其二，收费主体不同。香港的排污费收费主体因收费种类不同而不同，对任何用户须缴纳的排污费，是由用户在缴纳用水费时一并缴纳排污费的，因而是由水务监督负责；而工商业污水附加费则是由排水事务监督（渠务署署长）和水务监督共同负责，即排水事务监督负责向工商业用户发出工商业污水附加费的缴费单，而如果任何用户或代理人没有在指明的时间内缴付工商业污水附加费，则排水事务监督可通知水务监督，水务监督再根据《水务设施条例》赋予的权力征收该笔费用。广东的排污费原来是由环境保护行政主管部门负责征收，费改税后，由税务局征收，但需要环境行政主管部门的协助执行。其三，缴费方式不同。香港除了正常缴费之外，还允许采用比较灵活的“按金”方式缴费。水务监督可厘定一笔足以支付到期或可能到期的任何收费的按金款额，并规定用户缴付该笔按金，因此，按金可用于任何用户或代理人须缴付的排污费；对工商业用户而言，排水事务监督可规定工商业用户缴付按金，用以偿付任何可能到期应付的工商业污水附加费。澳门实行的水使用费制度，区分为家居用水、特种用水和一般非家居用水，分别收取一定的水使用费，近年来连续调高了收费标准，特别是对特种用水较大程度上提高了收费标准，显示出水资源的稀缺性。

（五）公众参与环境法治的冲突

公众参与是环境法治证明较有效的一种手段。以大气污染防治为例，香港和澳门公众参与大气污染防治都是比较有效的。澳门以社团为公众代表，在澳门大气污染防治立法中代表民意，维护环境公益，发挥了重要作用。比如，2014年2月16日，澳门环境保护局举行《制订澳门重大固定空气污染源排放标准及完善监管制度》公众咨询会，向不同团体和居民介绍文本内容，并借此进一步收集社会对相关建议方案的意见及建议。根据顾问研究报告，若澳门日后实施此次咨询文本建议的重大固定空气污染源的空气污染物排放标准及相关配套措施，将可更有效地控制来自工商业方面的空气污染，减少有关工商业场所废气的排放。[12] 澳门根据顾问研究报告和公众咨询会的意见，制定了《水泥制造工业场所的空气污染物排放标准及设施管理规定》《污水处理厂的空气污染物排放标准》等重大固定污染源排放行政法规。广东虽然也有公众参与的法规、规章和规范性文件规制，但实施效果并不理想，公众参与层次不高，而环保民间团体发展又不够。根据《2018年广东环保社会组织发展报告》，截至2018年10月31日，广东省正式登记注册环保类社会组织共321家。环保社会组织与政府、企业、社区、学校、其他社会组织之间的融合与协作能力显著提升，相应机制不断完善。广东环保社会组织发展逐步从“数量规模型”向“质量效益型”转变，在生态环境保护领域一些颇具影响力的社会组织和公益品牌项目正在出现。但广东环保社会组织面临着社团内在发展动力和活力不足、专业服务中的创新能力有限以及环保组织自身制度建设不完善等问题。广东环保社会组织面临通过资源整合实现向资助型、社区型、专业型和国际化环保组织转型的挑战。[13] 由于广东环保组织没有港澳的环保民间组织发达，相对而言，广东的公众也没有普遍积极地参与环境污染防治。

三、完善粤港澳大湾区生态环境法治和建设美丽大湾区

由于粤港澳大湾区生态环境法律制度存在显著的结构性、体系性冲突，难以适应粤港澳大湾区生态环境协调治理的需要，必须对现行粤港澳大湾区生态环境法律制度作出适应性变革，为建设美丽大湾区提供良好制度依据和制度基础。应该认识到，尽管粤港澳大湾区存在的制度冲突带有结构性、体系性特点，但由于生态环境资源对于人类生存发展的共同性、基础性和必要性，粤

---

〔12〕 参见彭彦：《澳门启动立法治理空气污染》，载人民网：http://legal. people. com. cn/n/2014/0304/c188502-24517714. html，2019年3月20日访问。

〔13〕 参见李钢：《2018年广东环保社会组织年会在广州召开》，载金羊网：http://news. ycwb. com/2018-12/07/content_30148153. htm，2019年1月30日访问。

港澳大湾区具有相同的生态环境资源基础、地缘相邻、相同的区域气候环境和互补互助的经济发展结构，使大湾区形成一个典型的区域环境共同体，即便历史形成的行政分割治理也难以掩盖区域环境共同体的协调治理要求。因此，粤港澳可以求同存异的理念制定和实施若干以大湾区生态环境资源为保护对象、为粤港澳大湾区人民共同利益服务的统一性、协调性环境立法。

粤港澳可以分别在具体的环境污染防治领域或生态自然保护领域通过友好协商、求同存异，秉承“一国两制”原则，制定相应的环境污染防治协议、生态自然保护协议、环境权益交易协议、公众参与协议，乃至环境司法合作协议。

以下以大气污染防治为例，提出改进粤港澳大湾区生态环境法治的若干建议。由于粤港澳大湾区在大气污染防治法律制度的构成、采取的法律措施、法律责任的认定和追究、可操作性和实用性、大气或水环境保护标准等方面存在差异，这不利于粤港澳大湾区大气或水污染防治的一体化执行，应该协调这些差异化的规定，以改进粤港澳大湾区大气或水污染防治效果。粤港澳已经在区域大气污染联防联控方面做了一些实际工作，取得了一定的成绩。比如，设立珠三角大气污染联防联控技术示范区、设立珠三角船舶污染排放控制区、设立粤港澳珠三角空气质量监测平台，签署和执行《粤港澳区域大气污染联防联治合作协议书》，重点包括共建粤港澳珠三角空气质量监测平台、联合发布区域空气质量资讯、推动大气污染防治工作、开展环保科研合作，以及加强三地环保技术交流及推广活动。但目前三地的大气污染联防联治还缺乏统一标准、统一执法和统一监督检查，这种制度现状阻碍了粤港澳大湾区大气环境治理的良好效果。建议针对以下几个方面进行改进：

（一）设立粤港澳大湾区大气污染防治协调领导机构和完善组织机构

可以考虑由中央政府设立的粤港澳大湾区建设领导小组牵头，由粤港澳分派主管部门领导组成协调领导机构，具体协调粤港澳大湾区在大气污染防治中出现的行政执法冲突。为保证领导机构的正常运作，应设立具体办事机构，在协调领导机构下设办公室，配备专职管理人员。粤港澳大湾区的大气污染防治协调领导机构可以参照珠江三角洲区域大气污染防治联席会议的设立，制定颁布专门的《粤港澳大湾区大气污染联防联治议事规则》，规定联席会议召开机制。具体管理人员可以整合现有的粤港、粤澳环保合作机构工作人员，设立专责小组。同时，考虑到大气污染的远距离传输对粤港澳大湾区大气环境质量也有很大影响，可以进一步设立粤港澳大湾区及周边地区大气污染联防联治协调机制，设立区域协调领导小组和轮席会议制度，由粤港澳大湾区大气污染防治协调领导机构成员加上周边地区的主管部门领导组成,具体协调周边地区对粤港澳大湾区的大气污染跨区域传输机制,进行大气污染源解析,指导区域内各地方按照源解析结果进行跨区域大气污染控制,协调产业升级、能源结构优化调整和布局。

(二)协调三方制定粤港澳大湾区大气污染防治统一标准

当前三地在大气污染防治具体环保标准上还存在较大差异。粤港澳大湾区要建立世界一流湾区,且目前其经济总量在世界四大湾区中已经名列第二位,已经具有建立较高环保标准的实力,应以大气污染排放控制的国际领先标准为依据,协调三方制定统一的大气污染环境标准。粤港澳三地应在大湾区协调机构统一领导下,全面系统梳理三地现有的大气环境标准体系,仔细辨析、深入比较,结合三地环境资源协调管制的需要和粤港澳三地的具体情况,进行大气环境标准的立、改、废工程。对于已经实践证明符合三地实际,操作性较强的大气环境标准保留;对于有冲突的环境标准应分析造成冲突的原因,在三地可接受的范围内进行局部修改;对于冲突非常严重,三地很难就局部修改达成一致,则需要重新协调制定新的大气环境标准。与大气环境标准实施密切相关的大气环境监测方法和体制改革也应一并参照进行。

(三)协调粤港澳大湾区大气污染防治行政执法制度

受"一国两制三法系"影响,粤港澳大湾区分属于控制式、控权式和执行式的行政执法体系,造成三方在行政执法上存在冲突,对粤港澳大湾区统一大气污染防治行政执法不利。应在粤港澳大湾区大气污染防治协调领导机构的具体协调下,三地协商确定大湾区一体化环境行政执法程序、执法手段,兼顾环境正义、行政效率和程序正义价值。广东应借鉴香港环境行政执法的程序性规制,增强环境行政执法的程序性、规范性,吸收公众参与环境行政执法;香港应借鉴广东提高环境行政执行效率的做法,增强环境行政行为的执行力;澳门应进一步发挥执行式行政的优势,保证环境行政法规和行政命令的法理正当性,防止和避免不必要的环境行政争议。[14] 在协调三地的环境行政执法程序过程中,应"促成国家法治主导下的政府法制、地方法制、社会软法功能互补、协调发展的局面"。[15]

(四)环境污染防治的市场经济手段协调运用

现在粤港澳在大气和水污染防治中都有市场经济手段的运用,特别是广

---

〔14〕 参见谢伟:《粤港澳大湾区环境行政执法协调研究》,载《广东社会科学》2018年第3期。

〔15〕 张文显:《建设中国特色社会主义法治体系》,载《法学研究》2014年第6期。

东省采用了环境保护税、排污权交易、水权交易等方式，取得了较好的效果。如广东省的排污权交易制度稳步推进，逐渐从省一级扩展到市一级，乃至区一级，交易标的物逐渐增加，交易额逐渐增大，交易参加企业范围越来越广，对激励污染者改进生产技术、降低污染排放、促进产业转型升级起到一定的促进作用。迄今为止，广东省已经组织了全省性的三批次排污权交易，主要都是二氧化硫的排污权交易，自2016年起，开始地方区域性排污权交易试点，同年3月顺德地方区域性的排污权交易也成功实施，这次排污权交易主体是7家家具制造企业，交易标的物是挥发性有机化合物，这在全国都很少见，是根据顺德区的木质家具制造企业挥发性有机化合物排放量过大而专门设计的。[16] 此外，广东省还确定在限定的流域范围内开展化学需氧量有偿使用和交易试点，而且确定了化学需氧量、氮氧化物和氨氮的排污权有偿使用初始价格分别为3000元/年·吨、4000元/年·吨，不过目前尚未有化学需氧量和氨氮这两种水污染物排污权交易的实际案例发生。

由此可见，粤港澳在水污染防治的市场经济手段上需要协调。主要是排污权交易和排污收费制度，粤港澳大湾区可以考虑共同设立大湾区环境权益交易市场，对主要的大气污染物和水污染物进行排污权交易，由三方协商设立专门的环境权益交易所，共同设定交易标的物、交易标的和交易程序等规则，交易主体则可在三地政府的协调和支持下尽量促成企事业排污单位的参与。同时，粤港澳大湾区应统一征收环境污染物的环境保护税。发达国家普遍实行了环境保护税制度，费改税是大势所趋，港澳也应实行排污费改环境保护税制度，广东实行的排污费平移环境保护税制度可以为港澳借鉴，在大湾区范围内先行先试。

（五）环境污染防治公众参与手段的协调运用

当前粤港澳大湾区环境污染防治中公众参与的力度、范围和方式方法比较有限，公众参与在环境污染防治中未能充分发挥作用，这显然不符合环境法治的公众参与原则，应动员和支持公众参与环境污染防治的立法、执法和司法。广东省虽然有公众参与的法律规制，但环保组织发育不足，环境信息公开不够，仅有屈指可数的广东省环保基金会等环保组织提起的环境民事公益诉讼案例。香港对环境治理的公众参与是非常重视的，在环境信息公开上也有很好的做法。例如，在香港环保署的官网上，设立了《进口或出口消耗臭氧层

〔16〕 参见《广东地方区域性排污权交易试点启动》，载《南方日报》2016年3月9日，第A16版。

物质货车司机须知》《加强管制汽油和石油气车辆废气排放》《柴油商业车辆技术讲座》《如何安全处理含石棉物料短片》《餐馆及食品厂的隔油池》《村屋污水排放指南》《小污水处理厂的设计指南》《根据水污染管制条例制订的接驳污水渠计划》等指引,这些指引可以为公众更好地遵守环境污染防治法律提供基础性条件,公众可以获得充足的环境信息从而主动守法。澳门对公众参与环境污染防治的支持和香港类似,主要是环境污染控制信息的公开,除了法例和标准之外,还有各类污染控制指引。由此可见,粤港澳政府虽然都有公众参与的认识与制度建构,但在公众参与环境污染防治方面则力度不一,效果参差不齐。粤港澳大湾区应构建环保组织交流机制,港澳的环保组织应帮助广东省环保组织提高自身的参与能力,大湾区三地政府应制定发布统一的环保组织参与环境污染防治的制度规范,支持大湾区内的环保组织参与大湾区环境污染防治,同时为给予环保组织经济支持,可以设立环境公益诉讼基金支持环保组织参与因环境污染而引发的环境公益诉讼。

四、总结

粤港澳大湾区的环境资源现状和经济发展要求必须建设粤港澳大湾区生态文明。然而,湾区现有的环境法律制度冲突又不利于协调实施大湾区环境行政执法,从而造成环境污染防治、自然生态保护的行政分割治理模式与生态环境资源保护要求的系统性、整体性、流域性的矛盾。应针对环境法律制度冲突,秉承“一国两制”原则,创设粤港澳大湾区环境污染防治领导和组织协调机构、统一环境标准体系、协调行政执法制度、环境权益交易制度和公众参与制度,逐渐提升大湾区环境法治水平。

《环境资源法论丛》
第 12 卷,第 253~285 页

地方立法的得失评价与经验总结*

——以广东省环境立法为例

刘长兴**

摘　要　地方立法在我国法治建设中发挥着重要作用。从数量上看,地方立法日趋繁荣,但从质量上看,地方立法仍存在不少问题。以广东地方环境立法为主要分析对象,可以发现地方立法在创新性、合法性、利益保护以及立法技术方面存在一系列问题,应当及时总结地方立法的经验和教训,从完善立法程序、加强民主立法和科学立法等方面提升地方立法质量。

关键词　地方立法　环境立法　立法技术　立法规范

一、引论:地方立法的繁荣与隐忧

地方立法在中国法治进程中正发挥着越来越重要的作用,不仅体现在地方法规在法律体系中的分量越来越重,更体现在地方立法在地方权力配置和权利保护中的作用越来越大。在如火如荼的地方立法热潮中,2015 年《立法法》修订赋予设区的市地方立法权势必会带来新一波的地方立法高潮,地方立法的繁荣即使不是既往事实至少也是指日可待。

然而,地方立法的繁荣景象真的能在实质上推进中国的法治进程吗? 如

* 本文系中国法学会环境资源法学研究会"环境法典研究(2018—2020)"专项课题之"环境立法可实施性研究"(项目号:CSERL-FDH-18007)的阶段性成果。

** 刘长兴,华南理工大学法学院教授、环境法研究中心研究员,法学博士。

果说这样的质疑过于尖锐,与社会对地方立法的印象或者评价反差过大,[1]那么是否可以思考一下:就实现法治目标而言,地方立法的作用是完全正面的吗?地方立法是否会带来地方保护、部门分割、利益固化的弊端?地方立法的哪些方面、哪些内容可能与法治的要求背道而驰?对这些问题的看法也许见仁见智,但至少说明地方立法并不必然是正面的,以立法的形式背离法治的要求实际上是可能的。

本文的目标正在于通过对地方立法的实证考察,尝试对上述问题进行分析。当然,对这些问题给出确定的回答是困难的,但就地方立法的若干重要方面进行实证考察,至少有助于深化对这些问题的认识。

(一)立法主义背景下的地方立法

"法治"已经成为中国社会的共同期待,成为这个时代"一个有强烈意识形态意味的口号",[2]甚至是具有当然正当性的符号性表达。由于制定法在现代社会法律体系中的地位越来越重要,实现法治当然离不开法律的制定即立法。而且基于中国法治进程起点的特殊性,立法更在推进法治过程中具有基础性地位,因为制定法至少在形式上提供了法治的条件,并且可能在实质上靠近法治的理想。立法主义应运而生,被认为是实现法治的一条捷径。

立法主义将立法视作应对社会问题、解决社会矛盾的根本途径,凡事依赖立法,甚至对已经制定的法律也是"适用一遇到问题就呼吁重新立法"。[3]中国法制重建正是在这种思路之下开展的,而且取得了根本性进展,在大约30年的时间内建成了具有中国特色的社会主义法律体系,其直观表现就是大量的法律法规出台。

地方立法正是在立法主义盛行的背景下产生并快速发展的。从时间上看,地方立法的发展迟于中央立法,但近年来发展势头迅猛、地方立法数量增长迅速。2015年《立法法》修订赋予设区的市地方立法权,更是极大拓展了享有地方立法权的主体范围,为地方立法的发展注入了新的动力。可以预见,地方立法又将迎来一个快速发展期。

---

[1] 毫无疑问,当前对于地方立法的主流评价是肯定性的,其不足也仅体现在技术性和具体的层面。然而问题在于,如果地方立法的技术性缺陷和具体不足过多,那么给予其总体以肯定评价是否还合适。

[2] [美]罗伯特·C.埃里克森:《无需法律的秩序:相邻者如何解决纠纷》,苏力译,中国政法大学出版社2016年版,译者序,第8页。

[3] 黄卉:《"一切意外都源于各就各位"——从立法主义到法律适用主义》,载《读书》2008年第11期。

但立法主义已经受到越来越多的批评。如果说在中国法制重建初期,基于众多领域无法可依的现实情况,依赖甚至迷信立法推进法治还具有合理性,那么随着大量法律法规的出台,中国的法治建设已经过了立法供应不足的阶段,立法主义已经不合时宜,急需"从立法主义到法律适用主义"〔4〕的转变。

不管怎样,立法主义已经并将继续深刻影响中国的法治进程,当然也深刻影响了地方立法。立法主义思路之下,地方立法被当作解决社会问题的"灵丹妙药",认为"有法总比无法好",为了立法而立法;过于强调地方立法的工具性,忽视了制度设计的科学性和公平性;地方立法权的行使表现出扩张的倾向,规范设计的任意性凸显。总之,在立法主义背景下展开的中国地方立法不可避免地存在重形式轻实质、重数量轻质量等问题,表面的繁荣无法掩盖实质的缺陷。

(二)地方立法的成就及不足

改革开放以来的法治进程中,地方立法无疑发挥了重要作用。

第一,地方立法在很大程度上填补了立法空白,为社会规范运行特别是政府行为的规范化提供了直接依据。改革开放之初,中央立法在很多管理领域都存在缺位,而从计划经济向市场经济的转型需要政府间减少直接管制、实行依法管理,这就使地方立法成为必要。早期的地方立法很多是为了解决特定领域的管理难题而制定的。例如,1980 年广东省人大常委会制定的《广东省计划生育条例》。

第二,地方立法的创新性尝试推进了社会规范的发展,为中央立法提供了经验。在社会转型过程中,地方立法对于社会现实问题的及时回应具有重要的经验价值,特别是经济特区立法又有主动探索、积累立法经验的定位,这就为我国法律制度的发展和完善提供了经验参考,部分中央立法是在总结地方立法经验的基础上制定的。

第三,地方立法提供具体的管理规范,为中央立法的落实做出了重大贡献。中央立法不可避免存在抽象性和纲要性,很多制度需要地方立法落实,在 20 世纪中央立法"宜简不宜繁"的思路下更需要地方立法设计具体的规范才能落地。事实上,在那个阶段各地制定了不少中央立法的实施办法,形成了直接以实施中央立法为目的的地方立法。例如,1998 年广东省人大常委会就制定了《广东省实施〈中华人民共和国环境噪声污染防治法〉办法》。

---

〔4〕 参见黄卉:《"一切意外都源于各就各位"——从立法主义到法律适用主义》,载《读书》2008 年第 11 期。

从数量上看,地方立法在改革开放之后大量出台,也呈现了地方立法的繁荣景象,[5]这当然是我国地方立法的重大成就。但是,地方立法繁荣的背后,也要看到其中存在的问题,只有正确认识并积极解决这些问题,才能更好地发挥地方立法的作用。

第一,地方立法的实践效力问题。地方立法饱受诟病的一个问题是在实践中的执行力不足,虽然不否认部分地方立法、部分立法条文在实践中发挥了直接而关键的作用,但是地方立法被搁置或者一部立法中多数条文未执行的情况还比较多,这就造成了地方立法的形式繁荣与实质效力之间的差距,不少地方立法"不管用"、实践效力受到质疑。

第二,地方立法的创新性问题。在中央立法覆盖面不全、改革需要制度创新和发展的大背景之下,地方立法承担了法律制度创新的任务,因此其创新性一直受到重视。但是实践中存在多数地方立法创新性不足的问题,表现在地方立法选题与中央立法重复、制度可操作性不够以及创新超出合理边界等。

第三,地方立法的合法性问题。地方立法要根据上位法规范、结合当地实际情况而定,合法性是基本要求,这样才能维护社会主义法制的统一性。但是,地方立法实践中存在不同程度的不符合上位法规定的情形,有些内容的表述与上位法存在明显偏差,更多的是对于具体事务的调整不符合上位法的原则和精神,在合法性上存在疑问。这主要体现在一些具体条文的表述中。

第四,地方立法的条文重复问题。地方立法存在不同程度的与上位法条文重复的问题,这种重复本身说明地方立法无创新。例如,地方立法中"县级以上人民政府环境保护主管部门对本行政区域的环境保护工作实施统一监督管理"就是对《环境保护法》条款的直接重复;另外,表现在地方立法的规定与本地实际结合不够,不能针对本地实际情况设计有针对性的条文以解决本地情况。特别在与中央立法"一对一"制定的地方法规中,照搬上位法制度的现象在早些年比较普遍,近年来有所好转。

第五,地方立法的利益偏差问题。利益植入即部门利益、地方利益影响地方立法使之对地方利益、部门利益进行不适当的照顾。地方立法以城市管理、

---

[5] 从北大法宝数据库检索情况看,以"条例"为标题检索词可以检索到地方性法规18,550项(不包括实施办法类地方立法,含已经失效的项目),以"广东省"为标题检索词可以检索到广东省地方性法规664项(含已经失效以及部分人大常委会的决定)。载北大法宝网:http://www.pkulaw.cn,2019年6月1日最后访问。

环境保护等相关领域的行政管理领域为主,多数属于行政管理性法规,与特定行政部门的职权密切相关,这就造成相关部门在立法过程中参与度高、影响力大,非常容易导致地方立法显性或者隐性代表特定行政部门的利益,偏离其本身应有的宗旨、目标和价值。

第六,地方立法的立法技术问题。地方立法是将社会共识通过立法文本表达出来,这需要一定的立法技术确保立法文本、具体条文的表述能够准确反映立法意图,为实施者提供明确的指引。全国人大常委会和地方省级人大常委会已经比较注重对立法技术进行规范,出台了相关的指引性文件,但是地方立法技术不完备导致概念不清、体系化不够、表述不准确等现象仍然存在。

地方立法质量的缺陷首先可能使立法目标难以实现,仅仅成为立法机关的政绩反映,不能适应社会现实的需要;甚至,一部糟糕的立法不仅无助于社会问题的解决,反而可能带来新的矛盾和不公。

(三)以广东省地方环境法规为例的分析

本文以广东省地方立法为例分析上述问题,主要基于立法文本的对照分析地方立法取得的成绩和存在的问题,以定性分析为基础努力得出制度的创新情况、条文重复情况、不合法规则的情况、利益植入的情况以及立法技术问题的类型等方面的分析结果。进而,在得出实证分析数据的基础上,结合我国的地方立法制度、立法评估指标体系等,对地方立法的价值和不足进行理论分析,发现其深层原因、预测未来的发展趋势,为今后地方立法的发展提供可资借鉴的结论。

由于做全样本分析的工作量太过巨大,并且对于立法成就和不足的总结也并非必要,因此选择典型样本进行分析。在分析对象的具体选择上,选用广东省人大常委会制定的地方环境法规,主要基于以下考虑:其一,环境保护是今后地方立法的重点领域之一,而且相对于城市建设与管理、文化保护在边界上更加清晰。其二,作为改革开放的前沿,广东省的地方立法在很多方面走在全国前列,相对更具有典型意义。同时由于特区立法与一般地方立法的定位存在区别,以及设区的市立法工作开展不久,因此选择广东省人大常委会制定的广东省环境保护法规为分析对象。具体法规的筛选上,考虑现行有效、环境保护领域等因素,最终选出《广东省环境保护条例》等6个地方法规。

第一,《广东省环境保护条例》。该条例于2004年9月24日经广东省人大常委会审议通过,2015年1月13日根据2014年《环境保护法》进行修订,之后又于2018年、2019年两次修正。该条例针对新时期环保的特点,对环境保护规划、污染物集中处理、生态环境保护、环境保护经济政策等进行了专门规定,以83个条文囊括了地方环境保护工作中可能涉及的各方面问题。其中环境保护经济政策的专章规定试图明确以经济政策手段促进环境保护工作,明确"逐步建立和完善排污权有偿使用和交易制度""建立和实施环境污染责任保险制度""建立健全企业环境信用评价制度"等目标。

第二,《广东省城乡生活垃圾处理条例》。该条例于2015年9月25日经广东省人大常委会审议通过,是我国首个省级城乡生活垃圾处理条例。该条例将农村生活垃圾分类纳入法治轨道,规定了生活垃圾处理的全域化和全程减量分类体系。条例对建立生活垃圾的减量与分类机制,各类废弃物源头减量、控制和管理机制,以及垃圾分类、投放要求和责任划分作出规定,为垃圾分类工作提供了强有力的法律依据。在收运处理体系方面,条例提出要建立完善城乡保洁制度、管理队伍和收运网络,将生活垃圾清扫保洁、收运处理范围从城市延伸到镇村地区,并对各环节提出具体要求,以实现环卫保洁和垃圾收运处理全过程覆盖。在设施建设保障方面,条例明确了包括垃圾处理场(厂)、转运站和收集点的建设要求,并就保障设施用地、加强建设过程的监管提出了要求。在经费保障方面,条例规定市、县(区)政府要将生活垃圾处理费纳入本级政府财政预算,同时生活垃圾处理费须全面开征。条例明确县级政府要切实负起主体责任,逐级分解任务,明确各部门及镇、村责任,村委会和村民要切实负起村庄保洁的责任,并确定社会单位、企业、社区、公民在垃圾分类、收运处理及建设保障等方面的责任。

第三,《广东省固体废物污染环境防治条例》。该条例于2004年1月14日经广东省人大常委会审议通过,2012年1月9日、7月26日两次修正,2018年11月29日修订。条例对固体废物污染的防治原则、监督管理职责及考核评价、固体废物分类和登记义务、固体废物运输管制制度、固体废物集中处置设施管理制度、危险废物处置和管理制度、危险废物名录制度、危险废物政府管理责任、废物处理许可制度、废物处置禁止制度等进行了规定,并明确了相应的法律责任,为《固体废物污染环境防治法》的落实提供了比较具体的操作标准和规则。该法于2020年做了较大幅度修订后,《广东省固体废物污染环境防治条例》的相应内容也需要修订。

第四,《广东省建设项目环境保护管理条例》。该条例于1994年7月6日经广东省人大常委会审议通过,是广东省较早通过并实施的地方环境立法,已经经历了1997年9月22日、2004年7月29日、2010年7月23日、2012年7月26日四次修订,于2018年11月29日被废止。条例对纳入环境保护管理的建设项目进行了列举式规定,明确了执行环境影响评价和环境保护“三同时”制度的重点范围;对环境保护的管理职责进行规定,明确了分级审批管理原则;对建设项目设立阶段的环境保护管理措施进行了规定,落实了环境保护的预防原则;对建设项目建设阶段环境保护管理措施进行了规定,体现了环境污染过程控制原则;对区域开发建设项目环境保护管理措施进行了规定,填补了区域环境管理措施不力的漏洞。

第五,《广东省实施〈中华人民共和国环境噪声污染防治法〉办法》。该办法于1997年12月1日经广东省人大常委会审议通过,2004年7月29日、2010年7月23日、2018年11月29日三次修正。办法根据《环境噪声污染防治法》规定的噪声污染防治基本制度,对噪声排放许可制度、噪声敏感区管制制度、噪声污染补偿协商机制、高噪声作业禁止制度、机动车辆噪声管制制度、航空噪声管制制度、文化娱乐场所噪声管制制度等进行了明确规定,设置了具体或者较具可操作性的规则,明确了排放环境噪声污染缴纳超标排污费或者被处以罚款的,不免除消除噪声危害以及其他法律责任。

第六,《广东省机动车排气污染防治条例》。该条例于2000年5月26日经广东省人大常委会审议通过,2004年7月29日、2010年6月2日两次修订,2018年11月29日修正。条例主要从排气污染防治、排气污染检测两个方面规定了机动车排污污染防治制度,并规定了相应的法律责任。排气污染防治制度以机动车排放标准控制为主要手段,并明确了大气污染防治重点城市的差别化管理政策以及环保检验合格标志等管理制度;排气污染检测制度明确了确定机动车排气污染排放限值的确定权限、机动车排气污染的定期检测等制度。

本文以上述6个法规文件的现行文本为主要分析对象,在必要时涉及其历史文本和其他地方法规文本。主要从法规文本内容的创新性、合法性、重复情况、利益偏差和立法技术几个方面进行定性结合定量的分析,以发现地方立法的成功经验和不足之处,为今后改进地方立法工作、提高地方立法质量提供参考。

二、地方立法的定位与评价

地方立法的功能定位是评价其成功与不足的基本参照。我国是单一制国家,统一性是法制发展的基本要求,这决定了地方立法相对于中央立法的执行性地位是其基本定位。进而,作为执行性法律的地方立法也需要结合当地实际在上位法容许的范围内进行制度创新,设计具有针对性的可操作性规则,形成制度体系以规范和支持地方政府的执法实践。因此,对于地方立法的评价主要应当立足于其是否实现或者有助于实现上述目标定位,从不同方面对其进行定性分析以及可能的定量分析。

(一)地方立法的基本定位

在强调国家法制统一的前提下,如何适应我国幅员辽阔、经济发展不平衡、地区差异大的社会经济特点,既维护国家统一又充分发挥地方立法的优势是地方立法始终面对的课题。中央和地方关系的妥善处理是中国当代国家治理理论与实践面临的难题,当前央地权力划分的法律化、制度化不够,[6]更需要通过中央立法与地方立法之间关系的准确定位来实现央地关系的规范化。从地方立法的角度,应当在执行中央立法这一基本定位的基础上,在中央立法存在空白的领域和规定比较抽象的领域积极开展创新性立法,并且立足于制度体系的构建实现其规范和约束地方政府行政权力的功能。

1. 地方立法的执行性

在社会主义法律体系应建成的前提下,地方立法的基本任务主要是执行中央立法,至少是在中央立法确定的基本原则和精神下创设地方执行性制度。改革开放初期地方立法所具有的制度试验和创新功能也已经不是当前地方立法的主要功能,执行性应当是当前地方立法的基本定位。基于这一定位,地方立法应当从合法性和具体化两个方面展开。

首先,执行中央立法需要地方立法规定具体的可操作规则,实现中央立法确定的法律制度的具体化。中央立法的很多制度具有抽象性,往往只是确定了一项制度框架,但其具体执行还需要更多的详细规定,地方立法就应当在中央立法规定的制度框架之下进行具体规则的设计,从而使制度框架成为界限清晰、标准明确、可作为直接操作依据的法律制度。例如,《环境保护法》第45条规定:"国家依照法律规定实行排污许可管理制度。实行排污许可管理的企业事业单位和其他生产经营者应当按照排污许可证的要求排放污染物;未取得排污许可证的,不得排放污染物。"这是对排污许可制度的框架性规定,具体哪些污染物应当纳入排污许可管理、管理权限和范围等都有待进一步明确,地

[6] 参见董娟:《多学科视角下央地关系研究述评》,载《北京行政学院学报》2013年第1期。

方立法应当在这方面有所作为。《广东省环境保护条例》第 21 条第 1 款规定："本省依照法律规定实行排污许可管理制度。禁止未依法取得排污许可证或者违反排污许可证的要求排放污染物。"其内容属于重复上位法的规定，没有对排污许可制度进行细化规定因此无实质意义，不符合地方立法的执行性定位。

其次，执行中央立法意味着地方立法不能与中央立法相冲突，要坚持合法性作为地方立法的首要标准。合法性一方面表现为地方立法的规范与上位法不存在明显冲突，不能改变上位法规定的实质内容。例如，不能增加或者减少上位法规定的管制条件。另一方面表现为地方立法的规范要符合上位法的原则和精神，即从实质上符合上位法的要求。《广东省实施〈中华人民共和国环境噪声污染防治法〉办法》（1997 年）第 18 条规定："在城市市区范围内排放建筑施工噪声超过国家规定标准的，环境保护行政主管部门可限制其作业时间。"这代表了环境保护行政主管部门可以允许噪声超标的建筑施工作业。但是《环境噪声污染防治法》第 28 条规定："在城市市区范围内向周围生活环境排放建筑施工噪声的，应当符合国家规定的建筑施工场界环境噪声排放标准。"这是强制性要求符合噪声排放标准的建筑施工才是法律允许的，上述地方立法的规定改变了中央立法规定的实质性条件，存在与上位法的冲突。广东省人大常委会在 2018 年修订前述办法时，将该条修改为："在城市市区范围内向周围生活环境排放建筑施工噪声的，应当符合国家规定的建筑施工场界环境噪声排放标准。"这又重复了上位法的规定。

2. 地方立法的创新性

首先，在社会急剧变革的时代，法律的制定要有相当的前瞻性，以创新性规范适应未来的社会调整需要甚至影响社会的发展方向。地方立法虽然以执行中央立法为主，但是也必须具有创新性才能更好地实现地方立法的功能和目的。当然，在中央立法已经形成体系的前提下，地方立法的创新不应当突破中央立法的约束和限制，而应当在中央立法确定的框架之下展开适当的创新。

其次，地方立法的创新需要避免法规条文表述上与上位法条文的重复问题，规定上位法未规定或者未明确的内容。地方立法条文不必要重复上位法是地方立法中普遍存在的问题。立法重复不仅徒增法律运行的成本，而且损害了中央立法的权威、贬抑了地方立法权的应有功能。其原因在于各级立法机关对立法不必要重复缺乏科学的认定、对其危害的严重性缺乏客观的认识，地方立法普遍存在的整全性思路、对不抵触原则的误解等是立法思维上的误区,而立法重复审查机制和立法规划协调机制的缺失是制度上的原因。[7] 地方立法要尽量避免对上位法规定的重复,特别是有明确的对应上位法的地方立法要牺牲一些体系的完整性避免条文重复,着重规定对上位法规范的细化规范。

3. 地方立法的可操作性

地方立法要执行好中央立法需要有较强的可操作性,即作为行政执法工作或者其他社会活动的直接依据,为行政执行或者其他社会活动明确行为标准和界限。地方立法多为行政管理性质的规范,应当明确行政管理职权和职责以及行政管理相对人活动的规范,从而成为地方政府和政府部门实施相应行政管理的直接依据。地方立法的可操作性建立在规则具体化的基础之上,没有具体、细致的规则设计难以实现地方立法的可操作性,在这个意义上,地方立法的可操作性是其执行性的体现。同时,可操作的地方立法还要具备制度设计的合理性和条文表达的技术性。

首先,地方立法的制度设计要具有合理性,即适应地方实际情况可以为地方行政管理等活动提供适当的指引和约束。理论上,法律对社会关系的调整可以有多种选择,即使在中央立法确定的制度框架之下规定具体的可操作规则也可以有不同的选择。选择的合理性要参照与社会实践的契合程度来衡量,既符合上位法又充分考虑地方实际的规则才是合理的,可以实现立法的目的并对社会关系进行适当的调整。例如,《广东省实施〈中华人民共和国环境噪声污染防治法〉办法》第30条规定:"各级人民代表大会或县级以上人民政府可以根据环境保护的需要,作出限制或禁止燃放烟花爆竹的规定。"这既符合上位法对于噪声污染控制的基本要求,也留下了各地根据实际情况进行衡量的空间,是符合社会需求的合理规范。

其次,地方立法的表达要遵守立法的技术规范,采用合理的表述方式和词句准确表达立法意图。法规条文本质上是立法意图的表达,但是由于语言的歧义、表达的习惯和文化的差异可能使法规条文的表达或者理解偏离立法意图,这就需要对法规条文的表达进行适当的技术处理、遵守立法的技术规范以消除二者之间的差距,形成各方理解一致的可操作性规则。例如,《广东省实施〈中华人民共和国环境噪声污染防治法〉办法》第33条规定:"本办法规定的'中午'是指北京时间12时至14时;'夜间'是指北京时间22时至翌晨6时。"

---

[7] 参见汤善鹏、严海良:《地方立法不必要重复的认定与应对——以七个地方固废法规文本为例》,载《法制与社会发展》2014年第4期。

这是典型的技术性条文,对于法规的准确理解和适用具有重要意义。

(二)地方立法的评价

从地方立法的基本定位出发,对地方立法的评价就是对其能够实现其执行中央立法这一基本任务的评价,就是对地方立法质量的评价,即地方立法是否具备科学性。上述对地方立法的基本定位能否最终实现,都可以在某种程度上归结为立法科学性问题。

科学立法既是我国立法长期以来不断强调的一项基本原则,也是立法者的主观期待,即希望所制定的法律能够实现落实中央立法的目标、反映客观社会规律、减少失误。地方立法的科学性主要指地方立法的文本具有科学性和合理性,是对地方立法成果质量的评价。在中央立法确定的制度框架之下,地方立法科学性的核心标准是立法内容是否符合客观规律和社会实际需要。实践中,地方立法的科学性还需要观念基础、程序保障以至立法技术支撑,因此可以从动态的角度称为科学化〔8〕过程。

1. 地方立法的科学性问题

科学立法是完善和发展法律体系的价值追求,科学性是地方立法的基本评价标准,地方立法过程应当在某种程度上反映立法科学性的要求。立法遵循科学原则,有利于提升立法质量和产生良法、有益于尊重立法规律、客服立法中的主观随意性和盲目性,也有利于在立法中避免或减少错误和失误,降低成本,提高立法效益。〔9〕

然而,地方立法科学性的具体目标和评价标准并不明确。虽然科学性的基本要求是立法内容反映客观社会规律、符合社会需要,但是由于社会现实的变化性和人的认知的主观性,如果不能恰当界定科学立法的目标、建构起衡量地方立法科学性的合理标准,就无法真正实现地方立法的科学性、确立地方立法的权威性。从当前的实践来看,地方立法还存在科学性目标不明确、立法实践与科学性要求存在差距的问题。

地方立法科学性的驱动机制对于科学性目标的实现具有关键意义,也是认识地方立法科学性、推进地方立法科学化的关键。自 2006 年在国家层面首次明确提出"科学立法"概念以来,科学立法已经成为地方立法的指导原则,各地出台的地方立法指导文件和相关法规中都将科学立法作为重要的工作原则

〔8〕 参见朱力宇主编:《地方立法的民主化与科学化问题研究——以北京市为主要例证》,中国人民大学出版社 2011 年版,第 16~17 页。

〔9〕 参见周旺生:《立法学》(第 2 版),法律出版社 2009 年版,第 80 页。

或者工作目标。从这个意义上看,加强地方立法科学性的动力源于中央政策和法律的推动;然而从实质角度看,地方立法科学性还有外部的社会治理需求动力来源和内部的工作业绩动力来源。

首先,科学立法是落实《立法法》和中央政策的需要,这是地方立法科学性的形式动力来源。我国《立法法》第6条明确规定:"立法应当从实际出发,适应经济社会发展和全面深化改革的要求,科学合理地规定公民、法人和其他组织的权利与义务、国家机关的权力与责任。法律规范应当明确、具体,具有针对性和可执行性。"这是科学立法的总要求,理论上被概括为立法的科学原则。2006年之后,中央各类政策文件中也反复强调科学立法的重要性。在此背景下,地方立法追求科学性目标就成为落实中央立法和政策的基本要求,需要将科学立法贯穿于地方立法的规划、起草、审议和评估过程中。

其次,科学立法是通过立法解决社会现实问题的实际需要,这是地方立法科学性的实质动力来源。地方立法承担着贯彻落实国家法律、规范社会管理秩序、化解社会矛盾的任务,地方政府和民众往往寄望于通过地方立法解决具体的社会现实问题。而科学合理、符合社会实际需要的制度设计是地方立法实现其立法目的的基本前提。例如,《襄阳古城墙保护条例》第1条明确立法是"为了加强襄阳古城墙保护,规范古城墙合理利用",这就需要研究古城墙保护的基本规律、根据古城墙保护的实际需要来设计相应的制度规范。否则,即使出台条例也无法解决现实问题,甚至带来不必要的混乱,使地方立法失去意义。

最后,科学立法是地方立法机关追求立法工作成绩的必然选择,这是地方立法科学性的现实动力来源。地方立法是社会的共同事务,更是地方立法机关的工作任务。对于地方立法机关来讲,出台高质量的法规是其工作成绩的体现,其内部也有追求地方立法科学性的动力。追求地方立法的数量曾经是某些地方立法机关的目标,但是随着人们对立法工作认识的提高,地方立法质量越来越受到重视,[10]为了显示立法水平、取得良好社会效果,地方立法机关越来越有动力设计符合社会实际需要的法律制度以解决社会现实问题。各地陆续建立的地方立法评估机制的一项重要功能就是对立法质量作出评价,在一定程度上是对地方立法工作成绩的评价,也促使地方立法机关更加注重立法的科学性。

[10] 参见梁馨月:《重庆直辖以来地方性法规发展历程回顾——从追求数量到提高质量》,载《重庆科技学院学报》(社会科学版)2013年第2期。

2. 地方立法科学性的目标与差距

尽管科学立法已经成为地方立法的重要目标和实践追求，近年的地方立法实践中，各地也从立法程序的完善、立法技术的改进乃至于立法评估的开展提升地方立法的科学性。例如，采用重要条款单独表决制度改进立法审议程序[11]等。然而，科学性目标的具体内涵和实现途径还不完全明确，地方立法成果还不能完全达到科学性的要求，这是当前地方立法科学性面临的主要问题。

一方面，衡量地方立法科学性的标准不够明确。科学立法目标的实现需要有衡量立法科学性的标准，包括合理性、合法性和逻辑性等。[12] 所以，地方立法的科学性问题，也就是如何建立合理的立法科学与否的标准问题。对地方立法适用过高或者过低的标准，都会削弱地方立法的效果。对于地方立法科学性的衡量标准，理论和实践中也有一定的共识，这也是推进地方立法科学化的前提。但是，更为具体的衡量地方立法科学性的标准不够明确，甚至对于科学立法的内涵还是主要从否定的角度进行界定。[13] 例如，对于环境立法科学性的改进，有观点认为应当从克服已有环境立法的弊端、避免盲目移植国外立法、减少"突击立法"等方面着手。[14] 然而，不能主要依靠否定性标准推进地方立法的科学化，地方立法科学性的衡量需要更多从正面界定的标准，需要从具体的立法实践中发现问题、结合科学性的总体目标来完成。

另一方面，既有地方立法成果距离科学性目标还有一定差距。尽管对于地方立法科学性的内涵和标准还有分歧，但是近些年的地方立法实践已经在学科性上取得了显著的进展，地方立法质量逐步提高。但是同时也应当看到，目前的地方立法成果在很多方面还不够科学合理，在创新性规范的合理性、执

---

[11] 参见刘凤景：《重要条款单独表决的制度设计与操作》，载《北京人大》2016 年第 7 期。2015 年 1 月，广东省第十二届人大常委会第十三次会议第二次全体会议对《广东省环境保护条例》修订草案表决稿第 19 条规定做了单独表决。这是为十八届四中全会后，全国首次单独表决法规案个别重要条款。2016 年 1 月 30 日修订通过的《广东省地方立法条例》第 58 条明确规定："第 58 条地方性法规草案表决稿交付常务委员会会议表决前，主任会议根据常务委员会会议审议的情况，可以决定将个别意见分歧较大的重要条款提请常务委员会会议单独表决。单独表决的条款经常务委员会会议表决后，主任会议根据单独表决的情况，可以决定将法规草案表决稿交付表决，也可以决定暂不付表决，交法制委员会和有关的专门委员会进一步审议。"这使对重要条款单独表决作为一项地方立法制度规定下来。

[12] 参见冯玉军、王柏荣：《科学立法的科学性标准探析》，载《中国人民大学学报》2014 年第 1 期。

[13] 参见张春生、朱景文主编：《地方立法的理论与实践》（2015 年辑），法律出版社 2015 年版，第 4 页。

[14] 参见腾延娟：《论环境立法的科学性》，载《浙江大学学报》（人文社会科学版）2015 年第 5 期。

行性规范的可操作性等方面或多或少存在不够符合社会实践需要的问题,在与上位法的冲突、与其他法律法规的协调等方面也普遍存在不够完善的地方。针对地方立法样本的考察可以发现,地方立法的科学化水平还有待提高。[15]

因此,科学性是评价地方立法质量的基本标准,具体可以从地方立法的创新性、合法性以及条文的重复情况、利益植入情况、技术完备性几个方面进行考察。科学立法在地方立法中呈现为静态的科学性和动态的科学化两个方面,科学性是地方立法的重要目标,是提高地方立法质量的直接效果;科学化是地方立法的程序要求,是提高地方立法质量的必由之路。下面针对选定的6个广东省地方环境法规文本,从以上方面进行具体的考察和分析,为总结地方立法的成功经验和不足之处奠定基础。

三、地方立法的得失分析

前已述及,我国的地方立法已经取得了显著的成就,对于社会主义法律体系的完善和社会秩序的建立都产生重要的积极作用。但也不可否认,地方立法还存在一些不足之处,需要在今后的地方立法工作中加以改进。在此分析地方立法的成败得失,主要是对照地方立法的目标定位和评价标准,并考虑地方立法的条文所具体表现出来的特征,首先确定分析地方立法得失的基本考量因素,之后再具体对这些因素开展定性和定量的分析。

(一)地方立法的得失分析的基本要素

从地方立法的基本定位、评价和科学性标准出发,具体到对地方立法条文的创新性、合法性、重复情况等特征的分析。主要以《广东省环境保护条例》等6项广东省地方环境立法为例,通过定性分析和定量分析研究地方立法在以下几个方面的得与失:

第一,地方立法的创新性,梳理《广东省环境保护条例》等广东省地方环境立法的制度创新,分析哪些制度对于环境法治发展具有开创性意义,并力争量化创新性制度在广东地方环境法律制度中的比重,获得地方立法创新性的定性和定量的分析结果。

第二,地方立法的合法性分析,对比广东地方环境法律制度与上位法制度,发现其中不一致特别是存在冲突的情况,对地方立法中的合法性问题进行定性和量化分析,提供地方立法合法性分析的直接资料。

---

[15] 参见王继军、王士亨:《地方立法科学化问题研究——以山西省为例》,载《山西大学学报》(哲学社会科学版)2014年第3期。

第三，地方立法的重复率分析，对比广东地方环境法律制度与上位法制度、相关立法的制度，分析其中存在的条文重复问题，并选择典型法规量化重复或者基本重复的条文在其全部条文中的比重，得出地方立法条文重复问题的直观数据，进而分析条文重复带来的问题。

第四，地方立法的利益植入分析，针对地方立法受部门利益、地方利益影响较严重的问题，分析部门利益、地方利益植入地方立法导致的地方法律制度中利益衡量的偏差问题，总结地方立法利益植入的主要表现，以及可能带来的问题。

第五，地方立法的立法技术分析，针对地方立法中存在的术语表达、制度衔接等技术问题，分析其历史情况和发展趋势，指明仍存在的立法技术问题及解决问题的努力方向。

（二）地方立法的创新性分析

制定法的优势之一是可以基于预测对未来的事务进行规范，其中规则的创新性具有重要的意义，地方立法的创新性是其发挥社会引领作用的基础。地方立法创新是社会主义法律体系发展完善的重要生长点，地方立法应当结合当地实际继续内容创新，[16]因此创新应当是地方立法的一项重要目标，也在一定程度上为地方立法机关所强调。在社会主义法律体系形成之后，地方立法的作用和地位会发生一些改变，其创新的方式和内容应作相应的调整，先行性立法的创新空间受到挤压，实施性立法、自主性立法的创新大有可为。[17]

1. 地方立法的创新状况

地方立法在设计落实中央立法的规则时，必然伴随一定的创新，否则就是对于上位法的简单重复，在这个意义上，地方立法都具有创新性。在执行中央立法的意义上，地方立法的创新性并不是要求创设全新的规范，而是将中央立法规定的制度框架与地方实际结合起来设计可操作性、有新内容的规则。因此，地方立法中设计的可操作性规则可以认为是创新的一种形式，进而根据条文的创新程度，将创新性条文分为显著创新性条文和一般创新性条文。前者是指条文的主要内容是在中央立法规定的原则和精神之下进行了开创性规定；后者是指条文的内容是在中央立法确定的规则之下的可操作性规定。当然，即使这样的划分也存在一定程度的困难，对具体条文创新性的分析带有一定主观性。同时，对于地方立法中虽属于创设性规范，但是在合法性上存在疑

---

〔16〕 参见吴天昊：《社会主义法律体系形成后的地方立法创新》，载《政治与法律》2012年第3期。

〔17〕 参见吴天昊：《社会主义法律体系形成后的地方立法创新》，载《政治与法律》2012年第3期。

问的,放在合法性评价部分分析,不做创新性分析。按照这一标准,逐条分析《广东省环境保护条例》和《广东省实施〈中华人民共和国环境噪声污染防治法〉办法》,可以发现其创新情况(如表1所示):

表1 广东地方立法创新情况

地方立法	显著创新性条文		一般创新性条文	
	数量	占全部条文比重	数量	占全部条文比重
《广东省环境保护条例》(2019年,83条)	5条	6%	28条	33.7%
《广东省实施〈中华人民共和国环境噪声污染防治法〉办法》(2018年,34条)	4条	11.7%	11条	32.4%

《广东省固体废物污染环境防治条例》等其他4项地方立法也大致存在类似的情况。由对典型地方环境立法的分析可见,地方立法的创新性条文整体占比较高,而且总的趋势是越晚近的地方立法创新性条文占比越高,这与立法定位的明确化、立法技术的提高和立法水平的提升不无关系。从实质创新内容分析,可以发现地方立法越来越重视可操作性规则的制定,而显著创新性条文的占比实际在下降,这说明地方立法越来越注重其执行中央立法的任务,而减少了纯粹的创设性规定,当然这也与中央立法越来越体系化、留给地方立法自由创新的空间越来越少有关。

不容忽视的是,即使在被定性为具有创新性的条文中,也还存在一定的与上位法重复的问题,只是从主要方面看其创新性值得肯定。这说明地方立法的整体性思路仍然有重要影响。

2. 地方立法创新性的问题总结

在地方立法实践中,创新性的问题主要表现在以下方面:其一,地方立法的创新性普遍不足。地方立法要根据上位法规范、结合当地实际情况而定,上下结合是地方立法成功的关键,但实践中容易出现考虑实际情况不足、机械追随上位法的现象。与全国性法律"一对一"制定地方法规、照搬上位法制度甚至照抄上位法条文等都是只顾"向上看"的结果。虽然不可否认地方立法创新取得了一定成果,[18]但是总体上创新性不足也是显见的事实,特别是近些年

〔18〕 参见杨龙芳:《论深圳经济特区地方立法创新的历史、特色与前景》,载《深圳大学学报》(人文社会科学版)2004年第2期。

来在国家法律体系基本完备的前提下，地方立法还未完成向精细化立法的转变，没能在有限的空间内实现有意义的创新。其二，地方立法创新还存在因理论基础不足而相对混乱的状况。立法创新要建立在合理预测的基础上，才能发挥立法的导向和引领作用，因此基础性研究不可或缺。但实践中一些地方立法在理论研究不充分的情况下急于求成，导致了一定程度的混乱。例如，当前关于水环境保护的地方立法，在资源保护与污染防治之间的定位不清，在解决一些水管理问题的同时导致了一些新的问题。其三，地方立法创新在一些领域存在脱离实际的问题。地方立法的制度创新要与社会实际需要紧密结合，并且符合社会运行的基本规律才有积极意义，脱离实际的制度创新要么无法执行损害立法权威，要么勉强执行带来新的社会问题。《深圳市节约用水条例》将用水计划管理的对象扩大到所有单位用户是地方立法创新脱离社会现实的典型例证。

创新性和实施性地方立法都需要创新，只是在创新空间上存在差别，在创新的性质和标准上并无实质性差异。地方立法创新中彰显立法的科学性，应当禁止地方立法涉及公民实体权利限制、缩小经济改革立法范围、大力倡导对弱势群体权益保障和社会公益保护，同时对地方公权力进行限制病加强公务员管理。[19] 总之，应当在法律基本价值的指引下设计符合社会发展需要的具体规则。

（三）地方立法的合法性分析

合法性是地方立法的首要问题，事关地方立法的效力和质量。《立法法》第72条用3款规定地方立法的合法性，第1款规定省级地方性法规不得与上位法相抵触，“省、自治区、直辖市的人民代表大会及其常务委员会根据本行政区域的具体情况和实际需要，在不同宪法、法律、行政法规相抵触的前提下，可以制定地方性法规”。第2款规定设区的市制定的“地方性法规须报省、自治区的人民代表大会常务委员会批准后施行”。而批准程序的核心是合法性审查，“省、自治区的人民代表大会常务委员会对报请批准的地方性法规，应当对其合法性进行审查，同宪法、法律、行政法规和本省、自治区的地方性法规不抵触的，应当在四个月内予以批准”。第3款规定设区的市的地方性法规与省级政府规章之间冲突的协调问题，明确“省、自治区的人民代表大会常务委员会在对报请批准的设区的市的地方性法规进行审查时，发现其同本省、自治区的

---

〔19〕 参见周伟：《论创新性地方立法的良法标准》，载《江汉大学学报》（社会科学版）2013年第4期。

人民政府的规章相抵触的,应当作出处理决定”。

从理论上来看,地方立法是法律体系的一部分,每个地方法规都必须在法律体系中准确定位,符合上位法并与其他法律法规相协调。地方立法的科学性包括合法性标准,即地方立法不仅要形式合法,更要实质合法,[20]从效力的角度就是不与上位法相冲突,符合“不抵触”原则。关于不抵触的标准还存在一些争议,但是立法实践表明与上位法的立法精神和原则相违背即构成抵触应当是真正的标准。[21] 同时,地方立法还需要与相关法律法规相协调,从效力的角度就是与相关法律法规不矛盾,符合法律的体系化要求和协调性原则。

1. 地方立法合法性状况分析

从整体来看,地方立法都不存在严重的或者整体性的与中央立法相违背的情况,合法性不存在大的问题。但是,具体的地方立法条文会出现与上位法抵触或者不符合上位法原则的情形。从《广东省环境保护条例》等6项地方立法来看,都存在部分条文与中央立法不一致的情形。虽然多大程度上的不一致才能定性为不合法也许存在疑问,但是至少反映了还有部分地方立法条文存在合法性疑问。在此以《广东省实施〈中华人民共和国环境噪声污染防治法〉办法》为例进行分析,逐条分析的结果,可能存在合法性疑问的条文有两个。

第一,第11条关于噪声污染设备生产控制的规定。《广东省实施〈中华人民共和国环境噪声污染防治法〉办法》第11条规定:“环境噪声污染防治设备定型前,必须经国家规定的部门认定的检测机构检定,达到规定要求方能投入批量生产。”这里规定的管理制度涉及企业的内部生产程序,有干预企业生产经营活动的嫌疑,与当前政府管理体制改革的目标不符。一般来说,对于设备的管理可以采用市场准入制度,即对于不符合市场准入标准的设备不允许上市销售,而非不能投入批量生产。从这个角度来看,《广东省实施〈中华人民共和国环境噪声污染防治法〉办法》第11条的规定至少存在合法性疑问。

第二,第13条关于限期治理决定机关的规定。《广东省实施〈中华人民共和国环境噪声污染防治法〉办法》第13条规定:“对排放噪声造成严重污染和扰民的单位和个体工商户必须限期治理。中央或者省人民政府管辖的单位的限期治理,由省人民政府决定。市人民政府管辖的单位的限期治理,由市人民政府决定。县及县以下人民政府管辖的单位的限期治理,由县人民政府决定。

[20] 参见冯玉军、王柏荣:《科学立法的科学性标准探析》,载《中国人民大学学报》2014年第1期。

[21] 参见刘雁鹏:《地方立法抵触标准的反思与判定》,载《北京社会科学》2017年第3期。

小型企业事业单位和个体工商户的限期治理由县级以上环境保护行政主管部门决定。”但是,《环境噪声污染防治法》第 17 条明确规定:“对于在噪声敏感建筑物集中区域内造成严重环境噪声污染的企业事业单位,限期治理。被限期治理的单位必须按期完成治理任务。限期治理由县级以上人民政府按照国务院规定的权限决定。对小型企业事业单位的限期治理,可以由县级以上人民政府在国务院规定的权限内授权其环境保护行政主管部门决定。”即限期治理的决定机关应当按照国务院的规定执行,原则上是各级人民政府;对小型企业事业单位的限期治理,可以由县级以上人民政府在国务院规定的权限内授权其环境保护行政主管部门决定。《广东省实施〈中华人民共和国环境噪声污染防治法〉办法》第 13 条的规定显然改变了《环境噪声污染防治法》对国务院和地方人民政府的授权,即使其具体内容与国务院的规定相一致也存在越权的嫌疑,而且与《环境噪声污染防治法》的授权规定相抵触。

《广东省固体废物污染环境防治条例》等其他 5 项地方立法也大致存在类似的情况。总结起来,地方立法的合法性问题呈现如下特征:

第一,存在合法性问题的条文数量不多。从选取的 6 项地方环境法规来看,存在合法性争议的条文都在个位数,整体上数量不多,对于法规整体上的合法性不产生根本性影响。例如,《广东省实施〈中华人民共和国环境噪声污染防治法〉办法》中存在合法性疑问的条文共 2 条,约占全部 34 个条文的 6%。但是,合法性是地方立法的关键考量,即使少量条文的合法性疑问也应当在立法过程中尽量消除。

第二,地方立法条文的合法性问题具有隐藏性。从具有合法性问题的条文的内容来看,多数属于合法性存在疑问或者重大争议的情形,没有直接违背上位法的明确规则,而是违背了上位法的原则和精神,因此从表现上看具有一定的隐藏性。但是,地方立法的合法性不仅是形式上的合法性,即条文与上位法不存在明显冲突;而且应当注重实质上的合法性,即条文的内容符合上位法的原则、精神和一般理论。否则无法在实质上维护社会主义法治的统一性。

2. 地方立法的合法性问题总结

地方立法实践中,具体法律制度和规则的效力冲突还是比较常见的,这暴露出地方立法存在以下问题:

第一,“不抵触”原则的实践存在混乱。“不抵触”无疑是我国地方立法工作必须遵循的基本原则之一,是维护国家统一和尊严所必需的,也是中央立法对地方立法加以监督和制约的体现。[22] 但是何为“不抵触”一直没有相对统一的认识,《立法法》也未规定“不抵触”的判断标准,导致实践中由于争议而使对“不抵触”的解释趋于严格、地方立法生搬上位法的现象比较普遍。同时,如果将不抵触解释为不得与上位法的精神和基本原则相抵触,又可能因限定标准不明导致地方立法的过度创新,越出合理边界而在实质上不符合上位法。

第二,地方立法的制度协调严重不足。条块分割一直是我国立法中存在的问题之一,地方立法本可以在地方层次协调相关制度、解决规则之间的冲突和协调问题,但是目前的地方立法实践仍然主要沿用了部门立法的体制,导致单个地方立法主要还是反映部门立场,其规则与其他相关制度的协调明显不足。地方立法机关如广东省人大常委会开始尝试改革地方立法起草程序,由立法机关主导、第三方参与起草地方立法,一定程度上可以解决地方立法的制度冲突问题。

法律本身是一个复杂的体系,从理论上讲,存在冲突并不是严重的问题,只需要按照一定冲突处理规则确定具体法律规则的效力即可。但是,我国目前地方立法中存在较多的与上位法实质不一致、与相关法协调沟通不到位的情形,已经严重影响了法律的执行、损害了法律的权威和社会效果。

(四)地方立法重复问题分析

地方立法的基本定位应当是贯彻实施中央立法,即基于上位法的规定制定具体的操作规则,使相对比较抽象的法律制度落到实处。因此,地方立法的具体规定多数需要处理自身与上位法相关规定的关系,除了少数专门的创新性立法和创新性规范之外,多数的地方立法条文都或强或弱对应于特定的上位法条文,而且其间是抽象与具体的关系,能否处理好这个关系是衡量地方立法科学性的重要因素。因此,有必要区分必要的重复与不必要的重复,地方立法对上位法立法目的、法律原则等的重复属于必要重复,[23] 条文表达中为了引入具体操作规则而重复上位法的框架规定也属于必要重复。不必要重复主要是指实质内容上重复上位法的规定,并且基本没有创新性或者操作性设计的条文,当然地方立法不必要重复的存在范围、认定标准和表现形态还有待进一步研究。

〔22〕 参见苗连营:《试论地方立法工作中“不抵触”标准的认定》,载《法学评论》1996年第5期。
〔23〕 参见汤善鹏、严海良:《地方立法不必要重复的认定与应对——以七个地方固废法规文本为例》,载《法制与社会发展》2014年第4期。

1. 地方立法的条文重复现象分析

总体来看，地方立法中重复上位法的现象是比较严重的，一些地方立法在内容和结构上都大量重复中央立法或者其他地方立法。〔24〕分析作为样本的6个广东省地方环境立法文本，也可以发现存在相当程度的条文重复现象。当然，学界在对地方立法重复的讨论中，认为重复其他地方立法的也算作重复，〔25〕但是由于不同地方对同一问题的立法本质上可能具有同质性，条文内容的一致可能是立法的实际需要。因此，本文对于地方立法的重复主要分析地方立法条文对上位法的不必要重复，即上位法已经规定、已经可以作为法律依据解决实际问题，但是地方立法中原文或者基本按照原文进行重复规定的情形。

按照这一标准，逐条分析《广东省实施〈中华人民共和国环境噪声污染防治法〉办法》，发现其重复条文达到13条，占全部34个条文的38%，其中大部分是对上位法内容的重复，即无根本性创新和可操作性规定，基本按照上位法的表述进行稍微调整后重复规定，实质上属于立法重复。也有个别条文是照搬上位法。例如，第16条规定："在城市范围内从事生产活动确需排放偶发性强烈噪声的，必须事前向当地公安机关提出申请，经批准后方可进行。当地公安机关应当向社会公告。"这与《环境噪声污染防治法》第19条的表述完全一致。《广东省固体废物污染环境防治条例》等其他5项地方立法也大致存在类似的情况。由对典型地方环境立法的分析可见，地方立法的重复条文整体占比较高，而且存在毫无意义的"抄袭"上位法现象，特别是在对应性实施中央立法的地方立法中尤其如此。同时，也应当看到，越晚近的地方立法重复性条文的比例越低，这与地方立法定位的明确化、立法技术的提高和立法水平的提升不无关系。当然，另外一个现象也应当引起重视，就是直接重复上位法的条文减少了，但是仅仅是语言表述调整而没有实质创新意义的条文增多了，这一点在《广东省环境保护条例》中的体现尤为明显。

2. 地方立法的重复问题总结

地方立法实践中，反映在法律条文层次的问题主要有：

第一，地方立法重复上位法现象比较严重。出于体系完整性、不与上位法

---

〔24〕 参见任尔昕、宋鹏：《关于地方重复立法问题的思考——正确理解并遵循立法科学原则》，载《法学杂志》2010年第9期。

〔25〕 参见孙波：《试论地方立法"抄袭"》，载《法商研究》2007年第5期；任尔昕、宋鹏：《关于地方重复立法问题的思考——正确理解并遵循立法科学原则》，载《法学杂志》2010年第9期。

冲突等方面的考虑,一些地方立法中出现了大量照抄照搬上位法的现象,严重损害了地方立法适应本地实际需要、解决本地实际问题的价值。[26] 有些地方立法中接近1/3的条文与上位法的条文内容完全一致或者文字重复率达到90%左右。[27] 大量重复上位法的地方立法导致了地方立法资源浪费、助长立法者惰性、隐藏部门利益扩张等问题,[28] 亟待从改进立法程序、完善立法内容角度进行解决。

第二,地方立法的操作规则不够充实。实施性地方立法的主要任务就是对上位法的规定设计具体的操作规则,创新性地方立法也需要设立具体的可操作规范,但是目前的地方立法普遍存在条文少、规定相对比较抽象的问题,很多地方立法的条文数量还少于对应的上位法。地方立法的很多规则虽然相对于上位法更加具体,但是具体操作还需要在执行过程中加以明确,这就使地方立法特别是实施性地方立法在很大程度上失去了意义。

从地方立法的定位出发,应当注重对于法律制度具体操作规则的设计,避免或者减少与上位法条文的重复,不追求体系的完整性而致力于上位法制度的操作规则完善,以地方立法规范和约束行政自由裁量权。

(五)地方立法的利益植入分析

一定意义上可以说,立法的本质是利益调整,其终极目标是实现全民利益的相对均衡。[29] 但是问题在于,立法过程中各类主体都会努力争取自身利益的最大化和固定化,在立法过程中有更大话语权的主体就更容易在法律制度的设计中植入自身的利益,通过立法形成的利益格局可能不是全民利益的均衡而是对部门利益、地方利益、特定群体利益的不适当倾斜保护。虽然公众参与、专家参与等程序可以在一定程度上缓解这一问题,但是立法过程的动态性、立法内容的复杂性和立法技术的专业性都可能使利益均衡的目标无法实现或者无法完全实现,使地方立法在一定程度上脱离社会现实需要,损害地方立法的科学性目标。

---

[26] 参见孙述洲:《地方立法重复的反思——以4省市人大消费者权益保护立法为例》,载《人大研究》2016年第3期。

[27] 参见孙述洲:《地方立法重复的反思——以4省市人大消费者权益保护立法为例》,载《人大研究》2016年第3期。

[28] 参见林琳:《对实施性地方立法重复上位法现状的原因分析和改善设想》,载《人大研究》2011年第1期。

[29] 参见宋薇薇:《地方立法中的利益协调问题研究》,载《人大研究》2011年第3期。

1. 地方立法的利益植入问题分析

地方立法本身是以追求社会公共利益为目标,但是在立法过程中可能被不同的意见所左右而发生偏离,甚至出现上位法被严重架空的问题。[30] 因为环境保护工作的专业性强,但是同时又与多个部门存在职能交叉,因此地方环境立法中比较严重的利益植入是部门利益的植入,即主导环境保护地方立法草案的环境保护主管部门在立法过程中扩大部门权力、改变权力配置,使地方环境立法的定位在某种程度上偏离社会公共利益。在此以《广东省建设项目环境保护管理条例》(已失效)为例进行具体分析,可以发现地方环境立法中存在利益偏差的具体情形包括:其一,不当加强部门权力,主要是通过审批等程序形成对其他部门的制约,如《广东省建设项目环境保护管理条例》(已失效)第10条规定:"各级人民政府有关部门,应按各自的职责,协同环保部门做好建设项目的环境保护管理工作。建设污染环境和破坏生态环境的项目,必须遵守国家有关建设项目环境保护管理的规定。其环境影响报告经环保部门批准后,项目设立审批部门方可办理项目设立审批。"这就是将环境保护部门的审批作为其他部门审批的前置条件,制约了其他部门的职权并对项目的审批程序产生重大影响。其二,扩大地方权力,通过"变通"中央立法的规定实质上架空上位法。如《广东省建设项目环境保护管理条例》(已失效)第21条规定:"环境保护设施必须与主体工程同时运用使用,达不到环境保护要求的,须及时向环保部门报告并改进,对环境影响较大的,应立即停止主体工程运行使用。"按照建设项目"三同时"制度的规定,当然要求建设项目的环境保护设施须达到环境保护要求,否则"三同时"就没有实际意义。而该条的规定仅仅是环境保护设施达不到环境保护要求的,须及时向环境保护部门报告并改进,对环境影响大的才停止主体工程的运行使用,从本质上改变了"三同时"制度的要求,架空了中央立法明确的"三同时"制度,为地方上环境保护的变通打开了通道。其三,固化特定主体的利益,在地方立法中将特定群体或者单位的利益制度化。如《广东省建设项目环境保护管理条例》(已失效)第15条规定:"环境影响报告书或环境影响报告表由建设单位委托符合资质的环境影响评价单位编制。环境影响评价的现状监测由符合资质的环境监测站承担。"即使环境影响评价的资质管理本身不存在问题,环境监测站是政府环境保护主管部门下属的事业单位,将环境影响评价的现状检测规定为"由环境监测站承担"固

[30] 参见屈茂辉:《我国上位法与下位法内容相关性实证分析》,载《中国法学》2014年第2期。

定了监测站的利益,对建设单位或者环境影响评价机构构成了实质限制。在已经实行资质管理的前提下,规定"环境影响评价的现状监测由符合资质的单位承担"即可,不宜再明确为监测站,为其他符合条件的单位进入环境影响评价领域留下空间。利益植入是对立法体系要求和法治精神的违背,这也是《广东省建设项目环境管理条例》于2018年被废止的重要原因。

2. 地方立法的利益植入问题总结

总体来看,地方立法实践中普遍存在不适当的利益植入问题,就是将特定利益诉求隐含在法律条文中,使法律制度整体上偏离社会公共利益和利益均衡目标。具体来说,地方立法中常见三种利益植入的情形:其一,部门利益植入地方立法。部门立法是中国的法治建设中存在的一个大问题,[31]地方立法中尤为严重。目前的地方立法程序中,政府部门仍然是立法的主要起草者,也是立法过程的最重要参与者,加之立法审议程序的形式化,其部门诉求和利益比较容易进入立法程序,成为合法的规范。其二,地方利益植入地方立法。地方保护主义的重要表现是对地方利益的保护,立法中的地方利益本位是当前面临的难题,[32]通过地方立法实现地方利益保护已经成为地方立法无法回避的一个现实问题,给社会整体利益造成了损害。例如,地方环境管制标准的差异化保护了发达城市和地区的环境,但是可能造成更大范围和更高程度的环境污染。[33] 其三,特定群体的利益植入地方立法。在地方层面,特定利益群体更容易通过社会参与等途径影响地方立法进程,特别是特定领域的地方立法的规范对象非常有限,而且一般社会公众的关注度不高、参与能力有限,这就给特定利益群体影响地方立法提供了极好的机会,一些环境管制措施无法出台与地方立法受相关利益群体的影响不无关系。

地方立法过程本身是一个各方面利益平衡的过程,最终目标的实现也要依赖于各类主体的利益博弈,但是需要同时注意各相关方的话语权、参与能力等并不均衡,因此需要更完善的立法程序甚至权力体系来保障地方立法跳出利益植入的陷阱。例如,要解决部门立法问题就需要平衡立法、行政和司法、平衡多中心的权力格局以实现真正的公共立法。[34]

---

〔31〕 参见毛寿龙:《化解部门立法问题的制度结构》,载《理论视野》2012年第5期。

〔32〕 参见黄兰松:《立法中地方利益本位的原因释析及对策》,载《时代法学》2017年第1期。

〔33〕 参见刘长兴:《国内环境污染转移的法律控制》,载《环境保护》2008年第22期。

〔34〕 参见毛寿龙:《化解部门立法问题的制度结构》,载《理论视野》2012年第5期。

（六）地方立法的立法技术分析

立法技术是立法活动中所遵循的用以促使立法臻于科学化的方法和操作技巧的总称，[35]关于立法技术的外延范围有不同的界说，其中狭义说仅指立法文件的表述和系统化规则，是法在起草、制作、修改、废止以及文体选择和系统化过程中的技术内容，一般立法学上主要是指立法文件制作阶段的立法技术。[36] 地方立法当然也需要运用立法技术，从立法文本设计和立法条文表述等方面入手提高立法技术、保证地方立法的科学化。

1. 地方立法中存在的技术问题

立法技术是为立法目标的实现服务的，在这个意义上立法技术并非地方立法关注的重点，但是如果不遵守既定的技术规范，将可能导致地方立法的理解和适用出现问题，因此地方立法中也必须重视立法技术问题。结合近年来地方立法技术研究的进展，以及我国立法中形成的管理和经验，对照分析《广东省环境保护条例》等几个地方立法文本，可以发现主要存在以下几个方面的问题：其一，地方立法的体系构造问题。当前地方立法还普遍存在追求体系性、完整性的倾向，在一部地方立法中就要形成一个完整的体系，包括总则和分则、立法目的和基本原则、管理手段和法律责任等。但是，从地方立法的实施性定位出发，本不应当追求体系的完整性，而应当在上位法规定不明或者不够具体的地方发挥作用、作出了明确规定即可。另外，我国当下的立法已经是在法律体系建成的背景下进行，任何新的规则只是在已有的法律体系中嵌入一个新的规范或者子规范群，任何一部新法也必须在一个业已存在的法律系统中生效实施，[37]无须每部法律都规定所有内容，这样不仅可以减少不必要的重复，更重要的是减少规则之间的矛盾冲突。其二，地方立法的调整范围选择问题。在定位于实施中央立法的前提下，地方立法容易走上“一部地方立法落实一部中央立法”的歧途。例如，《广东省环境保护条例》主要对应于《环境保护法》，《广东省实施〈中华人民共和国环境噪声污染防治法〉办法》主要对应于《环境噪声污染防治法》。但是事实上，如果地方立法逐一对应于上位法的落实，势必带来体系重复、可操作性规则无法展开等问题。如果地方立法试图对多个上位法都有回应，那么不可避免将沦为仅仅宣示上位法精神的框架

---

〔35〕 参见周旺生：《立法学》（第2版），法律出版社2009年版，第375页。

〔36〕 参见徐向华主编：《立法学教程》（第2版），北京大学出版社2017年版，第273页。

〔37〕 参见徐向华主编：《立法学教程》（第2版），北京大学出版社2017年版，第290页。

法,难以有具体的可操作性规则,从而偏离地方立法的定位。例如,《广东省环境保护条例》在落实《环境保护法》之外,还对《大气污染防治法》等法律作出了对应规定,但是其规范内容多为重复上位法的基本规定或者精神,可操作性规则远无法满足地方执法的实际需要。其三,地方立法的语言表达问题。在具体的语言表述上,地方立法的规范性多存在不同程度的问题。例如,用词不统一,不同的地方立法文本中甚至同一立法文本中,关于政府部门有"行政管理部门""行政主管部门""主管部门"等不同的表述。又如,规范的本意与表达错位,《广东省实施〈中华人民共和国环境噪声污染防治法〉办法》第11条规定"环境噪声污染防治设备定型前,必须经国家规定的部门认定的检测机构检定,达到规定要求方能投入批量生产",但未经检定不得投入批量生产不仅无法执行也不必要,应当是不能进入市场销售。另外,具体领域的地方立法中概念表述不清、用词存在歧义等问题还比较普遍。

2. 地方立法技术的完善路径

立法工作中应当重视立法技术问题,地方立法也有一些特殊的问题需要特别的技术处理。因此,地方立法一方面要遵从一般的立法技术,在文本表达上自然成为法律体系的一个组成部分,实现与其他法律法规无缝衔接;另一方面要考虑地方立法的定位和特殊性,在单一法规的调整范围、立法文本的结构设置、立法概念的界定上形成具有自身特色的立法技术规范,更好地促进地方立法工作的开展。具体来说,需要在三个层次上提升地方立法技术:其一,认真贯彻落实立法技术规范。2009年,全国人民代表大会常务委员会法制工作委员会发布了《立法技术规范(试行)(一)》(法工委发〔2009〕62号),2011年又发布了《立法技术规范(试行)(二)》(法工委发〔2011〕5号),这是目前指导立法工作的基本规范,地方立法工作中应当严格遵守。其二,发展地方立法技术规范。2007年,广东省人民代表大会常务委员会发布了《立法技术与工作程序规范(试行)》,2011年,重庆市人民代表大会常务委员会发布了《重庆市立法技术规范(试行)(一)》,已经开始了地方立法技术的规范化尝试。中国民航局已经在2013年发布了《民航规章立法技术规范》,这是在专业领域发展和完善立法技术的尝试。在地方立法日益增多、日益精细化的背景下,地方立法技术规范总体上还不能完全适应地方立法工作的需要,地方人大也应当总结立法工作中的经验,积极探索形成有针对性的地方立法技术规范,推动地方立法质量的提高。其三,在具体的地方立法制定中,要结合一般的语言规范、立法习惯和法律表达习惯,在具体条文层次规范立法表达、完善立法技术。

总之，地方立法文本中，科学性问题不同程度地存在。这些问题的存在至少部分原因是立法科学性的衡量标准不明，导致具体的立法设计和制度选择上存在游移不定、思路偏差甚至比较明显的选择不当。从这个意义上，确立地方立法科学性的衡量标准尤为重要，但是也要认识到，任何一个具体的立法条文都是多重因素综合考虑的结果，即使是结合立法理论和地方实践摸索出地方立法科学性的衡量标准，在具体情形下的适用也是各方面平衡的结果。在此，结合地方立法实践中表现出来的困难和问题，分地方立法创新、法律规范冲突、条文重复与可操作性以及利益平衡几个方面分析具体的科学性问题以及导致这些问题的原因，并尽可能结合这些问题讨论地方立法科学性的具体标准问题，提高地方立法质量。

四、地方立法的经验总结

我国地方立法不仅形成了数量可观的立法成果，更重要的是在立法过程中形成了宝贵的地方立法经验，特别是近年来各地地方立法的质量和数量都有较大进展，这当然离不开依法治国的总体导向，同时也是建立在前期地方立法经验总结的基础之上的。但是也要承认，到目前为止的地方立法还存在不少问题。在前述对广东省的主要地方环境立法进行重点分析的基础上，结合地方立法的整体情况，在此对地方立法的成功经验和不足进行总结，进而提出地方立法程序完善的建议。

（一）地方立法的成功经验

从立法科学性的角度分析，可以发现地方立法的创新性、合法性、重复问题、利益植入问题以及立法技术方面制度都还有不足之处，但是总体上看，我国近 40 年来的地方立法经验是正面并值得推广的，可以归结为以下几个方面：

第一，数量扩张是地方立法发挥作用的基础。在地方立法大量出现之后，也出现了地方立法是否过于泛滥的质疑，特别是在部分地方立法由于质量问题无法发挥预期作用，甚至出现一些不太好的后果时，难免出现要求放慢地方立法步伐的声音。在设区的市普遍享有地方立法权后，对地方立法质量的担忧更显突出。在这样的背景下，近些年一些地方也出现了地方立法进程放缓、地方立法出台比较困难的问题，这被认为是造成一些领域制度不够完善的原因之一。

地方立法的历史发展状况表明，数量扩张是地方立法发挥作用的基础。

虽然由于立法技术等方面问题,一些地方立法发挥作用不明显甚至出现了一些副作用,但是总体上地方立法对于我国法治建设的积极作用是应当肯定的。在我国社会主义法律体系已经建立的前提下,今后法治建设的任务更要实质的发展,其中一个方面是立法内容的精细化,这需要大量的地方立法和规章等效力层次较低的立法,也是地方立法大有可为的领域。在注重提升地方立法质量的同时,不能过于追求质量而刻意减少地方立法的数量。

第二,创新是地方立法的生命力所在。地方立法总体上是在中央立法确立的框架之下发展法律规则,但是在法治原则和上位法限定的范围之内仍具有大的创新空间,创新才是地方立法的生命力所在,也是地方立法价值的重要体现之一。广东地方环境立法中规定的制度创新,多数都收到了良好的社会效果,甚至为中央立法所肯定或者吸收,或者代表了制度发展的方向,为制度创新开拓了疆域。例如,噪声排放者与受影响的居民之间的协商补偿制度对于环境污染的多途径解决提供了有益的尝试,收到了较好的社会效果。

第三,完善操作规则是地方立法的根本使命。地方立法的基本定位应当是落实中央立法,特别是在中央立法已经完成体系化的背景下,仅在极个别领域可能还存在创立规则和相对自由创新的空间,地方立法的根本任务应当是明确操作规则以落实上位法制度。近年来,尽管地方立法还存在重复条文多、抽象条文多、"管用"的规则不多等问题,但是总体上已经转向了为上位法制度设定具体的操作规则,从而使中央立法规定的原则性制度具有可实施性。在各方呼吁地方立法规定"管用"条文的过程中,近年来地方立法对操作规则的注重极大提高了地方立法的质量。将近年来的地方立法与早期的地方立法进行比较可以发现,完善操作规则才能发挥地方立法的更大作用。

第四,社会参与是纠正地方立法利益偏差的主要途径。早期的地方立法中存在较多的地方保护、部门保护规范,使地方立法在一定程度上偏离了公共利益的目标,这与社会整体对于法治和地方立法的认识不足有关,更与地方立法的社会公共参与不足有关。近年来,通过扩大地方立法的社会参与,社会公众、行业专家等都可以参与到地方立法进程中,在很大程度上纠正了地方立法中不当地保护地方利益、部门利益或者特定群体利益的问题。因此,在纠正地方立法利益偏差问题上,广泛的社会参与是一项成功的经验。

第五,立法技术完善是提升地方立法质量的重要方面。立法是社会公共意志的反映,而意志的准确反映需要一定的立法技术。历史上,由于立法技术的不完备,曾经极大地限制了地方立法质量的提升和地方立法作用的发挥。

近年来立法技术的发展，特别是地方立法经验的总结极大地提升了地方立法的质量，也促进了地方立法发挥越来越大的作用。因此，地方立法的发展应当注重地方立法技术的总结和提升，以规范化的技术保证地方立法质量的提高。

（二）地方立法的经验总结

在分析广东地方环境立法得失的基础上，总结相应的立法经验，特别是关于地方立法的创新性、合法性、重复问题、利益植入问题以及立法技术方面制度吸取的教训和值得推广的经验，可以发现今后地方立法工作要解决的问题，以及地方立法的发展方向。地方立法中存在的问题实质上反映了地方立法权的行使偏离了法律赋予地方人大以立法权的根本目标，是行进路线的偏差而非地方立法权固有的问题。因此，解决上述问题的根本在于回归地方立法权的"立法"本性，坚守自身定位、完善运行机制、明确基本目标。具体来说，可从以下方面着手防止上述问题的出现：

第一，坚持根据上位法律解决当地问题。地方立法要准确把握上位法的精神和原则，但不能照搬上位法的制度和规则；要切合当地的经济社会发展形势，而不是生硬制定规则或者做不切实际的幻想；要将上位法规定与地方实际有机结合而不是生搬硬套，最终形成依据上位法律法规、适应当地实际情况的可操作性规范。

第二，设定地方法规的有限目标。制定地方立法的目标一定要明确而有限，总体性、抽象性的原则和制度有全国性法律法规规定，原则上一部地方法规解决一个问题、完善一项制度、实现一个目标。全面、宽泛的立法不符合地方立法的定位，实际上往往也超出地方立法机关的把握能力。

第三，理顺立法意见的表达机制。从立法项目的提出、立法草案的拟定到草案的审议和修改，都应当最大限度发挥代表和委员的积极性，真正制定符合民意、符合立法规律的地方法规。学者参与、公众参与〔38〕都是地方立法成功的影响因素，但其作用不宜过分夸大。现阶段，真正实现代表立法还存在困难，但至少是应当努力的方向，也是保证地方立法质量的关键所在。

第四，注重立法技术规范。立法技术规范是为了实现立法目标、完成立法成果而对立法文本提出的技术性要求，指"立法技术运用的具体规则和要求，具体指法律法规的结构、形式、文本、修改和废止的方法等方面的规则"。〔39〕

---

〔38〕 参见黎晓武、杨海坤：《论地方立法中公众参与制度的完善》，载《江西社会科学》2004 年第 7 期。

〔39〕 参见李高协：《浅议地方立法技术及其规范》，载《人大研究》2015 年第 3 期。

地方性法规文本的规范化是提高地方立法质量的重要方面,虽然地方立法的最终目标是用实质规则调整社会关系,但如果没有科学合理的文本表达,地方立法意欲实现的目标就很难达成。因此,地方立法过程中需要主动运用、调整并最终形成地方立法技术规范,从形式方面促进地方立法的规范化、科学化,为地方立法的实质内容服务。

总之,科学、合理利用《立法法》赋予的地方立法权制定地方法规,完善法律法规体系、推进地方工作开展,是地方人大的职责所在,也是《立法法》修订的目的之一。地方人大特别是新获得地方立法权的地方人大应当积极行动、认准方向、谨防误区,正确运用地方立法权制定切合实际、设计合理、可操作性强、效果良好的地方法规,以实际行动推动中国的法治化进程。

(三)地方立法程序的完善

地方立法的科学性主要是一个实体问题,评价的对象是地方立法文本。但是要推进地方立法科学化的实践,需要从程序角度入手,在立法程序的设计上力争解决上述问题,促进立法内容符合合法、合理、合逻辑的实质目标。关于地方立法科学性的理论探讨已经在某种程度上促进了地方立法科学化的创新实践,这可以从地方立法实践的一些动向看出来。

1. 立法提案程序的完善

立法提案是地方立法程序的起点,提案的质量在一定程度上决定着地方立法的质量。理论上政府、人大代表等都可以提出立法提案启动地方立法程序,但实践中不少立法提案的质量难以保证。

近年来,地方立法机关正逐步采取措施完善立法提案程序以保障地方立法质量。一方面,加强立法规划和立法计划管理,根据立法项目的社会需求程度、草案成熟程度等确定立法规划特别是年度立法计划,防止为立法而立法的形式主义。在立法计划的确定上,也广泛征求意见以保证立法项目符合社会需求。[40] 另一方面,地方立法机关正在逐步推进由人大常委会或者专门委员会等提出地方立法提案,[41] 以克服政府部门过多参与立法程序带来的部门立法的问题。

---

〔40〕 例如,部分省市在立法计划阶段即引入公众参与机制确定立法项目。《湖北省人大邀公众票选年度立法建议项目》,载《人民政坛》2014年第11期。

〔41〕 例如,《广东省地方立法条例》第19条规定:"省人民代表大会主席团可以向省人民代表大会提出地方性法规案,由省人民代表大会会议审议。省人民代表大会常务委员会、省人民政府、省人民代表大会各专门委员会,可以向省人民代表大会提出地方性法规案,由主席团决定列入会议议程。"

2. 立法咨询程序的运用

地方立法的制度设计是否反映社会客观规律、是否符合社会实际需要依赖于有扎实的专业知识，包括法律规则的理论基础、法律条文的表达技术以及相应社会领域的专业知识，因此地方立法的科学化很大程度上依赖于相关专家的参与，地方立法过程中的专家咨询就显得尤为重要。

各地已经开始采取措施提高地方立法中专家参与度，包括建立地方立法专家库、完善地方立法的专家咨询制度等。例如，广东省人大常委会自2013年以来的一系列措施被总结为"专家立法"现象而引人注目。[42] 2013年8月，广东省人大常委会委托3所高校分别起草《广东省信访条例》，并于11月再次委托两所高校分别起草《广东省救灾条例》，这在广东立法史上尚属首次。而在此之前，省人大常委会已完成了"立法智库"的布局，先是向社会公开选聘了66名包括多个领域的立法咨询专家，又先后与9所高校合作成立了地方立法基地，构建了专家参与地方立法的常态化制度。

地方立法过程中的专家咨询表面上看比较务虚，但是对于地方立法的科学性具有其他程序无法替代的作用，特别是在很多领域的管理都日益专业化、技术化的背景下。

3. 立法参与程序的改进

地方立法的公众参与是推进地方立法科学化的另一个重要途径，即通过对社会公众意见的收集改进地方立法的制度设计，使立法内容更加符合社会现实需要。虽然地方立法的公众参与越来越受到重视，但是目前地方立法中民意缺位仍是影响民主立法乃至立法质量最严峻的问题，[43]不利于地方立法的科学化。

改进地方立法参与程序不仅是民主立法的要求，从科学立法的角度也需要提高社会公众参与的质量，真正为地方立法献计献策、促进地方立法内容的完善。这需要尽量避免公众参与的形式化。在征求公众意见阶段，要让公众了解立法意图和立法内容并鼓励其提出意见和建议，不能仅仅在网上公开一定期间就算完成了公众参与程序，而实质上没有任何可以完善立法设计的收获。地方立法等领域的实践表明，特定问题的听证会、座谈会是获得公众对特定问题意见和建议的有效手段。在获得一定数量的公众建议的基础上，还要

---

[42] 参见计为民：《广东"专家立法"的样本意义》，载《人民之声》2014年第1期。

[43] 参见张晓、岳盈盈：《打通立法与民意之间"最后一公里"——关于破解地方立法公众有序参与困局的实证研究》，载《中国行政管理》2017年第2期。

认真研究其合理性,尽量避免重视部门和专家意见而忽视公众意见。

4. 立法调研过程的控制

立法调研是地方立法机关掌握立法相关社会情况、听取各方面意见从而对立法有整体把握的主要途径,具有重要的价值和功能。但是,由于《立法法》对立法调研的规定语焉不详,导致各地方立法条例对立法调研的规定较为粗梳,难以为地方立法调研提供统一、明确的指导。[44]

在立法科学化、地方立法精细化的原则下,地方立法调研的地位越来越重要,地方立法机关也应当加强立法调研工作提高地方立法的科学性。一方面要增加立法调研工作的分量,在地方立法过程中针对立法项目的必要性、重要制度的可行性征求被管理对象、不同政府部门以及其他群体或者单位的意见,这样才能发现立法草案中不符合社会管理规律和实践需要的问题。另一方面要加强立法调研工作的规范性,把务虚的工作做实,制定统一的调研规程,对地方立法中各种调研主体的调研和立法不同环节的调研进行规范,同时强化对调研报告和成果的甄别、使用、保存和分析规范,明确不合规范的立法调研的处理方式和应当承担的责任。[45]

5. 立法评估的实践推进

在其他途径对地方立法的约束作用有限的背景下,地方立法评估已经成为改进地方立法工作、提高地方立法质量的主要途径,目前不少地方已经建立起比较规范的地方立法表决前评估机制和立法后评估机制,出台了关于立法评估的基本规范。[46] 从客观效果看,地方立法评估对于提高地方立法质量具有积极意义。

立法评估要真正起到提高地方立法科学性的作用,需要高质量的评估报告以及对评估结果的恰当运用。无论是立法表决前评估还是立法后评估,都需要结合立法对应的社会现实进行分析和评价,对于立法内容的规范性、合法性、可操作性、合理性等作出判断,特别是要发现其中不合法、不合理、不易操作、不够规范的制度设计,提出改进的意见和建议,形成有约束力的地方立法评价成果。同时应当构建评估成果应用的问责机制以提升地方立法评估成果

[44] 参见陈焱光、张耀方:《地方立法调研规范化研究》,载《江汉大学学报》(社会科学版)2016年第5期。

[45] 参见陈焱光、张耀方:《地方立法调研规范化研究》,载《江汉大学学报》(社会科学版)2016年第5期。

[46] 例如,广州市人大常委会于2012年出台了《广州市人大常委会立法后评估办法》,对立法后评估的指标、程序等进行了规定,并有计划地开展现行地方法规的立法后评估工作。

应用的法治化水准。[47] 立法评估报告不仅要对评价对象立法的完善具有指导意义，也应当对其他立法的科学化具有借鉴意义。

五、结论：地方立法的未来面向

我国地方立法发展的进程表明，地方立法可以也应当在法治建设中发挥重要而独特的作用。最近30多年来的地方立法已经取得了巨大成绩，为社会主义法治的发展作出了贡献，但是仍然存在民主性不够、科学性不高等问题，[48] 在科学性方面存在创新不足和脱离实际、效力冲突没有妥善解决、重复率高而可操作性不足、不当利益植入立法等问题，这需要从完善立法提案程序、充分发挥立法咨询的作用、改进公众参与立法的质量、提高立法调研的地位以及加强立法评估等方面加以改进，推进地方立法的科学化、提高地方立法质量。

未来还要从以下方面加强地方立法工作：其一，继续扩大地方立法的范围。虽然地方立法已经取得了非常多的成果，但是从法治建设的进程看，地方立法的数量不是多了而是少了，不应当因为地方立法存在一些质量上的缺陷过分滞后地方立法的进程，而应当维持一定的地方立法制定、修改和废止的速度。其二，着力提高地方立法的质量。对广东省地方环境立法的分析可以发现地方立法的质量还存在各种各样的问题，今后需要继续完善地方立法程序、规范地方立法技术以提升地方立法质量，在扩张地方立法规模的同时从实质上改进地方立法工作。

---

〔47〕 参见陈伟斌：《地方立法评估成果应用法治化问题与对策》，载《政治与法律》2016年第3期。

〔48〕 参见陈公雨：《地方立法十三讲》，中国法制出版社2015年版，第59~60页。

案例评析

《环境资源法论丛》
第12卷,第289~296页

生态环境损害赔偿数额及服务功能损失费用的认定

——评江苏省人民政府诉安徽海德科技化工有限公司生态环境损害赔偿案

顾金才[*]　蔡　鹏[**]

摘　要　生态环境损害赔偿诉讼还处于探索阶段。在江苏省人民政府诉安徽海德科技化工有限公司生态环境损害赔偿案中,法院重点从三个方面考虑作出了裁判:一是法院如认为原告提出的诉讼请求尚不足以保护生态环境公共利益的,可依职权向原告释明变更或增加诉讼请求;二是对于生态环境损害赔偿数额,法院可以综合考量相关因素,适用类比方式径行确定;三是法院应视情形在判决被告承担生态环境损害赔偿责任的同时,一并判决其赔偿受损生态环境修复期间的服务功能损失费用。基于生态环境损害赔偿制度的目的,在相关司法解释的指导下进行创新探索,才能逐步完善生态环境损害赔偿诉讼制度。

关键词　生态环境损害赔偿　服务功能损失费　类比　酌定因素

一、裁判要旨

基于生态环境损害赔偿诉讼的公益属性,人民法院可以参照有关环境民

[*] 顾金才,江苏省泰州市中级人民法院法官。
[**] 蔡鹏,江苏省泰州市中级人民法院法官。

事公益诉讼的法律规定,在充分保障被告诉讼程序权利的前提下,依职权行使释明权,防止因原告诉讼能力不足等原因导致受损生态环境无法得到有效修复;为提高生态环境损害赔偿诉讼案件的审理效率,保障受损生态环境得到及时修复,必要时法院可以减少烦琐的鉴定环节,径行通过类比等方式酌定相关费用。如通过类比污染物种类、浓度、受损生态环境的特性及修复的难易程度等因素或根据“举重以明轻”的原则类比上述因素更为严苛的污染事件的鉴定结论,直接计算出案涉污染行为的生态环境损害赔偿数额及修复费用等;在判决被告赔偿生态环境修复费用的同时,法院应综合污染行为持续时间、情节轻重以及行为人主观恶性、违法所得等因素,径行酌定生态环境修复期间的服务功能损失费。

二、相关法条

《环境保护法》第42条第1款、第2款规定:排放污染物的企业事业单位和其他生产经营者,应当采取措施,防止在生产建设或者其他活动中产生的废气、废水、废渣、医疗废物、粉尘、恶臭气体、放射性物质以及噪声、振动、光辐射、电磁辐射等对环境的污染和危害。排放污染物的企业事业单位,应当建立环境保护责任制度,明确单位负责人和相关人员的责任。

《水污染防治法》第33条第1款规定:禁止向水体排放油类、酸液、碱液或者剧毒废液。

《侵权责任法》第15条规定:承担侵权责任的方式主要有:(1)停止侵害;(2)排除妨碍;(3)消除危险;(4)返还财产;(5)恢复原状;(6)赔偿损失……

《侵权责任法》第65条规定:因污染环境造成损害的,污染者应当承担侵权责任。

三、案件索引及基本案情

(一)案件索引

一审:江苏省泰州市中级人民法院(2017)苏12民初51号(2018年8月16日)。

二审:江苏省高级人民法院(2018)苏民终1316号(2018年12月4日)。

(二)基本案情

2014年4月28日,安徽海德科技化工有限公司(以下简称海德公司)营销部经理杨某将该公司生产过程中产生的废碱液102.44吨,以处置费每吨1300

元的价格交给没有法定处置危废物资质的李某等人处置。李某等人明知孙某、丁某无废碱液处置资质,又将上述废碱液以处置费每吨五六百元不等的价格交给孙某、丁某处置。孙某、丁某等人分别于4月30日夜间、5月7日夜间、5月14日、6月17日凌晨将上述废碱液排入长江及新通扬运河,造成了严重的环境污染,并导致下游的江苏省泰州市下辖靖江市城区5月9日9时20分至11日2时集中式饮用水源中断取水40多小时、兴化市城区集中式饮水源于16日7时35分至22时中断取水超过14小时。

上述污染事件发生后,靖江市环境保护局和靖江市人民检察院联合委托江苏省环境科学学会对污染损害进行评估。江苏省环境科学学会经调查、评估,作出《靖江市饮用水源地污染事件环境污染损害评估报告》(以下简称《评估报告》),认定上述靖江市长江段发生的三次水污染事件共造成环境损害1731.26万元。靖江市环境保护局为此支出咨询服务费26万元。

江苏省人民政府依据《生态环境损害赔偿制度改革试点方案》(中办发〔2015〕57号,现已失效,以下简称《改革试点方案》)向江苏省泰州市中级人民法院提起诉讼,请求判令海德公司赔偿生态环境修复费用2530.18万元;生态环境服务功能损失费用1265.09万元(按照第一项诉请的50%计算);评估费用26万元及诉讼费用。一审庭审中,经江苏省泰州市中级人民法院释明,江苏省人民政府变更诉讼请求为判令海德公司:(1)赔偿生态环境修复费用3637.90万元;(2)赔偿生态环境服务功能损失费用1818.95万元(按照第一项诉请的50%计算);(3)承担评估费用26万元;(4)承担本案的全部诉讼费用。

四、裁判理由及结果

(一)裁判理由

法院生效判决认为:海德公司作为化工企业,对其在生产经营过程中产生的危废物——废碱液,负有法定的防治责任,但海德公司不经任何防治,不经任何法定程序,放任其单位营销部负责人直接将废碱液交给不具有危废物处置资质的个人进行处理,最终导致这些危废物被直接排入长江、新通扬运河,造成严重的环境污染,根据《侵权责任法》第65条的规定,依法应当承担侵权赔偿责任。

《评估报告》详细阐明了长江靖江段受到污染后的损害计算方式方法以及结论,评估结论得到了专家的论证确认,依法应予采信。同时,因发生在长江靖江段的污染事件与发生在新通扬运河的污染事件处于同一时期,所倾倒的危废物均为海德公司产生的废碱液,两地的水质同属三类水质,且新通扬运河污染事件发生在兴化市,地处里下河腹地,水流缓慢,环境容量远不及长江,同样的污染物倾倒进新通扬运河所造成的损害要大于长江。因此,根据举重以明轻的原则可以采用类比的方式直接计算新通扬运河污染事件生态环境损害。

案涉污染事件发生在长江禁渔期,这一时期正是长江水体生态环境最敏感时期,也是长江水体中生物最脆弱时期。案涉污染行为对长江中鱼类繁殖和幼体生长必将造成严重损害,且生物种群所遭受的损害不可能在短期内恢复。因此,被告海德公司应当赔偿服务功能损失。

为保障保护生态环境与经济发展的有效衔接,在上诉人能够提供证据证明其符合国家经济结构调整方向、能够实现绿色生产转型,在有效提供担保的情况下,可以允许上诉人依照《民事诉讼法》第231条的规定,分五期支付赔偿款。

(二)裁判结果

江苏省泰州市中级人民法院经审理于2018年8月16日作出江苏省泰州市中级人民法院(2017)苏12民初51号民事判决:(1)被告海德公司赔偿环境修复费用3637.90万元;(2)被告海德公司赔偿生态环境服务功能损失1818.95万元;(3)被告海德公司赔偿评估费26万元。

判决后,海德公司不服,向江苏省高级人民法院提起上诉,并以企业负担过重资金紧张,如短期内全部支付赔偿将导致企业破产为由,申请分期支付赔偿费用。

江苏省高级人民法院于2018年12月4日作出江苏省高级人民法院(2018)苏民终1316号民事判决:(1)维持江苏省泰州市中级人民法院(2017)苏12民初51号民事判决。海德公司应予本判决生效之日起60日内将赔偿款项5482.85万元支付至泰州市环境公益诉讼资金账户;(2)海德公司在向江苏省泰州市中级人民法院提供有效担保后,可于判决生效之日起60日内支付上述款项的20%(1096.57万元),并于2019年12月4日、2020年12月4日、2021年12月4日、2022年12月4日前各支付上述款项的20%(每期1096.57万元)。如有一期未按期履行,江苏省政府可以就全部未赔偿款项申请法院强制执行。

五、案例注解

为更好地应对我国生态环境损害日益严重制约经济、社会与环境的可持续发展问题，落实党的十八届三中全会提出的对造成生态环境损害的责任者严格实行赔偿制度的要求，中共中央办公厅、国务院办公厅于2015年发布《改革试点方案》。本案是《改革试点方案》出台以后，首例作出判决的省级政府作为单独原告提起的生态环境损害赔偿诉讼。法院立足修复性司法理念，借鉴最高人民法院《关于审理环境民事公益诉讼案件适用法律若干问题的解释》等司法解释规定，为生态环境损害赔偿制度改革提供了生动的实践样本，许多做法为此后类似案件起到了示范作用。具体而言，该案审理过程中重点解决了以下三个问题：

第一，生态环境损害赔偿诉讼中，法院如认为原告提出的诉讼请求尚不足以保护生态环境公共利益的，可依职权向原告释明变更或增加诉讼请求。

生态环境损害赔偿制度作为《改革试点方案》推出的一项改革创新机制，不能与一般的环境民事公益诉讼制度混为一谈，两者在诸多方面存在显著差异，具体而言：权利主体方面，生态环境损害赔偿诉讼的权利主体为试点的省级政府（《生态环境损害赔偿制度改革方案》出台后进一步扩大至省级、地市级政府），而环境民事公益诉讼的权利主体为检察机关以及符合法定条件的社会公益组织。请求权基础方面，生态环境损害赔偿诉讼的请求权基础在于自然资源由国家所有背景下的授权，正如《改革试点方案》出台之后环保部门相关负责人在答记者问中指出，"宪法、物权法等法律规定，国家所有的财产即国有财产，由国务院代表国家行使所有权，但是在矿藏、水流、城市土地、国家所有的森林、山岭、草原、荒地、滩涂等自然资源受到损害后，现有制度中缺乏具体索赔主体的规定……"[1]而环境民事公益诉讼请求权基础通说认为来自"环境权说"，[2]是法律法规的赋权。诉讼标的方面，生态环境损害赔偿诉讼只能针对已经发生的生态环境损害行为，而环境民事公益诉讼可以针对尚未实际发生但具有破坏生态环境风险的行为。综上所述，环境民事公益诉讼与生态环境损害赔偿诉讼在法律上并不能被定义为同一诉讼制度。正如《最高人民

---

〔1〕《环保部有关负责人解读〈生态环境损害赔偿制度改革试点方案〉》，载新华网：http://www.xinhuanet.com//fortune/2015-12/03/c_1117349597.htm，2018年12月20日访问。

〔2〕参见蔡守秋：《从环境权到国家环境保护义务和环境公益诉讼》，载《现代法学》2013年第6期。

法院司法解释与指导性案例理解与适用》中所述,"试点地方省级政府提起生态环境损害赔偿诉讼,不影响社会组织依法提起环境民事公益诉讼,也不影响人身和财产权利受到损害的自然人、法人和其他组织提起私益诉讼"。[3] 但不可否认的是,生态环境损害赔偿诉讼与环境民事公益诉讼具有同质、同源性,两者均是为了生态环境公共利益。因此,在生态环境损害赔偿诉讼中,基于其公益属性,法院可以适当借鉴环境民事公益诉讼的相关规定,在坚持中立性原则的同时,如发现原告提出的诉讼请求不足以保护生态环境公共利益,应当依职权行使释明权,建议原告变更或者增加停止侵害恢复原状等诉讼请求,防止因原告诉讼能力欠缺或不作为导致环境公共利益得不到有效维护。[4]

第二,对于生态环境损害赔偿数额或受损生态环境的修复费用,法院可以综合考量相关因素,适用类比方式径行确定。

实践中,生态环境损害赔偿诉讼与环境民事公益诉讼一样,核心系确定生态环境损害赔偿数额或受损生态环境的修复费用。然而,基于生态环境领域的专业性,对于生态环境损害赔偿数额或受损生态环境的修复费用的确定,通常需要专业人士作出专业的评判,往往是通过鉴定评估机构的鉴定和评估。但是,不可否认的是:一方面,当前我国尚未完全建立生态环境损害鉴定评估的专业体系,专业鉴定评估机构严重欠缺,对生态环境损害赔偿数额和受损生态环境修复费用的鉴定评估机制仍有待进一步完善;另一方面,当前生态环境损害赔偿数额及受损生态环境修复费用的鉴定评估成本过高,且鉴定评估周期长,不仅导致部分适格原告在高昂的鉴定评估成本前望而却步,也导致生态环境损害赔偿诉讼及一般的环境民事公益诉讼司法程序效率低下,受损生态环境修复工作难以及时启动。因此,在生态环境损害赔偿诉讼中,人民法院应当正视生态环境专业评估机制的不足,充分考量开展专业评估的必要性,合理看待专业机构的评估报告,将对评估报告的认识回归到证据本质上来,对其有效性进行司法审查的同时,根据审理案件的具体情况决定是否必须启动鉴定评估程序,是否可以通过考量其他因素和材料进行司法酌定。正如最高人民法院《关于审理环境民事公益诉讼案件适用法律若干问题的解释》第23条规定,人民法院可以结合污染环境、破坏生态的范围和程度等因素,并可以参考

---

[3] 江必新主编:《最高人民法院司法解释与指导性案例理解与适用》(第5卷),人民法院出版社2017年版,第647页。

[4] 参见郑学林、林文学、王展飞:《〈关于审理环境民事公益诉讼案件适用法律若干问题的解释〉的理解和适用》,载《人民司法》(应用)2015年第5期。

负有环境保护监督管理职责的部门的意见、专家意见等,予以合理确定。上述条文,对人民法院可径行酌定生态环境损害赔偿数额或受损生态环境的修复费用予以了确认,同时罗列了部分考量因素,但是对于具体的酌定方法没有明确,尚有待于实践中的探索。本案中,江苏省泰州市中级人民法院即创新采用了类比的酌定方式。

所谓类比,是一种主观的、不充分的似真推理方式,但是在经过严密逻辑论证的情形下,类比结果的可采性是相对较高的。通过类比方式确定案涉污染事件的生态环境损害赔偿数额或者是受损生态环境的修复费用,不仅可以减少不必要的鉴定评估环节,提高司法效率,同时可以保障受损生态环境得到及时有效的修复。应当注意的是,类比结果的可采性是建立在经过严密的逻辑论证前提下的,故类比方式的适用必须满足一定的限制条件,具体而言,适用类比方式时,必须对两个污染事件进行穷尽化的属性对比,尽可能选取属性一致或极度相似的污染事件进行类比。与此同时,亦可以借鉴"举重以明轻"的裁判思路,本着有利于被告的原则,选取生态环境损害后果相对较轻的污染事件进行类比,以适当降低被告赔偿责任为代价,促进生态环境损害赔偿责任的尽快落实,受损生态环境得到及时修复。具体到本案中,发生在长江靖江段的污染事件与发生在新通扬运河的污染事件处于同一时期,所倾倒的危废物相同,两地的水质同属三类水质,但新通扬运河污染事件发生在兴化市,地处里下河腹地,系低洼河网地区,水流缓慢,环境容量远不及长江,同样的污染物倾倒进新通扬运河所造成的损害要大于长江,因此,法院适用"举重以明轻"的原则,以发生在长江靖江段的污染事件产生的较轻的损害后果类比计算新通扬运河的污染事件产生的较重的生态环境损害赔偿后果。

第三,法院应视情形在判决被告承担生态环境损害赔偿责任的同时,一并判决其赔偿环境修复期间的服务功能损失费用。

生态环境损害赔偿责任的范围取决于生态环境的受损状况,即生态环境利益的价值减损。而生态环境利益的价值有两种实现形态:资源物价值形态和生态功能性价值形态。在经济利益和生态利益的需求博弈中,对资源物价值补偿在现实治理中的无力以及日益升温的生态利益需求,使生态功能性价值逐渐凸显其重要性。〔5〕为此,根据环境保护法确定的损害担责、应赔尽赔的原则,在受损生态环境具有可修复可能性时,环境侵权人除应当对环境的自

〔5〕 参见邓禾、陈宝山:《我国生态利益供给补偿制度的市场化完善》,载《甘肃政法学院学报》2016年第4期。

然价值损失承担赔偿责任外还应当对生态环境的生态价值损失即服务功能损失承担赔偿责任。〔6〕最高人民法院《关于审理环境民事公益诉讼案件适用法律若干问题的解释》第21条同样规定,原告请求被告赔偿生态环境受到损害至恢复原状期间服务功能损失的,人民法院可以依法予以支持。

实践中,因生态环境系统功能外延的不确定性、生态环境损害鉴定评估技术的局限性、生态环境污染事件惩治的滞后性等原因,即便进入鉴定评估程序,鉴定评估结论中往往也不包含受损生态环境修复期间服务功能损失费用的确定。对此,人民法院可以参照最高人民法院《关于审理环境民事公益诉讼案件适用法律若干问题的解释》第23条的规定,充分发挥主观能动性,在考量相关因素后依职权酌定受损生态环境修复期间服务功能损失费的具体数额。具体而言,可以综合考量污染区域的特性、污染物的种类及浓度、污染行为的持续时间、污染情节的轻重以及污染行为人主观恶性、违法所得等因素。

具体到本案而言,环境侵权人污染行为的污染区域集中在长江靖江段及新通扬运河兴化段,而根据有专门知识的人证实,长江靖江段有水生动物161种,鱼类148种,重要鱼类59种,且有国家一级保护动物中华鲟、江豚和胭脂鱼,还有国家级水产种子资源保护区,新通扬运河则系当地重要的饮用水水源和农业灌溉、养殖水源,也是南水北调的主要通道,案涉污染区域的重要性不言而喻;案涉污染行为发生在长江禁渔期,而这一时期不仅是长江水体生态环境最敏感时期,更是长江水体中生物最脆弱时期。同时,违法行为人所倾倒的危险废物PH值极高且成分十分复杂,远远超出鱼类适宜生存的PH值范围,案涉污染行为对长江中生物种群,特别是对鱼类繁殖和幼体生长等造成的伤害极其严重,且难以在短时期内恢复到平均水准;案涉污染事件直接导致靖江市城区集中式饮用水水源中断取水40多小时,兴化市城区集中式饮用水源中断取水14小时,案涉污染后果极其严重;海德公司多次故意跨省非法处置危险废物,情节十分恶劣,过错程度严重。综合上述考量,再鉴于江苏省环境科学学会在对靖江环境污染事件进行生态环境损害评估时采取了十分保守的计算方法,所确定的生态环境损害已经少于实际损害。据此,江苏省泰州市中级人民法院酌定按照生态环境损害数额的50%确定了生态环境修复期间的服务功能损失数额,江苏省高级人民法院审理后予以维持。

---

〔6〕参见最高人民法院环境资源审判庭编著:《最高人民法院关于环境民事公益诉讼司法解释理解与适用》,人民法院出版社2015年版,第305~306页。

征稿启事

《环境资源法论丛》由吕忠梅教授主编,法律出版社出版。自2001年出版第1卷,至今已出版12卷,所有文章被收录于中国知网和北大法宝网。自第11卷起,《环境资源法论丛》由清华大学环境资源能源法研究中心主办,坚持“跟踪环境法研究热点、展现环境法发展方向”的出版思路,设置“重点专题”“基础理论”“制度研究”“案例评析”“外国法撷英”“学位论文选粹”等栏目,每年出版1卷,长期面向学界诚征稿件。

1. 来稿以1万至3万字为宜,须为原创性学术作品,严格遵守学术规范。

2. 欢迎名家大作、新人新作,也欢迎博士和硕士研究生踊跃投稿(含博士和硕士学位论文)。

3. 注释体例等格式规范请参考《环境资源法论丛》第11、12卷。编辑部保留在尊重作者基本观点的前提下进行文字修改和内容删减的权利。

4. 来稿请附作者简介和联系方式。稿件一经采纳,即奉上样书。

5. 投稿请以电子邮件方式发送至本刊邮箱:hjzyflc@126.com。投稿两个月内未收到编辑部通知的,可自行处理。

《环境资源法论丛》第13卷,拟以“环境与公众健康和公共安全的法律问题”作为重点专题。欢迎从不同角度探讨环境法与公众健康和公共安全关系的稿件,优先选用结合中国环境治理体系现代化目标,对新时代中国环境法学“转型升级”有建设意义的基础理论分析和制度创新方面的文章。第13卷截稿日期为2020年10月31日,拟于2021年年初出版。

《环境资源法论丛》编辑部

2020年5月1日

图书在版编目(CIP)数据

环境资源法论丛. 第12卷 / 吕忠梅主编. -- 北京:
法律出版社, 2020
ISBN 978-7-5197-4604-9

Ⅰ. ①环… Ⅱ. ①吕… Ⅲ. ①环境保护法-文集②资
源法-文集 Ⅳ. ①D912.604-53

中国版本图书馆CIP数据核字(2020)第093889号

环境资源法论丛(第12卷)
HUANJING ZIYUANFA LUNCONG(DI-12 JUAN)

吕忠梅 主编

责任编辑 吴 昉
装帧设计 李 瞻

出版 法律出版社
总发行 中国法律图书有限公司
经销 新华书店
印刷 北京虎彩文化传播有限公司
责任校对 杨锦华 周诗湄
责任印制 胡晓雅

编辑统筹 教育出版分社
开本 710毫米×1000毫米 1/16
印张 19
字数 314千
版本 2020年8月第1版
印次 2020年8月第1次印刷

法律出版社 / 北京市丰台区莲花池西里7号(100073)
网址 / www.lawpress.com.cn
投稿邮箱 / info@lawpress.com.cn
举报维权邮箱 / jbwq@lawpress.com.cn
销售热线 / 400-660-8393
咨询电话 / 010-63939796

中国法律图书有限公司 / 北京市丰台区莲花池西里7号(100073)
全国各地中法图分、子公司销售电话:
统一销售客服 / 400-660-8393/6393
第一法律书店 / 010-83938432/8433 西安分公司 / 029-85330678 重庆分公司 / 023-67453036
上海分公司 / 021-62071639/1636 深圳分公司 / 0755-83072995

书号:ISBN 978-7-5197-4604-9
定价:45.00元
(如有缺页或倒装,中国法律图书有限公司负责退换)